KB052152

북한체제 본질에 대한 이해

북한의 선전선동과 『로동신문』

북한체제 본질에 대한 이해

북한의 선전선동과 『로동신문』

초판 인쇄 2015년 8월 19일
초판 발행 2015년 8월 28일

저자 이기우
펴낸이 박찬익
편집장 권이준
펴낸곳 패러다임북
주소 서울시 동대문구 천호대로 16가길 4
전화 (02)922-1192~3
팩스 (02)928-4683
홈페이지 www.pjbook.com
이메일 pijbook@naver.com
등록 2015년 2월 2일 제305-2015-000007호

ISBN 979-11-955480-0-2 (93340)

* 패러다임북은 ㈜박이정출판사의 임프린트입니다.
* 책값은 뒤표지에 있습니다.

일러두기

본 저서에서 일부 표기, 즉 용어, 철자법, 띄어쓰기 등이 우리 '표준어 문법'과는 다르게 서술되어 있는 곳이 다수 있다. 이는 『로동신문』 등 북한의 1차 자료를 직접 인용하였기 때문이다. 또한, 북한 지도자에 대한 존칭도 원전에 있는 그대로 인용하였기 때문임을 밝혀 둔다.

북한체제 본질에 대한 이해

북한의 선전선동과 『로동신문』

이기우 지음

패러다임북

| 머 리 말 |

한 국가의 정치 체제는 권력 구조로 체현되며 소속 국민들의 삶에 직접적으로 영향을 미치는 중요한 정치적 요소이다. 현재까지 지구상의 모든 인간은 특정한 정치적 · 경제적 · 사회적 · 문화적 공동체인 국민국가(nation state)의 체제에 속해 살고 있다.

20세기 초반부터 출몰하기 시작한 전체주의 국가들은 종말을 고하고 역사 속으로 사라졌거나, 사라지고 있다. 그럼에도 불구하고 체제를 연구하는 것은 북한이 아직도 시대착오적인 전체주의적 속성을 지닌 공산주의를 고수하여 우리와 체제를 달리하고 있기 때문이다.

북한은 체제론으로 접근하면 전체주의적 공산주의 국가이다. 전체주의 일반론은 공포정치(terror)와 선전선동(propaganda & agitation)을 통치의 중심적인 기제(機制)로 삼고 있다. 북한은 김일성의 공산주의 혁명과 그 이후, 그리고 3대에 이르는 권력세습이 이뤄진 현재까지 공포정치와 선전선동을 핵심적인 통치의 수단으로 삼고 있다. 즉, 북한 체제는 군사력에 의한 물리적인 힘(physical power)과 선전선동에 의한 정신적인 힘(spiritual power)을 양대 축으로 버텨 오고 있다.

이러한 북한은 탈 식민 정치체제의 진화 과정에서 나타난 카리스마적 인물들이 대부분 사라지고, 특히 공산주의 종주국들이 냉전 종식과 함께 사라졌지만, 김일성이 이룩해 놓은 체제는 지속되고, 그의 후계자들이 대를 이어 통치를 해 오고 있는 예외적인 집단이다. 북한은 공산혁명 이후 현재까지 국내외적 정치상황의 변화에도 불구하고 전체주의 일당 독재체제를 유지해 오고 있다. 이 기저(基底)에는 설득의 단계를 넘어 조작에 이르는 선전선동이 한 몫을 하고 있다.

북한에서의 선전선동은 국가적 차원에서 한편으로 공포분위기를 조성하고, 다른 한편으로 독점적 선전매체를 동원하여 일방적 · 지속적인 교화작업을 통해 개인의 사유(思惟)와 이성은 무시되고, 집단적 합의(collective consensus)만 지배하게 만든다.

선전선동을 통해 인간개조가 가능하다고 믿고 그것을 통치에 이용했던 전체주의 나치 독일과 소련 등이 한때는 성공하는 듯 했으나, 결국 실패한 국가로 역사가 평가하고 있다. 그리고 중국의 마오쩌둥(毛澤東)은 70여 년 전 혁명이 성공하기 위해서는 '총칼'(槍杆子)을 통한 무력과 '문필'(筆杆子)을 통한 선전선동 활동을 강조하였다. 북한은 아직도 이러한 '총대'와 '붓대'에 의존해 오고 있다.

북한이 체제유지를 위해 공포정치와 선전선동을 동원하고 있다는 사실이 2013년 말 장성택 숙청과정에서 확인되었다. 2013.12.13.일자『로동신문』은 '천하의 만고역적' 장성택에 대한 특별군사재판 회부 사실을 보도(장성택 끌려오는 사진 게재)하여 처형을 암시하면서 인민들에게 공포 분위기를 조성하였다. 그리고 처형 이후『로동신문』은「사설」과「정론」, 군부대와 각종 단체의 김정은 지지 결의대회 보도 등을 통해 김정은 중심의 유일령도체계를 위한 선전활동을 집중적으로 전개하였다.

역대 전체주의 국가의 당(黨)기관지들은 모두 당의 수중에서 혁명의 당위성과 정당성을 선전하고 사상을 교화하는 선전매체로서의 역할을 수행하여 왔다. 소련의 『프라우다』(Pravda)가 그랬고, 중국의 『인민일보』(人民日報)가 제한적이긴 하지만 아직도 그 역할을 해 오고 있다. 그러나 북한의 『로동신문』은 국가 선전선동 기관의 일부로써 동구권 사회주의 붕괴, 김일성 사망, 고난의 행군, 김정일 사망 등 거듭된 위기적 상황에서도 북한 체제와 정권의 존립을 담보하는 권력장치(power apparatus)로서 역할을 수행해 오고 있다.

이러한 북한 체제의 선전도구인 『로동신문』의 보도 내용이 최근 들어 우리 국내 TV 등 언론에 여과 없이 인용되는 경우가 늘어나고 있다. 이는 우리 국민들로 하여금 북한을 정상국가로, 『로동신문』이 보편적인 매체로 착각하게 만들 위험성마저 있다.

중국, 러시아 등 대표적인 전체주의 국가와 미국, 캐나다. 브라질 등 자유민주주의 체제의 대국(大國)들에서 외교관 신분으로 장기간 근무한 필자의 경험에서 볼 때, 대한민국이 건국에서 부터 자유민주주의 체제를 선택한 것은 국운(國運)이었다. 이에 반해, 북한은 공산주의 체제로 출발하여 아직도 김씨 가문으로 대를 이은 전제(專制) 독재국가의 길을 걸어오고 있다.

한반도 분단을 극복하여 국민국가(nation state)를 완성하는 것이 우리의 역사적 소명이다. 그러나 불행하게도 우리 현실은 통일에 대한 국민들의 신념이 약화되고, 더욱이 북한의 정체(政體)에 대한 인식이 흐려지고 있다. 반면, 북한은 전혀 변하지 않았고, 한반도 적화통일의 야욕을 버리지 않고 있다.

그래서 우리의 통일 논의는 체제의 문제에서부터 시작해야 한다. 한반도의 분단은 '이념과 제도를 달리하는 체제 선택'의 결과였다. 따라서 단일민족이 체제의 차이로 분단되어 있는 모순을 극복하기 위한 통일 문제의 본질은 체제 선택에 있다. 여기서 체제는 자유민주주의와 시장경제를 말한다.

왜냐하면, 공산주의는 이미 실패한 체제로 판명 났다. 21세기 우리 인류는 대부분 민주주의와 자본주의를 보편적 가치로 받아들이고 있고, 앞으로도 이 추세가 지속될 것으로 보인다. 더욱 중요한 것은 우리가 이 체제를 바탕으로 오늘의 번영을 가져왔다는 것이다.

이 책이 독자들에게 우리 체제와 전혀 다른 전체주의 북한 체제의 특성, 그리고 그들에게 있어서 선전선동의 중요성, 그 중추기관으로서의『로동신문』의 역할과 선전 원리를 이해하는 데 도움이 되었으면 한다. 나아가 본 연구가 북한 선전선동의 이론화에 기여하기를 희망한다.

이 책이 나오기 까지 지도와 격려를 해 주신 조성환 교수님 외 경기대 정치전문대학원 교수님들께 감사를 드린다. 특히, 짧은 기간이었지만 만학도인 필자에게 많은 학문적인 영감을 주신 노재봉 교수님께 머리 숙여 감사드린다. 또한, 기꺼이 이 책이 세상에 나오도록 도움을 주신 박이정 출판사의 박찬익 대표님과 권이준 편집장, 그리고 편집진 여러분에게도 감사의 말씀을 드린다.

2015년 8월 15일

평화통일을 염원하며

이 기 우

| 목 차 |

머리말 ············ 4

| 제1장 | 북한 체제에 대하여 ············ 13

1. 정치체제에 대한 소고(小考) ············ 14
가. 정치사상적 관점 ············ 14
나. 체제가 인간행위에 미치는 영향 ············ 16

2. 전체주의 통치기제(統治機制) ············ 20
가. 일반론 ············ 20
나. 북한, 변질된 전체주의 ············ 23

3. 북한의 체제유지 의미와 내용 ············ 27
가. 주체사상 이데올로기 계승 ············ 27
나. 김일성 가문에 의한 권력 승계 ············ 32

| 제2장 | 전체주의 선전선동과 언론 ············ 39

1. 전체주의는 왜 선전선동에 의존하는가? ············ 40

2. 체제에 따른 언론 이념과 모델 ············ 43
가. 다원주의 체제의 언론 ············ 44
나. 전체주의 체제의 언론 ············ 46
다. 북한 적용 언론 모델 ············ 47

3. 역대 전체주의 국가의 선전선동과 언론 ············ 49
가. 마르크스 · 레닌 · 스탈린 소련의 선전선동과 언론 ············ 49
나. 마오쩌둥 중국의 선전선동과 언론 ············ 52
다. 히틀러 독일과 공산 동독의 선전선동과 언론 ············ 54

4. 전체주의 체제의 종말 이후 선전선동과 언론 ············ 57

| 제3장 | 북한 선전선동의 작동 원리와 목표 63

1. 북한 선전선동의 강화 추이(推移) 64
가. 초기 마르크스 · 레닌 · 스탈린의 선전선동 답습 64
나. 김정일과 북한 선전선동 강화 66
다. 나치 괴벨스의 선전선동술 차용(借用) 70

2. 북한 선전선동의 작동 원리 73
가. 공포정치와 선전선동의 결합 : '조건반사' 원리 73
나. 사상개조 · 인간개조를 위한 '정치사회화' 75

3. 북한 선전선동의 4대 목표 77
가. 우상화를 통한 1인 독재체제 강화 77
나. 대중조작을 통한 백두혈통의 유일령도체계 확립 79
다. 영웅 만들기로 노력동원체제 유지 81
라. 미국과 남한에 대한 적대감 조성 83

| 제4장 | 북한 선전선동 체계와 담론 이해 87

1. 북한 공식 커뮤니케이션 형태 : 하향적 · 일방적 전파 88
2. 선전선동 전략과 지향(指向)의 변화 : '혁명성' 퇴조 91
3. 북한 언론 보도와 담론 : '구조주의' 언어학적 접근 93
4. 북한 언론의 선전선동 기능 변천 95
가. 혁명 도구로서 '당보'(黨報) (1945.8 ~ 1950.6) 95
나. 한국전쟁 기간의 '선무'(宣撫) 언론 (1950.7 ~ 1953.7) 96
다. 사회주의 기초 건설시기의 '대중성' 확장 (1953.8 ~ 1961.6) 97
라. 사회주의 전면적 건설시기 '교양자' 언론 (1961.7 ~ 1972.1) 98
마. 사회주의 성숙시기 '주체적' 언론 (1972.2 ~ 1980.9) 98
바. 사회주의 승리시기 '논설'(論說) 언론 (1980.10 ~ 1998.8) 99

사. 사회주의 강성대국시기 '나팔수' 언론 (1998.9 ~ 2011.11) ······ 99
아. 핵 · 경제병진 시기 언론 (2011. 12 ~ 현재) ······ 100

| 제5장 | 북한 언론의 속성과 『로동신문』 위상 ······ 103

1. 북한의 언론 환경 ······ 104
가. '언론의 자유' 규정과 현실 ······ 104
나. '뉴스'의 개념과 가치 ······ 106
다. 비공식 커뮤니케이션 확산 ······ 107

2. 북한 언론의 보편성과 특수성 ······ 109
가. 언론의 사회계급적 속성 ······ 109
나. 선전선동자 · 여론조직자 · 문화교양자적 기능 ······ 110
다. 주체적 언론관과 선전선동 ······ 111

3. 국가 기간매체(基幹媒體) 『로동신문』 ······ 115
가. 북한 언론 교범에 나타난 신문 ······ 115
나.『로동신문』의 역할 ······ 119
다.『로동신문』의 특징 ······ 121

4. 『로동신문』의 국가 기관성(機關性) ······ 123
가. 국가 기관성(state institute) 의미 ······ 123
나.『로동신문』의 기관성 규명(糾明) ······ 125

| 제6장 | 북한 체제유지와 『로동신문』 보도 ······ 131

1. 보도 분석 ······ 132
가. 분석 범위와 접근법 ······ 132
나. 분석틀 ······ 133

2. 주체사상 보도 분석 : 선전선동 정형(定型) 도출 ······ 136
가. 주체사상과 그 변용(變容) 보도 ······ 136

나. 『로동신문』의 선전선동 정형(定型) 163

3. 권력세습 보도 분석 : 설득 체계와 담론 어구(語句) 167
가. 권력세습 선전선동의 설득 체계 167
나. 권력세습 담론 어구(語句) 분석 216
다. 두 번의 권력승계 선전선동 비교 220

| 제7장 | 북한 선전선동과 『로동신문』 역할 평가 229

1. 핵심 통치기제(ruling mechanism) 230
가. 이데올로기 상부구조 230
나. 사상 · 인간개조 선전선동의 전범(典範) 234

2. 체제유지 권력장치(power apparatus) 236
가. 최고지도자의 언술(言述) 전달 채널 236
나. 권력세습과 정권유지 정당화 도구 237

3. 기획된 설득체계(programmed system) 239
가. 판에 박힌 선전선동 정형(定型) 239
나. 사전 준비된 선전 담론과 어구(語句) 241

| 제8장 | 맺음말 245

참고문헌 251

부 록

1. 김일성-김정일 권력승계 관련 『로동신문』 보도 주요 내용 260
2. 김정일-김정은 권력승계 관련 『로동신문』 보도 주요 내용 341
3. 장성택 처형 관련 『로동신문』 보도 주요 내용 391

01

북한 체제에 대하여

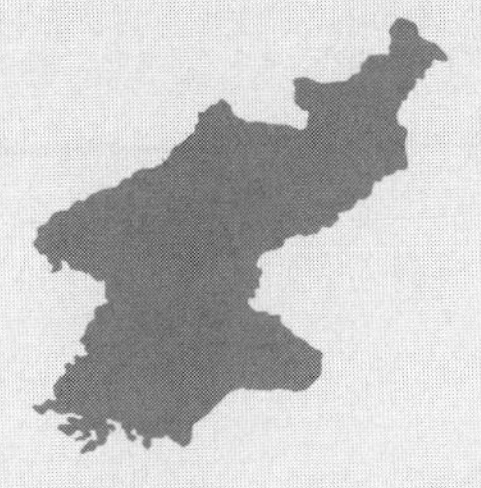

1장 북한 체제에 대하여

1. 정치체제에 대한 소고(小考)

가. 정치사상적 관점

체제란 용어는 사회과학에서 광범위하게 사용되고 있고, 체계의 개념과 대비되곤 한다. 체계는 투입–전환–산출–환류라는 기능적 순환과정에 초점을 두고, 체제는 이러한 과정을 관장하는 조직체의 유형과 형태를 의미한다. 따라서 정치체제(political system)는 국가라는 공동체의 유형과 형태를 포괄하는 개념으로써, 개별 국가의 제도적 장치 및 이들 간의 제(諸) 관계와 조직화 방식을 말한다.[4] 다시 말해, 정치체제는 가치체계와 사상체계가 반영된 한 국가의 통치의 틀과 권력의 구조를 의미한다.

근대 민족국가(nation state)가 형성된 이후 우리가 살고 있는 세계는 국경으로 구분된 일정한 지리적 공간 내에서 공동체를 형성하고 있는 국가(state)가 보편적 단위이다. 즉, 모든 인간은 특정한 가치와 이념에 기초한 통치자와 피통치자간의 관계에 관한 양해(understandings)와 약속(contracts)을 근거로 형성된 특정 정치체제인 국가에서 살고 있는 것이다.

정치체제의 유형은 어떤 기준을 적용하느냐에 따라 다양하게 분류된다. 아리스토텔레스(Aristotle)는 정치적 권위를 행사하는 사람의 수, 그들의 재산정도, 통치 목적에 따라 왕정체제(kingship), 귀족체제(aristocracy), 민주체제(democracy)로 나누고, 몽테스키외(C. Montesquieu)는 3권 분립의 정도와 참여수준 등에 따라 공화정(republic), 군주정(monarchy), 전제정(despotism) 등으로 분류하기도 했다.

18세기 미국과 프랑스 혁명을 계기로 개인의 자유와 평등을 이념으로 하는 자유 민주주의 정치체제가 확산되기 시작했다. 그러나 19세기 접어들면서 자유주의가 가져온 무분별한 경쟁으로 인해 많은 문제점을 노정(露呈)하자 이에 대한 반작용으로 20세기 들어 전체주의 체제가 등장하게 되는 길을 열어 주었다. 제2차 세계대전은 민주주의와 전체주의의 대결의 장(場)이 되었고, 소련을 제외한 대부분의 전체주의가 패배하는 결과를 가져왔다. 소련도 20세기 말 냉전의 종식으로 국가가 해체되었다. 이러한 소련의 통치 이념과 시스템을 모태로 한 북한은 아직도 전체주의 국가로 존속되어 오고 있다.

이 책이 북한의 체제와 그 작동 원리에 관한 논의인 관계로, 체제의 범주를 자유민주주의 체제와 전체주의 체제로 대별하고, 전체주의 중에서도 공산주의 통치에 초점이 맞춰져 있다.

자유민주주의 체제는 전통적인 군주제를 파괴하고 나타났고, 20세기 초반 들어서는 전체주의로 작동되는 인민민주주의와 경쟁하면서 발전하여 왔다.[5] 자유민주주의는 개인의 자유와 권리를 인정하는 자유주의와 개인주의(individualism)를 이념으로 하는 공동체의 사상체계 즉, 정치체제를 일컫는 것이다.

반면, 전체주의의 사상적 배경은 개인주의에 대립되는 정치사상으로, 개인보다 '사회'의 선재성(先在性)을 인정하는 것이다. 즉, 사회가 개인보다 먼저 존재하는 동시에 사회가 각 개인을 생존, 육성시키는 통일체(統一體)로 보는 것이다.[6] 따라서 개인 생활은 사회에 종속되고 그 통제에 복종하여야 한다는 것이다. 그리고 공산주의는 전체주의의 한 부류로서 물질적 결정론과 계급적 세계관을 가진 마르크스-레닌에 의해 주도된 '생산수단의 공공소유와 프롤레타리아 독재'의 정치체제를 말한다.

이러한 정치체제들은 한 국가에서 자생적으로 형성 · 발전되어 오는 경우도 있지만, 20세기 대부분의 신생국의 경우는 국민들과 건국지도자에 의해 선택된다. 대한민국은 다원적 자유민주주의 정치체제를, 북한은 전체주의적 공산주의 정치체제로 출범하게 되었다.

나. 체제가 인간행위에 미치는 영향

인간관과 정치체제론과의 인과관계(因果關係)에 대한 연구들은 많이 있어왔다. 이는 인간관에 기초한 세계관이 정치사상의 기본이 되고, 정치사상이 정치체제를 결정하는 요인이 된다는 상관관계에 관한 것이다. 그러나 여기서는 18세기 영국의 정치사상가 버크(Edmund Burke)가 지적했듯이 '보편적인 인간성은 원래 없고 만들어지는 것이다.' 또한, 아렌트(Hannah Arendt)의 전체주의는 인간 본성인 창조성과 다원성 등을 변형시키고 개조한다고 주장한 데 주목하여, '정치체제가 인간의 행위에 어떤 영향을 미치는가?'에 대한, 역(逆) 방향의 인과관계를 경험적 고찰을 통해 규명 하고자 한다.

인간이 환경의 영향을 받는다는 것은 기정사실로 되어 있다. 여기서 환경은 자연적인 환경으로 국한하지 않고 정치사회적인 환경인 '체제'로서, 정치체제와 경제체제를 포괄하는 인간의 삶의 조건을 말한다. 여기서는 자유주의와 개인주의를 기본가치로 하는 자유민주주의 체제와 국가나 사회를 개인보다 우선시하는 전체주의 체제가 인간성과 인간 행위에 미치는 영향을 살펴보고자 한다.

먼저, 정치사상사를 간략히 살펴보면, 봉건사회에서 근대국가들이 출현하면서 자연인 인간이 개인(individual)이라는 개념으로 등장하고, 이 개인이 자유와 권리의 주체로써 이들 가치를 향유하고, 이를 바탕으로 사유재산권이 인정되면서 산업화와 신흥부르주아 시민(citizen) 계층이 형성되었다. 이들을 토대로 중산층이 확대되고 민주주의와 자본주의가 발전해 오고 있다.

그러나 한편으로는 과도한 개인주의와 이기주의로 인한 경쟁으로 불평등 사회가 만들어지고, 개인 간 또는 계급 간 갈등 구조로 변화하는 부작용을 낳기도 한다. 자유주의 사상가들은 이러한 문제점을 대의제(representation)를 통해 선출된 지도자가 이를 조정할 수 있다고 믿었다.

반면, 전체주의자들은 인간의 본성과 개인의 자유에 대해 기본적인 불신과 회의로 국가가 주도적으로 해결해야 한다고 주장했다.

자유주의에 바탕을 둔 근대국가에서는 시민사회(civil society)가 형성되어 왔다. 이는 국가의 정치체(政治體)에 소하면서도 자율적인 사적인 영역으로서, 개인주의의 부작용으로 나타나는 갈등의 완충지대로써 극단적인 충돌을 피하게 하는 중요한 역할을 한다. 시민사회는 위에서 언급한 신흥

부르주아 계층을 중심으로 신분적 제약이 없는 '사회적 제 조건의 평등'으로, 신분 이동이 가능한 유연한 사회로서, 봉건사회의 종속적 관계에서 벗어나 자율적인 사회로서 구성원 개인은 자유와 평등이라는 가치와 함께 책임을 동시에 수반하게 되는 것이다.

이러한 시민사회의 구성원인 개개인은 자유와 평등을 누리는 인격적 존재이기 때문에 자신의 명예와 가치를 중요하게 여기게 되고, 이에 상응하는 자신을 관리하게 된다. 성숙한 시민사회의 개인들은 자신의 자유, 평등, 책임에 대한 의식이 철저할 뿐만 아니라, 타인의 가치와 인격도 동시에 소중히 여긴다. 이러한 사회는 자연히 도덕성, 정직성, 성실성, 신뢰, 준법정신 등이 가치 기준이 되고, 이러한 덕성을 갖추기 위한 민주시민 교육이 가정, 학교, 사회에서 부단히 진행된다. 이러한 덕목을 기본으로 공동체의 자율적 질서가 작동한다.[7)]

반면, 20세기 전체주의의 한 예로써 인류 역사에 큰 영향을 끼친 마르크스(Karl Marx)는 모든 문제의 원인은 경제구조에서 비롯되므로 계급투쟁을 통해 계급 없는 사회를 만들면 갈등이 존재하지 않을 것이라고 믿었다. 그러나 갈등은 인간 본성인 이기심에서부터 나오기 때문에 사회를 변혁한다고 해도 인간의 이기심은 근절되지 않는다. 역사가 증명하듯, 그가 상정한 '과학적 사회주의'는 이타주의가 충만하여 개인은 자신의 이익보다 공동의 이익을 추구 할 것이며, "능력에 따라 일하고, 필요에 따라 갖는다."는 그의 주장은 현실과 거리가 먼 이상에 불과하였다.

이들의 주장을 실현한 국가는 오히려 관료주의화 되고 경제는 피폐하였다. 결국, 사회 경제구조를 바꿔 사람을 변화시키기 보다는 오히려 인간성을 악화시키는 결과를 초래하였다. 왜냐하면 인간 '본성'은 '사회' 보다

더 본질적이기 때문이다.[8)]

전체주의 범주에 속하는 사회주의와 공산주의 사회에서의 인간 개인은 조직의 일부분으로써 부속품에 불과하다. 전체주의가 대두된 배경에는 자유주의와 개인주의에서 오는 부작용을 국가나 집단이 개인의 존엄과 능력을 무시하고, 개인의 자유나 행위를 제한하고자 하는 데 있었다. 이는 '전체는 개인을 위하여, 개인은 전체를 위하여'라는 전체주의자들의 정치적 구호에 잘 나타나 있다. 이러한 사회는 전체가 우선이고, 개인은 무시된다. 개인의 자유와 권리는 침해되고, 따라서 인권은 없고 인명 존중 의식이 희박하다. 이러한 사회의 개인은 인간으로서의 존엄성, 도덕성, 인격은 중요시 되지 않는다. 이러한 인간의 삶에서 개인은 집단에 완전히 매몰되고 집단적인 의사에 따를 수밖에 없게 된다. 따라서 개인은 자신의 존재가치를 상실하게 되고, 결국 자신을 인격체로서 관리하지 않는다.

거기에다 전체가 개인에 우선하는 전체주의 사회에서는 개인의 인격을 향상시킬 교육의 기회마저 박탈당한다. 오히려 개인들에게는 조직이 지향하는 이데올로기나 사상, 조직에 대한 충성을 일방적으로 요구하는 교화(indoctrination)만이 있을 뿐이다. 즉, 인간의 개인적인 능력과 인격을 향상시킬 민주시민교육 보다는 국가와 조직에 필요한 인민을 개조하는 세뇌만 있을 뿐, 시민사회 구성원으로서 갖춰야 할 시민성(citizenship)은 배양하지 않는다. 이들 사회의 개인들에게는 무책임성과 타율성이 체화(體化)되어 일상적으로 나타난다. 봉건사회에서 시민사회를 거치지 않았던 동구사회주의 국가들이 이러한 경험을 했고, 그리고 아직도 전체주의 체제를 유지하고 있는 국가들의 개인들에게서도 이러한 행위들이 나타나고 있는 것을 경험한다. 이는 이들 체제가 개인의 존재를 무시한 체제의 속성에서 연유한 것으로 밖에 볼 수 없다.

이는 앞에서 언급한 인간관이 정치체제에 미치는 인과관계 연구, 즉 '인간의 본성을 성선설로 보는 입장에서는 민주제, 성악설 입장에서는 절대군주제 정치체제를 선택할 가능성'이 높다는 이론에 대한 실증적 검증(verifying)으로도 볼 수 있을 것이다. 다시 말해, 개인의 자유와 인격을 무시하는 전체주의 정치체제에서 다년간 삶을 영위한 개인들은 성악설에서 상정하는 인간성으로 바뀐다는 것이다. 즉, '사람이 체제를 만들기도 하지만, 체제가 사람을 변형시키기도 한다.' 이러한 사회는 다시 강력한 공권력 행사와 지속적인 교화를 위한 선전선동의 요구가 증대되는 악순환 과정을 초래하게 만든다.

2. 전체주의 통치기제(統治機制)

가. 일반론

전체주의(totalitarianism)는 '정권이 시민의 사상 및 태도, 그리고 모든 생활을 통제하는 정치체제'라고 설명할 수 있다. 전체주의 통치자는 그들이 상정하는 인간의 이상적인 삶에 이르도록 만들기 위해 모든 사람들을 '동일하게 사고하고 동일하게 행동'하게 만들려고 한다. 따라서 그들은 국민의 교육과정 독점화, 일상생활의 규제, 그리고 모든 정보원천(all sources of information)의 통제를 가능케 하는 정치체제를 갈망하게 된다.[9)]

전체주의 통치는 20세기 들어 파시즘(fascism)과 공산주의(communism)로 나타났다. 파시즘은 '민족'이라는 미명 아래 개인을 국가에 예속시키고, 공산주의는 '계급'이라는 차원에서 개인을 교화하고 굴복시킨 점이 다르지만, 개인은 국가를 위해 존재한다는 점에서는 전체주의 체제의 공통점을 갖고 있다.

근대 전체주의 범주에 속하는 파시즘과 공산주의 국가들, 즉 히틀러 나치, 소련, 마오쩌둥(毛澤東)의 중국, 북한 등은 '폭력'(Terror)과 '선전'(propaganda)[10]을 통치의 중심적인 기제(機制)로 삼았다.

전체주의 통치의 일반론인 프리드리히(Carl Friedrich)와 브레진스키(Zbigniew Brzezinski)의 『전체주의 독재정치』(*Totalitarian Dictatorship and Autocracy*)에는 전체주의의 공통된 요소로 다음 6가지를 들고 있다. ① 정교한 관제 이데올로기(official ideology)를 가진다. ② 1인 지배의 단일 대중정당(a simple mass party)을 가진다. ③ 비밀경찰 등을 통해 물리적 또는 정신적 테러(terroristic police control)를 행사한다. ④ 당과 정부가 모든 커뮤니케이션을 독점(monopoly of all means of effective mass communication)한다. ⑤ 일체의 무력 수단을 독점(monopoly of all means of effective armed combat)한다. ⑥ 모든 경제체제의 중앙통제(central control and direction of entire economy)가 이뤄진다.[11]

나아가, 프리드리히와 브레진스키는 "전체주의 독재의 심리적 유동(psychic fluidum)은 폭력과 선전이 긴밀히 연관될 때 조성된다. 전체주의 국가는 혁명을 통해 탄생하기 때문에 현존 질서를 파괴하기 위해 폭력(Terror)을 사용하게 되고, 폭력은 전체주의 통치 시스템에서 핵심적인 신경(vital nerve)"이라고 한다. 한편, 전체주의 체제는 거의 완전하게 독점하고 있는 언론을 통해 인민들을 세뇌와 정신 주조(鑄造)의 과정을 거쳐 '동일한 생각과 행동으로 훈련된'(thinking and acting in disciplined unison) 전체주의자들을 양산하여 체제유지를 가능하게 하고, 궁극적으로 당(黨) 또는 지도부의 권력유지로 지향(指向)하게 한다."고 설명한다.

특히, 전체주의 선전과 관련하여 전체주의 독재국가의 당과 정부는 라디오, 신문, 영화와 같은 일체의 영향력 있는 대중전달 수단을 독점적으로 장악하고, 고도의 기술을 통해 거의 완벽하게 통제한다고 주장한다. 이러한 결과로 인해 선전의 효과는 모든 영역에 걸쳐 철저히 침투된다는 것이다. 전체주의에서 선전은 신문 · 라디오, 개별선동에 이르기까지 모든 수단을 동원하여 당원 및 대중, 그리고 정권의 적들까지도 집요하게 '같은 문구와 같은 주장'들을 '반복'하여 통치에 저항 할 수 없게 만든다.[12]

아렌트(Hannah Arendt)는 『전체주의 기원』(*The Origins of Totalitarianism*)에서 파시즘과 공산주의를 전체주의로 규정하고, 20세기 초반 이들 전체주의 출몰에는 이데올로기와 선전의 대두가 크게 기여했다고 주장하고 있다. 선전에 대해 아렌트는 "선전은 심리전(psychological warfare)의 일부이다. 폭력(Terror)은 더욱 그러하다."[13]고 했다. 전체주의 선전은 대중을 끌어들이는데 필요한 것으로, 전체주의가 아닌 외부세계나 전체주의 세계 내에서도 전체주의화가 되지 않은 대중(mass)을 개조하는데 필요한 수단으로 인식했다.

반면, 아렌트는 전체주의 국가에서 '선전과 폭력이 동전의 양면'과 같다는 일반적인 인식에 이견(異見)을 보인다. 선전과 폭력이 동시에 나타난다는 것은 일면적인 타당성을 지닐 뿐, 실제는 전체주의가 권력을 완전히 형성하게 되면 선전이 세뇌(indoctrination)로 대체되어 자연스럽게 줄어들게 되고, 폭력도 점차 소멸하게 된다는 것이다.

그러나 일반적으로 전체주의 정치권력이 물리력인 군대 · 경찰력에 의존하면 할수록 인민들의 자발적인 지지와 동의를 얻어내기 어려워지게 되어 있다. 이는 그만큼 더 많은 선전의 욕구를 느끼게 만든다. 역사적으로 이미 입증되었듯이 스탈린 체제나 히틀러 체제하에서는 군대와 경찰조직을 동원한 강압정치와 함께 민중을 설득하는 거대한 선전기구를 설치하여 운영하였다.

오웰(George Orwell)의 『1984』에서도 진실을 왜곡 · 날조하여 시민들의 의식 구조를 바꾸는 국가기구인 '진리성'(眞理省, Ministry of Truth)을 두고, "모든 역사는 필요하다면 얼마든지 깨끗이 지워지고 다시 쓸 수 있는 양피지(palimpsest)이다."[14]로 묘사하고 있듯이, 전체주의는 국민을 설득하고 세뇌하기 위해 역사적 사실과 진실마저도 상황에 맞게 수정하는 정치체제이다.

이러한 전체주의는 곧 전제정치(autocracy)이고, 전제의 근거를 이데올로기로 미화한 것 이외는 본질적으로 신정체제나 절대왕조시대의 군주주의체제나 실제적으로는 다를 것이 없다. 근대 전체주의 정치체제는 20세기의 산업화에 맞도록 포장된 전제정치라고 주장하기도 한다.[15]

나. 북한, 변질된 전체주의

북한 체제는 마르크스-레닌주의에 기초한 프롤레타리아 독재의 공산주의 국가로 출발했다. 전체주의 일반론 관점에서 북한체제는 앞서 논의한 프리드리히와 브레진스키의 전체주의 6가지 특징을 모두 내재하고 있는 전형적인 전체주의 국가이다.

그러나 북한 체제는 시간이 지나면서 북한 고유의 유교적 정치문화와 대내외 정치 환경 변화에 반응하면서 북한 특유의 정치체제로 변질되어 왔다. 이러한 체제의 변질은 북한 최고규범인 '조선로동당 규약'과 '헌법'에 나타나고 있다.

북한은 2010년 9월 28일 44년 만에 개최된 제3차 당대표자회의에서 33년 만에 개정한 조선로동당 규약에서 '공산주의'를 삭제하고, 대신 수령의 유일영도체계화를 강화하고 백두혈통으로 이어지는 권력세습을 정당화하고 있다. 이는 주체사상을 지배이데올로기로 내세운 1인 독재체제 유지와 김씨 왕조의 세습을 공식화하는 것으로서, 기존의 공산주의 국가들에서 찾아볼 수 없었던 일이다.

또한, 최근에 개정한 북한 헌법의 서문에는 "조선민주주의공화국과 조선인민은 조선로동당의 령도 밑에 위대한 수령 김일성동지를 공화국의 영원한 주석으로, 위대한 령도자 김정일동지를 공화국의 영원한 국방위원회 위원장으로 높이 모시며 김일성동지와 김정일동지의 사상과 업적을 옹호고수하고 계승발전시켜 주체혁명을 끝까지 완성하여 나갈 것이다."고 하여[16] 국가의 기본법인 헌법에 특정인들을 명기하여 대를 이어가고자 하는, 왕조적 속성을 규정해 놓고 있다.

특히, 북한 통치에는 이러한 명문화된 규범들 위에 '현재적이고 살아있는'(present and alive) 절대적인 권위가 존재 한다. 그것은 최고지도자의 '교시'이다.(김일성은 '교시', 김정일은 '지적', 김정은은 '말씀'으로 표기 된다). 이는 실제적으로 노동당 규약이나 헌법에 우선하는 초법적(超法的)인 효력을 가진다. 또한, 1974년 김영주에 의해 제정되어 내려오는 '유일령도체계확립 10대원칙'은 공적인 영역은 물론 인민들의 사적인 생활에 이르기까지 영향을 미치는 일상적 규율로 적용되고 있다.

또한, 북한 체제는 이조(李朝)의 세습군주에 익숙한 북한의 정치문화에 영향을 받아 부자(父子)간 권력세습이 이뤄지고 있고, 지정학적으로 주변 강대국으로부터의 포위의식(besieged consciousness)으로 인해 무력을 앞세운 선군정치(先軍政治)와 국방위원회와 국방위원장이 국가 운영을 총괄하는 병영국가(兵營國家)의 모습을 하고 있는 변형된 정치체제를 유지해 오고 있다.

이러한 북한을 마르크스-레닌-스탈린에 이르는 소련의 체제적 프레임 위에 중국 문화대혁명 때의 마오쩌둥 공산주의 임계적(臨界的) 특성, 그리고 강한 민족주의적 속성을 띤 선민적(選民的) 나치 독일의 체제적 요소를 모두 내포하는 복합적인 전체주의 특성을 지니고 있다고 지적하는 학자도 있다.[17] 이러한 북한은 어떠한 정치학 이론이나 원리로도 설명하기 어려운 체제이다.

이상에서 논의한 북한 체제에 대해 제도적 접근과 행태적 접근을 모두 동원하여 정리하면 다음과 같다.

첫째, 북한은 기본적으로 사회주의 국가이다. 북한 헌법 제1조는 "조선민주주의인민공화국은 전체 조선인민의 리익을 대표하는 자주적인 사회주의국가이다."라고 규정하고 있다. 이는 북한이 기본적으로 사회주의적 생산관계와 민족경제를 토대로 삼고 있으며, 모든 생산수단은 국가와 협동체들이 소유하고 분배도 국가가 하도록 되어 있다는 것을 의미한다.

둘째, 북한은 일당 지배의 전제주의(專制主義) 국가이다. 이는 북한 헌법에도 규정되어 있듯이 '당 우위'의 원칙[18]에 충실한 중앙집권적 체제이다. 1948년 김일성에 의해 공산주의 혁명 정부가 수립된 이후 지금까지 북한은 조선로동당(Workers' Party of Korea)의 일당 독재체제를 유지해 오고 있다. 북한의 정치체제는 사실상 조선로동당만이 존재하는 전형적인 '유일정당'체제 또는 '전체주의 유일정당'(totalitarian unipartism) 체제이다.[19)]

셋째, 북한은 전체주의 국가에서 유래를 찾아볼 수 없는 부자(父子)간 세습을 통해 정권을 이어 오고 있는 왕조(王朝)국가이다. 백두혈통의 유일령도체계확립이란 명분으로 김일성-김정일-김정은으로 이어지는 권력 세습이 이뤄져 오고 있다. 북한 헌법 전문에서도 김일성을 '사회주의 조선의 시조', 김정일을 '사회주의 조선의 수호자'로 규정하고 있다.

넷째, 북한은 수령을 중심으로 하는 신정체제(神政體制)다. 북한에서 모든 통치의 권위는 김일성의 위대성과 카리스마에서 나온다. 북한의 수령 김일성은 단순한 지도자가 아니라 '교시'를 내리는 신적인 존재인 것이다. 북한의 수령은 인민들의 사회정치적 생명을 부여하고, 그 뇌수로서 지배력을 행사한다.[20)]

이러한 북한 체제는 전통적인 사회주의와 전체주의로부터도 일탈한 변형된 체제로서 외부세계에서는 이해할 수 없는 독특한 정치체제와 권력 구조를 유지해 오고 있는 것이다.[21)] 이는 결국 북한 특유의 체제와 권력을 유지하기 위해 선전선동과 언론의 역할에서도 나타난다.

3. 북한의 체제유지 의미와 내용

가. 주체사상 이데올로기 계승

1) 전체주의와 이데올로기

전체주의 통치에 있어서 이데올로기(ideology)의 존재와 역할은 보편적인 현상이라 할 수 있다. 이데올로기는 현존사회를 급진적으로 부정하고 주민의 삶과 복리가 보장되는 새로운 사회를 건설해야 한다는 당위성을 내포하는 유토피아적인 요소를 담고 있다. 북한에서 지배적인 이데올로기인 주체사상은 김일성 이후 지금까지 북한 사회를 하나로 묶는 가장 대표적인 신념체계로 작동하고 있다. 비록 백두혈통이라고는 하지만 김일성–김정일–김정은으로 이어 오는 정권 교체에도 불구하고, 주체사상은 북한 사회의 모든 영역에서 가장 확고부동한 통치 이념으로서 역할을 해 오고 있다.[22]

이데올로기의 정의[23]나 기능에 대해서는 학자들에 따라 다양하게 설명되고 있다. 아렌트(H. Arendt)의 설명에 따르면, 이데올로기를 사회나 역사의 발전을 총체적으로 설명하는 관념의 집합체(a set of ideas)로 규정하고, 인간이 한 이데올로기의 추종자가 되면 그의 사고의 능력과 자유를 이데올로기에 쉽게 넘겨주게 된다. 개인이 이데올로기에 빠져들게 되면 자아의식에 의존하기 보다는 '획일성과 동질성'(uniformity and sameness)의 유혹에 함몰되게 된다. 따라서 이데올로기는 전체주의 씨앗(seed)을 품고 있다. 왜냐하면 전체주의 정치적 담론(political discourse)들이 이데올로기 속에 잠복해 있기 때문이다.[24] 이러한 관점에서도 북한의 주체사상은 철저히 '당파적 · 집단적 속성이 있고, 합리적이라고 주장하면서 항상 권력을 정당화'하는 전체주의적 이데올로기로서의 속성을 지니고 있다.

주체사상은 줄곧 북한의 체제유지를 위한 사상적 버팀목으로 때로는 순수이데올로기로, 때로는 실천이데올로기로써 역할을 수행해 오고 있다.[25) 주체사상이 최초에는 마르크스–레닌 사상의 대외적 자주 명분에서 시작되었으나 북한 내부 권력투쟁 과정에서는 김일성의 권력 공고화에 이용되었고, 이어 노력동원을 통한 사회주의 혁명과 건설, 그리고 1인 독재 지배체제와 후계체계 확립을 위한 사상적 도구로 활용되어 왔다. 다시 말해, 북한의 시대적 상황과 정치적 요구에 따라 주체사상은 변용(變容)[26)]되어 왔다.

2) 주체사상 태동과 정착

북한에서 '주체'라는 개념이 처음 등장한 것은 1955년 12월 28일 김일성이 당 선전선동 일군들 앞에서 "사상사업에서 교조주의와 형식주의를 퇴치하고 주체를 확립할 데 대하여"라는 연설에서다.[27)] 사상사업에서 교조주의와 형식주의에 빠져 소련이나 중국식을 기계적으로 모방하는 데 대한 비판이었다. 즉, 김일성이 당시 제시한 주체의 개념은 마르크스–레닌주의를 북한 실정에 맞게 창조적으로 적용하는 것이었다. 그 후 김일성은 1956년 12월 13일 당 중앙위원회 전원회의에서 "사회주의 건설에서 혁명적 대고조를 일으키기 위하여"에서 '경제 자립'을, 1957년 12월 5일 당 중앙위원회 전원회의에서 "사회주의 진영의 통일과 국제공산주의 운동의 새로운 단계"의 보고를 통해 '정치에서의 자주'를, 1962년 12월 10일 당 중앙위원회 전체회의에서 '국방에서 자위', 즉 4대 군사노선을 천명하였다. 당시 김일성이 주체사상을 대외적 · 공식적으로 천명했던 것은 1960년대 들어 중소(中蘇)분쟁과 쿠바 미사일 위기에서 소련의 소극적인 태도 등을 지켜보면서 소련과 중국에 대한 불신이 한 몫 했던 것으로 보인다.

'주체'라는 용어가 공개적으로 등장한 것은 1962년 12월 19일『로동신문』의 논설에서다. 신문은 "조선 혁명 수행에서 주체를 확립한다는 것은 조선 혁명의 주인인 조선로동당과 조선인민이라는 주견을 가지는 것이며 맑스-레닌주의의 일반적 원칙을 우리나라의 구체적 현실에 창조적으로 적용하며 모든 것을 조선 혁명의 성과적 수행에 복무케 한다는 것을 의미한다."고 보도했다.

김일성은 1965년 4월 14일 인도네시아를 방문, 〈알리 아르함 사회과학원〉에서 "조선민주주의 인민공화국에서의 사회주의 건설과 남조선 혁명에 대하여"라는 주제의 연설에서 "주체를 세운다는 것은 혁명과 건설의 모든 문제를 독자적으로, 자기 나라의 실정에 맞게 그리고 주로 자체의 힘으로 풀어나가는 원칙을 견지한다는 것을 의미한다. 이것은 교조주의를 반대하고 맑스-레닌주의의 일반적 진리와 국제혁명운동의 경험을 자기 나라 력사적 조건과 민족적 특성에 맞게 적용하여 나아가는 현실적이고 창조적인 립장이다."고 하였다.[28] 주체에 대해 해외에서 먼저 내용을 비교적 자세히 설명하였던 것이다.

1965년 이후 주체사상의 공식화는 김일성의 권력 독점과 체제 안정을 위한 정치적 목적이 숨겨져 있었던 것으로 볼 수 있다. 즉, 권력투쟁을 마무리한 김일성은 마르크스-레닌주의 해석권을 장악하고, 이를 자의적으로 해석하면서 주체사상을 새로운 통치이데올로기로 만들기 시작했다. 이때부터 주체사상은 비판이나 평가를 할 수 없는 유일사상으로 자리 잡아가게 되었다.

김일성은 1970년 11월 제5차 당 대회를 통해 당의 유일사상은 마르크스-레닌주의적 주체사상이라고 밝혀 주체사상이 마르크스-레닌주의와 동등한 위치에 놓고 조선로동당의 공식이념으로 채택 하였다. 드디어 1972년 북한은 헌법을 개정, '조선민주주의인민공화국 사회주의헌법'에 주체사상을 지도사상으로 규범화 했다. 이후부터 주체사상은 대내외 정책을 수립하고 혁명과 건설을 영도하는 데서 시종일관 견지하고 있는 입장을 총괄적으로 표시한 사상으로 규정되었다.[29]

그 후 주체사상은 김정일이 1973년 당 중앙위원회 비서로 선출되면서 이론적 체계화를 시작하였다. 1974년 2월 19일 김정일은 "온 사회를 김일성주의화 하기 위한 당사업의 당면한 몇 가지 과업에 대하여"에서 주체사상을 핵심으로 하는 사상, 이론, 방법을 체계화하면서 김일성주의를 제시했다. 또한, 그는 1974년 4월 14일 "전당과 온 사회에 유일사상체계를 더욱 튼튼히 세우자" 연설에서 주체사상에 바탕을 두고 김씨 혈통의 통치를 정당화 하는 "당의 유일사상체계 확립의 10대원칙"을 제시했다. 1980년 제6차 당 대회에서 당 규약에 주체사상이 조선로동당의 지도사상이라고 명시됨으로써 마침내 주체사상이 마르크스-레닌주의를 밀어내고 북한의 독자적인 통치이념으로 자리 잡게 되었다.

1982년 3월 31일 김일성 70회 생일을 앞두고 발표한 김정일의 "주체에 대하여" 논문을 통해 주체사상에 '사람중심의 철학적 원리'를 가미하여 주체사상의 논리 구조가 수령론으로 대체되기 시작했다. 이는 혁명과 건설을 추진하는 주체는 인민대중이지만 그 정점에는 수령이 존재하며, 수령은 인민대중을 인도하는 정신적 영도자의 역할을 한다는 논리이다. 나아가 김정일은 주체사상의 수령론을 '사회정치적생명체론'[30]으로까지 발전시켰다. 사회정치적생명체론은 인간은 육체적 생명과 사회정치적 생명을 갖는다고 하고, 부모에게 받는 육체적 생명은 유한(有限)하지만 수령-당-대중의 통일체인 사회정치적생명체의 중심인 수령으로부터 부여받는 생명은 무한(無限)하다고 주장한다. 이러한 과정을 거친 주체사상은 수령유일체제를 정당화하고, 후계자론으로 발전하여 권력 세습을 정당화하기에 이른다. 북한은 이러한 통치이데올로기 주체사상을『로동신문』을 동원해 대중을 교화하고, 그들의 정신세계를 지배하여 권력 세습과 체제 유지의 사상적 연결 고리로 삼아오고 있다.

1955년 김일성이 주체에 대해 처음 언급한 이후 거의 30년의 기간을 거치면서 주체사상은 '사상'에서 김일성주의의 '주의'로 까지 체계를 이뤄왔다.[31] 북한의 주체사상은 조선로동당 당 규약과 헌법 전문에 "조선로동당은 오직 위대한 수령 김일성동지의 주체사상, 혁명사상에 의해 지도 된다", "자기 활동의 지도적 지침으로 삼는다."라고 명기되어 있다. 주체사상이 북한의 노동당 규약과 헌법에서 공식적인 이데올로기로 규범화해 온 과정은 다음 표와 같다.

〈표 1〉 주체사상의 이데올로기 규범화 과정

당대회 (노동당규약)	헌 법	이데올로기	비고
북조선로동당 창립대회 (1946.8.28.-30)	조선민주주의인민공화국 헌법(1948.9.8.)	명시하지 않음(*)	
조선로동당 제3차대회 (1956.4.23.-29)		마르크스-레닌주의	
조선로동당 제5차대회 (1970.11.2.-13)	조선민주주의인민공화국사회주의헌법 (1972.12.27.)	마르크스-레닌주의 +주체사상	
조선로동당 제6차대회 (1980.10.10.-14)		주체사상	
	조선민주주의인민공화국 사회주의헌법 (1992.4.9.)	주체사상	이후 계속

* 북한은 1, 2차 당대회에서 채택한 당 규약에는 이데올로기(이념)을 명시하지 않고 '독립국가건설과 인민대중의 생활수준 향상'을 당의 목표로 명시하였다.
* 4차 당대회에서는 당 규약에 맑스-레닌주의 + 항일무장투쟁을 이념으로 채택했었다.

나. 김일성 가문에 의한 권력 승계

1) 권력 3대(代) 세습

북한은 1994년 7월 8일 김일성 사망 이후 김정일로 부자간 권력 세습이 이뤄졌고, 2011년 12월 17일 김정일 사망 이후 또 김정은으로 권력이 승계되었다. 이는 북한 공산주의 종주국인 소련이나 중국에서도 없었던, 현대사에서 보기 드문 부자간 권력세습(hereditary succession)이 북한에서는 3대에 걸쳐 이뤄진 것이다. 북한의 권력세습은 항일 빨치산 세력을 중심으로 소위 백두혈통이 사회주의 혁명의 정통성을 내세워 대를 이어 혁명과업을 완수한다는 명분하에 이뤄지고 있다. 그러나 실제는 김씨 일가와 그들을 받들고 있는 특권층이 기득권을 유지 · 보호하기 위한 측면이 강하다.

이는 과도기적으로 프롤레타리아 독재를 용인한 마르크스-레닌주의와도 배치될 뿐 아니라, 노동자농민의 천국이라고 주장해 온 북한 사회주의 혁명 정신과도 상반되는 것이다. 그럼에도 불구하고 3대에 걸친 부자간의 권력세습이 인민들의 큰 저항 없이 실현될 수 있었던 것은 무력을 앞세운 공포정치와 『로동신문』이 앞장서 공작한 세뇌의 결과로, 인민들이 권력세습을 어쩔 수 없이 받아들인 비자발적 동의가 있었기 때문에 가능한 것이다.

북한의 권력 세습 메커니즘을 그레젤지크(Virginie Grzelczyk)는 다음과 같이 설명하고 있다. "정보와 선전(information and propaganda)의 광범한 통제로 인해 전체주의국가 통치자들이 권력을 더 이상 장악할 수 없게 되는 분기점인 '감소회귀' (diminishing return) 현상을 피하는데 성공하고, 또한 북한의 지도자는 왕조건설(dynastic construction)을 보장하는 미묘한 기관조작을 유지해 오고 있다."[32]

북한 체제가 이미 전제군주제적 통치 기반을 갖추어 오고는 있지만 권력 세습에 대한 인민들에 대한 설득은 세습 과정에서는 물론, 그 후 체제 안정에 절대적으로 중요하기 때문에, 북한 당국은 최고지도자 사망 직후 세습관련 선전선동에 심혈을 기울여 왔다.

2) 세습의 논리와 준비과정

이러한 세습 과정에서의 선전선동에도 후계자의 '우상화'에 초점이 맞춰지고, 이를 중심으로 권력세습의 당위성 · 정당성을 뒷받침하는 세습 논리와 담론을 전파한다. 이들 논리적 근거는 상당 부분 조작된 개인적인 생애나 언술들을 바탕으로 하고 있으며, 이를 사회적 담론으로 바꾸어내는 광범한 학습 · 교화체계를 통해 개인숭배 분위기를 조성한다. 언어를 통한 설득, 즉 세습 선전선동은『로동신문』이 앞장 서 오고 있다.[33]

권력세습의 당위성 · 정당성을 담보하는 담론의 첫째 요건은 '정통성'이다. 북한에서 최고의 정통성은 항일혁명투쟁을 앞세운 '백두혈통'이다. 백두혈통은 김일성 가문의 혈족을 의미하며 북한에서 유일영도체계를 이루는 기본적인 자격요건이다. 이는 결국 북한의 최고 통치자는 반드시 김일성 혈통에서만 나올 수 있다는 것을 의미한다.

둘째 요건은 지도자의 '자질론'으로, 김정일의 경우 '문무를 겸비한', '비범한 예지', '탁월한 영도력', '고매한 덕성'을 고루 갖춘 지도자 자질로, 김정은의 경우 '김일성을 빼어 닮은', '군사적 풍모의 청년대장', 'CNC[34] 체계화', '21세기의 젊은 지도자' 등으로 묘사되는 인물을 의미한다.

셋째 요건은 북한체제의 '정체성 유지'이다. 북한은 권력승계의 합목적성, 즉 정체성 담론으로 가장 많이 활용하는 것이 '주체사상을 바탕으로 하는 사회주의 혁명과업의 승계 · 완수'이다. 북한의 권력승계 과정에서 주체사상은 후계자와의 이념적 연결고리로써 가장 핵심적 정체성이다. 특히, 김일성-김정일 권력승계 과정에서 주체사상은 중요한 역할을 했다. 왜냐하면 비록 당시 북한은 김일성의 유일적 1인지배체제가 확보된 상황이었지만 부자간 권력세습은 공산주의 국가에서 전례가 없었던 일이고, 북한에서도 사상 초유의 일로서 권력 승계에 대한 확신이 없었기 때문이었다. 따라서 김일성은 김정일을 통해 주체사상을 체계화시켜, 이를 근거로 혁명과업의 연속성 보장이라는 논리로 세습에 이용하였다. 이에 반해, 김정일-김정은 권력 승계 과정에서는 쇠퇴의 길로 들어선 주체사상만으로는 설득력이 부족하다고 판단하여 김정일의 '선군사상'을 주체사상과 함께 내세워 권력승계의 이념적 연결 고리로 이용했다.

북한은 부자간 세습 과정에 이러한 세습의 당위성 · 정당성 등 담론을 확산하여 인민들을 세뇌하면서, 한편으로는 후계자 훈련 과정을 거친다. 즉, 후계자에게 사전에 중요 보직을 맡겨 통치자가 되기 위한 준비 기회를 제공한다. 이러한 조치는 권력 세습을 대내외적으로 암시하는 의미도 있지만, 당이나 권력기관에 이들을 미리 포진시켜 통치 경험을 쌓게 하는 것이다. 이 기간을 통해 당 · 군 · 정 등 핵심부서의 업무 파악과 권력을 미리 장악하게 하여 권력 승계를 순탄하게 할뿐만 아니라, 권력승계 이후에도 권력 기반을 조기에 공고히 하는데 도움을 주기 위해서다.

김정일의 경우 1972년 12월 노동당 중앙위원회 전원회의에서 김일성의 후계자로 내정 된 이후, 1980년 노동당 제6차 당대회에서 당 중앙위원회 정치국 상무위원, 비서국 비서, 중앙군사위원회 군사위원으로 선출되어 공식적으로 후계자가 되었다. 그 후 1991년 12월 인민군최고사령관에 취임하고 1992년 헌법 수정을 통해 '일체의 무력을 지휘 · 통솔'하는 국방위원장에 올랐다. 이처럼 김정일에게는 20년 이상을 당과 군에서 공식적인 직무를 수행하면서 후계자로서의 훈련과 업적을 쌓을 기회가 주어졌다. 이에 반해 김정은의 경우 김정일의 갑작스런 사망으로 후계자 수업 기간이 짧았다. 2010년 9월 28일 인민군대장이 되고, 제3차 당 대표자회의에서 노동당 규약을 개정하여 중앙당을 복원하고, 당 중앙군사위원회 부위원장에 보임되면서 권력 이양의 수순을 밟았다.[35] 김정일-김정은으로의 세습 과정이 김일성-김정일의 세습과정에 비해 짧은 기간에 이뤄졌음에도 불구하고 큰 혼란 없이 진행된 것은 이미 김일성-김정일 세습의 경험을 바탕으로 전례를 그대로 답습하였기 때문에 가능했던 것으로 보인다.

주(註)

머리말

1) 전체주의(totalitarianism)는 20세기 초반에 출현한 이탈리아의 파시즘, 독일 나치즘, 일본의 군국주의 등을 포괄하는 국가주의 체제이며, 냉전시기 이후 소련의 스탈린주의가 대표적이다. 이 책에서는 스탈린주의를 본받은 북한 사회주의(공산주의)도 전체주의에 포함시키고 있다.

2) 북한『조선중앙통신』12월13일자는 "장성택에 대한 국가안전보위부 특별군사재판이 12월 12일 진행되었으며 공화국형법 제60에 따라 사형에 처하기로 판결했고 판결은 즉시 집행됐다."고 보도해 12월 12일 장성택 처형 사실을 확인해 주었다. 처형 방식은 김일성, 김정일 때 보다 더 잔인하게 기관총으로 공개 처형 된 것으로 알려져 있어, 이는 김정은 시대에 이르러 북한이 체제 유지를 위해 더 잔인한 공포 정치에 의존할 것임을 짐작하게 한다.

3) 여기서『로동신문』의 '권력 장치(power apparatus)로서 국가 기관성(機關性)'이라 함은『로동신문』이 당(黨)과 국가의 공식 선전매체로서, 권력기관에 종속되어 체제와 정권 유지에 필요한 선전선동을 수행하는 속성을 의미한다. 즉, 국가기관의 일부로서의 위상과 역할을 말한다.

제1장

4) 김호진,『한국정치체제론』, (서울: 박영사, 1997), p.83.

5) 노재봉(외),『정치학적 대화』, (서울: 성신여자대학교 출판부, 2015), p.141.

6) 이상돈, "전체주의의 등장과 자유주의의 몰락"『春秋』제2권 제19호, 조선춘추사, 1941. p.50.

7) 토크빌(Alex Tocqueville)은『미국의 민주주의』(Democracy in America)에서 개인주의와 자유주의가 과도하게 남용될 경우를 우려했다. 이는 '민주적 전제주의'(democratic despotism)와 '무정부'(anarchy)상태로 빠질 가능성을 말한다.

8) 최용철(역),『인간 본성에 관한 10가지 철학적 성찰』, (서울: 자작나무, 1996), pp.117.-140.

9) Simon Tormey, Making sense of tyranny - Interpretations of totalitarianism, (Manchester and New York : Manchester Univ. Press, 1995), p.169.

10) 선전의 어원은 라틴어 'propagare'(확산하다, 퍼뜨리다, 뿌리다)에서 유래하여 17세기 종교적인 '전도'의 의미를 가진 'propaganda'로 발전해 왔다. 그러나 19세기 이후 교회 밖에서 개념이 분화되어 "정치적 · 경제적 · 문화적 목적을 가진 설득적 행위"로 이해되기 시작했다. 한편 북한에서 발행된『대중 정치용어사전』에 의하면 '선전'은 "일정한 사상, 리론, 지식, 정치적 견해 등을 구두로나 출판물, 라지오, 기타 수단을 통하여 대중에게 널리 보급하며 해설 교양하는 것을 말한다."로 되어 있고, '선동'은 "담화, 보고, 집회에서 연설의 방법으로 또는 신문, 서적, 팜플렛, 삐라, 라지오, 영화 등을 통해 대중들을 혁명과업 수행에로 고무 추동하는 것을 말한다." 라고 설명되어 있다.(『대중 정치용어사전』, 조선로동당출판사, 1964).

11) Carl J. Friedrich and Zbigniew K. Brzezinski, *Totalitarian Dictatorship and Autocracy*, (New York : Frederick A. Paeger Inc. Publisher, 1961), pp.9.-10.

12) Friedrich and Brzezinski(1961), pp.107-117.

13) Hannah Arendt, *The Origins of Totalitarianism*, (New York : Houghton Mifflin Harcourt Publishing Co., 1976), p.344.

14) George Orwell, 『1984』 (New York : Penguin Group Inc., 1977), p.40.

15) 이상우, 『북한정치 : 신정체제의 진화와 작동원리』, (서울 : 나남, 2008), p.90.

16) 북한 『조선민주주의인민공화국 사회주의헌법』서문, (2012.4.13. 개정).

17) 이상우, 『북한정치 변천』 (서울 : 도서출판 오름, 2014), p.106.

18) 북한 헌법 제11조는 "조선민주주의인민공화국은 조선로동당의 영도 밑에 모든 활동을 진행한다."고 규정하고 있다.(2012.4.13. 개정).

19) Sung Chul Yang, *The North and South Korean Political Systems*, (Seoul : Seoul Press, 1994), p.223.

20) 이는 소련의 스탈린주의에서 '인민은 국가가 령도 하고, 국가는 당이 령도 하고, 당은 수령에 의하여 령도 된다.'는 통치의 원리를 답습한 것이다.

21) 한국전쟁 발발 원인에 대한 수정주의 학자인 커밍스(B. Cumings)도 북한을 "세계에서 가장 폐쇄적이고 불가해한(impenetrable) 정권"으로 규정하고 있다.(Bruce Cumings, "The Two Koreas," Foreign Policy Association, Headline Series, No.269, 1984, p.50).

22) 주체사상은 현재 김정은 통치시기에도 여전히 북한의 지배적 이데올로기로 작동하고 있음을 확인 할 수가 있다. 북한 당 규약이나 헌법에서 주체사상을 지도 이념으로 여전히 명시적으로 규정하고 있을 뿐 아니라, 김정은 집권 이후 개정 된 '당의 유일적령도체계확립의 10대원칙'의 서문에도 "주체"라는 용어가 12번씩이나 등장하고 있다.

23) 이데올로기 용어는 프랑스혁명 기간인 1796년 트레시(Antonie D. de Tracy)에 의해 처음 사용되었다. 그 후 마르크스(K. Marx)는 이데올로기를 지배계급의 사상을 사회전체가 자연스럽게 받아들이도록 하는 '허위의식'으로 인식하였고, 모겐소(H. Morgenthau)는 이데올로기의 역할을 국제정치 현실에서 힘(power)을 윤리적 · 법적으로 정당화 또는 위장하는 '정치적 동기의 위장'으로 저평가하였다. 그러나 제2세대 마르크스주의자들인 그람시(A. Gramsci)와 알튀세(L.Althusser)는 이데올로기의 사회정치적 역할과 실천적 기능을 적극적으로 평가하였다.

24) Hannah Arendt(1976), pp.40-45.

25) 셔먼(Franz Schuman)은 순수이데올로기나 실천이데올로기 개념은 절대적인 영구불변의 개념은 아니라는 주장을 한다. 순수이데올로기(pure ideology)는 조직 또는 개인에게 일관되게 의식적인 세계관을 제공하는 사고 체계이고, 실천 이데올로기는(practical ideology)는 조직 또는 개인에게 합리적인 도구(합리적인 행동 수단)을 제공하는 사고 체계로 정의하고 있다.

26) 국내 학자 중에는 주체사상의 '변용'이라는 용어 대신 '굴절'로 표현하는 학자(이종석)도 있다.

27) 김일성은 연설에서 "유감이지만 우리의 선전사업은 많은 점에서 교조주의와 형식주의에 빠져 있습니다. 모든 문제에 깊이 들어가지 못하고 주체가 없는 것이 사상 사업의 가장 주요한 결함입니다. 주체가 없다고 하면 어폐가 있겠지만 사실은 주체가 똑똑히 서 있지 못합니다. 이것은

엄중한 문제입니다. 우리는 반드시 이 결함을 철저히 고쳐야 하겠습니다. 이 문제를 해결하지 않고서는 사상사업에서 좋은 성과를 기대할 수 없습니다... 우리 당 사상사업에서 주체는 무엇입니까? 우리는 무엇을 하고 있습니까? 우리는 어떤 다른 나라의 혁명도 아닌 바로 조선혁명을 하고 있는 것입니다. 이 조선혁명이야말로 우리 당 사상사업의 주체입니다."라고 주장했다. (『김일성저작선집』제1권, 1967, pp.560-585).

28) 김일성, "조선민주주의 인민공화국에서의 사회주의 건설과 남조선 혁명에 대하여," 『김일성저작집』제19권, (평양: 조선로동당출판사, 1982), pp.304-305.

29) 최성욱, 『우리 당의 주체 사상과 사회주의적 애국주의』, (평양 : 조선로동당출판사, 1966), pp.2-3.

30) 북한『조선말대사전』에는 "사회정치적생명은 사람이 사회적 존재로서 자주적으로, 창조적으로 살아가기 위한 사회정치생활과정에 수령에 의해 받아 안게되는 생명이다. 이 생명은 육체적생명 보다도 더 귀중하며 영생하는 생명이다. 개별적인 사람은 수령, 당, 대중의 통일체인 사회정치적집단의 한 성원으로 됨으로써만 영생하는 사회정치적생명을 지닐수 있다."고 기술되어 있다. (『조선말대사전』,평양 : 과학백과사전출판사, 2004).

31) 북한의 주요 정치일정과 주체사상의 발전 과정은 다음과 같다.
① 사상에서의 주체 (당 선전동원대회 : 1955.12.28.)
② 경제에서 자립 (당 중앙위원회 전원회의 : 1956.12.11.)
③ 정치에서의 자주 (당 중앙위원회 확대 전원회의 : 1957.12.5.)
④ 국방에서의 자위 (당 중앙위원회 제4기 제5차 전원회의 : 1962.12.10.)
⑤ 유일사상체계 확립 (1967.5.28. 당 중앙위원회 제4기 제15차 전원회의 및 1974.2.12. 당 중앙위 제5기 제8차 전원회의)
⑥ 온 사회 주체사상화 (제6차 당 대회 : 1980.10.10.)
⑦ 사회정치적생명체론 (김일성 생일 70돌 기념 등 : 1982.3.31.)

32) Virginie Grzelczyk, "In the Name of the Father, Son, and Grandson : Succession Patterns and the Kim Dynasty", The Journal of Northeast Asian History, Vol.9, No.2 (Winter 2012), pp.33-68.

33) 지배계급의 통치담론을 피지배계급으로 전달하는 방법 중 가장 일반적인 방법이 언어를 통한 방법으로서 이는 피지배계급의 자발적 동의를 쉽게 이끌어 낼 수가 있다. 언어를 통한 통치 '담론의 장'은 결국 신문을 위시한 출판물이 위력을 발휘하게 되어 있다.(김용현, "『로동신문』을 통해 본 북한의 수령제 형성과 군사화", 『아세아연구』 제48권 제4호 통권122호, 고려대학교아세아문제연구소, 2005, p.116).

34) CNC(Computerized Numerical Control: 컴퓨터 수치 제어)는 북한에서 산업 전반에 걸친 정보화 개념으로서 첨단기술의 상징이다. 모든 경제 분야에서 김정은의 치적을 선전하는 구호로 활용되고 있다.

35) 김정은의 권력세습 과정은 김정일의 권력 세습 기간에 비해 짧았지만 세습의 경험과 선군사상 등 유훈 통치를 바탕으로 하고 있고 때문에 빠른 속도로 체제 구축과정이 진행되어 왔다.(김창희, "북한 권력승계의 정치 : 이념 · 제도화 · 인적기반 · 사회화," 한국동북아논총, 2012).

02

전체주의 선전선동과 언론

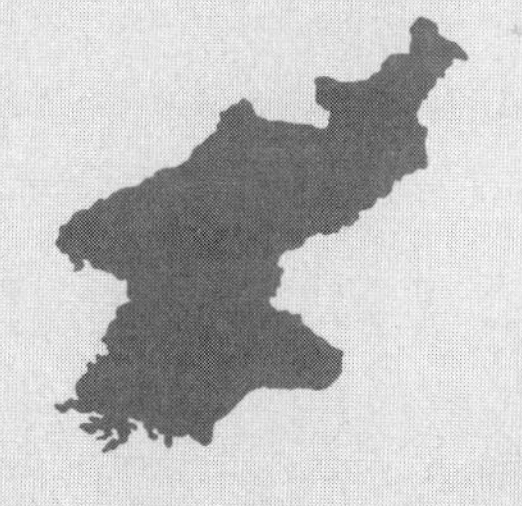

2장 전체주의 선전선동과 언론

1. 전체주의는 왜 선전선동에 의존하는가?

전체주의가 선전선동을 중시하는 이유는 기본적으로 두 가지 요인에 있다고 생각한다. 첫째는 전체주의가 유토피아적 사회를 지향하기 때문이다. 현실과 다른 이상적인 사회 건설을 목표로 제시하여 혁명의 필요성을 설득하고, 혁명 이후에도 계속적으로 혁명의 분위기를 조성해 나가기 위해 지속적인 선전선동이 요구 된다. 두 번째 이유는 전체주의가 등장하게 된 시대적 상황과도 관련있는 것으로, 20세기 초 근대 민족국가 출범 시기의 대중운동(mass movement)을 정치적으로 이용한 데 있다.

우리 근대사의 대표적인 전체주의 독일 나치의 히틀러(Adolf Hitler)는 『나의 투쟁』(Mein Kampf)에서 "거대한 대중들의 수용능력은 매우 제한적이며 그들의 지능은 매우 낮다."에서 알 수 있듯이, 선전은 기본적으로 일반대중의 정치사회적 역량을 믿지 못하는데서 출발한다. 히틀러의 전체주의를 연구한 아렌트(H. Arendt)는 봉건계급사회의 지주–농민 간의 지배 복종 관계의 붕괴와 함께 등장한 대중이 그들이 속한 사회로부터 고립되어 '원자화'(atomization)된 나머지 '일반상식과 현실주의'를 외면하기 때문에 경험적인 현실세계에서 보이는(visible) 것을 믿기 보다는 그들이 속해 있는 체제에 의존하여, 그들의 지속적이고 반복적인 그 무엇(선전)에 의한 '상상'(imagination)을 더 믿는 특성이 있다고 지적하고 있다. 이런 대중들은 '현실 보다 허구'(fiction), '우연성 보다 일관성'(consistency)에 더 집착하는 데 착안하여 전체주의 선전은 '허구와 현실'을 오가며 인위적으로 조작되고, 극단적으로 비이성적인 상태에 도달하게 만든다. 또한, 전체주의 선전은 대중들을 끌어들이기 위해 때로는 '과학적, 예언적, 무오류성(infallibility)'으로 포장되어 대중을 현혹하고 확신하게 만든다.[36)]

한편, 1917년 러시아 혁명에 성공한 레닌을 중심으로 한 볼셰비키는 공산주의가 성공하기 위해서는 혁명과 함께 선전선동에 의한 대중교화의 역할이 중요하다고 강조했다. 이는 선전선동을 통해 혁명의 정당성을 확산하여, 혁명의 지지자들은 신념을 굳게 만들고, 혁명의 반대 세력들은 혁명의 대열에 끌어 들이기 위한 심리전을 펼치는 것이다. 이는 전체주의에서 중요하게 여기는 인민의 조직화 · 일체화에 기여하기 때문이다.

전체주의와 대척점에 있는 자유민주주의 체제에서도 선전이 이뤄져 왔다.[37)] 오늘날 자유민주주의 체제에서의 선전은 통상적으로 홍보 또는 광보(廣報)의 개념으로 이뤄지고 있다. 이는 전체주의에서 선전의 목적이 인민들의 사상개조나 인간개조를 위한 교화가 아니라, 정부의 정책추진을 위한 소통을 통해 국민적 공감대를 형성하기 위한 것이다. 그리고 선전 수단에 있어서도 권력기관의 통제 하에 있는 선전매체가 아니라, 언론의 자유가 보장된 독립적인 언론을 통해서 주로 이뤄진다. 따라서 다양한 이념적인 성향을 가진 언론매체의 판단이 반영되기 때문에 영향력 면에서도 전체주의 선전에서와 같은 주선율(主旋律)은 일어나지 않는다. 시장경제 체제에서 기업 광고도 선전의 한 형태이지만, 이는 상품 정보의 전달과 기업의 수익성 제고를 위한 것이다.

북한의 경우, 김일성의 혁명 과정과 그 후 상당 기간 공산혁명의 정당성과 사회주의 우월성을 대내외에 선전 해 왔다. 그러나 소련과 동구 사회주의 진영의 붕괴와 같은 대외적인 상황 변화와 국내적으로도 혁명이 장기화되면서 선전선동의 방향과 내용이 변화하기 시작했다. 특히, 3대에 이르기까지 권력 세습이 이뤄지면서 선전선동의 지향점이 바뀌었다. 다시 말해, 초기의 선전선동이 '혁명과 건설'에 초점을 맞췄으나 점차 '1인 지배체제 강화'로 변질되었다. 이러한 과정에서 선전선동은 개인의 우상화에 치중하게 되고, 선전 내용은 조작과 날조가 심화되었다.

전체주의 체제가 선전선동에 크게 의존한다는 일반적인 주장에 이의를 제기하는 학자도 있다. 20세기 초반의 미국 사회철학자 호퍼(Eric Hoffer)는 『맹신자들』(*The True Believer*)에서 선전선동의 위력은 '여리고 성(城)을 무너뜨린 것이 여호수아의 우렁찬 나팔 소리 때문이라는 얘기만큼 믿기 어렵다.'라고 주장한다. 오히려 전체주의 국가들이 선전에서 큰 효과를 얻어내지 못하기 때문에 강압(coercion)에 의존한다는 것이다. 그는 전체주의 선전선동이 그 잠재력의 십분의 일이라도 발휘했더라면 러시아, 독일, 이태리, 스페인에서 잔인한 비밀경찰, 강제수용소, 대량학살 등은 없었을 것이라고 역설적인 주장을 한다.[38)]

2. 체제에 따른 언론 이념과 모델

언론 모델에 관한 이론에서 적용되는 가장 기본적인 고려 요소는 언론과 권력과의 관계라 할 수 있다. 시버트(Frederick Siebert), 피터슨(Theodore Peterson), 슈람(Wilbur Schramm)의 『언론의 4이론』에서는 다음과 같이 분류한다.[39]

첫째, 시버트의 권위주의 이론(authoritarian theory)으로서, 국가의 권위와 통치의 중요성을 강조하는 모델이다. 마키아벨리, 홉스, 헤겔 등의 사상에 이론적 배경을 두고 있다. 이 모델에는 독재국가, 파시즘, 제3세계의 언론이 이에 해당한다.

둘째, 역시 시버트의 자유주의 이론(libertarian theory)으로서, 오늘날 자유주의 국가에서 언론의 자유가 보장되는 모델이다. 로크, 루소, 밀턴, 밀, 제퍼슨 등 자유주의 사상을 이론적 배경으로 삼는다. 언론은 권력으로부터 자유롭고 자율적이며, 정부에 대해 감시와 견제의 기능을 하는 '제4부'의 역할로서 파수꾼(watchdog)의 기능에 충실 하는 모델이다.

셋째, 피터슨의 사회책임 이론(social responsibility theory)으로서, 언론이 정부권력으로부터 자유로운 대신 사회적인 책임을 강조하는 유형이다. 1947년 미국 언론자유위원회의 보고서에서 나온 개념으로 정치적 · 경제적으로 비대해진 언론이 자신의 이익보다 국민과 공동체 이익에 기여해야 한다는 것이다.

넷째, 슈람의 공산주의 이론(communist theory)으로서, 언론을 국가의 소유물로서 국가와 당의 목표에 기여하고 서로 공생하는 통치기제의 일부로 본다. 국가나 당이 언론을 통제하고 감시 · 감독하는 것은 물론, 언론은 국가 지배층의 이데올로기에 복종하고 국가나 당의 혁명 사상을 선전, 선동하는 수단으로 이용된다.

학자에 따라 언론의 분류 이론은 다양하지만 대별하면 권위주의 언론 이론과 자유주의 언론 이론으로 나눌 수 있을 것이다. 공산주의 언론 이론은 권위주의 언론이론에서 파생되었고, 사회책임 언론 이론은 자유주의 언론 이론에서 발전된 것으로 볼 수 있다. 여기서는 전체주의 북한의 선전선동과 언론에 대한 이론적 배경으로 다원주의 체제의 언론과 전체주의 언론의 철학적 배경에 대해 약술하고자 한다.

가. 다원주의 체제의 언론

고전적 자유주의자들은 정부의 권력 남용과 오용을 막는 가장 효과 있는 방법으로 언론자유의 신장과 자유언론의 존재를 들었다. 이들의 사상적 배경에는 언론은 정부의 통제부로부터 자유로워야 한다는 것이다. 그 대표적인 사상은 17세기 후반 밴담(Jeremy Bentham)의 "여론의 자유로운 발현(發顯)은 그릇된 지배에 대한 보루(堡壘)로, 민주국가의 특징이다."에 잘 나타나 있다. 자유주의자들이 희구한 언론은 수용자인 국민들의 가치관이나 행동에 직간접적으로 영향을 미치는 여론을 조성하고 반영하는 기구로서, 그들은 언론을 '무관(無冠)의 제왕(帝王)' 또는 '선출되지 않은 권력' 등으로 까지 비유했다.

이러한 영국의 자유주의적 언론관은 미국으로 건너가 미국 헌법을 기초한 '건국의 아버지'(founding father)인 제퍼슨(Thomas Jefferson), 애덤스(John Adams), 프랭클린(Benjamin Franklin)의 자유언론관에 영향을 미쳤다. 미국의 자유언론의 사상과 이념은『미국 수정헌법 1조』[40]에서 "의회는 언론자유를 제한하는 어떤 법률도 만들 수 없다."로 규정하고 있다. 미국식 언론의 자유는 국민들이 정부를 공개적으로 비판 할 수 있는 '언론의 자유'(freedom of speech)와 언론기관과 언론인의 자유를 보장하는 '자유 언론'(freedom of press)에 있다.

다원주의체제에서 언론은 입법부, 행정부, 사법부와 함께 소위 '제4부'(the fourth estate)[41]로서, 정부와 집권 세력에 대한 견제와 균형의 한 축으로서 권력남용을 감시 · 감독하는 데 있다. 그러기 위해서는 언론은 당연히 권력으로부터 분리 · 독립을 원칙으로 한다. 이러한 다원주의 체제에서의 언론의 역할을 좀 더 구체적으로 살펴보면 다음과 같다.

첫째, 언론은 국민들이 위탁한 정치권력과 정부정책을 감시 · 감독하는 것이다. 현대 대의적 민주제도 아래서 언론은 정부의 정책 결정 과정을 추적하고 정책의 진실성과 적절성을 탐사하여 비판함으로써 정부를 견제하는 기능을 갖는다.[42] 미국의 밀(John Mill)은 "기자가 아무리 권력자를 증오하는 기사를 쓰더라도 권력이 그것을 검열 할 수 없다."는 말에 나타나 있다.

둘째, 언론의 위상이 권력의 적대자(adversary)이다. 언론은 정부와 공생적인 관계가 아닌 적대적인 관계를 유지해야 정부를 비판하고 권력 남용을 견제 할 수 있는 것이다. 국가권력으로부터 독립성은 언론의 필수 조건이다.

셋째, 국민의 '알 권리'를 충족해 주는 역할이다.[43] 현대 민주국가에서 국민주권을 확보하고 정치참여를 보장하기 위해 국민들에게 정확한 정보를 제공해 줄 필요성이 증대되고 있는 것이다. 이를 보장하기 위해서는 정부와 언론과의 관계는 긴장 관계에 놓인다.

넷째, 언론의 의제설정(agenda setting) 기능이다. 언론은 사람들에게 '무엇에 대해 생각할지'(what to think about), 무엇이 중요한 사건들인가를 가르쳐 주는 역할을 한다.[44] 이는 언론에서 중요하게 보도하는 이슈들이 현실 세계에서도 실제 중요한 이슈로 인식하게 만든다는 것으로, 언론의 취사선택에 의해 반복적 또는 부각시켜 보도되는 이슈가 국민들은 더 중요하다고 받아들이게 되어 있다.

나. 전체주의 체제의 언론

전체주의 체제의 언론의 철학적 배경은 권위주의적 귀족정치를 주창한 그리스 철학자 플라톤(Platon)까지 거슬러 올라간다. 그는 대중은 지적으로 무능하며, 심리적으로 불안하고, 교육되어 있지 않아 방종으로 타락할 가능성이 크다고 경고하면서 "민주주의는 자유를 키우고 자유를 야생마처럼 방목하나 최후에는 민주주의를 잡아먹는 것 또한 자유이다."라고 말해 자유로운 대중의 역량을 믿지 않았다. 이러한 플라톤의 사상은 '만인의 만인에 대한 투쟁'(bellum omnium contra omnes)의 홉스(Thomas Hobbes)로 이어진다. 그는 "인간은 이기적이어서 자연 상태는 전쟁 상태와 같다. 그래서 권력이 전체의 이익을 위해서 개인의 자유를 규제할 수 있다."는 전제 하에, 군주가 위임한 신문만이 허용되어야 한다고 주장했다. 현대적 권위주의 정치를 제창한 헤겔(Georg Hegel)은 "국가란 구체화된 도덕이며, 역사의 진화 과정에서 가장 위대한 개인이다."고 말해 진정한 개인의 자유는 국가 속에서 찾아야 한다고 강조했다. 따라서 그도 국가 또는 권위주의적인 정부가 언론을 관리하고 통제하는 것을 당연하게 받아 들였다.

이러한 언론의 권위주의 사상이 공산주의 언론 이론으로 변질된 시점은 19세기 마르크스(Karl Marx)의 '유물론적 결정주의', 즉 "경제적 하부 구조가 이데올로기의 상부 구조를 좌우한다."는 사상이 반영되면서 부터였다. 사회를 계급구조로 인식하고, 노동자농민의 이익을 대변하는 언론이 진정한 언론으로 인정했다. 그는 자유주의자들이 주장하는 자본주의 언론은 부르주아의 이익을 대변할 뿐이라고 비판한다. 이러한 공산주의 언론관이 현실 정치에서 적용된 시기는 1917년 레닌(Vladimir Lenin)에 의한 볼셰비키 혁명에서다. 마르크스의 공산주의 언론 이론을 더욱 구체화한 레닌은 혁명적 투쟁을 통해 정치권력을 획득하고 이를 유지하기 위해서는 무력에 의한 '강제'가 필요하며, 한편으로는 대중의 지지를 얻기 위해서는 언론에 의한 '설득'이 부단히 필요하다는 혁명관을 가졌다.

히틀러의 나치, 마르크스-레닌의 소련, 마오쩌둥의 중국 등 전체주의 국가들에서 공통적으로 언론은 권력 획득과 유지의 도구로서, 정권과 공생하는 기관이었다. 이는 언론의 국가기관 '종속성'을 의미하며, 언론이 단순한 도구적 역할에 한정되는 것을 말한다. 이는 다원주의에서 언론이 권력으로 부터 독립되어 견제와 균형을 이루는 대등적 관계인 '독립성'과는 대조를 이루는 것이다.

다. 북한 적용 언론 모델

북한 김일성은 항일 빨치산 운동을 하면서부터 그 후 공산혁명의 과정에서 언론을 철저히 혁명의 도구로 삼았다. 북한 언론은 마르크스-레닌의 언론관과 모델을 답습한 공산주의 언론 모델에 속한다. 혁명 당시나 지금도 북한의 언론은 당과 정부기관 등 권력 기관에 종속되어 선전매체로서 제한된 역할을 수행해 오고 있다. 북한 언론은 "공산주의 국가체제는 군대와 언론기관이라는 양축의 수레바퀴로 굴러 간다."는 슈람(W. Schramm)의 '공산주의 언론 이론'(communist theory)이 그대로 적용된다 하겠다.

북한 통치자들은 언론을 '위력한 혁명의 수단'이라고 수시로 언급해 온 데서도 알 수 있듯이, 북한 언론은 체제와 권력 유지를 위해 지도자들의 의중대로 손과 발이 되어 대중을 선전선동 하는데 철저히 이용되어 오고 있다. 따라서 모든 언론의 보도나 언론 기관의 운영이 당이나 정부에 의해 통제되고 있고, 지휘 · 감독 하에 있다. 다시 말해, 북한의 언론은 여느 전체주의 국가의 언론과 마찬가지로 정치적 목적 달성을 위한 기관이라는 관점에서는 정치적 기구이고, 당과 국가에 소속되어 있다는 측면에서 어용기구(御用機構)이다.

북한 정권의 커뮤니케이션은 항상 최고지도자가 노동당 중앙위원회 선전선동부 등 책임일군들을 통해 당의 노선이나 정책을 공표하고, 선전선동부는 이를 언론을 통해 인민들에게 전파하는 일방적 형태로 이뤄진다. 이는 수직적 커뮤니케이션 구도로써 수용자의 의견은 무시되고 오직 당-국가-대중으로 연결되는 하나의 정보 하달 체계에 통합되는 구조이다. 이러한 시스템을 통해 당과 국가는 개인의 가치관을 조작 · 변형시켜 새로운 인간형을 만들어 내는데 언론을 이용하는 것이다.

북한의 모든 언론은 당보(黨報) 또는 정부 및 관변단체의 기관지(機關紙)이다. 따라서 독립된 기관으로써의 기능인 '견제와 감독'은 태생적으로 불가능하다. 오직 이들은 대내적으로는 사회주의 이념과 주체사상을, 대외적으로는 미국을 비롯한 자본주의 국가들을 제국주의로 몰아가고, 한국 내부를 분열시켜 남남갈등을 조장하고 친북세력과 통일전선을 구축하는 선전선동 매체에 불과하다. 북한 언론의 이러한 대내 · 대남 선전선동, 대외 심리전 등 활동이 서로 유기적으로 상호작용하면서 북한 체제의 결속을 가져오는 역할을 하고 있다.

3. 역대 전체주의 국가의 선전선동과 언론

가. 마르크스 · 레닌 · 스탈린 소련의 선전선동과 언론

마르크스와 레닌은 공산사회를 건설하기 위해서는 먼저 프롤레타리아 혁명을 통해 권력을 쟁취하고, 그 다음으로 대중으로 하여금 혁명의 정당성을 계속 지지하게 만드는 설득적인 활동이 필요하다고 주장했다. 다만, 마르크스가 선전의 이론가였는데 반해 레닌은 실천적 선전가라 할 수 있다.

마르크스의 언론관은 19세기 중반기 당시 프러시아 전제국가의 언론정책에 대해 비판적인 인식으로 부터 출발하여 개방적이었다. 그는 언론의 자유성을 인정하고 이를 위해서는 언론매체가 특정 정파의 기관지가 되어서는 안된다고 주장했을 정도다. 이에 반해, 레닌은 그의 유배시절(1899-1900) 이미 신문을 단순한 미디어로서가 아니라 하나의 정치적 수단으로 간주하였다. 1902년 그의 저서『무엇을 할 것인가?』에서 언론을 통한 선전과 선동을 구별하여 강조했다. 선전은 원칙적이고 전략적인 측면에서 장기적인 계획을 세우는 것인 반면, 선동은 내용은 피상적이고 간략하게 다루면서 대중의 감성적인 행동을 유발시키는 것으로 설명하고 있다. 레닌은 이러한 언론의 선전과 선동 기능을 중시하고, 특히 집단적인 조직자적 역할을 강조 했다.[45]

마르크스의 언론관이 관념적인데 반해, 레닌의 실천적인 선전과 언론관은 1901년 5월 〈이스크라〉지 4호에 실린 "무엇부터 시작할 것인가" 글에서 구체적으로 나타난다. "신문의 역할은 단순히 사상의 전파나 정치적 교육 또는 정치적 동조자의 교화에 국한되지 않는다. 신문은 집단적인 선전자요 선동자일 뿐만 아니라 집단적인 조작자이기도 하다." 이어 레닌은 계급투쟁의식을 높이는 데는 당(黨)이 유일한 대안이고, 당의 지도기능이 인민대중을 교육시키고 설득시키기 위해서는 효과적인 '새로운 유형의 신문'(presse neuen typs)'이 필요하다고 강조하게 된다. 새로운 유형의 신문은 프롤레타리아트의 혁명조직인 당의 기관지로서 당파성과 대중성을 갖춰야 하며, 모든 신문 보도는 노동자계급의 편에서 대중을 동원하고 대중과의 협력을 통한 것이어야 한다는 것이다. 이런 새로운 유형의 최초 신문이 1912년 페테르부르크에서 발간된 『프라우다』(Pravda, 眞理)였다.[46]

레닌은 러시아 혁명 이후에도 여러 연설 등에서 "한 사회에 살면서 그 사회로부터 자유로울 수가 없다. 그러므로 공산주의 언론은 공산주의 사회로부터 자유로울 수가 없다. 공산당은 노동자계급의 의지의 외면적이고 정치적인 표현이므로 언론은 당에 종속되어야 한다."고 주장했다. 이는 마르크스가 당으로부터 자유로운 언론을 주장했던 것과는 달리, 레닌은 공산국가에서 국가가 언론을 장악하고 통제할 수 있다는 사상적 근거를 마련해 준 것이다.

1917년 러시아는 공산혁명을 성공시킨 직후 11월 9일에 선포한 "신문에 관한 인민위원 평의회의 훈령"에 의거하여 반혁명적 언론들을 모두 폐간시켰다. 이듬해 1918년 7월 10일 제정된 러시아사회주의연방소비에트 공화국(RSFSR) 헌법은 근로자들의 "의사표시의 진정한 자유"를 다음과 같이 규정하고 있다.[47]

> 근로자들에게 의사표시의 진정한 자유를 보장하기 위해서 러시아사회주의연방소비에트 공화국은 자본에 대한 신문의 의존을 배제하며, 신문, 팜플렛, 서적, 기타 각종 인쇄물의 간행을 위한 모든 기술적 · 물질적 수단을 노동자 계급과 소농의 손에 넘겨주며, 전국에 있어서 그의 자유로운 보급을 보장한다.

그 후 1인 지배체제를 확립한 소련의 스탈린(Joseph Stalin)은 신문의 역할은 경제적 토대와 이데올로기적 상부구조 사이의 상호작용을 위해 중대한 의미를 갖는다고 강조했다. 즉, 상부구조의 능동적 역할을 위해서는 신문의 역할이 필수적이라는 것이다. 혁명을 이룩한 이후에도 인민은 자발적으로 사회 민주적 의식을 개발하지 못하므로 대중에 대해 끊임없는 교화와 설득이 필요한데, 이를 가장 효과적으로 수행 할 수 있는 기관이 언론 매체라고 주장했다. 스탈린의 언론관은 "당과 노동자 계급 사이를 연결하는 눈에 보이지 않는 정신적 연줄"이라는데 잘 나타나 있다.

레닌과 스탈린의 언론관은 혁명 과정에서나 혁명 이후에도 선전선동의 역할을 중시하여, 당과 정권 차원에서 이들 정책을 다루어야 한다는 것이다.[48] 이러한 정책은 신문, 방송, 통신, 잡지, 영화 등 모든 매스미디어가 정치권력으로부터 독립된 것이 아니라, 정치기구의 일부 내지는 그 부속기구로서 존치되고 기능하는 것을 말한다.[49] 즉, 공산주의 소련의 모든 언

론 매체들은 당과 국가기관에 소속된 기관지 또는 대변지(代辯紙)였다.[50)]

나. 마오쩌둥 중국의 선전선동과 언론

마오쩌둥(毛澤東)은 혁명에 성공하기 위해서는 창간쯔(槍杆子)와 삐간쯔(筆杆子)가 필요하다고 했다. 전자는 총칼을 말하는 무력이고, 후자는 문필을 통한 선전선동을 의미한다. 또, 그는 "무릇 하나의 정부를 전복하려면 먼저 여론을 조성하여 의식형태를 조작하고 상부구조를 구축하여야 한다. 혁명은 이와 같으며 반(反)혁명도 이와 같다."고 하여 여론 조성을 위한 선전선동의 중요성을 강조했다. 그는 공산혁명 과정에서 누구보다 선전과 언론의 중요성을 인식하고, 이를 혁명의 도구로 적극적으로 활용했다.

마오쩌둥은 본인 자신이 문필가로 저널리스트였다. 1893년 후난성(湖南省)에서 태어난 마오쩌둥은 마르크스주의에 입문하기 전 이미 천두슈(陳獨秀), 후스(胡適), 리다자오(李大교:金변에刀) 등이 집필하던 『신청년』(新青年)과 『매주평론』(每週評論)이 당시 중국의 지식인 등에서 영향력을 행사하고 있다는 사실을 인식하고 있었다. 그리고 그는 혁명 이전인 1918년 베이징대학 도서관에 근무하면서 중국 최초의 신문 연구단체인 '신문연구회'에 참가하였고, 1919년 후난성으로 돌아가 그의 나이 26세에 『상강평론』(湘江評論)을 창간하고 적극적인 언론 활동을 했다. 국공합작 당시인 1925년 12월 국민당 중앙선전부장대리로 근무하면서 국민당 기관지 『정치주보』(政治周報) 책임편집자를 역임하기도 했다. 그 당시 그의 언론관은 "왜 〈정치주보〉를 발간하는가? 혁명을 위한 것이다."에 나타나 있다.[51)]

혁명을 위해 신문을 만든다는 마오쩌둥의 주장에서 알 수 있듯이, 그는 이미 신문의 사회계급적 속성과 정치적 도구로서의 역할을 인식하고 있었다.

그 후 1939년 10월 4일 중국공산당 본거지인 연안(延安)에서 창간된 공산당 기관지 『공산당인』(共産黨人) 창간사에서 그는 "전국적 범위의 넓은 대중성이 있는 사상적 · 정치적 · 조직적으로 완전히 굳건한 볼셰비키화된 중국공산당을 건설해야 하는데, 이 위대한 과업을 위해서는 전문적인 당 기관지가 있어야 한다. 이것이 『공산당인』 발행의 이유이다."고 하여 당 기관지의 필요성을 역설했다. 이때부터 마오쩌둥은 각종 지시 등을 통해 당보(黨報) 이론을 체계화시켜 나갔다.

그는 당보로서 신문의 역할은 신속하고 광범하게 당의 방침과 정책을 선전하는 것으로 강조하는가 하면, 한편으로는 신중국 건설 다음 해인 1950년 4월 '신문과 간행물에 비평과 자아비평을 전개하는 결정'을 발표하여 인민 대중이 당보를 비평할 수 있게 하고, 당 간부와 당원도 신문과 간행물의 잘못에 대해 자아비평을 하도록 하라고 지시하여 당보의 독주와 교만에 대해 우려하기도 했다.

마오쩌둥의 언론관도 스탈린의 언론관과 마찬가지로 신문을 이데올로기 범주인 상부구조로 인식하고 일정한 사회경제적 토대가 신문 수단을 통해 반영된다고 보았다. 1957년 6월 그는 『인민일보』(人民日報)에 기고한 글에서 "이 세상에서 계급 구분이 존재하고 있는 한 신문은 계급투쟁의 수단이다."라고 하였다.

이러한 마오쩌둥의 선전과 언론관은 마르크스-레닌의 사상으로부터 출발을 하였으나 혁명과정에서 그의 특유의 철학이 반영된 언론관으로 발전되었다. 그는 특히 사회주의 언론의 역할인 '여론일률'(輿論一律)에 집착

했다. 이로 인해 1957년 정풍운동 이후 문화대혁명에 이르기까지 언론이 철저히 정치적 도구로 이용되어 통치의 실패로 이어지는 데 일조를 하기도 했다.[52)]

소련에서 스탈린의 언론 정책이 흐루시초프(Nikita Khrushchyov)의 스탈린 격하운동과 함께 수정되었듯, 마오쩌둥의 신문 이론과 신문 공작도 그의 후계자들에 의해 수정되었다.[53)] 신문이 이데올로기 상부구조에 속하여 그 사회 경제기초의 반영이라는 이념과 신문이 계급투쟁의 수단이라는 그의 언론관은 중국이 시장경제를 도입하면서부터 많이 변화되어 오고 있다. 다시 말해, 마오쩌둥 이후 중국의 언론은 당성과 계급성에 철저한 조직 · 선동 · 비판의 기능을 중시하면서도 보도의 객관성과 공정성을 중시하는 언론 본연의 모습으로 변모되어 오고 있다.[54)]

그러나 중국이 공산당 일당 독재체제가 유지되고 있는 이상, 『인민일보』(人民日報)를 중심으로 하는 관영 선전매체들은 당과 정부의 기관지로서 혁명 당시의 언론관을 지도적인 지침으로 견지해 나갈 것이다.

다. 히틀러 독일과 공산 동독의 선전선동과 언론

히틀러(Adolf Hitler)는 앞에서도 언급했지만 대중은 우매하고 무지하여 국가가 지속적으로 지도하고 이끌어야 한다는 인식을 가졌다. 유대인과 마르크스주의자들에 대한 혐오감으로 표출된 민족주의를 대중의 정신적 동원에 적극적으로 이용했다. 이를 위해 나치는 언론을 철저히 장악하고, 선전선동에 이용했다. 그들은 효과적인 선전은 아주 간단한 핵심요소로 한정되어야 하며, 대중들을 이해시키는 것은 마지막 한 사람이 이해 할 때까지 되풀이해야 한다는 선전관을 가졌다.

특히, 히틀러는 "선전은 전문가의 손에서 더 강력한 무기가 된다."는 판단 하에 선전전문가인 괴벨스(Paul Goebbels)를 나치당 선전장관으로 임명했다.[55] 괴벨스의 언론관은 "언론은 정부의 손안에 피아노가 되어, 정부가 연주해야 한다."에 잘 나타나 있다. 그는 언론의 임무는 단순히 정보전달이 아니라 대중을 '지도'하는 것으로 인식하고, 언론은 뉴스전달의 매체가 아니라 '의견형성의 매체'라고 규정했다. 35세에 '제국국민계몽선전장관'에 오른 괴벨스는 자신의 목표를 "장기적으로 52%의 지지층을 가지고 나머지 48%를 억누르는 데 만족하지 않을 것이며, 그 다음 과제로 나머지 48%의 지지마저 획득하려 할 것이다."고 하여, 히틀러의 "마지막 한 사람이 이해 할 때 까지"의 통치 철학을 충실히 이행했다.

괴벨스는 선전가는 복잡다단한 사상들을 조야한 형식과 조리되지 않은 상태로 대중에게 제공하는 임무를 넘어서 흔들리는 국민의 영혼을 여러 측면으로 이해하는 '정치적 예술가'라고 했다.[56] 또한, 그는 카리스마적 지도자 원리를 구현하기 위해 상징조작과 심리조작을 구사했고, 때로는 희망을 때로는 공포의 이중적인 전략을 구사하기도 했다. 그는 선전의 대상이 항상 대중이어야 한다고 주장했다. 히틀러와 같이 그도 대중은 지능이 낮아 수용능력이 제한적이고 망각 능력도 대단하다. 그래서 이들에게는 감성에 호소하고, 선전 내용은 간단명료해야 효과적이라고 주장했다.[57]

레닌-스탈린 시대의 신문이 교조적인 것과 대조적으로 히틀러는 신문을 쉽게 만들어 선전에 활용했다. 괴벨스는 신문을 가장 효과적인 선전 도구로 이용, 쉽게 각색된 내용을 계획적 · 계속적 · 반복적으로 보도하여 교묘히 여론을 조작하고 대중들을 최면상태로 통합시켜 나갔다. 괴벨스는 발행부수 100만부에 이르는 당시 『제국신문』을 철저히 활용했고, 이 신문을 자랑스럽게 여겼다.[58] 그는 언론을 통한 선전을 위해 매일 선전부 언론국에서 '정오회의'를 개최하고 이를 통해 '방향설정'이라고 불렸던 공식적인 지시를 하달하였다. 이 회의는 1933-1945년 까지 총 75,000건(1일 평균 17회)에 달했다.[59]

또한, 괴벨스는 1933년 7월 '제국문화원'(Reichskulturkammer)[60]을 신설하고 이를 통해 '민족공동체'에 봉사하는 문화 공동전선을 형성하기 위해 신문, 라디오방송, 저술, 연극, 영화, 음악, 미술 등 다양한 언론 · 문화 · 예술인들을 제국문화원 휘하에 두고 선전 활동을 하게 하였다.

특히, 그는 대중 선전선동의 도구로 라디오를 중요시 했다. 그는 라디오만이 국민을 완전히 장악할 수 있게 해 준다고 믿었다. 그는 방송국 네트워크를 장악하고 길거리와 광장에 '제국스피커'를 설치하고 저렴한 수신장치를 개발하도록 하여 '국민수신기'를 값싸게 대중들에게 판매하도록 했다. 이 라디오를 독일 국민들은 '괴벨스의 주둥이'라고 부르기도 했다. 그 외에 그는 영화, 포스터, 특히 스펙터클한 군사퍼레이드나 군중행사들을 통해 집단도취의 선전선동의 전형을 보였다.[61]

나치 독일 이후 공산주의 동독의 언론은 마르크스-레닌의 언론 이념인 사회주의 언론관을 수용하였다. 신문은 대부분 동독 공산당의 기관지[62]로서 당의 통제 하에 당과 국가를 위한 선전선동과 국민들의 사상교양 임무에 충실했다. 특히, 서독의 물질적 우위를 극복하여 체제유지의 정당성을 확보하기 위해 동독의 집권자들은 대중 미디어를 직접 통제하고 관리하면서 선전 · 선동 · 교육의 수단으로 언론을 적극 활용했다.

1974년에 개정된 동독 헌법에는 제한적인 언론의 자유를 보장하고 있었다. 동 헌법 제 27조 1항에는 다음과 같이 규정되어 있었다. "독일민주공화국의 모든 시민은 이 헌법의 기본 원칙에 따라 자신의 의견을 자유롭고 공개적으로 표현할 수 있다." 여기서 언론의 자유는 "이 헌법의 기본원칙"의 조건하에서, 즉 동독 공산당의 지도적 역할과 동독 헌법의 기본 정신에 충실할 때 한하여 보장된다는 것을 의미하는 것이다. 당시 공산주의 동독의 언론자유는 노동계급이 그들의 언론 매체를 방해 받지 않고 발간할 수 있고, 이를 공산주의 이데올로기의 선전선동 수단으로서 이용하는 자유를 의미한다. 이는 마르크스-레닌의 언론의 사회계급적 성격인 '집단적 선전가, 집단적 선동가, 집단적 조직가'의 역할이 반영된 것이다.

동독의 언론도 나치 독일의 언론과 마찬가지로 국가와 당이 국민을 지도하고 교화하는 수단, 즉 국가 기관의 일부였다. 모든 동독의 언론들은 동독 공산당 중앙위원회 선동부(Abteilung der Agitation)와 그의 통제를 받는 정무원 소속의 공보처의 휘하에 있는 국가기관의 보조기관이었다. 동독 공산당 기관지『노이에스 도이치란드』(Neues Deutschland)가 보도 지침을 작성하여 각급 언론 기관에 배포한 것은 이를 입증하는 것이다.

4. 전체주의 체제의 종말 이후 선전선동과 언론

전체주의 국가들이 선전선동과 언론을 체제 유지의 중요한 기제로 활용하지만, 체제가 붕괴되어 소멸 될 경우 그동안 작동해 왔던 선전선동과 그 도구인 언론에도 큰 변화가 온다는 사실을 실증적으로 확인할 수 있다.

소련의 체제 종말과 그 이후 러시아에서의 변화와 마오쩌둥 이후 중국의 체제 변화, 특히 덩샤오핑의 시장경제체제 도입에 따른 중국 언론계의 변화는 향후 북한 체제와 언론의 향배에 시사하는 바가 있을 것이다.

러시아는 구소련의 공산주의 체제가 붕괴되면서 정치체제와 경제체제 모두 서구 민주주의와 시장경제를 받아들였다. 대통령과 의회가 유권자들의 자유선거에 의해서 선출되는, 적어도 형식적으로는 민주주의 정치체제로 변환을 가져 왔다. 또한, 경제체제는 아직 몇몇 대기업들이 시장을 지배하는 과두체제이긴 하지만 외형적으로는 시장경제체제가 정착되고 있다. 이러한 정치 · 경제 환경 변화가 러시아 언론에도 영향을 미쳐 오고 있다.

1990년 초 개혁 개방 이후 러시아에는 대기업 소유의 상업주의적인 신문들이 대거 출현하였다. 이들 언론들은 대부분 러시아의 몇몇 재벌 즉, 올리가르흐[63] 소유의 언론으로서 소속사의 이익을 대변하는 방패막이 역할 수행에 충실하고 있는 소위 '재벌언론' 들이 주종을 이루고 있다. 반면, 소련 공산당 대변지로서 국내외적으로 절대적인 선전선동의 영향력을 행사했던『프라우다』는 이미 군소 신문으로 전락하여 명맥만 이어오고 있다.

한편, 중국은 '정치는 공산주의 일당 독재체제, 경제는 자본주의 시장경제체제'를 채택하고 있다. 특히, 덩샤오핑의 개혁 개방정책 추진 이후 경제적 자유화와 시장경제체제의 확산은 정치적 일당체제와 모순을 야기하고 있고, 이는 중국의 언론에도 영향을 미치고 있다. 중국 언론은 마오쩌둥 시기의 관제 언론정책이 등샤오핑의 개혁개방 시대에 접어들면서 큰 변화를 겪기 시작했다.

1954년 중국 헌법 제4장 공민의 기본권리와 의무 제87조는 "중화인민공화국 공민은 언론, 출판, 집회, 결사, 시위의 자유를 가진다. 국가는 공민이 이들 권리를 향유하는 것을 보장해 주기위해 물질적 편리를 제공한다."로 규정하고 있다. 그러나 1982년 개정된 헌법에서는 공민의 언론자유 보장은 종전대로 명기하고 있으나, '물질적 편리를 제공한다.'는 조항은 삭제되었다. 이는 등샤오핑의 실사구시(實事求是)와 사상해방(思想解放) 이념을 실현하기 위한 언론의 변화를 암시하는 것이다. 즉, 중국 언론에게 '자유는 보장하되 지원은 없다'로, 일정 부분 생존을 위해 상업화의 길을 열어 준 정책적 전환을 의미한다.

결과적으로 '당과 국가의 언론'과 '시장의 언론'이 병존하게 되었다. 당기관지 『인민일보』(人民日報), 국영통신사 〈신화사〉(新華社) 등은 당과 국가의 언론으로서 체제의 선전선동 매체로 여전히 영향력을 행사하고 있으나, 일부 지역신문과 '도시보'(都市報)들은 시장성을 띤 언론으로 변해가고 있다. 이러한 언론들에게는 더 이상 당이나 정부의 대변지로서의 역할을 기대하기는 힘들게 되었다.

북한의 지도부는 체제와 정권을 지속해 나가고 싶겠지만, 대내외적 상황은 북한 체제를 점차 개혁개방의 방향으로 나갈 수밖에 없게 만들고 있다. 역대 전체주의 국가들이 그랬듯이 북한에서도 정치 · 경제체제에 변화가 오면 선전선동과 그 전위대인 『로동신문』의 위상에도 변화가 올 것이다. 북한에서의 체제 변화는 공산주의 종주국이었던 소련의 극적인 체제 '전환'이 오거나, 아니면 중국의 점진적 체제 '변화'의 길을 걷게 될 것으로 보인다.

주(註)

36) Arendt(1976), pp.344-351.

37) 미국의 윌슨(Woodrow Wilson) 대통령은 제1차 세계대전 참전의 필요성을 설득하기 위해 미국 역사상 처음으로 연방선전기관을 설치했다. 그 기관이 연방공보위원회(United States Committee on Public Information)이었고, 전쟁을 승리로 이끄는데 크게 기여 하였던 것으로 평가 된다. 그 후 선전은 미국의 산업, 대기업 홍보의 개념으로 바뀌어 왔다.

38) Eric Hoffer, *The True Believer*, (New York : Harper & Row, Publishers, Inc., 1989), p.105.

39) 강대인(역), 『언론의 4이론』, (서울 : 나남, 1991), 참조.

40) 미국 수정헌법 1조(Amendment I)는 "의회는 종교의 설립과 자유로운 종교 활동, 말할 자유와 언론의 자유(the freedom of speech, or of the press), 집회결사의 자유, 그리고 피해의 구제를 정부에 청구하는 것을 막을 수 있는 그 어떠한 법률도 제정할 수 없다."고 규정하고 있다.

41) 이는 1827년 영국의 정치가 매콜리(Thomas Macaulay)경이 "의사당내 기자석이 왕실과 귀족, 하원에 이어 네 번째 정치영역이 되었다."고 한데서 유래되었다. 이후 언론이 '제4부', '제4권력'으로 불리고 있다.

42) 유재천(외), 『정부와 언론』 (서울 : 나남, 1990), p.73-74.

43) '국민의 알 권리'(People's Right to Know)라는 용어는 1738년 영국의 정치인 윈드햄경(William Windham Sir)이 최초로 사용하였다. 국민의 알 권리는 인간의 정신적인 자유, 즉 표현의 자유의 영역에 속하는 것으로서 주권자인 국민은 국정의 모든 정보를 청구 할 수 있고, 언론은 이를 정확하고 충실하게 전달해 줄 것을 요구 받고 있다는 개념이다.

44) 언론의 이슈 부각 영향력을 코헨(Bernard Cohen)은 "언론은 사람들에게 '무엇을 생각할지'(what to think)를 전달하는 데는 성공적이지 못할 수 있지만, '무엇에 대해 생각할지'(what to think about)를 전달하는 데는 놀랄 만큼 성공적이다."고 설명하고 있다.

45) 김세철, "마르크스와 레닌의 언론관," 『신문학보』 제23호, 한국언론학회, 1988., p.118.

46) 최정호(역), 『소련의 보도기관과 정보정책』 (서울 : 정음사, 1984), pp.35-36.

47) 최정호(1984) p.57. 註27 재인용.

48) 그람시(Antonio Gramsci)는 "마르크스-레닌의 언론관은 언론이 지배계급의 이익에 종속되어 피지배계급으로 하여금 현존의 계급관계를 당연한 것으로 받아들이게 한다고 비판하면서 언론은 피지배계급의 자발적 동의를 얻어 내는 '헤게모니(hegemony) 창출에 중요한 구실을 담당해야 한다고 주장한다. (이상훈 (역), 『그람시의 옥중 수고』, 서울 : 거름, 1987, p.146).

49) 이상두, 『마르크스 · 레닌주의와 언론-북한 언론의 본질과 비판』, (서울 : 범우사, 1979), p.21.

50) 소련 공산당 기관지 『프라우다』의 예에서도 알 수 있듯이 편집자는 당중앙위원회에서 임명되었고, 언론 통제와 감독은 당 중앙위원회 선전선동부에 의해 매일 조직적으로 이뤄졌다.

51) 임유경, "중국공산당 1세대 지도자의 언론사상에 대한 연구 – 마오쩌둥(毛澤東), 류사오치(劉

少奇), 저우언라이(周恩來)의 언론사상을 중심으로",『中蘇硏究』제31권 제1호 통권 113호, (한양대학교 아태지역연구센터, 2007), pp.99-123.

52) 중국 문화대혁명으로 인한 마오쩌둥의 통치실패에 대한 평가는 1981년 11기 6중전회에서 '건국 이래 당의 약간의 역사 문제에 대한 결의'에 나타나 있다. 여기서 마오쩌둥에 대해 "비록 그는 문화대혁명의 큰 실수를 저질렀으나 그의 일생을 볼 때, 그의 중국에 대한 공로는 그의 과실에 비해 훨씬 크다. 그의 공로는 첫째요, 그의 과실은 둘째다."는 평가를 받았다.

53) 중국 혁명 1세대 류사오치(劉少奇)와 저우언라이(周恩來)는 마오쩌둥의 언론관을 수정, 발전시켰다. 류사오치는 언론이 완전히 이데올로기 상부구조에 속하는 정치투쟁의 수단만이 있는 것이 아니라 언론이 '경제성'도 있어야 한다는 언론의 속성을 강조했고, 저우언라이는 언론이 당의 선전선동의 도구로서의 기능도 충실히 수행해야 하지만 언론의 '교육기능' 등 인민의 이익을 위해서도 봉사해야 한다고 강조했다. 저우언라이가 주간지『참고소식』(參考消息)을 확대 보급하도록 한 사실은 그의 언론관을 보여주는 사례이다. (『참고소식』은 신중국 건국 당시에는 중국 당 · 정 · 군의 소수의 간부들에게만 배포된 내부 기밀을 다룬 간행물이었음).

54) 이상두(1979), p.79.

55) 괴벨스(Paul J. Goebbels)는 히틀러 나치당 선전부장(1929년), 선전장관(1933년)으로 활동하면서 1930년대 나치 당세 확장에 기여하고 국민들을 전쟁에 동원하는데 큰 역할을 했다. 그는 선전선동의 귀재로서 히틀러 정권의 1등 공신이었다.

56) 김태희(역),『괴벨스, 대중선동의 심리학』(서울 : 교양인, 2006), pp.411.-412.

57) 양무진, "선전선동 사례연구 : 나치독일, 중국, 북한,"『현대북한연구』14권 3호, 북한대학원대학교, 2011, pp.13-15.

58) 정옥이, "북한의 대내 선전선동연구," 경남대학교 석사학위 논문, 2007, p.18.

59) 김태희(2006), pp.416-417.

60) 선전부 산하 '제국문화원'에는 제국저술원, 제국언론원, 제국방송원, 제국연극원, 제국음악원, 제국영화원, 제국미술원 등 7개 분과가 있었다.

61) 나치 독일의 괴벨스가 선전 도구로 주로 사용했던 라디오, 영화, 대규모행사 등은 후일 북한 김정일의 선전선동 수법에 많은 영향을 미친 것으로 보인다.

62) 당시 동독 공산당 중앙당 기관지『노이에스 도이치란드』(Neues Deutschland)와『베를린 짜이퉁』(Berliner Zeitung)이 전국지로서 각각 110만, 42만부를 발행하였고, 지역의 공산당 관구에서 발행하는 기관지 14개가 각각 10여 만부씩 발행하여 동독 신문 발행부수의 대부분을 차지했다.(김영욱 외,『통일과 언론 : 독일의 경험』, 한국언론진흥재단, 2011, pp.71-72. 참조).

63) 올리가르흐(Oligarch)는 러시아의 과두(寡頭)지배 세력을 뜻하며, 정치 · 경제 · 언론이 융합된 세력으로서 국가 기간산업 및 금융재벌들이 이에 포진하고 있다. 이들은 소련연방 해체 이후 러시아의 주요 국영산업의 민영화 과정에서 정경유착을 통해 막대한 부를 축적해 공공사업분야, 언론, 석유, 제조업 등 경제 전반을 장악하고 가격 왜곡 등 영향력을 행사해 오고 있다. 이들은 막대한 부를 바탕으로 정치권과 결탁하여 막후 권력으로 자리 잡고 있다.

03

북한 선전선동의 작동 원리와 목표

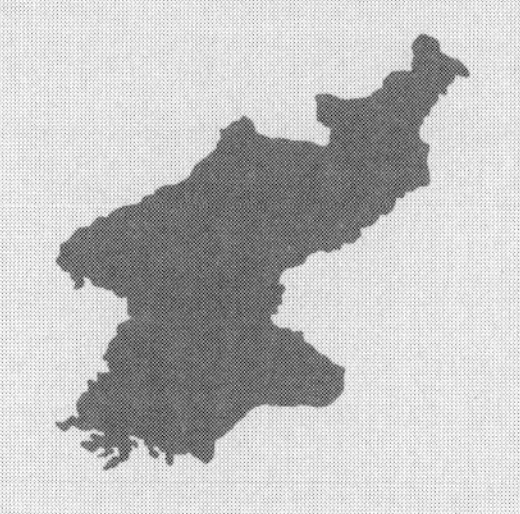

3장 북한 선전선동의 작동 원리와 목표

1. 북한 선전선동의 강화 추이(推移)

가. 초기 마르크스 · 레닌 · 스탈린의 선전선동 답습

공산주의자들은 혁명을 성공하고 혁명성을 계속 이어가기 위해서는 동원된 물리력만으로는 어렵다는 인식하에 대중의 충성과 지지를 확보하기 위해 주도면밀하게 언론 매체를 이용해 선전선동을 펼쳤다. 이들은 지속적인 선전선동 활동을 통해 "사람들의 생각을 상수(常數)에서 변수(變數)로 바꾸어 놓는 활동"을 전개하는 것이다.[64]

마르크스-레닌은 혁명이 성공하여 '물적 토대'가 완성된 이후에도 주체세력인 노동자와 농민의 의식수준 향상을 위한 교화와 선전선동의 역할을 중요시하였다. 이들의 선전선동의 1차적인 목적은 인민들에게 공산사회 건설에 필요한 이데올로기 교화작업(ideological indoctrination)이었다면, 혁명성 유지를 위해서는 대중들의 이데올로기 일탈(ideological deviation)을 방지하는데 2차적인 목적이 있었다.

레닌의 뒤를 이어 철권통치를 펼친 스탈린(Joseph Stalin)은 신문을 하나의 정치제도로서 사회체계 안에서 경제적 '하부기반'과 이데올로기적 '상부구조' 사이의 상호작용으로 파악한 저변에는 그의 언어에 대한 관념이 반영되었던 것으로 보인다. 그는 1950년『마르크스주의와 언어학의 제 문제』에서 '언어' 자체를 토대 위에 서있는 상부구조로 보았기 때문이다.[65] 거기에다 그는 레닌의 후계자가 되기 위한 권력투쟁 과정에서도 언론을 이용한 선전선동의 필요성을 강하게 느꼈던 것으로 보인다. 이때 그는 언론 장악을 위해 당의 기구로 '선전선동부'를 당 중앙위원회에 설치하였다. 당시 스탈린의 이러한 언론관과 당적 기구로서 선전선동 부서의 설립은 북한에 직접적인 영향을 미쳤던 것으로 알려져 있다.

결국, 북한의 초기 김일성 정권은 마르크스–레닌–스탈린의 언론관을 답습하여 언론을 철저히 혁명적인 도구로 인식하고 제도적 장치도 갖추었다. 그 이후 북한 체제의 선전선동은 당과 정부 등 국가 소유의 언론을 이용하여 사상 교양과 세뇌 공작으로 이어 오고 있다.

그러나 1972년 김정일의 북한 노동당 선전선동부장 부임과 그 이후 권력 세습을 이뤄오면서 선전선동과 언론, 기자의 역할을 강화시켜 왔다. 북한에서 1989년 발간된『신문학개론』에 의하면 신문의 '위력한 사상적 무기' 개념은 신문이 단순히 소식 전달자로서가 아니라 계급, 당, 사회적 집단의 사상을 옹호 · 대변하며 그 실현을 추동하는 정치의 수단임을 말한다고 규정하고 있다.

북한의 선전선동과 언론의 역할이 정치상황의 변화에 따라 다음과 같이 확대되어 왔다. ① 인민대중에 대한 사상교양자적 역할, ② 인민대중에

대한 문화교양자적 역할, ③ 대중동원의 위력한 무기 역할, ④ 대적투쟁, 대적언론의 위력한 무기, 대외선전과 외교의 수단 등이다.[66]

나. 김정일과 북한 선전선동 강화

북한에서 주체사상이 지배이데올로기로 본격적으로 자리잡기 시작한 것은 1970년대에 들어서면서 부터였다. 이와 때를 같이하여 선전선동과 이를 집행하는 출판보도물에 대한 요구도 변화하기 시작했다. 이는 당시 김정일이 김일성의 후계자로 내정되는 시기로, 권력을 순조롭게 이양받기 위한 권력기반의 강화 상황과도 맞물려 있었다. 그리고 앞에서도 언급했듯이 당시 김정일이 첫 당무(黨務)를 맡은 것이 선전선동부장이었던 것과도 무관하지 않다.

또한, 외적 요인으로 1970년대 들어서면서 중국에서의 문화대혁명, 소련의 후르시초프의 수정주의 노선 채택 등으로 인해 북한에 대한 원조가 삭감되면서 인민의 생활이 점차 어려워지기 시작했다. 이러한 정치상황에서 김정일로서는 인민들의 사상 결속을 더욱 강화할 필요성을 느꼈을 것이다.

김정일은 그동안 마르크스-레닌주의 언론 사상을 답습해 왔던 김일성의 선전선동과 언론관에 추가하여 주체의 이념을 도입하여 '주체적 출판보도사상'으로 발전시켰다. 이는 북한의 선전선동의 초점이 주체사상 강화에 모아지고, 이를 통해 체제수호와 그의 권력기반 강화에 목적이 있었던 것이다. 나아가 그는 권력 세습의 당위성과 정당성을 높이기 위해 주체사상을 개인숭배 사상인 김일성주의로 격상시키고, 언론의 역할을 '온 사회의 김일성주의화'에 귀결시켰다. 김정일은 1973년 9월 당중앙위원회 선전선동 겸 조직담당 비서가 된 다음해인 1974년 5월 7일 조선기자동맹 중앙위원회 제3기 제5차 전원 확대회의에서 내린 결론인 "우리 당의 출판보도물은 온 사회의 김일성주의화에 이바지하는 위력한 사상적 무기이다."를 공표하고, 이후 선전선동과 언론의 역할을 더 한층 강화하고 체계적으로 정비한 '주체적 출판보도사상'으로 제시하였다.

이러한 김정일의 주체적 선전선동 지침은 같은 해인 1974년 제정된 '당의 유일사상체계 확립 10대원칙'에도 포함시켜 "경애하는 수령 김일성동지의 위대성을 널리 선전하여야 한다."(3조2항)[67] "출판물에 실릴 글을 쓸 때 언제나 수령님의 교시를 정중히 인용하고 그에 기초하여 내용을 전개하며 그와 어긋나게 말하거나 글을 쓰는 일이 없어야 한다."(4조7항)고 하여 선전의 내용과 방법 등을 구체화시켜 나갔다.

김정일은 그 후에도 계속해서 당 선전선동부 일군들에게 체제수호와 정권안정을 위해 선전선동의 역할을 강조했다. 2001년 11월 18일 조선기자동맹 제8차 대회 참가자들에게 보낸 서한 "기자, 언론인들은 우리의 사상, 우리의 제도, 우리의 위업을 견결히 옹호 고수하는 사상적 기수이다"에서, 그는 "출판보도사업은 우리 당 사상사업의 주공 전선입니다. 우리 당은 혁명투쟁과 건설사업에서 신문, 통신, 방송을 비롯한 출판보도물이 노는 역할에 커다란 의의를 부여하고 확고히 따라 세웠습니다. 나는 혁명투쟁에서 언제나 붓대를 중시합니다."고 하여 70년대 이후 자신에 의해 주도해 온 선전선동의 역할과 출판보도 혁명이 일정 단계에 올라섰음을 평가하기도 하였다.

김정일의 주체적 출판보도물의 기본 사명은 온 사회를 김일성주의 요구대로 철저히 개조하며, 모든 성원들을 참다운 김일성주의자로 만들어 주체위업의 세계사적 승리를 이룩해 나가는데 이바지하는 것이다. 경제

분야에서도 사회를 김일성주의 요구대로 철저히 개조하여 공산주의의 물질적 요새를 점령하는데 이바지하는 것을 말한다. 또한, 주체적 출판보도물은 조국통일과 남조선 혁명을 위하여 당의 전략 전술적 방침과 자주적 조국통일 방침을 널리 해설 선전하고 남조선 인민들을 수령의 두리에 굳게 묶어세워 미일(美日)침략자들과 그 주구(走狗)들을 반대하는 거족적 투쟁에 전체 인민을 힘차게 불러일으켜야 하는 데 있다고 주장한다. 이러한 주체적 출판보도물이 견지해야 할 기본원칙으로 3가지를 들고 있다.

첫째, 당 출판보도물은 주체의 원칙을 자기 활동의 근본 초석으로 삼아야 한다. 그래야 당 출판보도물이 그 어떤 잡사상(雜思想)에도 오염되지 않고, 온 사회를 김일성주의화에 적극적으로 기여할 수 있다.

둘째, 출판 보도활동은 철저히 당 중앙의 유일적 지도 밑에 진행되어야 한다. 이는 모든 출판 보도 활동에서 당 중앙위의 유일관리원칙을 철저히 실현하며, 출판보도일군들이 당의 주도하에 모든 사업을 해나가고 당의 의도와 당이 내놓는 방침들을 무조건 접수하고 철저히 관철해 나가야 한다는 것을 말한다.

셋째, 당의 출판보도 활동은 종자를 바로 쥐고 속도전을 힘있게 벌리는 것이다. '종자를 바로 쥐고'는 기본 핵을 틀어잡는 것을 말하며, 속도전은 전격적으로 밀고나가 최단기간 내 양적으로나 질적으로 최상의 성과를 거둔다는 것이다.

이러한 김정일의 선전선동과 언론관이 반영된 주체적 출판보도물이 되기 위해서는 '신문혁명 · 보도혁명 · 출판혁명'을 통해 현장의 기자와 편집원 등 언론인이 아래와 같이 큰 변화를 일으켜야 한다고 주장한다.

첫째, 출판보도 선전에 남아있는 형식주의의 낡은 틀을 결정적으로 마스야(척결해야)한다. 당 중앙이 요구하는 수준에 이르기 위해서는 기성 관례나 재래식 방법으로 글을 쓰고 편집하는 낡은 틀을 대담하게 제거해야 한다. 이를 위한 방법으로 출판 보도사업을 항일유격대식으로 해야 한다. 항일유격대식은 김일성이 항일무장투쟁 시 이룩한 혁명적 출판보도활동의 전통적 기풍을 따르는 것이다. 이는 당의 출판보도물을 전투적이고 호소적이며, 참신하고 다양하게 통속적으로 만들어야 한다.

둘째, 속도전, 사상전의 방침을 구현하기 위해서는 전격전, 섬멸전의 원칙을 따라야 한다. 수령의 교시와 당의 방침이 정해지면 그것을 적시에 민감하게 받아들이고 전격적으로 해설 선전하며 모든 수단과 방법을 다하여 당의 정책이 철저히 관철 될 때까지 주인답게 책임감을 가지고 끈기있게 추진하여야 한다. 이를 위해서는 기자, 편집원들은 정치 활동가로서 혁명의 필봉을 높이 들고 적과 화해하지 않는 혁명투사이어야 한다.

셋째, 출판보도사업은 언제나 새로운 것에 대해 민감하고 생기 있고 전투적이어야 하는 만큼 기자, 편집원들은 노쇠해서는 안 된다. 노쇠하면 출판보도물이 패기를 잃게 되고 전투적 기능이 마비된다. 그리고 기자, 편집원들은 선비화의 경향과 글 제일주의를 철저히 극복하고 수령의 가르침과 그 구현인 당 정책을 끝까지 관철해 나가는 혁명투사가 되어야 한다. 기자, 편집원들이 글만 쓰면 자기의 임무를 완수했다고 생각하면 절대로 안 된다.

이상과 같이, 선전선동을 중시해 온 김정일은 사망 직전까지도 선전선동과 언론을 독려했다. 2010년 2월에 개최된 '전국 기자 · 언론인 대회'에서 "기자와 언론인은 강성대국 건설대전의 진군 나팔수이다"는 서한을 통해 언론이 강성대국 건설에서 앞장 선 '나팔수'로서의 역할을 강조하면서 다시 한 번 '붓대'의 역할을 강조했다.

이렇듯 김정일은 북한의 선전선동 책임부서 출신답게 언론과 선전선동을 핵심적 통치기제로 삼아 여러 번의 국내외적 위기에서도 체제를 결속하고, 3대에 이르는 권력세습을 가능케 하였다. 이러한 김정일의 언론관과 선전선동의 중요성 인식은 북한에서 발간된 『언론인들의 위대한 스승』에 자세히 나타나 있다. 거기서 김정일을 "조선의 언론역사에 새로운 페이지를 장식하고... 언론인들이 당의 의도와 요구에 따라 인민대중들의 감정을 힘차게 고무시킬 수 있는 훌륭한 기사를 취재 · 작성 · 편집하도록 영도하였을 뿐더러, 자신을 중심으로 당의 믿을 수 있는 혁명적 문필전사가 되도록 지도하는 한편, 언론인들의 생활과 활동의 모든 면에 대해 세심한 배려를 아끼지 않았다."[68]고 평가하고 있다.

다. 나치 괴벨스의 선전선동술 차용(借用)

북한 김정일은 위에서 살펴 본 바와 같이 체제 결속과 권력 세습을 정당화하면서 자신의 권력기반을 공고히 하기위해 '주체적 출판보도 사상'을 내세워 선전선동을 강화하면서 그 기법도 발전시켰다. 이러한 과정에서 김정일은 나치 독일의 선전 귀재로 알려진 괴벨스가 구사했던 선전술을 상당부분 차용했던 것으로 보인다.[69]

김정일의 주체적 출판보도물을 통한 선전선동의 궁극적 목적은 김일성주의화로 포장된 김일성과 그 가문의 우상화로 귀결된다. 이는 나치 독일의 '지도자 원리'에 입각한 총통(Führer)인 히틀러의 독재적 지위에 복종을 강요한 선전과 동일하다. 실제로 북한에서 구사되는 선전선동의 기법과 방법들이 나치 독일이 사용했던 선전 기법들과 거의 유사하다 하겠다. 그 사례들은 다음과 같다.

첫째, 나치 괴벨스는 라디오를 선전의 중요한 무기로 사용하였다. 괴벨스는 라디오로 "우리는 반동의 정신을 파괴시켰다."고 했을 정도였다. 북한에서는 '제3의 방송'이라 불리는 유선방송을 통해 선전을 하고 있다. 이 유선방송은 1975년부터 북한 전역의 가정마다 스피커 시스템을 갖추게 하고, 다이얼을 고정시켜 체제 수호를 위한 주민의 사상 통제의 선전선동 도구로 이용되고 있다.

둘째, 괴벨스는 이데올로기를 반영하는 영화 제작을 장려했다. 영화는 휴식과 오락을 선전과 결합시킬 수 있는 매체로서, 나치는 그들의 세계관과 사상을 영화의 주제에 포함시켜 주기적으로 반복적으로 상영하였다. 북한의 김정일도 영화를 중요한 선전 매체로 체제선전에 활용했다.

셋째, 나치 독일의 대규모(spectacle) 군중집회나 군사 퍼레이드를 동원한 선전을 모방한 북한의 선전선동은 중요한 계기마다 열리는 평양 시(市) 군중대회, 군사 퍼레이드, 아리랑 공연과 같은 대규모 행사에서 나타난다.

넷째, 괴벨스는 선전에 예술 공연과 음악을 적극 활용했다.[70] 북한도 '피바다', '꽃 파는 처녀'와 같은 공연 예술을 통해 체제 선전을 하고, 최고 지도자들 역시 주기적으로 이들을 직접 관람하여 선전 효과를 높이기도 한다.[71]

마지막으로, 북한에서 신문 편집을 '작전'에 비유하곤 한다. 이는 나치 독일의 괴벨스가 독일 언론을 정치과정에서 투쟁하는 '부대'로, 편집장을 여론을 조성하는 '장교'라고 호칭한 것과 유사하다.

한편, 북한이 나치 괴벨스의 선전선동 원칙을 상당부분 차용했다는 학술적 연구인 두브(Leonard Doob)의 논문 "괴벨스, 선전의 원칙"

(Goebbels, Principals of Propaganda)에서도 확인할 수 있다.

첫째, 선전은 지도자에 의해 촉진되어야 한다는 원칙이다. 북한의 경우 국가 중요 사안에 대한 선전선동은 김일성과 김정일이 주도적으로 추진해 왔다. 특히, 김정일은 1973년부터 조선노동당 선전선동 비서를 맡으면서 북한의 선전선동을 실질적으로 관장해 왔다.

둘째, 선전선동은 '불안야기 전법'(angst strategy)을 함께 구사해야 한다는 원칙이다. 북한은 군사력을 앞세워 국내적으로는 강압적 분위기 조성, 대외적으로는 잦은 군사도발과 핵실험 등으로 주민들을 불안감과 공포심을 갖게 하여 선전선동의 효과를 극대화 해 오고 있다.

셋째, 선전선동은 최적의 열망을(optimum anxiety)을 조성하되, 좌절을 주는 메시지는 차단시킨다는 원칙이다. 북한이 90년대 중반 이후 '고난의 행군'으로 주민들을 결속하게 하고, 이를 반전시켜 선군사상과 강성대국론을 주민들에게 비전으로 제시하면서 희망을 갖게 하는 선전선동을 하여 왔다.

넷째, 선전선동은 모든 대중 매체들을 동원하여 반복적(repetition)으로 전개한다는 원칙이다. 신문, 방송, 잡지, 영화 등을 총동원하여 동일한 메시지를 매체의 특성에 맞게 다양하게 제작하여 대중들에게 전달하는 것이다. 두브(L. Doob)에 의하면 "자극은 빈번히 되풀이되면 될수록 지각될 가능성이 높아지고, 또한 자극의 반복은 선전 자극과 반응 사이의 관념 결속을 강화 시킨다."고 한다.[72] 북한도 모든 매체들이 일사분란하게 이러한 원리에 따라 집중적 · 반복적인 선전선동을 전개해 오고 있다.

이상에서 보았듯이 북한이 전개해 오는 선전선동의 방법에서, 또한 학술적 분석을 통해서, 김정일은 주체적 출판보도사상으로 포장된 선전선동에 나치 괴벨스의 선전의 원리와 기법들을 상당부분 차용하여 김일성과 그 가문의 우상화, 체제유지를 위한 권력기반 강화, 권력세습 정당화를 위한 선전선동에 활용해 왔던 것이다.

2. 북한 선전선동의 작동 원리

가. 공포정치와 선전선동의 결합 : '조건반사' 원리

전체주의 전형을 보인 소련 스탈린 통치 시기의 볼셰비키 지도자들은 당시 러시아 생리학자 파블로프(Ivan Pavlov)의 '조건반사'(conditioned reflex) 이론을 정치적으로 이용하여 인민 대중의 학습과 세뇌 교육의 기초 원리로 삼았다.[73] 당시 소련의 선전선동 이론가들은 극단적인 인간의 세뇌에 몰두한 나머지 파블로프가 동물을 상대로 한 조건반사 원리를 인간의 세뇌에도 적용, 선전을 '조건자극'(conditioned stimulus)으로 삼아 형성된 학습의 결과를 통치에 이용했다.[74] 파블로프의 조건반사 이론은 1950년 소련의 공식 의학 이론으로 인정받고 난 이후 소련을 위시한 사회주의권에서 심리학적 제 현상을 설명하는 기초이론으로서 큰 영향을 미쳤다.[75]

파블로프가 개에게 음식을 주면서 종소리를 함께 들려주어 나중에는 종소리만으로도 침을 흘리는 반응을 내게 했듯이, 인간의 의식세계도 선전선동(조건자극)에 의한 학습과정을 거쳐 세뇌(조건반응)를 할 수 있기 때문이다. 인간은 다른 동물들과 달리 언어가 '2차적인 조건반사'

(secondary conditioned reflex)[76]의 신호 체계로 작용하여 인간의 사고와 행동에 영향을 미친다는 파블로프의 연구 결과를 이용한 것이다.[77]

당시 소련 통치자들이 파블로프의 원리를 이용한 것은 파블로프 이론 체계의 핵심이 인간의 행동과 심리, 학습, 정신활동 등의 고등 뇌기능을 생리적 현상에 기초한 객관적인 방법을 통해 연구한 것으로, '형이상학적 관념론'을 배격하고 물질의 우선성을 원리로 삼는 '변증법적 유물론'과 부합했기 때문이었다. 당시 소련 지도자들은 파블로프를 "볼셰비키당의 이념적 지도자"라고 부르기까지 한 것은 그들의 유물론적 철학 원리와 상통한다고 여겼기 때문이다.[78]

스탈린 시대의 선전선동에 영향을 크게 받은 북한에서도 일상적으로 진행되는 선전선동에 파블로프의 조건반사 원리가 작동하고 있다. 북한에서 조건반사 원리가 작용하는 것은 1차적인 '공포의 조건화'[79]와 2차적인 '언어의 조건화'를 통해 이뤄진다. 즉, 북한에서 일상적으로 일어나는 물리적인 공포는 '조건자극'으로 인민들에게 학습되어 있다. 인민들의 이런 심리상태 위에 2차적 조건자극으로 언어를 통한 선전선동을 함께 반복하게 되면 공포와 선전선동이 인민들의 뇌의 대뇌피질에 학습으로 기억되게 된다. 다시 말해, 조건자극으로서 공포와 선전선동이 연합적으로 반복되면 나중에는 공포 조건 없이 선전선동 단독으로도 조건반응을 일으키게 된다. 결국 북한 인민의 체제에 대한 순응은 공포와 함께한 선전이 조건반응으로 나타내는 학습 결과이다.

특히, 북한에서 선전선동 내용들이 상당부분 왜곡되고 날조된 사실임에도 불구하고 '공포'와 '선전'의 조건화를 통한 조건반사 원리가 지속적으로 작동되는 것은 공포학습의 특징이 영속성에 있어, 한번 학습된 공포는

아주 오랜 시간, 심지어는 유기체의 일생동안 지속되기 때문이다.[80)]

더욱이 북한 주민들의 조건반응에 보상이 따르게 되면 선전선동의 효과는 더 확실하게 나타난다. 실제로 북한은 김일성 · 김정일 · 김정은 생일에 그들이 원하는 쌀밥과 고깃국을 선물하여 소위 '보수 조건화'(reward conditioning)를 통해 학습효과를 증대시키기도 했다. 또한, 2013년 말 장성택 처형 사건에서 보았듯이 북한의 극단적인 공포를 앞세운 선전선동은 파블로프의 '노예적 복종의 반사'(reflex of slavish submission)를 이끌어 내기도 했다.

그러나 이러한 북한의 선전선동 효과는 일정한 조건하에서 강요된 학습의 결과이기 때문에 비자발적이고 한시적일 수밖에 없다. 이는 주민들의 이성적 · 합리적 판단에 따른 반응이 아니라, 통치자들이 목적하고 의도한대로 사고하고 행동하게 하는 조건반사의 결과이기 때문에 파블로프의 실험에서 나타나듯 조건자극이 중단되거나 약화되면 조건반응도 소거(extinction)의 과정을 밟게 될 것이다.

나. 사상개조 · 인간개조를 위한 '정치사회화'

정치사회화에 대해 하이만(Herbert Hyman)은 그의 저서『정치사회화』(Political Socialization)에서 정치사회화 개념은 "개인이 다양한 기관들을 통하여 그의 사회적 지위에 부합하는 사회적 여러 방식들을 자연스럽게 배우게 되는 과정"으로 설명한다. 즉, 인간의 행위는 '학습된 행위'(learned behavior)의 결과이며, 그 학습은 유년시절부터 시작하여 성인이 될 때까지 지속된다고 주장했다.[81)] 한편, 시걸(Roberta Sigel)은 정치사회화는 "현행의 정치체제에 지속적으로 반응하고 상호작용하는, '변화하는' 현상"으

로 인식하였다.[82)]

그러나 체제가 완전히 다른 북한에서의 정치사회화는 하이만과 시걸의 정치사회화와는 거리가 있다. 다시 말해, 자연스럽게 배우는 과정이거나 상호작용에 의해 형성되는 것이 아니라, 오히려 국가 주도의 조직적 · 획일적 · 중앙 통제적으로 이뤄진다. 즉, 국가 권력이 가족, 학교, 언론 기관 등에 개입하여 정치사회화 과정을 관장하는 것이다.

북한 김일성은 일찍이 공산주의로 이행하는 데는 스탈린의 '경제적 조건'과 '정치적 조건'을 원용하여 '물질적 · 기술적 요새'와 함께 '사상적 요새'를 확보해야 한다고 아래와 같이 강조했다.[83)]

> 공산주의를 건설하기 위해서는 반드시 두 개의 요새를 점령해야 합니다. 하나는 물질적 · 기술적 요새를 점령하는 것이고… 또한 사상적 요새를 점령하여야 합니다. 모든 사람들을 공산주의 사상으로 철저히 개조하지 않고서는 공산주의의 물질적 요새도 점령 할 수 없으며, 공산주의 사회를 완전히 건설 할 수가 없습니다.

이렇듯, 북한에서의 정치사회화 핵심은 철저한 사상개조를 통해 인간개조에 이르는 것으로서, 이는 지극히 타율적이고 일방적으로 이뤄진다. 정치사회화 과정은 북한 주민들이 유치원 때부터 시작하는 각종 교육을 통한 김일성 우상화와 체제 순응적 인간 형성,[84)] 그리고 성인이 된 이후 다양한 학습과 총화, 언론을 통한 선전선동으로 이어지고 있다.

그간 북한 정권이 인민을 대상으로 하는 정치사회화 과정은 2단계를 거쳐 진행되어 왔다. 첫 단계는 김일성에 의한 초기 혁명 과정에서 공산정권을 수립하기 위한 단계로서 인민들에게 공산주의 사상을 주입시키면서 전통적인 가치를 배격하는 정치문화 조성의 과정이었고, 그 다음 단계는 김일성 1인 지배체제 강화와 후계자 세습을 통해 체제와 권력을 유지시켜 나가기 위한 지도자 우상화 과정이었다.

북한에서 정치사회화 과정은 학교 교육으로부터 시작하여 '정치사상교양', '정치학습', '주체학습' 등으로 다양하게 시행되고 있다. 일반 대중을 대상으로 하는 정치사회화는 이데올로기 편향성이 강한 정치사상교양에 최우선을 두고, 가장 영향력이 있는 대중 매체들을 이용하고 있다. 즉, 일반 대중을 대상으로 하는 정치사회화는 유일 정당인 노동당 통제 하에 있는 공식적인 선전 매체인 『로동신문』을 중심으로 인민들의 사상개조, 인간개조를 해 오고 있는 것이다.

3. 북한 선전선동의 4대 목표

가. 우상화를 통한 1인 독재체제 강화

북한 체제와 정권은 철저히 김일성과 후계자들의 우상화를 통해 유지되어 오고 있다. 북한 지도자의 우상화에는 혁명 역사의 사유화, 즉 '항일빨치산'과 '백두산 밀영'과 같은 조작된 김일성 가족사를 유사신화(類似神話)화 하여 혁명의 역사로 만들어 왔다. 이러한 우상화는 현실 통치에서 '수령', '김일성주의' 등 신정체제나 절대군주 체제에서 볼 수 있는 1인 독재의 권력구조로 나타난다.

북한 김일성과 그 가문의 우상화 논리와 목적은 나치 독일의 '지도자원리'[85]와 흡사하다고 하겠다. 최고의 두뇌와 능력을 가진 최고지도자를 상정하고, 지도자는 신뢰의 수준을 넘어 숭배의 대상으로 삼는다. 따라서 이러한 지도자의 권력은 정상적인 국가의 통치로는 설명이 불가능한 무제한적인 속성을 지닌다.

나치가 민족을 이념으로 내세워 독일 국민들의 단결을 도모하기 위해 그 정점에 있는 지도자 총통(Füehrer)을 우상화했던 것처럼, 북한에서의 '조선민족제일주의'와 '우리식 사회주의'는 최고지도자 우상화를 위한 통치 이데올로기인 것이다.

또한, 북한에서는 주체사상과 사회유기체론을 바탕으로 하는 '사회주의 대가정', '사회정치적생명체론' 배경에도 지도자 우상화 의도가 있는 것이다. 여기서 수령은 어버이, 당은 어머니, 인민대중은 자녀에 비유시키는 것이 수령인 지도자를 우상화시키기 위한 것으로 볼 수 있다. 특히, 인간의 자연적 생명체와는 별도로 사회정치집단의 성원인 인민은 수령에 의해 영생불멸의 사회정치적생명을 부여 받게 된다는 주장은 수령을 신격화(神格化)까지 하는 우상화의 극치에 이른다. 특히, 유교적 전통이 정치문화로 자리잡고 있는 북한에서의 이러한 우상화는 '김일성 민족', '김정일 조선'이라는 표현까지 가능하게 만든다.

북한에서 지배체제 강화를 위한 김일성, 김정일의 우상화는 최고지도자의 사망 이후에도 상당 기간 유훈통치로 이어지는 데서도 나타나고 있다. 특히, 김일성 사망 이후 약 3년에 걸친 김정일의 유훈 통치는 우상화된 김일성에 대한 인민들의 충성심을 김정일에게 돌려, 그의 지배체제와 권력기반을 공고히 하는데 이용되기도 했다.

북한의 김일성과 김씨 가문의 우상화를 위한 인민들의 사상개조에는 언론 매체에 크게 의존하고 있다. 북한의 언론이 김일성 부자의 우상화 선전에 동원되고 있다는 사실은 최근 북한 이탈주민을 대상으로 실시한 북한 언론에 대한 수용도 조사[86]에도 나타나고 있다. 북한 언론의 역할에 대해 동의하는 정도를 묻는 질문에 "김정일 부자의 우상화를 공고히 하는데 이용된다"(86.5%), "체제 정당화의 도구로 사용된다"(71.0%), "인민들의 여론을 특정한 방향으로 설득한다"(65.5%), "다양한 정보를 제공한다"(14.5%) 등으로 반응이 나타났다.

나. 대중조작을 통한 백두혈통의 유일령도체계 확립

일반적으로 대중조작(mass manipulation)은 통치권자가 자발적 복종을 얻기 위해 매스 커뮤니케이션을 활용하여 상징을 교묘하게 구사하여 대중에게 물리적인 강제력을 드러나게 행사하지 않으면서 설득과 복종을 유도해 내는 것을 말한다. 이러한 언론을 통한 대중조작은 북한의 언론 환경과 매체의 속성상 용이하다. 그래서 북한의 지도부는 언론을 통한 허위와 날조된 선전선동으로 대중조작을 서슴지 않고 있다.

북한에서의 통치와 권력 행사의 정당성은 규범적인 합법성에 우선하여 백두혈통의 유일영도체계라는 카리스마적 지도자 원리가 자리하고 있다. 백두혈통의 유일영도체계의 개념은 김씨 가문을 신성시하게 하여 권력의 배타적 · 독점적 지위를 부여하는 것을 말한다. 이들은 출생에서 부터 항일혁명 활동에 이르기까지 그 내역을 날조하거나 왜곡하여 언론을 통해 일반 대중들과 전혀 다른 특별한 인물로 묘사하여 왔다.

백두혈통의 유일령도체계 확립은 1974년에 공표된 '유일사상체계확립 10대원칙'으로부터 시작되었다. 이 10대원칙은 실질적으로 북한 통치의 가이드라인으로서, 북한 최고 규범이라 할 수 있는 노동당 규약이나 헌법보다 더 일상적으로 영향력을 발휘하는 전가보도(傳家寶刀)의 규범으로써 김씨 가문에 충성하고 세습을 받아들이게 하는 생활규범이다. 북한의 모든 구성원은 이를 암기하고 일상생활에서 반드시 지켜야한다. 권력세습과 관련해서 김정일은 당시 자신에게 권력계승의 이유가 백두혈통이기 때문이 아니라 지도자로서 능력과 덕성을 갖추었기 때문이라고 대외적으로 주장하였다고 알려져 있으나, 실제 김일성의 후계자 유훈(추후 상술) 등을 살펴보면 결국 혈통으로 계승하고자 하는 의도가 역력하게 나타난다.

반면, 김정은은 철저히 백두혈통을 강조하고 할아버지 김일성을 닮은 지도자로 조작한다. 실제 김정은 시대에 들어와서 개정, 보강된 '유일적령도체계확립의 10대원칙' 10항 2에는 "우리 당과 혁명의 명맥을 '백두의 혈통으로 영원히' 이어나가며 주체의 혁명전통을 끊임없이 계승 발전시키고 그 순결성을 철저히 고수하여야 한다."고 되어 있다. 김정은 시대에 이르러서는 백두혈통을 권력세습의 정통성으로 명백히 하고, 견고화하였음을 알 수 있다.[87]

북한의『로동신문』등 언론들은 10대 원칙에 명시되어 있듯이 김씨 가문의 정통성, 즉 '백두혈통의 유일령도체계확립'을 선전의 중요한 기준으로 삼고 있다. 지난 장성택 처형 과정에서『로동신문』이 2013.12.10.일자 1면「사설」에서 "전당과 온 사회에 당의 유일적령도체계를 세우는 사업을 더욱 더 강도 높이, 맹렬하게 벌려나가야 한다."고 주장한데서 확인 할 수 있다.

다. 영웅 만들기로 노력동원체제 유지

북한『로동신문』은 한편으로는 체제와 정권 유지를 위해 최고지도자의 덕성과 치적을 선전하고, 다른 한편으로는 상당한 지면을 할애하여 인민들의 모범적 사례들을 소개 · 전파하여 총체적 노력동원 체제를 유지해 오는 역할을 하고 있다. 북한에서 영웅은 김일성과 같이 혁명신화로 숭배되는 혁명적 영웅과 충성심이 투철하고 모범적인 근로자, 농민, 군인 등을 발굴하여, 이들에게 영웅칭호를 부여하는 대중적 영웅이 있다. 북한 사회에서 대중적 영웅은 선전 매체인『로동신문』을 통해 국가적인 상징 인물로 미화되어 인민들의 노동의식을 고취시키고 국가경제건설 현장에서 근로의욕을 배가시키는데 이용되고 있다.

'영웅주의'(heroism)는 "하나는 전체를 위하여, 전체는 하나를 위하여" 구호로 나타나는 집단주의적인 사회주의 국가에서 나타나는 일반적인 현상이다. 북한도 여느 다른 사회주의 국가들과 마찬가지로 개인들의 경쟁영역이 거의 없는 비효율적인 체제이다. 따라서 노동력을 최대한 동원하기 위해서는 모범적인 근로자를 발굴하여 영웅으로 만들어 인민들의 노동의식을 지속적으로 고취시킬 필요성이 큰 사회다.

북한의 영웅 만들기는 구소련이 농업국가에서 사회주의 혁명을 통해 근대 산업국가로 발돋움하는 과정에서 영웅들을 통해 노동력을 동원하였던 데서 유래한다. 1930년대 스탈린은 체제 선전에 '사회주의 리얼리즘'(Socialist Realism)을 이용했다. 혁명가이자 작가인 고르키(Maxim Gorky)와 같은 문인들을 통해 노동자 계급의 '영웅'을 문학 작품과 언론에서 낭만주의를 가미해 조명하였다. 당시 소련 공산당기관지『프라우다』(Pravda)가 앞장서서 노동자계급의 '영웅'들을 적극적으로 발굴하고 선전에 활용했다.

당시 『프라우다』는 "조국은 우리들의 영웅을 반드시 알아야 한다."는 기획 시리즈로 보도한 것이 대표적인 예이기도 하다. 이때 유행한 '스타하노프(Aleksei Stakhanov) 작업방식[88)]'이 북한에서 영웅 만들기를 통한 노력동원의 원조 격이다.

북한의 『조선말 대사전』에는 '영웅'은 "당과 수령, 조국과 인민, 사회와 집단을 위한 투쟁에서 세운 위훈으로 하여 인민들의 사랑과 존경을 받는 훌륭한 사람"으로 정의되어 있다. 현재 북한의 영웅에는 '공화국영웅'과 '노력영웅'이 있다. '공화국영웅'은 1950년 6월 30일 제정되어 현재까지 '조선민주주의 인민공화국 영웅칭호'로 수여되고 있고, '노력영웅'은 1951년 7월 17일 제정되어 경제 · 문화 · 건설 부문에 있어 최고의 영예로서 노동에 대한 인식을 크게 바꾼 칭호가 되었다.[89)]

북한의 영웅관은 수령과 당에 대한 충성심과 조국에 대한 헌신성을 바탕으로 하고 있지만 시대에 따라 다소 변화되어 왔다. 김일성 시대에는 사회주의 건설 과정에서 노력동원에 의미를 두었다면, 1990년대 중반 이후 김정일 통치 시기 이후에는 체제의 위기 극복에 비중을 두었던 것으로 보인다. 이러한 영웅 칭호를 받는 사람들을 『로동신문』은 그들의 충성심과 모범적인 활동상을 보도 · 전파하여 인민들을 사회주의 체제에 대한 자긍심을 갖게 하고, 이를 바탕으로 전 인민의 노력동원 체제를 유지해 오고 있다. 최근 김정은 체제 하의 『로동신문』에서는 과업 성과를 크게 올린 근로자, 지배인, 군인, 농민을 '영예의 혁신자' 란에 사진과 함께 게재하는 새로운 형식의 영웅 선전을 하고 있다.

라. 미국과 남한에 대한 적대감 조성

북한의 신문 기능에는 대적투쟁(對敵鬪爭)과 대적언론(對敵言論) 활동이 포함되어 있다. 북한의 미 제국주의에 대한 반감은 19세기부터 형성되어 온 것으로 북한의 문헌에는 다음과 같이 기술되어 있다.[90)]

> 해적의 후손들인 미제국주의자들은 19세기 40년대부터 조선에 대한 침략을 준비하고 1866년 해적선 '샤만호'를, 1868년에는 해적선 '챠이나호'를, 1871년에는 미제침략군 아시아함대를 동원하여 조선에 대한 날강도적인 침략을 감행하였으며 일제의 조선 강점과 그 식민지통치를 부추겼으며 해방 후에는 일제를 대신하여 남조선을 직접 강점하고 제 놈들의 식민지로, 군사적침략기지로 전변시킴으로써 단일한 우리 나라와 민족을 분열시켰다.

그러나 미국에 대한 노골적인 비판은 공산혁명 이후 소련을 중심으로 하는 동유럽 사회주의 진영과 공동노선을 취하는데서 나타난 냉전의 산물이었다. 한편, 남한과 관련하여서는 미군정 통치하의 남한에서의 경제난, 부당한 적산정책, 심각한 인플레이션 등을 미국에게 책임을 돌려 제국주의 주장의 논리적 근거로 이용했고, 최근에는 마르크스경제학에 기초하여 한미 간의 무역관계는 완제품 수입과 원료제품의 수출의 관계로 설정하고, 남한이 미 제국주의의 원료공급지이자 상품판매시장의 기능을 수행하는 식민지로 해석하기도 한다.[91)]

북한이 미국을 '철천지원쑤'로 선전하는 배경에는 1950년 한국전쟁(북한식; 조국해방전쟁)에서 미국의 개입으로 남한을 적화통일하지 못했다는 그들의 논리가 깔려있다. 북한의 이러한 대미(對美) 인식은 한반도 적화통일 야욕과 북한의 체제유지에 미국이 가장 큰 방해 요인이기 때문이다. 북한의 경제적 곤경과 대외적 고립도 미국이 북한을 붕괴시키기 위한 술책이라고 주장하고 있다. 따라서 북한은 남한 사람들을 미 제국주의의 불행한 희생자로, 남한 정부는 괴뢰 정부, 남한의 정치지도자는 미 제국주의 앞잡이로 규정하고, 남한에서 주한 미군을 철수시켜 남한을 미 제국주의의 강점에서 해방시켜야 민족해방을 이룰 수 있다는 의식을 북한 주민들에게 심어 오고 있는 것이다.

또한, 북한은 분단 상황을 조성한 장본인도, 한국전쟁의 당사자도, 정전협정의 당사자도 미국이기 때문에 평화협정 체결의 상대도 결국 미국이어야 한다는 이율배반적인 주장과 선전을 하고 있다. 이러한 북한은 미국과 한국에 대한 적대적 인식을 『로동신문』을 통해 인민들에게 지속적으로 주입 · 확산시켜 오고 있다. 실제 『로동신문』은 5면 또는 6면에서 계기마다 미국을 제국주의 침략자로 비판하고 한국의 정치지도자를 비난하는 선전선동을 일삼고 있다. 이러한 대미 · 대남 적대감 선전선동은 폐쇄적이고 고립된 북한체제에서 체제 결속과 인민들의 단결심을 불러일으키는 중요한 정치문화로 작용하고 있다.

주(註)

64) 이충훈(역), 『여론』(Walter Lippmann, Public Opinion), (서울 : 끼치글방, 2012), p.251.

65) 북한『철학사전』, (동경 : 사회과학원 철학연구소, 1970) 참조

66) 엄기영, 『신문학개론』, (평양: 김일성종합대학출판사, 1989), pp.92-95.

67) 김정일 사후 김정은 시기 수정된 '당의 유일령도체계확립 10대원칙'에는 선전대상에 김일성뿐만 아니라 김정일도 포함시켰다.

68) 김영주, "김정일의 '주체적 출판보도사상'에 관한 연구," 『한국사회와 언론』, (서울 : 한울, 1995), p.186.

69) 북한의 선전선동이 나치 독일 당시 괴벨스의 선전술을 차용했다는 북한 문헌기록은 찾을 수가 없었다. 그러나 실제 김정일 북한의 선전선동술이 괴벨스의 선전술과 유사하다는 실증, 탈북 지식인들과 북한 전문가의 의견이 이를 뒷받침하고 있다. 외교관 탈북자 고영환은 『평양25시』(고려원, 1992, p.129.)에서 1985년부터 시작된 10만 군중이 동원되는 평양 〈햇불시위〉를 예로 들면서 "김정일이 숭배하는 것은 히틀러가 아닐까? 히틀러가 쓴 《나의 투쟁》을 열독하고, 히틀러에 관한 영화를 보면서 그를 추앙하고 닮으려는 것이 아닐까? 하면서, 아마도 내 추측이 맞을 것이라고 생각한다."고 기술하고 있다.

70) 괴벨스는 특히 바그너(Wilhelm Wagner) 음악을 대규모 군중집회에 반복적으로 들려 주면서 군중들의 몰입도를 강화시킨 후 통치자들이 조작하는 상황에서도 비판의식 없이 음악을 통해 자연스럽게 빠져들게 하는 '유도동기'(leitmotif)의 원리를 활용했다.

71) 김정일의 경우 2011년 한 해 동안 '은하수' 《설명절음악회》 관람을 포함하여 총 36회 각종 공연을 직접 관람한 것으로 나타났다 (『조선중앙년감』, 2012).

72) 이재원, "괴벨스 선전전략 연구", 연세대학교 석사학위 논문, 1986, pp.102-116.

73) 당시 스탈린(J. Stalin)이 러시아 생리학자 파블로프(Ivan Pavlov, 1849-1936)의 조건반사에 대한 관심을 가진 것은 그의 이론을 공산주의 이론에 접목할 이용가치도 있었지만, 파블로프가 정치에 무관심한 자유주의 학자였기 때문에 그를 이용할 가치가 더 컸던 것으로 보인다. 즉, 볼셰비키 당으로서는 세계적인 과학자로서의 그의 명성과 그의 연구 내용 모두가 소련의 위상을 공고히 하는데 중요하였던 것이다.(김옥주, "빠블로프(I. P. Pavlov)의 조건반사이론의 발전과정", 서울대 석사학위 논문, 1992, p.244).

74) 파블로프의 조건화 원리가 동물학습 뿐만 아니라 인간학습에도 적용된다는 연구로는 John Watson, Rosalie Rayner의 연구 등 다수가 있다.(Journal of Experimental Psychology, Vol. 3, 1920, 참조).

75) 김옥주, "20세기 중엽 소련의 의학사상 - 파블로프 이론과 스탈린주의의 결합", 『한국과학사학회지』 22권 2호, (한국과학사학회, 2000), p.240.

76) 파블로프의 '2차적 조건반사'는 기존의 조건반사를 토대로 새로운 조건반사를 형성할 수 있다는 것으로, 즉 직접적인 보상에 근거하지 않고도 '과거에 학습된 것'에 기초해서 새로운 학습을 할 수 있다는 것을 의미한다. 예컨대 1분당 100번 울리는 메트로놈 소리와 함께 음식을 주어 조건반사를 형성한 후, 음식을 주지 않고 메트로놈 소리와 동시에 기계적인 자극을 반복해 주

면 그 다음은 기계적인 자극만으로도 조건반사가 일어나게 된다.(김옥주, 1992, pp.57-58).

77) 이종인(역), 『파블로프』(PAVLOV), (서울 : 시공사, 2000), pp.178-179.

78) 김옥주(2000), p.246.

79) 공포 조건화 실험(John Watson의 공포형성 실험)은 11개월 된 꼬마 아이에게 좋아하는 흰 쥐를 보여주고 잡으려고 하는 순간 헴머로 철봉을 쳐서 큰 소리를 낸다. 흰 쥐와 소리를 연결시켜 17회를 반복한 다음부터는 꼬마가 흰 쥐만 보고도 공포 반응을 일으켰다. 꼬마의 공포정서는 흰쥐에 의해서만 아니라 흰쥐와 같이 보이는 자극에까지 확대되는 일반화 경향을 보였다.(이현수, "이반 페드로비취 파블러브 - 그의 생애와 업적," 『인문학연구』 9, 중앙대학교 인문학연구소, 1981, p.132. 참조).

80) 서동오(외), "공포의 생성과 소멸: 파블로프 공포 조건화의 뇌회로를 중심으로," 『한국심리학회지』, Vol.18, (한국실험심리학회, 2006), p.2.

81) Herbert Hyman, *Political Socialization*, (New York : The Free Press, 1969), p.10.

82) Roberta S. Sigel(edited), *Political Learning in Adulthood*, (Chicago : The University of Chicago Press, Ltd, 1989), p.458.

83) 김일성, "보건위생사업을 발전시키기 위하여," (평양 : 조선로동당출판사, 1968), p.162.

84) 북한은 "유치원에서 부터 어린이의 구호가 '아버지 김일성 원수님 고맙습니다.', '우리는 행복해요. 세상에 부럼없어라.', '우리 민족의 철천지 원쑤 미국놈들 쳐부수자.'가 주류를 이루고 있다."(김현희, 『이제 여자가 되고 싶어요』, 제2부: 꿈꾸는 허수아비, 고려원, 1991. pp. 27-28.)

85) 나치 독일의 '지도자 원리'(Führerprinzip)는 인간에게는 우열이 있다는 전제하에 최고의 두뇌를 가진 한 사람이 지도자가 되어 자기 민족을 지도해야 한다는 원리로서, 지도자의 절대적 권위와 국민 대중의 무조건적인 복종을 요구하는 근거로 삼는다. 독일의 히틀러가 독재정치에 대한 정당성을 부여하기 위해 만든 개념이다.

86) 이정철 · 김갑식 · 김효숙, 『북한 주민의 언론과 사회에 대한 이해』, (서울 : 한국언론연구재단, 2011), pp.56-58.

87) 이는 김정일이 자신은 백두혈통이라서가 아니라 지도자로서의 역량을 갖추었기 때문이라는 주장을 뒤엎는 논리로서, 향후 김정일의 주장을 어떻게 정리할 것인가에 주목할 필요가 있어 보인다.

88) 1935년 스탈린은 2차 경제개발 5개년계획을 추진하면서 광부 스타하노프 (Aleksei Stakhanov)를 노동영웅으로 활용했다. 그가 하루 6시간 근무에 일반 노동자의 평균 석탄생산량 14배(102톤)를 생산한 것을 사례로 그 후 '스타하노프의 작업방식'을 노력동원 슬로건에 이용했다. (Jan Plamper, *The Stalin Cult*, New Haven : Yale Univ. Press, 2012), p.41.

89) 이러한 영웅 칭호를 받은 사람들은 국기훈장 제1급, 제2급, 제3급에 대하여 규정한 특전을 받는 동시에 연금은 국기훈장 제1급에 따르는 규정액의 2배를 받게 된다. 영웅 칭호는 본인이 희생된 경우도 받게 된다.(『대중 정치용어사전』, 1964).

90) 『정치용어사전』(평양 : 사회과학출판사, 1970) p.247.

91) 김재웅, "북한의 논리를 통해 재구성된 미국의 상, 1945-1950" 『한국사학보』 제37호, (고려사학회, 2009), pp.299-344.

04

북한 선전선동 체계와 담론 이해

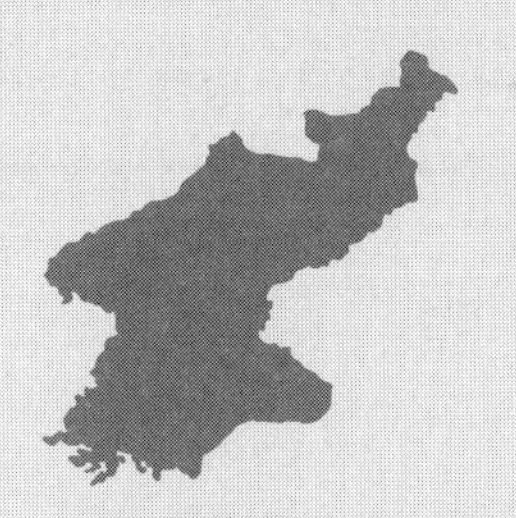

4장 북한 선전선동 체계와 담론 이해

1. 북한 공식 커뮤니케이션 형태 : 하향적 · 일방적 전파

북한에서 선전선동의 통상적인 형태는 먼저 최고지도자가 당중앙위원회 또는 선전선동부 '책임 일군'[92]들을 대상으로 담화, 발표, 토론, 논문, 서한 등의 형식을 빌려 언술(言述)한다[93]. 그 후 당 선전선동부의 소위 이데올로그(ideologue)들이 지도자의 발언 내용과 이를 선전할 지침을 작성하여 출판물을 통한 선전선동은 『로동신문』에, 방송을 통한 선전선동은 〈조선중앙방송위원회〉로 하달하게 된다.

이에 따라 『로동신문』은 '편집계획과 작전'[94]을 수행하게 된다. 여기서 편집계획은 수령의 교시와 당 정책별로 세운 '문제별 편집계획'을 말한다. 문제별 편집계획은, 다시 오랜 기간에 걸쳐 관철해야 할 정책적 문제는 '전망적 편집계획'으로, 당면하게 집행해야 할 정책적 문제는 '당면 편집계획'

으로 수립 된다. 편집계획은 신문사 편집위원회에서 결정하고 실행하는 것으로 되어 있다. 그러나 『로동신문』은 간부가 선전선동부의 직책을 겸직하는 형태로 운영되고 있어 당의 의중이 편집계획에 자연스럽게 반영되게 되어있는 구조다.

이러한 『로동신문』의 보도는 전체 기사의 절반 이상이 선전선동부의 지침에 의거한 '편집계획'에 따라 작성되고 있는 것으로 알려져 있으며, 기사는 통상 일주일 전에 미리 작성되는 것이 관례로 되어 있다.

또한, 『로동신문』 보도는 기획보도로 이뤄지기 때문에 선전선동 효과를 극대화하기 위해 기사의 형태, 내용, 순서 등을 적절히 조절하여 보도하고 있다. 따라서 『로동신문』 보도에서는 일정한 보도 패턴이 나타나게 된다. 이에 대해서는 후술하고자 한다.

『로동신문』의 보도는 당 간부 등 북한사회의 지배계층의 구독, 각종 직장 단위에 배달되어 실시되는 독보회(讀報會)를 통해 인민들에게 일방적으로 수용된다. 이는 다원주의 사회의 언론에서 독자들의 의견이 반영되는 쌍방향 소통과는 상이한 하향적인 전파 구조라고 할 수 있겠다. 이러한 북한의 『로동신문』을 통한 공식 커뮤니케이션 개념을 도식화하면 다음 그림과 같다.

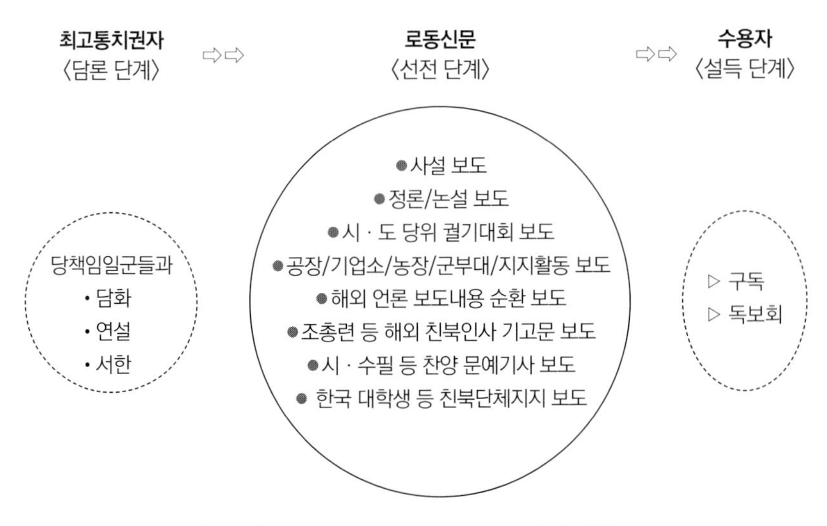

〈그림 1〉『로동신문』을 통한 커뮤니케이션 개념도

이러한 커뮤니케이션 구도 속에서『로동신문』의 보도 유형은 다음과 같다. ① 사설, ② 정론, ③ 학술대회, 토론회 또는 궐기대회 등 행사 보도, ④ 각종 행사에서의 발표, 연설, 토론, 결의문, 성명, 호소문, 편지 등 보도, ⑤ 해외언론의 지지성 보도 내용 국내 순환 보도, ⑥ 일본 조총련 주요 인사 기고문 게재, ⑦ 해외 주체사상연구소 등 학자 기고문 게재, ⑧ 기업소 · 공장, 광산, 농장, 군부대 등 현장 근로자 · 군인 및 지역 · 초급당위원회 궐기대회 또는 결의대회 보도, ⑨ 찬양 문예기사 보도, ⑩ 남한의 대학생 또는 친북단체의 북한 지지활동 보도 등으로 이뤄진다.

보도의 순서는 북한 언론 교범인『신문학개론』에도 선전선동의 효과를 높이기 위해 "신문편집에서 중요한 문제는 보도선전의 순차와 단계를 옳게 설정하고 보도선전을 체계적으로 심화시키는 것"이라고 기술되어 있듯이, 위에 나열된 순서가 일반적이긴 하지만 경우에 따라서는 순서가 바뀌거나 일부가 생략되기도 한다.

실제 『로동신문』의 보도에서 특히, 체제 선전이나 이념의 주입 등 사상 교화와 관련된 주제는 위에 나열된 기사 형태를 총동원하여 상당기간에 걸쳐 순차적 · 체계적 · 반복적으로 보도하고 있다.

반면, 짧은 기간의 단발성 선전의 경우 위에 열거한 보도 형태의 일부만으로 선전하고, 보도 순서도 이에 준하지 않고 있었다. 예컨대 단기간의 노력동원을 부추기는 캠페인성 선전선동의 경우, 위에서 나열한 보도 형태와 순서에 따르지 않고 궐기대회와 결의대회 기사 등 현장성 기사를 우선시 한다. 또한, 보도의 순서에서도 군중집회 또는 궐기대회가 사진과 함께 먼저 보도되고, 이어 논리와 주장을 담은 「정론」과 「사설」이 보도되는 순서를 밟는다.

2. 선전선동 전략과 지향(指向)의 변화 : '혁명성' 퇴조

북한 공산주의 혁명은 초기에는 일제치하로부터 독립과 사회주의 국가 건설이라는 명분에서 출발했다. 그리고 적어도 김일성 통치시기에는 단기간의 개혁과 변화를 추구한다는 측면에서 혁명의 대중성과 역동성을 가졌던 것으로 보인다. 그러나 그 혁명이 장기화 되고, 권력이 세습되면서 특별한 성과 없이 선전선동만 지속될 경우 '혁명의 일상화' 현상이 나타나게

되어 있다.[95)]

김일성의 초기 공산혁명 과정에서나 혁명 이후 상당 기간 답습해 온 마르크스-레닌의 선전선동과 언론관이 김정일 집권 이후 국내외적으로 닥친 정치 · 경제적 위기 상황을 극복해 오면서 소위 '주체적 언론관'을 내세워 선전선동과 언론의 역할을 강화시켜 왔던 것이 그 예이다.

이는 어떻게 보면 북한 선전선동의 패러다임(paradigm)의 변화라고도 할 수 있다. 즉, 국력이 그나마 왕성했던 김일성 통치 시기의 선전선동의 지향(指向)이 '혁명과 건설', '체제 우월성'에 있었다면, 90년대 들어서면서 동구권 사회주의 진영의 붕괴와 김일성 사망으로 인한 경제난으로 '고난의 행군' 시기를 거치면서 김정일 통치 시기의 선전선동은 '체제와 정권 유지'에 더 무게를 두었던 것으로 나타난다.

이러한 상황 변화는 '국가의 과제를 언론의 과제와 동일시'하는 전체주의 북한『로동신문』으로서는 '김일성 가문의 우상화와 주체사상의 교화'에 몰두할 수밖에 없는 것이다.

이러한 과정에서 통치자들은 선전선동의 효과를 극대화하기 위해 공포정치를 동반한 세뇌 공작에 더욱 의존하게 된다. 왜냐하면 선전선동의 목표가 당초 그들 나름대로 대의명분이 있던 '혁명'에서 '체제유지'로 변화하면서 사실의 왜곡과 날조의 필요성이 커지기 때문이다. 북한의 일탈한 선전선동의 목표와 이를 달성하기 위한『로동신문』의 역할 과정을 도식화하면 아래 표와 같다.

〈표 2〉 북한『로동신문』선전선동의 목표

<table>
<tr><td colspan="2">최종 목표</td><td colspan="3">지도자 우상화를 통한 1인 지배체제 강화</td></tr>
<tr><td colspan="2">중간 목표</td><td colspan="2">체제 유지</td><td>권력 세습</td></tr>
<tr><td colspan="2"></td><td colspan="2">↑</td><td>↑</td></tr>
<tr><td colspan="2">기본 전략</td><td colspan="2">주체사상 통치이데올로기화</td><td>세습 정당화 담론 확산 · 전파</td></tr>
<tr><td colspan="2">세부 전략</td><td>유일령도체계 확립</td><td>노력동원체제 유지</td><td>미국/남한 적대감 조성</td></tr>
<tr><td colspan="2">배합 작전</td><td colspan="3">공포정치 + 선전선동</td></tr>
<tr><td rowspan="2">세부 전술</td><td>원리</td><td colspan="3">학습과 세뇌를 통한 비자발적 설득과 동의 유도('조건반사' 작동)</td></tr>
<tr><td>수단</td><td colspan="3">『로동신문』: 사설, 정론, 논설 게재 및 국 · 내외 단체, 인사의 충성 기고문, 기초 단위 결의 대회 선전 보도 등</td></tr>
</table>

3. 북한 언론 보도와 담론 : '구조주의' 언어학적 접근

담론(discourse)은 일반적으로 '현실에 관해 체계적으로 설명하는 언표(言表)들'로 간단히 정의될 수 있고, 이는 한 사회에 이미 구축되어 있는 집단적 가치체계, 인식체계 및 정서체계를 반영한다. 즉, 담론이 생산되고 유통되는 것은 이들 담론이 필요한 특정한 '시대적 상황'이 있다. 특히, 이데올로기적 담론은 개인이 아니라 수많은 군중을 향하여 말을 건네는 행위로서 반복적인 경향을 지니며 개인적인 신념이 아니라 권력에 봉사하는 집단적인 믿음을 표상한다.[96] 이는 이데올로기를 신념화시키는 담론의 '숨은 구조' 때문이다.

북한 언론의 담론은 통치이데올로기가 작동되는 방식이며, 순수한 언어적 개념을 뛰어 넘는 권력을 실현하는 시스템의 일부분인 것이다. 이러한 통치담론은 단순히 언술을 넘어 지배체제에 대한 권위를 부여하고 권력을 정당화하는데 있어 핵심적인 매개체 역할을 한다.

북한의 이데올로기적 담론은 최고지도자와 노동당이 중심이 되어 통치의도를 갖고 주도면밀하게 생성되고 유포된다. 즉, 지배계급이 언어를 통한 담론을 확산하여 피지배계급의 자발적인 순응이 반복적 · 지속적으로 이뤄지도록 하고 있는 것이다.[97)]

이러한 통치담론 확산에 북한은 『로동신문』을 철저히 이용하고 있다. 특히, 김일성, 김정일 사망 직후부터 권력 세습과 체제의 연속을 위하여 『로동신문』을 통해 세습의도가 내포된 어구(語句)들을 사용하여 인민들을 세뇌하여 왔다는 사실을 확인할 수 있다. 한 예로 북한 『로동신문』은 김일성 사망 이틀 후인 1994년 7월 10일자 4면에 시(詩) "수령님은 영원히 우리와 함께"를 게재하고, "김정일동지, 그이의 두리에!, 김정일 동지, 그이와 더불어 수령님은 계신다! 수령님은 계신다!"를 보도하였다. 여기서 '…우리와 함께', '…수령님은 계신다'는 표현들은 북한 인민들로 하여금 비록 김일성은 사망하였지만 그의 사상이나 업적을 계승 발전시키기 위해 김정일로의 세습을 당연한 것으로 받아들이게 하는 담론의 표의(表意)인 것이다.

북한의 이러한 통치 담론으로 인민들의 의식과 사고를 지배 가능하게 하는 데는 언어의 주동적인 기능이 작용한다는 구조주의 언어학자들의 이론에 주목 할 필요가 있다. 즉, 언어가 단순히 발화(發話)의 수준에 그치지 않고, 현실에 대한 인식을 바꿔놓는 독자적인 기능을 인정하는 것이다.

초기 구조주의 언어학자 소쉬르(Ferdinand de Saussure)는 언어 체계는 '기표'(記標, signifiant)와 '기의'(記意, signifie)로 구성되어 있어, 전자가 언어의 기호라면 후자는 언어의 의미를 말한다고 설명한다. 또한, 그는 언어를 '랑그'(langue)와 '빠롤'(parole)로 구분하여, 전자는 언어가 추상적인 체계 하에서 구성원 모두가 공유하는 사회적인 언어로 규정하고, 후자는 구체적인 상황에서의 개인적인 발화와 관련 된 언어로 규정한다.

한편, 후기구조주의 언어철학자 푸코(Michael Foucault)는 "인간이 세계를 인식할 때 또는 인간의 경험이 언어화될 때, 즉 세계와 주체 또는 경험과 이론 사이에 규칙성이 존재 한다고 한다. 세계는 우리가 그것을 어떤 세계로 인식하는 한 이미 이러한 '담론의 질서'(l'ordre du discours)를 통과해서 인식된 세계이다."[98]라고 주장 한다.

북한『로동신문』의 보도에 등장하는 표현들은 단순한 단어의 나열이 아니라 통치이데올로기와 신념이 내포된 기의(記意)들로서, 모든 기사의 문장 속에 반복적으로 노출시켜 무의식중에 수용자들을 설득하기 위해 전문가들의 손에 의해 만들어진 것이다. 특히, 후술 할 김일성, 김정일 사망 이후 권력세습 과정에『로동신문』을 통해 전파한 담론과 어구들에서 구조주의 언어학자들이 주장하는 '언어의 기능성' 이 두드러지게 나타난다.

4. 북한 언론의 선전선동 기능 변천

가. 혁명 도구로서 '당보'(黨報)[99] (1945.8 ~ 1950.6)

언론 활동과 함께 조직 활동을 겸하고 있는 공산당 기관지는 혁명에 성공하기 이전에는 지하운동을 통해 정보전달 내지는 폭로기능을 수행하는 삐라 수준에서 혁명이 성공하게 되면 당보로서, 당 기관지로서 그 위력을 발휘하게 된다. 김일성은 "당은 당보를 통하여 전체 당원들에게 자기의 정책을 알려주며 행동방향을 지시하며 신호를 줍니다."[100] 라고 했듯이 당보는 당을 대변하는 당중앙위원회 기관지(機關紙)이기도 하다. 1945년 9월 김일성은 정치투쟁의 도구로 당보 발간의 필요성을 역설하고 '당보 발간 준비소조'를 결성하였다. 북한 노동당 당보『로동신문』은 1945년 11월 1일 창간되어 10만부로 발행되면서 면모를 갖추기 시작했다. 한편 북한 당국은 그동안 다양한 제호로 발행되던 지방당 기관지[101]의 명칭을 해당 도의 이름을 앞에 붙여『'도' 로동신문』으로 통일시켰다.

이 시기, 신문에 이어 잡지의 발간 사업도 중시 여겨 정치이론잡지『근로자』를 창간하기도 했다. 또한, 김일성은 보도 활동에서 중추적인 역할을 할 통신사 창설 필요성을 인식하고 1946년 12월 5일 〈조선중앙통신사〉를 세우고, 이를 통해 국내외 정세 자료를 중앙과 지방 언론기관에 신속 정확하게 전달하도록 했다. 1940년대 중반 북한은 이미 혁명에 필요한 중요한 선전도구를 갖추게 되었다.

당시 북한 언론의 기능은 혁명의 초창기에 애국적 역량을 결집시켜 인민정권을 세우고, 북한의 건국사상을 총동원하여 반제국주의와 반봉건적 혁명적 정치체를 건설하기 위한 투쟁에서 대중의 교양자, 당 정책의 옹호자, 조직의 동원자 역할을 주로 했었다.

나. 한국전쟁 기간의 '선무'(宣撫) 언론 (1950.7 ~ 1953.7)

한국전쟁 기간 동안 북한 언론은 완전히 전시체제로 돌입하고 언론의 보도 내용도 전선의 군사문제를 주로 다루었다. 북한 당국은 전쟁이 발발하자 조선인민군 최고사령부에 보도부를 설치, 전쟁 상황과 전선의 전과를 매일 종합한 '최고사령부 보도자료'를 작성하여 〈조선중앙통신사〉 등 각종 출판보도기관에 배포하여 보도하게 하였다. 이때 『조선인민군』, 『군사지식』, 『승리를 위하여』등 군사전문지들이 창간되어 전시 선전도구로 활용되었다.

이 시기 북한 언론은 전쟁 승리를 위해 전투적인 논설과 전투상보, 영웅전투기, 전선수기, 종군기를 비롯한 적군에 대한 폭로기사, 풍자, 만화 등 각종 보도 양식을 동원하여 선무활동을 전개했다. 이를 통해 전선에 나가 있는 북한 병사들에게는 승리의 희망을 주고, 후방에는 전시동원과 전선옹호를 위한 선전활동을 전개했다.[102)]

다. 사회주의 기초 건설시기의 '대중성' 확장 (1953.8 ~ 1961.6)

한국 전쟁 이후 북한 언론의 일차적인 역할은 경제 복구와 건설에 인민을 동원하고 조직하는 선전선동이었다. 인민의 노력동원을 극대화하여 전후 복구와 경제 건설을 하면서, 다른 한편으로 사회주의 건설에 요구되는 언론의 대중성 확보를 위해 '로동통신원' 사업을 강화시키기도 하였다. 1957년 제1차 전국로동통신원대회 이후 로동통신원의 활동이 더욱 확산되어 각지의 공장, 기업소, 농촌, 학교 등에서 로동통신원 소조가 조직, 운영되어 언론의 대중 참여를 확대해 나갔다. 이때 방송과 통신 분야도 조직을 확대 개편하고 인력을 보충하여 보도 선전전을 강화하였다.

이 시기 북한 언론은 전후 복구와 경제 건설을 위해 노력동원을 촉진하고, 나아가 당원들과 인민들에게 본격적인 사회주의 노선으로 튼튼히 무장시켜, 사회주의 기초 건설의 사명을 수행했다. 특히, 출판보도 활동에서 대중과의 사업이 한층 강화되었으며, 방송과 통신 등 언론의 기술적 토대가 마련되기도 하였다.[103]

라. 사회주의 전면적 건설시기 '교양자' 언론 (1961.7 ~ 1972.1)

전후 복구가 거의 완료되어 가고, 전면적인 사회주의 건설에 박차를 가하기 위해 인민의 사상과 문화를 본격적으로 개조할 필요성이 제기되었다. 1961년 3월 김일성은 '전국로동통신원 열성자대회'를 계기로 사상 개조를 위해 당적 출판보도물이 정치 · 경제 등 무거운 뉴스만을 취급하는 관행에서 벗어나 역사 · 문화 · 예술 · 자연 · 지리 등 문화교양 자료를 보도함으로써 사회 구성원들의 공산주의 도덕 품성과 문화 수준이 높은 주체형 공산주의적 인간으로 개조할 것을 요구했다. 이는 김일성이 북한 언론의 문화교양자적인 역할을 강조한 것으로, 마르크스-레닌의 언론 사상을 북한식으로 적용한 것으로 볼 수 있다.[104]

이 시기 북한 언론은 북한 사회주의 체제의 자신감과 성과를 대내외적으로 활발하게 선전하였다. 특히, 제3세계 지도자들을 초청하고 이들의 방북을 계기로 김일성 북한 체제의 우월성을 적극적으로 선전하였다.

마. 사회주의 성숙시기 '주체적' 언론 (1972.2 ~ 1980.9)

1970년대 김정일의 등장으로 북한의 선전선동과 언론 정책에 많은 변화가 있었다. 종전의 언론의 역할이 사회주의 혁명과 건설을 추동하는 수단으로서 비교적 제한적인 역할이었던 데 비해, 이때부터는 주체적 출판보도물로써 최고지도자의 우상화와 지배력을 공고히 하고, 주체사상의 확산과 유일령도체계 확립, 통일을 위한 투쟁에 적극적으로 동원되었다.

이 시기의 언론의 보도 방향은 김일성 수령의 혁명사상과 주체사상의 위대성과 김일성 부자가 이룩한 혁명 업적에 대한 선전으로 전환되었다. 이를 위해 『로동신문』은 사 · 논설을 집중적으로 게재하였고, 정치이론잡지 『근로자』등 여타 출판물의 질도 크게 향상되었다. 이때 북한 전역에 텔레비전 보급을 확대하는 등 언론 매체가 전반적으로 확충되었다.

바. 사회주의 승리시기 '논설'(論說) 언론 (1980.10 ~ 1998.8)

1980년 조선노동당 제6차 대회에서 김정일이 후계자로 공식적으로 확정되자 『로동신문』은 앞장서서 김정일의 지도자 자질과 치적을 집중적으로 선전하기 시작했다. 보도의 초점은 그에 대한 개인숭배에 맞췄다.[105] 당시 언론 보도의 중점 방향은 당과 수령에 대한 충실성 교양을 중심으로 당의 혁명 전통, 주체적 혁명 사상의 위대성, 영도자의 덕성 등을 인민들에게 널리 선전하는 데 있었다. 이를 위해 『로동신문』의 「사설」, 「정론」 등이 활발하게 이용되었다.

1990년대 접어들면서 북한 당국은 동구권과 구소련의 붕괴로 외부 정보를 철저히 통제할 필요성이 커지면서 '모기장 이론'[106]을 전개하기도 했다. 1993년 11월 제7차 조선기자동맹대회를 기념한 『로동신문』은 「사설」을 통해 "혁명의 필봉으로서 언론인은 대내외적인 사상전에서 승리"를 독려했다.

사. 사회주의 강성대국시기 '나팔수' 언론 (1998.9 ~ 2011.11)

1990년대 중반부터 시작된 '고난의 행군'을 마감하고 1998.8.22일자『로동신문』은「정론」을 통해 '사회주의 강성대국'을 보도한데 이어 9월 9일 북한 정권수립 50주년 기념『로동신문』「사설」에서는 "위대한 당의 령도 따라 사회주의 강성대국을 건설해 나가자"를 보도하였다. 이듬해 1999.1.1.일자부터 2002.1.1 일자까지 매년『신년공동사설』을 게재하여 "올해를 강성대국 건설의 위대한 전환의 해로 빛내자" 등으로 강성대국론을 선전하였다.

이 시기 북한 언론의 역할은 '나팔수'로 규정되었다. 2010년 2월에 개최된 '전국 기자 · 언론인 대회'에서 김정일은 "기자와 언론인은 강성대국 건설대전의 진군 나팔수이다."라고 하여 언론이 강성대국 건설에 앞장 설 것을 강조했다.

아. 핵 · 경제병진 시기 언론 (2011. 12 ~ 현재)

김정은 집권 이후 북한 언론의 선전선동 전략에는 큰 변화는 없다. 당분간『로동신문』등 출판보도물은 김정일 당시 언론정책을 그대로 답습할 것이다. 다만, 김정일 통치 시기에 매년 년초 〈신년공동사설〉을 통해 북한의 대내외 정책 방향을 밝혀 온데 반해, 김정은은 김일성 시대의 〈신년사〉를 다시 부활하였다. 또한, 최근 들어 북한의『로동신문』의 보도 범위가 점차 넓어지고, 대외 · 대남 심리전에 적극적으로 활용하려는 의도가 엿보인다. 이는 김정은 등장 이후 당 중심으로의 통치 회귀, 이로 인한 당 기관지의 역할과 위상 변화와 무관하지 않아 보인다.

젊은 지도자 김정은은 언론을 통한 친인민적 이미지 선전으로 자신의 통치기반을 공고히 하면서, 형식면에서는 현대적인 감각과 서방세계를 모방하는 세련된 언론과 선전선동을 추구할 것으로 보인다. 특히 방송과 인터넷 매체 분야에서 많은 변화가 예상된다.

이상에서 보듯이 북한의 언론정책과 기능이 시대의 상황과 그 요청에 따라 변화되어 왔다. 그러나 혁명 도구인 언론을 이용한 주체사상 선전, 지도자 우상화, 사회주의 체제의 우월성 등 선전 정책의 기본 노선에는 변함이 없었다. 북한의 시기별 언론의 정책과 기능을 요약하면 다음 표와 같다.

〈표 3〉 북한 시대별 언론 정책과 기능의 변천

통치자	시대 구분	언론 정책	주요 기능
김일성	1) 혁명도구 시대: 당보(黨報) (1945.8-1950.6)	- 마르크스 · 레닌 언론 답습 - 당적 언론 창간(로동신문, 근로자 등 창간)	혁명 투쟁과 초기 사회주의 구축 기능
	2) 한국전쟁기: 선무언론 (1950.7-1953.7)	- 전시언론 동원체제 구축 (조선인민군 등 창간)	전선옹호, 전시생산 위한 동원자적 기능
	3) 사회주의 기초건설기: 대중성 (1953.8-1961.6)	- 전후복구를 위한 인민의 조직 · 동원 (로동통신원 조직)	전후 인민경제 복구 기능
	4) 사회주의 전면적건설기: 교양자 (1961.7-1972.1)	- 당적 출판물의 보도 범위 확대(정치 · 경제 뉴스 이외 역사 · 문화 · 예술 등 다양화)	출판보도물의 문화교양자적 기능
김정일	5) 사회주의 성숙기: 주체언론 (1972.2-1980.9)	- 주체적인 출판보도 사상 정립 - 김일성주의화에 총력	김일성주의화, 조국통일과 남조선 혁명위한 기능
	6) 사회주의 완전승리기: 논설언론 (1980.10-1998.8)	- 김정일 후계 당위성 선전 -『출판보도사업에 대한 당의 방침해설』 발간	사설 · 논설 · 정론을 활용한 김정일 개인 선전기능 강화
	7) 사회주의 강성대국기: 나팔수 (1998.9-2011.11)	- 강성대국건설 진군 '나팔수'	사회주의 강성부흥 건설에서 나팔수
김정은	8) 핵 · 경제 병진기: 김정은 알리기 (2011.12- 현재)	- 김정일 언론정책 유지	김정은 권력 기반 공고화, 대남선전 기능

주(註)

92) 북한에서 당의 '책임일군'의 직위는 부부장급(우리 차관급) 이상인 것으로 파악되고 있다.

93) 독재정치(dictatorship)의 어원이 라틴어의 'dicere'(말하다)에서 유래한다. 북한에서 최고지도자가 당 일군들과의 언술(言述)을 시작으로 하는 통치방식은 독재정치의 또 다른 전형을 보여주는 것이라 할 수 있겠다.

94) '편집계획과 작전'이라는 표현에 대해서 북한『언론학개론』에는 "신문의 편집은 중요한 정책적인 문제를 다루는 책임적인 사업인 동시에 창조적인 사업이다. 이는 현실과 정세발전의 요구에 맞게 목적이 있고 의도가 있게 취급되어야 하기 때문에 '책략적'으로 추진되어야 한다."고 설명되어 있다.(엄기영, 1989)

95) 정영태(외),『북한의 부문별 조직실태 및 조직문화 변화 종합연구 : 당 · 정 · 군 및 경제 · 사회부문 기간조직내의 당 기관 실태를 중심으로』(통일연구원, 2011), p.xviii

96) 이지순, "북한 시문학의 이데올로기적 담론구조 연구," 단국대학교 박사학위 논문, 2005, p.11.

97) 한승호, "북한 사회주의 정치체제(political system)와 통치담론의 지속성,"『통일과 법률』통권 제7호 (평화문제연구소, 2011), p.156.

98) 이정우(해설),『담론의 질서』(Michael Foucault, L'ordre du discours), (서울 :새길, 1993), p.139.

99) 북한에서 당보(黨報)에 대한 정의는 "수령의 혁명사상과 그 구현인 당의 로선과 정책을 제때에 정확히 해설선전하며 혁명발전의 매 시기 당원들과 근로자들에게 행동방향과 과업을 제시함으로써 그들이 오직 당과 수령의 사상과 의도대로만 사고하고 행동하도록 한다."로 되어 있다.(엄기영, 1989, p.28).

100) 김일성, "당사업방법에 대하여"-"3. 당교양사업과 당일군들의 자체 수양에 대하여,"『김일성저작집』제13권, (평양:조선로동당출판사, 1981), p.131.

101) 당시 지방당 기관지들은 평양에서 발행된 평안남도 당 기관지『봉화』, 신의주에서 발행된 평안북도 당 기관지『바른말』, 청진에서 발행된 함경북도 당 기관지『햇불』, 함흥에서 발행된 당 기관지『옳다』, 원산에서 발행된 원산시 당 기관지『선봉』등이 있었다.

102) 이호규 · 곽정래,『북한의 사회적 커뮤니케이션 구조와 미디어』, (서울 : 한국언론진흥재단, 2011), pp.50-52.

103) 이호규 · 곽정래(2011), pp.52-54

104) 이호규 · 곽정래(2011), pp.55-56.

105) 이때부터 북한 언론이 '친애하는 지도자 김정일동지'라는 호칭을 사용하기 시작했다.

106) 북한의 내각 기관지『민주조선』은 1999년 8월 24일자에서 "자본주의 황색 바람이 들어오지 못하게 모기장을 단단히 치자"를 게재하여 부르주아 사상과 문화를 제국주의 침략의 척후병이라고 주장하면서 이를 받아들이면 사람들은 저도 모르게 방종과 타락, 방탕한 생활에 빠져들어 저속한 속물로 전락하게 된다고 주장했다. 이 '모기장 이론'은 그 후 북한 매체에서 자주 등장하였으며, 북한주민들을 외풍으로부터 차단하고 내부 결속을 다져 사상적으로 무장시키기 위한 담론으로 사용되었다.

05

북한 언론의 속성과 『로동신문』 위상

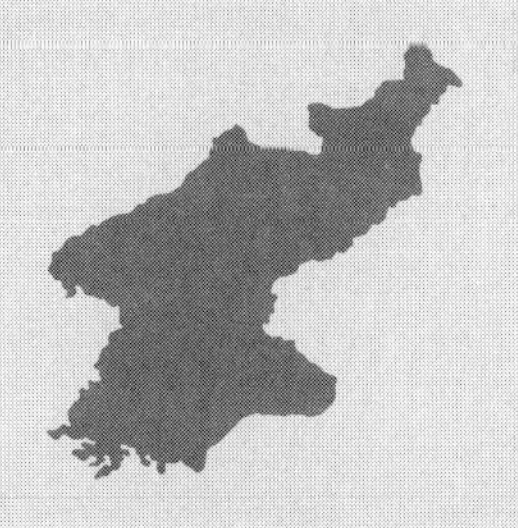

5장
북한 언론의 속성과 『로동신문』 위상

1. 북한의 언론 환경

가. '언론의 자유' 규정과 현실

2012년 4월 13일 개정된 '조선민주주의인민공화국 사회주의헌법' 제67조에는 "공민은 언론, 출판, 집회, 시위와 결사의 자유를 가진다. 국가는 민주주의적 정당, 사회단체의 자유로운 활동조건을 보장한다."고 규정되어 있다. 『북한용어사전』에는 보다 구체적으로 "언론출판의 자유란 인민이 주권을 잡고 있는 나라에서 공민이 가지는 정치적 권리의 내용"이라고 설명되어 있다.

북한에서 언론의 자유는 노동당의 의지를 관철시키기 위해 활동하는 '공민'(公民), 즉 사회주의 체제를 수호하고 정권유지를 위해 필요한 과업을 수행하는 인민들에게만 주어지는 제한적 자유이다. 다원주의 체제에서 일반 시민들에게 주어지는 언론의 자유와는 다르다. 다시 말해, 북한의 언론의 자유는 인민대중을 사회주의 건설에 더욱 힘차게 다그치는 데 이바지할 때 한하여 보장되는 것으로서, 이는 프롤레타리아 독재를 실현하여 공산주의를 건설하는데 필요한 범위 내에서만 인정되는 자유이다.

기본적으로 북한에서 언론의 자유는 보도의 목적성으로 인해 제한적일 수밖에 없다. 즉, 북한 언론 보도의 거의 대부분은 당 또는 언론사 지도부의 주도하에 이뤄지는 기획성 기사들이다. 따라서 기사 주제 선정, 취재, 편집 등 모든 과정이 선전선동이라는 특정 목적의식 하에서 진행된다. 다음으로, 매체 속성상 언론의 자유보장은 기대하기 힘든 구조다. 앞에서도 언급되었듯이 현실적으로 북한의 언론은 당과 내각, 사회단체 등에 소속된 기관지(機關紙)로서 인사, 재정, 시설 등 모든 운영권을 감독 기관이 장악하고 있어, 원천적으로 언론의 자유는 보장될 수 없는 구조이다.

이러한 언론 환경에서는 언론이 오히려 철저한 감시와 통제의 대상이 될 뿐이다. 북한 당국의 언론에 대한 감독은 인사권과 물적 지원을 통해 사전적 통제가 가능한 구조이지만, 작성된 모든 기사에 대해서도 사전 검열이 이뤄지고 있다. 북한 신문은 1차적으로 신문사 내의 책임주필에 의해 검열이 이뤄지고, 그 다음 정무원 직속의 출판총국 검열부의 검열을 거쳐 노동당 선전선동부 신문과의 최종 심사를 받게 되어 있다.

전체주의 국가들에서 언론 통제는 비단 북한만의 문제는 아니다. 개혁개방의 길을 걷고 있는 중국에서도『인민일보』를 위시한 대부분의 언론들이 중국 국무원의 신문판공실과 중국 공산당 선전선동부의 사전, 사후 검열을 받고 있는 것으로 알려져 있다. 이들 국가의 언론들은 모두 당과 국가의 선전 매체이기 때문이다.

나. '뉴스'의 개념과 가치

공산주의 국가의 언론 보도에서 뉴스의 개념은 다원주의체제의 언론의 '사실을 정확하게 시의성 있게 객관적으로 전달되어야 한다.'는 원칙이 적용되지 않는다. 북한 『신문학개론』에는 "새 소식이란 현시점에서 가장 가까운 시간 안에 있는 사실, 사건이라는 시간적 의미만을 담고 있는 것이 아니다. 거기에는 또한 사회정치적으로 의의 있는 것이라는 의미가 담겨져 있다."고 기술되어 있다.[107)]

북한에서 뉴스의 개념에 '사회정치적 가치'를 강조하는 것은 마르크스가 물질적 토대가 정신적 상부구조를 결정한다는 '물질 결정론'적 관점에서 언론을 물질토대와 상부구조 중개자로서, 또는 계급투쟁의 도구로서 대중을 교화시키고 조직하고 동원하는 역할을 수행한다고 주장한데서 유래 된다.[108)]

마르크스의 언론관을 러시아 혁명을 통해 더욱 실천적으로 발전시킨 레닌에 의하면 뉴스는 그 자체적으로 의미가 있는 것이 아니라 선전선동과 조직이라는 상위 개념에 종속하고 봉사하는 하위 개념으로 역할을 할 때 보도 의미가 있다고 하였다. 즉, 신문을 단순한 매체가 아니라 정치적 기구로 간주하여 이데올로기적 상부구조에 귀속시켰다. 이는 언론의 보도를 새로운 소식이라는 것에 크게 가치를 부여하지 않고, 대중을 교양 · 조직하고 선전선동 하는 역할에 의미를 부여하는 것이다.

북한에서도 언론은 정보전달 매체가 아니라 공산주의 언론의 속성인 대중을 교화하고 체제를 선전하는 도구이다. 나아가, 김일성 부자의 혁명사상, 영도의 현명성과 고매한 덕성을 대내외에 널리 알리는 선전 수단이다. 따라서 북한 언론에서 다뤄질 뉴스는 사회주의 혁명과 건설, 김씨 가문의 우상화를 위한 선전과 목적 관련성이 있을 때에만 뉴스의 가치가 인정되는 것이다. 북한에서 뉴스의 개념에는 시사성 보다 교화가 더 중요하게 자리하고 있다.

다. 비공식 커뮤니케이션 확산

북한은 공산혁명 이후 60년 이상 지속해 온 계획경제체제의 자립적 민족경제 기조가 흔들리고, 특히 90년대 이후 사회주의 진영의 붕괴와 김일성 사망 등 내외적인 악조건이 겹치면서 그간 체제의 버팀목이었던 국가배급제가 붕괴되기 시작했다. 북한에서 주민들의 통제나 교육은 대부분 직장이나 단체 등 조직단위로 실시되어 왔다. 그러나 국가배급제가 유명무실해진 상황에서 이들 조직을 통한 사상 교화는 힘들게 되었고, 이는 곧 권력 이완 현상으로 나타나고 있다. 북한 주민들은 생필품과 식량을 찾아 나설 수밖에 없게 되었다. 이러한 유동인구의 증가는 북한 사회에 비공식 정보의 흐름을 촉진하여 공식적인 커뮤니케이션의 영향력을 떨어뜨리게 하고, 북한의 현실과 정권의 선전과의 모순을 발견하게 만든다.

최근 북한 주민들은 '농민시장' 또는 '장마당'을 오고가면서 이동이 잦아졌으며, 또한 중국에 있는 친지 방문이나 밀거래를 위해 국경을 넘나드는 일들이 많아졌다. 이러한 주민의 이동은 북한 사회에 외부의 정보와 문화가 급속히 확산되게 한다. 특히, 한국의 드라마와 영화 등 영상매체가 유입되면서 소위 '아랫동네'에 관한 정보가 주민들 사이에 급속히 퍼지고 있다.

이러한 상황은 북한의 공식적인 선전매체의 수직적 · 하향적인 커뮤니케이션과 국경지역 무역일군, 탈북자, 화교들을 중심으로 전파되는 수평적 · 쌍방향 커뮤니케이션이 혼재하는 현상이 나타나고 있음을 말한다. 그동안 북한의 선전선동이 『로동신문』을 위시한 관영 매체를 통해 조직과 사회단체 등 단위(單位)별로 이뤄져 왔으나, 조직 장악력이 떨어지면서 대안으로 확산되고 있는 비공식적인 매신저들로 구성된 네트워크가 확대되어 가고 있는 추세에 있다.

또한, 최근 북한에서는 스마트폰 보급이 확산되고 있다. 평양을 중심으로 약 2백만 명 이상의 인구가 스마트폰을 사용하고 있는 것으로 알려져 있다. 북한에서 인터넷 접속이나 국제전화가 제한되어 있고, 북한 스마트폰인 '아리랑'의 가격은 약 40만 원 정도로 아직은 고가(高價)이긴 하지만, 20-30대를 중심으로 스마트폰 인기가 급상승하고 있다. 이러한 스마트폰 이용자의 SNS 사용이 확대되면, 그간 국가 권력이 독점적으로 운영해 오던 선전매체에 의존한 커뮤니케이션 체계가 흔들릴 수 있다.

이러한 북한 언론 환경의 변화를 반영한 듯 3대째 세습으로 권력을 장악한 젊은 김정은 시대의 선전관에 변화의 조짐이 나타나고 있다. 이는 기본적으로 김정일과 달리 김정은의 통치 스타일에서 비롯된 것으로 풀이되나, 공식석상에 부인을 동반하고 나타나거나 인민들과의 스킨십 모습을 언론을 통해서 노출시키고 있는 것은 언론을 보다 공개적 · 적극적으로 활용하여 인민친화적인 지도자상을 만들어 가고자 하는 선전 전략으로 보인다. 한편, 『로동신문』이 최근 인터넷판을 통해 보도 영역을 넓혀 나가는 것이나, 화려해진 〈조선중앙TV〉의 변신은 젊은 김정은 시대의 언론관과 선전선동 스타일 변화를 의미한다.

2. 북한 언론의 보편성과 특수성

가. 언론의 사회계급적 속성

북한 언론은 기존의 사회주의 국가인 소련, 중국과 마찬가지로 모두 정치적 필요에 의해 만들어 진다는 사실을 앞에서 살펴봤다. 다시 말해, 북한 언론은 노동자 · 농민 등 프롤레타리아 계급혁명과 사회주의 건설에 봉사하기 위해 태어난다. 이를 언론의 사회계급적 성격이라고 한다. 부연하면, 언론의 사회계급적 성격은 계급혁명을 주도하는 프롤레타리아 당의 언론, 즉 당적(黨籍) 언론으로써 노동계급과 당의 수중에 장악되어 그들의 혁명위업에 복무하는 것을 말한다. 이러한 목표를 달성하기 위해 북한 언론에서 요구되는 당적 언론의 사명으로는 공산주의적 당성과 계급성, 인민성, 대중성, 진실성, 전투성 등의 속성을 띤다.

'당성'(黨性)이란 당에 대한 충실성으로 북한에서는 주체의 혁명적 세계관에 기초하여 당을 옹호보위하며 당의 노선과 정책을 관철하기 위한 혁명정신을 말한다. 당성의 본질은 수령에 대한 끝없는 충실성이며 공산주의적 당성이다. '계급성'은 노동계급의 이익을 옹호하고 계급적 원수들을 반대하여 견결히 투쟁하는 혁명정신이고, '인민성'은 노동계급인 인민대중의 자주성을 옹호하여 그 내용과 형식을 인민대중의 요구와 수준에 적합하게 통속적으로 만드는 것을 말한다.

그리고 '대중성'은 소수 계급의 이익을 대변하는 부르주아 언론이 아니라 광범한 근로인민대중을 위한 언론을 말하고, '진실성'은 현실을 있는 그대로 정확하게 반영하고 기만, 허위와 과장을 배척하는 것이며, 끝으로 '전투성'은 새롭고 혁명적인 것을 적극 지지 옹호하고 혁명과업 수행에 대중을 힘있게 불러일으키며 온갖 적대적인 것을 반대하여 견결히 투쟁하는 전투적 기백을 체현하는 것이다.[109]

사실 이러한 북한의 당적 언론의 사회계급적 속성은 표면적인 것일 뿐 실질적으로는 김씨 가문의 우상화와 유일영도체계의 확립을 위해 봉사하는 것이다.

나. 선전선동자 · 여론조직자 · 문화교양자적 기능

마르크스-레닌의 언론관을 따른 공산주의 언론의 기본적인 기능은 '시대 선구자 기능'과 '여론 조직자 기능'으로 크게 나눌 수 있다. 시대 선구자 기능은 시대와 혁명의 앞길을 밝혀주는 선진 사상을 옹호하고 널리 보급 전파하는 기능을 말하고, 여론 조직자 기능은 인민 대중의 참다운 의사와 지향을 진실하게 대변하며 사회 여론을 조성하고 선도하는 기능을 말한다.[110]

북한 언론의 '선전선동 기능'은 인민대중 속에서 일시에 집단적으로 당 정책과 노선을 해설 선전하고 그의 관철에로 대중을 고무하고 추동하는 것이다. 선전선동 기능은 동시적이고 통일적으로 대중에게 어떤 사실을 교양하여 영향을 미치는 것을 말한다. 북한 언론의 선전선동자적 기능은 모든 출판보도물에서 가장 기본적이며, 상시적으로 적용되는 지침이라 할 수 있다.

'여론 조직자적 기능'은 선전선동자적 기능이 태도 형성 및 태도 변화의 기능이라면, 이는 행위 유발 및 행위 변화를 위한 기능이라 할 수 있다. 즉, 조직자적 역할은 정치적 선전이나 선동에서 한발 더 나아가 혁명과업

수행에로 인민을 직접 끌어들여 당원들과 대중들을 한데 단합시키고, 그 역량을 조직 · 동원하는 것을 말한다.

그리고 '문화교양자적 기능'은 근로자들에게 정치적 의식수준 제고에 그치지 않고, 공산주의 사상 · 교양 그리고 풍부한 문화적 소양과 높은 기술을 소유한 전면적으로 발전된 근로자를 양성하는데 이바지 하는 것을 의미한다. 북한 언론의 문화교양자적 기능에 대해 북한 『신문리론』에 의하면 "한 지면에 그것도 거의 매일 같이 일꾼들과 근로자들의 생산 활동을 직접적으로 돕기 위한 자료들과 함께 사람들의 머리를 쉬우면서 그들에게 높은 정치 식견과 문화적 소양을 배양하며 그들을 공산주의 의식으로 부단히 교양할 수 있게 하는 자료를 게재하는 사업이다."라고 설명 한다.

다. 주체적 언론관과 선전선동

김정일은 1970년대 중반 후계자로 지명된 이후 줄곧 출판보도물을 통한 다양한 선전선동과 언론 종사자들의 역할을 강조했다. 앞에서도 언급하였듯이 김정일은 후계자 수업을 노동당 선전선동부에서 시작했기 때문에 언론과 선전선동에 대해 관심이 많았고, 또한 그 때부터 북한의 경제사정이 점차 악화되는 추세에 있어 지도부로서는 인민들의 사상 교화를 강화할 필요성을 느꼈던 것이다.

김정일은 1974년 5월 7일 그의 논문 "우리 당의 출판보도물은 온 사회의 김일성주의화에 이바지하는 위력한 사상적 무기이다"에서 "원래 사상사업은 모든 선전선동 력량과 수단을 다 리용하여 여러 가지 형식과 방법으로 하여야 좋은 성과를 거둘수 있다."고 하고, 언론 매체의 본질은 "계급투쟁의 예리하고 위력한 사상적 무기이며, 대중을 교양하고 조직하는 위력한 선동 수단이다."라고 강조 했다.

김정일은 북한에서 주체사상을 체계화해 오는 과정에서 주도적인 역할을 했듯이 언론의 이념과 성격도 모두 '주체의 출판보도물'로 규정하고 선전과 언론의 역할을 강화시켰다. 1985년 발간된 "출판보도사업에 대한 당의 방침해설"에서 출판보도물의 성격을 아래와 같이 정의하고 있다.[111)]

> 우리 당 출판보도물은 무엇보다도 위대한 수령님께서 창간하시고 지도하시는 새 형의 주체의 출판보도물이다. 이것은 우리 당 출판물이 '지난 역사시대'와는 근본적으로 구별되는 '새로운 역사적 시대', '주체 시대'의 요구를 반영하여 나온 출판보도물이며 주체시대 출판보도물이 지녀야 할 모든 면모를 갖추고 있는 혁명적 출판 보도물이라는 것을 말한다.

이러한 김정일의 언론과 선전에 대한 인식은 북한이 공산혁명 이후 견지해 오던 기존의 언론관과 선전관에 많은 변화를 가져 왔다. 북한『신문학개론』제2장 '신문보도활동원칙'에는 "주체의 원칙은 우리 당의 신문보도활동의 근본 원칙이 된다....신문보도에서 주체를 세운다는 것은 우리당의 사상과 의도에 맞게 할 뿐만 아니라, 우리 인민들의 사상과 감정에 맞게 우리식으로 한다는 것을 말한다."고 규정하고 있다.[112)]

주체적 언론관은 주체사상을 통치이데올로기화 한 김일성주의와 맥을 같이 한다. 즉, 모든 북한 언론과 선전선동은 김일성주의화에 집중할 것을 요구한다. 이러한 목적을 달성하기 위해『출판보도사업에 대한 당의 방침해설』에는 언론의 기능을 다음과 같이 적시해 놓고 있다.

첫째, "사회주의 모든 성원들을 참다운 김일성주의자로 만드는데 적극 이바지하는 것이다." 이를 위해 언론은, ① 모든 사회성원들은 위대한 수령과 친애하는 지도자 동지에 대한 끝없는 충실성으로 교양시켜야 한다. ② 당원들과 근로자들이 수령과 지도자의 사상과 의도대로만 사고하고 행동하며 수령의 교시와 당의 방침을 견결히 옹호하고 무조건 철저히 관철하도록 끊임없이 교양하여야 한다. ③ 당원들과 근로자들 속에서 혁명전통 교양을 더욱 폭넓고 깊이 있게 벌여 위대한 수령이 개척한 주체의 혁명위업을 대를 이어 빛나게 완성해 나갈 수 있다. ④ 당원들과 근로자들 속에서 혁명교양, 계급교양을 더욱 강화해야 한다. 당원들과 근로자들에게 혁명적 세계관으로 튼튼히 무장하여 적대세력과 착취제도에 투쟁 할 수 있게 해야 한다.

둘째, "경제와 문화 등 다른 모든 분야에서 사회를 김일성주의의 요구대로 철저히 개조하여 공산주의의 물질적 요새를 점령하는데 적극 이바지하는 것이다." 이를 위해 언론은 ① 정치선동과 경제선동을 밀접히 결합하며 특이 경제선동을 전격적으로, 집중적으로, 섬멸전의 방법으로 힘 있게 벌려야 한다. ② 위대한 수령이 밝힌 기술혁명, 문화혁명 방침을 널리 해설하고 그 관철에로 근로자들을 힘 있게 불러 일으켜야 한다.

셋째, "조국통일과 남조선 혁명을 위하여, 주체위업의 세계사적 승리를 위하여 투쟁하는 것이다." 이러한 임무를 완성하기 위해 언론은 남조선 혁명에 관한 우리당의 전략전술적 방침과 자주적 조국통일방침을 널리 해설 선전해야 한다.

여기서 김정일 통치시기 이후의 언론관과 선전선동에서 변화가 나타난다. 출판보도물에 의한 선전선동의 중요성 인식에서 김정일이 김일성에 비해 현실적이고 적극적이었다. 김일성이 마르크스-레닌의 공산주의 언론 기능을 답습하여 공산주의 언론의 일반적인 기능인 '혁명성 · 계급성', '조직자 · 선전자 기능' 등 원론적인 역할의 수준에 머물렀다면, 김정일은 보다 구체적으로 '김일성주의 완성', '주체혁명위업 완수', '강성대국의 '나팔수', '잡(雜)사상 개입차단' 등 북한의 시대상황과 현실에 맞게 구체적인 기능을 강조하였던 것이다.

실제 『로동신문』의 보도에서도 차이점을 보였다. 김일성은 『로동신문』을 통해 자신의 현장 순시와 노동자 · 농민의 생활상을 집중적으로 보도하여 사회주의 '체제의 우월성 선전'에 치중한데 반해, 김정일은 현장 시찰 보도 빈도가 줄어든 반면 사설 · 논설 등을 자주 이용하여 주민들의 사상교화와 이념이탈 방지 등 '체제 결속과 체제 유지 선전'에 역점을 두었던 것으로 나타났다.

북한 최고지도자가 선전선동을 강조하고 언론과 기자를 독려해 온 과정을 정리하면 다음 표와 같다.

〈표 4〉 선전선동과 언론의 역할 강조 계기와 내용

일자	제 목	주요 기능
1965.11.2.	"『로동신문』 기자, 편집일군들에게" (『로동신문』 창간20주년 축하문)	- 민주혁명 승리를 위한 조직자, 선전자 - 당의 위력한 사상적 무기
1966.10.28	"당대표자회 결정관철에서 출판보도물의 역할을 높이자"(조선노동당 선전선동부 일군, 기자, 편집위원들 간담회)	- 경제 · 국방병진의 당 방침 관철 - 혁명성과 계급성 강화, 공산주의 혁명전통 교양 강화
1974.5.7.	"우리 당 출판보도물은 온 사회의 김일성주의화에 이바지하는 위력한 사상적 무기이다"(조선기자동맹중앙위제3기 5차 확대회의 결론)	- 주체적 출판보도 사상 체계화 - 혁명위업을 대를 이어 완수 - 종자를 바로쥐고 속도전을 힘있게 - 3대(신문, 보도, 출판)혁명 완수
1980.11.1.	"우리 당의 출판보도물은 온 사회의 주체사상화를 다그쳐 나가는 위력한 사상적 무기"(『로동신문』 사설)	- 주체사상의 기치 밑에 혁명위업 완수하는 전투적 무기

1985.11.1.	"당보의 전투적 기능과 역할을 더 높여 우리 당의 사상적 기수로서의 영예로운 임무를 빛나게 수행하자" (『로동신문』 40돐 기념 특집)	- 당보는 온 사회의 주체사상화에 이바지하는 당의 위력한 무기 - 사회 여론의 조직자 · 대변자
1990.11.1.	"현실발전의 요구에 맞게 출판보도물의 역할을 높이자" (『로동신문』 사설)	- 대중교양, 조직동원, 조국통일, 대외선전, 대적투쟁의 무기
2000.12.1.	"강성대국건설의 현실적 요구에 맞게 출판보도선전을 더욱 진공적으로 벌려 나가자" (『로동신문』 사설)	- 강성대국건설의 대외선전자 - 제국주의자들의 사상문화적 공세를 짓부셔 나가는 예리한 비수
2001.11.18.	"기자, 언론인들은 우리의 사상, 우리의 제도, 우리의 위업을 견결히 옹호고수하는 사상적 기수이다" (조선기자동맹 제8차 대회 참가자들에게 보낸 서한)	- 출판보도사업은 당 사상사업에서 주공 전선 - 사상의 위력은 붓대에 의해 담보
2003.2.3.	"기자, 작가들은 혁명의 필봉으로 당을 받드는 선군혁명투사가 되어야 한다" (기자, 작가들과 한 담화)	- 문필가들은 혁명의 필봉 - 기자, 작가들은 인민들을 당의 두리에 묶어 세워야
2010.2.22.	"기자와 언론인은 강성대국 건설대전의 진군 나팔수이다" (전국 기자, 언론인 대회)	- 기자, 언론인은 강성대국 건설대전의 진군 나팔수 - 언론의 붓대 강조
2014.5.7.	"기자, 언론인들은 혁명적인 사상공세의 기수, 나팔수가 되자" (『로동신문』 사설)	- 기자, 언론인은 당 사상전선의 제일 근위병

3. 국가 기간매체(基幹媒體) 『로동신문』

가. 북한 언론 교범에 나타난 신문

1) 신문의 기능

북한 신문의 기능에 대해서는 1967년 발간된 배순재 · 라두림의 『신문리론』에 의하면, 신문은 레닌의 신문 기능론을 전적으로 수용하여 선전선동자적 기능과 조직자적 기능을 제시하고 있다. 또한, 1982년 출간된 조형창 · 리준하의『신문학』에서는 신문매체는 시대 선진사상을 열렬히 옹호 선전하는 시대의 선구자적 역할과 인민대중의 참다운 지향과 의사를 진실하게 대변하고 적극 고무하는 진정한 여론의 조직자로서의 역할로 설명하고 있다.

이어 1985년 김정일 주도로 북한 조선노동당에서 정립한『출판보도사업에 대한 당의 방침해설』에서는 북한 신문의 기본적 임무를 "모든 사회 구성원들을 위대한 수령님과 당에 끝없이 충직한 참다운 김일성주의자로 만들며 사회를 김일성주의대로 철저히 개조하며 나아가 주체 위업의 세계사적 승리를 이룩해 나가는 데 적극 이바지하는 것"으로 규정하고 있다.

그 후 1989년에 발간된 엄기영『신문학개론』에서는 위에서 언급된 신문의 기능 이외 대중동원의 강력한 무기로서의 역할과 대적(對敵) 투쟁, 대외선전 및 외교의 수단으로서 기능을 포함하고 있다. 시간이 흐를수록 북한 언론 교범에 나타난 신문의 기능과 역할이 확대되어 왔음을 알 수 있다.

비교적 최근에 발간된 위『신문학개론』에서는 신문의 속성으로 '보도성'과 '정론성'을 자세히 설명하고 있다. 여기서 '보도성'은 사회정치적으로 의미 있는 새로운 소식을 민감하게 포착하여 많은 사람들에게 신속정확하게 알려주는 것을 말한다. 즉, 신문의 보도성은 소식성, 시사성, 신속정확성의 결합에 의해 보장된다. 반면, '정론성'은 북한 신문이 사회계급성을 띤 혁명의 도구이기 때문에 사회정치적 문제를 논하며 그에 대한 견해와 입장을 천명하고 대중을 투쟁에로 힘 있게 고무 추동하는 속성을 말한다.[113] 이는 복잡하고 다양한 사실과 사건 가운데 당의 사상과 의도에 맞는 문제를 정치적으로 분석하여 선전하는 것을 의미한다. 따라서 북한 신문은 보도성 보다 정론성에 무게를 두고 있는 정론지라 할 수 있다.

2) 신문의 분류

북한의 신문은 크게 다섯 가지로 분류된다. ① 당보(『로동신문』), ② 중앙신문(인민정부 기관지, 근로단체 기관지, 부문별 전문지), ③ 수도신문(『평양신문』), ④ 지방신문, ⑤ 전투속보가 그것이다.

북한 신문은 모두 당, 정부기관, 군, 사회단체 등에 소속된 '기관지'(機關紙)이다. 자유민주주의 국가에서처럼 신문이 정부나 권력기관으로부터 독립된 기관이 아니라 모두 국가기관의 대변지로 발행되고 있다. 공산당 중앙당 당보인『로동신문』은 노동당 중앙위원회 기관지로서 북한 사회에서 중심적인 매체로서 북한의 체제와 권부의 의중을 가장 정확하게 전달 · 보도하는 북한의 대표적인 신문이다. 각 시 · 도에는 시 및 도당위원회 기관지들이 발행되고 있다. 또한, 내각 기관지인『민주조선』노 낭 중앙위원회 선전선동부의 직집적인 지도와 감독을 받고 있는 정부기관지로서 법령이나 행정적인 내용을 주로 보도한다.[114] 그 외『건설신문』,『보위신문』,『상업신문』,『인민군신문』등이 부처 기관지로 발행되고 있다. 공산당 외곽단체인 사회단체 신문으로『로동자신문』,『문학신문』,『소년신문』등이 있다. 또한 각종 기업소나 공장 등에서 발간하는 신문도 다수 있다. 북한 신문이 모두 당 또는 정부, 단체의 기관지인 관계로 이들 기관의 위계에 따라 자연스럽게 '정보의 위계'(hierarchy of information)가 존재하고, 하위 조직의 대부분 신문은『로동신문』이나『민주조선』의 기사를 그대로 인용 보도하는 경우가 많다.

3) 신문 기사의 종류와 지면 구성

북한 신문은 정치사상성과 목적지향성이 뚜렷하다. 일반적으로 북한 신문은 당원과 근로자들을 김일성 부자의 혁명사상과 영도의 현명성, 고매한 덕성으로 무장시켜 그들로 하여금 당과 수령에 대한 끝없는 충성심을 갖게 하고 김일성의 교시나 김정일과 김정은의 말, 당의 노선과 정책을 철저히 관철하는 역할을 수행하는 것으로 되어 있다. 또한, 앞에서도 언급했듯이 북한 신문의 기사는 정론성이 강해 지도자와 당의 노선이나 정책을 의견 중심으로 해설하는 설득적 · 주의주장적 저널리즘을 지향한다.[115)]

북한 신문의 기사는 보도기사(報道記事)와 지도기사(指導記事)로 구분되고, 보도기사는 새롭게 발생한 의미 있는 사실과 사건으로서 사회주의 건설 필요성 기준에 적합한 것으로서 대중의 선전선동에 이용할 목적으로 보도된다. 반면, 지도기사는 사실과 사건의 분석을 통해 일반화하고 교훈을 도출하여 대중을 지도하는 기사형태이다.

「사설」(社說)은 당의 정책, 결정, 구호들을 적시에 해설하여 사회주의건설의 모든 분야에서 제기되는 해야 할 일과 실천방도를 제시해 주는 것이다. 김일성은 "당보의 사설은 곧 당의 지침서와 같다."[116)]라고 언급 했듯이 「사설」은 고도의 정책적 선동성과 호소성을 지닌 정론적이고 지도적인 문장이다. 논설(論說)은 원리적 해명을 필요로 하는 사상 이론적 문제나 사회정치적 문제들을 주로 다룬다. 북한 신문에는 우리에게 없는 「정론」(正論)이라는 게 있다. 「정론」은 사회 정치적으로 중요한 문제의 본질을 밝혀내고 그에 대한 '필자의 견해와 입장을 강렬하게 표명'하는 선동적이며 호소적인 기사이다. 「정론」은 혁명적 기백과 함께 열정에 찬 선동의 글이다. 「평론」(評論)은 정치사상적인 문제를 예리하게 분석, 평가하는 글로써 그

대상은 주로 미국 · 한국 등 그들의 적들에 대한 내용을 주로 다룬다.

북한 신문의 특징 중에는 문예기사(文藝記事)가 자주 보도되는 반면, 사건 · 사고 기사는 거의 없다. 이는 대중들을 문화교양적으로 교화하고 조직하기 위해서이다. 또한, 오체르크[117]는 어떤 개인이나 사건을 중요한 '공산주의 모범'으로 조작하여 이를 선전함으로써 북한의 모든 주민들이 이를 본받고 따르도록 하는 기사 형태이다. 북한 신문에는 한국과 미국을 규탄하는 내용의 풍자물인 사진 · 삽화 · 만화 · 포스터 등을 직관물(直觀物)이라 한다. 이 또한 대중을 조직하고 선전선동하기 위해 필요에 따라 허위 · 과장 · 조작이 일어나고 있다. 광고는 상업적인 광고는 당연히 없고, 인민생활에 편의를 제공하거나 사회주의건설 성과를 선전하기 위한 목적으로 게재되는 경우가 가끔 있다.

나.『로동신문』의 역할

북한『로동신문』은 1945년 11월 1일 '북조선공산당' 기관지『정로』가 '조선신민당' 기관지『전진』을 흡수하여 발행 부수 10만부로 창간되었다. 해방이후 현재까지 일당 독재체제를 유지해 오고 있는 북한 최고 통치기관이자 권력기관인 조선노동당의 기관지『로동신문』은 당연히 국가 기간매체(基幹媒體)로서의 위상과 역할을 수행하게 되어 있다.

따라서 북한『로동신문』은 대내외적인 정치 선전과 선동 기능을 수행하는 가장 대표적인 매체로서, 북한 정권과 당의 입장을 가장 권위 있게 전달하는 문건으로서, '현재성'과 '사실성'을 동시에 담보 할 수 있는 북한의 공식적인 자료라 할 수 있다.[118]

『로동신문』사의 책임주필은 통상 정무원의 부총리급이 맡고 있을 정도로 비중 있는 자리다. 또한, 당적 신문으로서 공산주의 이념을 선전하는 신문사 편집국내에는 '남조선부', '당생활부', '당력사교양부', '혁명교양부' 등의 부서를 두고 있다. 이들 부서는 당의 결정사항과 지시사항을 알리고, 지도자 우상화, 계급투쟁 이론 전개, 대남 선전 전략에 따른 남한 비방과 혼란 야기를 목적으로 지극히 이념적 · 정치적인 보도를 전담하고 있다. 이렇듯, 『로동신문』은 북한 체제의 공식적 선전선동 기관으로서의 위상과 그에 걸맞는 역할을 수행할 조직을 갖추고 있는 것이다.

〈표 5〉 로동신문사의 부서 및 직위

구 분	직 위
주필실	책임주필, 부사장 겸 주필, 주필
편집국	국장, 부국장
부 서 (14개 부)	공업부, 과학교육부, 국제부, 남조선부, 농업부, 당생활부, 당력사교양부, 대외협력부, 대중사업부, 보도부, 사진보도부, 사회문화부, 특화기자부, 혁명교양부

* 출처: 고유환 · 이주철 · 홍민, 『북한 언론 현황과 기능에 관한 연구』, 한국언론진흥재단, 2012, p.84

『로동신문』은 모든 북한 출판보도계의 중심에 위치하여 중추적인 역할을 수행하고 있다. 『로동신문』은 「사설」, 「정론」, 「논설」을 통해 당이나 국가의 정책방향을 당원과 주민들에게 제시하고 설득한다. 특히, 김정일 통치 시기 『로동신문』의 『신년공동사설』은 북한 당국의 당해 연도 정책 노선을 제시하는 역할을 한다. 그리고 이 사설 내용을 가지고 상당기간 국내외에 체제 선전 소재로 활용하고 있다.[119]

이러한 『로동신문』의 역할과 중요도 때문에 대부분의 보도는 사전 기획 하에 이뤄진다. 이는 『로동신문』의 편집을 '작전'이라고 부르는 것으로도 알 수 있다. 북한에서 신문 편집을 작전이라고 하는 것은 모든 문제를 현실과 정세상황에 맞게 '목적있고 의도가 있게' 취급한다는 것을 의미한다. 따라서 신문편집은 단순히 실무적이고 기술적인 차원이 아니라 정치적으로 보고 정책적으로 처리하는 것을 말하기 때문에 신문편집은 '정치'이며 또 다른 '창조적인 사업'으로 간주 된다.

이러한 『로동신문』의 보도 내용은 주제와 형식에 관계없이 대부분 김일성 가문의 우상화와 체제 찬양을 주선율(主旋律)로 하고 있다. 이런 임무를 수행하는 북한 『로동신문』은 알튀세(Louis Althusser)의 '이데올로기적 국가기구'[120]에 해당한다 하겠다.

다. 『로동신문』의 특징

『로동신문』은 주 7일 연중 6개면 내외로 발행된다. 최고지도자 사망 등 특별한 경우에는 지면을 늘여 9-10면까지 발간하기도 한다. 발행부수는 경제난으로 대폭 축소하였다가 최근 들어 노동당 중심으로 권력이 이동하면서 100여만 부 내외로 늘려가고 있는 것으로 알려졌다. 『로동신문』의 주요 특징은 아래와 같다.

첫째, 신문의 지면수가 적다. 이는 국가 선전매체로서 과거 소련의 『프라우다』나 현재 중국의 『인민일보』(人民日報)와 거의 비슷한 형태다. 북한 『로동신문』의 경우 기본적으로 종이 부족 현상도 있겠지만, 북한 당국이 주민들의 알권리를 충족시키기 보다는 일방적으로 알려야 할 것들만 보도하고, 알 필요가 없거나 알아서는 안 되는 일은 철저히 보도하지 않는데 더 큰 이유가 있는 것이다. 이는 『로동신문』이 공급자 위주의 일방적 선전도구이기 때문이다.

『로동신문』의 제한된 지면에 게재되는 내용은 ① 주체사상의 교양과 보급, ② 김일성, 김정일의 우상화를 위한 선전과 찬양, ③ 당 정책 실천 요구와 당의 결정 고지, ④ 인민경제 건설촉구와 노력경쟁 고무, ⑤ 한국의 대통령 등 남한에 대한 비방과 남한의 부정적 측면 과장, ⑥ 반미 · 반일 선전 등 반제국주의, 반식민주의 의식고취 등으로 되어있다.

둘째, 사설 · 논설 · 정론 등이 제한된 지면에 비해 크게 실린다. 중요한 사안의 경우 1개면 전체에 실리거나 보통의 경우 반면 크기로 실린다. 이는『로동신문』이 '정론지'이기 때문에 당연하다. 그만큼『로동신문』의「사설」은 중요하며, 다른 인쇄 매체와 통신, 그리고 방송 등에서 인용 보도되는 경우가 많다.

셋째, 편집상 지면의 구분과 특징이 분명하지 않다. 이는 기본적으로 지면이 6면 내외로 부족하기 때문이다. 특히, 1면이 정치, 경제, 사회, 문화, 국제, 스포츠 등의 기사가 구분 없이 보도 된다. 그리고 사회면과 오락면이 거의 없다.[121] 이는 공산주의 국가들의 공통적인 특징으로 공산사회의 비공개성 즉, 불미스러운 사건을 은폐하고 폭로성 기사의 보도를 원치 않기 때문이다. 그 대신 모범적이고 감동적인 기사를 발굴하여 보도하는데 치중하고 있다.[122] 또한, 독자란이 없다. 이는『로동신문』이 상의하달의 일방적 전달 수단으로서 독자들의 의견을 반영하는 쌍방향 커뮤니케이션이 아니기 때문이다.

그러나 대체적으로 1면에는 김일성 · 김정일 · 김정은과 관련된 기사로서 그들의 연설문, 담화문, 교시, 외국대표와의 접견, 현지지도 뉴스로 구성되고, 2면에는 노동당의 주요 정책, 방침, 해설, 김일성 부자의 우상화, 혁명교양, 계급교양, 선전용 사진 등이 실린다. 3면에는 사회주의 경제건설, 혁신적인 노력성과, 숨은 영웅 따라 배우기 등이 게재되고, 4, 5면에는 국제뉴스, 한국 지도자 비판 및 한국 사회상에 대한 비방 · 날조 기사, 국제무대에서 북한의 대외활동 등이 게재되고, 6면에서는 문화 · 예술 · 체육 분야의 선전성 기사와 한국에서 보도되는 반미동향의 기사가 게재된다.

『로동신문』은 특히 최고지도자의 '교시'(김일성), '지적'(김정일), '말씀'(김정은)을 전달하는 공식 매체이다. 이들은 거의 대부분 「사설」에서 다루고 있다. 이들이 포함된 기사는 당원과 인민들에게 전파하는 지도성 지침이기 때문에 1면(반드시 1면이 아닌 경우도 있음)에서 크게 보도하는 것이 일반적이다. 거의 대부분의 「사설」에서 예외 없이 "위대한 김일성수령님이 다음과 같이 교시하시였다. 《....》", "경애하는 김정일동지께서 다음과 같이 지적하시였다. 《....》", "경애하는 김정은동지께서는 다음과 같이 말씀하시였다" 《....》라는 형태로 이들의 발언을 굵은 글씨(bold)체로 표기하고 있다.

4. 『로동신문』의 국가 기관성(機關性)

가. 국가 기관성(state institute) 의미

언론의 '국가 기관성'(이하 기관성)은 언론이 체제와 권력을 유지하는 국가기관의 일부로서의 위상과 역할을 말한다. 즉, 북한 언론이 북한 체제에 기여하는 권력의 한 장치(a power apparatus)로서의 역할과 기능을 말한다. 이는 다원주의 체제에서 언론이 권력기관으로부터 독립되어 자율적

(autonomous)으로 권력을 견제하고 감독하는 기능과는 정면으로 배치되는 개념으로, 언론이 국가 권력기관에 종속(dependent)되어 체제와 정권 유지에 필요한 도구로써 선전선동 업무를 수행하는 것을 말한다. 역대 전체주의 소련, 나치 독일, 중국의 언론이 국가 통치기관의 일부로서 역할을 했듯이, 북한의 언론도 당과 내각 등 국가 기관의 대리인(agent)으로서 역할을 의미한다.

이는 앞에서 고찰한 시버트 · 피터슨 · 슈람의 『언론의 4이론』 중 「공산주의 이론」에서 '언론이 국가의 소유물로써 당과 국가와 공생하는 기제의 일부'라는 논리가 그대로 적용되는 북한 언론의 속성에 해당 한다. 이는 국가나 당이 언론을 통제하고 감시 · 감독하는 것은 물론, 언론이 권력과 지배이데올로기를 선전선동하는 도구로서의 역할을 의미 한다.

북한에서 발간된 『신문학개론』에는 북한 언론들의 국가 기관성에 대해 다음과 같이 명확히 기술하고 있다. "북한에서 당보(黨報)는 출판보도계에서 가장 중요한 위치에 있으며 중추적이며 지도적인 역할을 수행한다. 따라서 당보는 수령의 사상을 실현하는 정치적 령도기관으로서의 '당의 지위와 역할'과 관련되어 있다"[123]고 하고, 또 "당적 신문은 당과 대중을 연결시키고 당이 제시한 정치, 경제, 문화의 제과업수행에로 대중을 동원하는 수단인 만큼 신문사 자체가 당 사업을 떠밀고 나가는 '당의 한 개 부서'와 같은 위치에 있다."[124]고 기술하고 있다.

김일성은 해방 직후인 1946년 4월 25일 『평북신보』 평남 총지사 개설 축하문에서 "신문은 대중이 잠자고 있을 때 먼저 일어나 경종을 울리고 동녘하늘이 밝기 전에 려명을 알리는 것이 자기의 중요한 사명으로 삼아야 한다."고 했다.[125] 이는 언론이 대중 동원 및 사상 교양의 전위대로서의 역할을 강조한 것으로, 언론을 수령-당-인민을 사상적으로 연결하는 국가 기관의 일부로 인식하고 있는 것이다.

나. 『로동신문』의 기관성 규명(糾明)

일반적인 전체주의 국가들과 마찬가지로 북한의 모든 언론이 국가기관 또는 행정조직의 일부로서 속성을 지니고 있다는 것을 앞에서 살펴보았다. 여기서는 북한의 대표적인 선전매체인 『로동신문』의 국가기관성에 대해 아래와 같은 논거(論據)로 확인되고 있다.

첫째, 『로동신문』은 공식적으로 북한 조선로동당 중앙위원회 기관지(機關紙)다. 공산주의 북한은 당-국가 체제로서 모든 국가적 업무에 '당'이 우월적 지위에 있다. 따라서 북한의 유일 정당인 조선로동당의 기관지로서 당보(黨報)인 『로동신문』은 북한 최고위층의 통치 철학과 이념, 정책지침을 전파하는 매체이자 최고급 정보지이다. 따라서 『로동신문』은 북한 최고의 권위지로서 언론의 지도적 위치에서 김일성 부자의 우상화, 주체사상 확산, 세습체제의 합리화 및 혁명전통 확산, 사회주의 경제건설과 혁명과업 수행, 대남 · 대미 적개심 고취 등 김씨 가문과 체제유지와 관련된 핵심적인 이슈 보도를 전담하는 선전 매체이다.

둘째, 『로동신문』의 조직적 위상이다. 노동당의 조직지도부와 선전선동부는 당의 가장 핵심부서이다.[126] 『로동신문』은 선전선동부[127]의 소속기관으로서, 책임 주필은 당중앙위원회 위원을 겸하는 경우도 있고, 선전선동 책임비서는 언론인이 맡아 오기도 했다.[128] 따라서 『로동신문』은 당 선전선동부의 집행부서의 성격을 띠고 있다.

셋째, 북한의 『로동신문』은 인쇄매체 뿐만 아니라 방송, 통신 등 북한 내의 모든 언론의 주간(主幹) 매체이다. 『로동신문』은 통치자나 노동당의 지시와 정책을 인민들에게 전달하는 공식커뮤니케이션 채널로써 북한 언론의 중심에 있다. 그래서 『로동신문』은 당 간부와 당원, 군인, 주민들에게까지 사상과 교양의 필독서로 되어있는 것이다. 김일성은 1981년 4월 2일 "대안의 사업체계를 철저히 관철하여 공장관리 운영을 개선하자"는 주제로 조선로동당 중앙위원회 제6기 제3차 전원회의에서 다음과 같이 지적한 바 있다.[129]

> 지금 경제지도일군들이 『로동신문』을 잘 보지 않는데 그래서는 안됩니다. 우리 당은 『로동신문』을 통하여 당원들에게 매시기 나서는 당의 로선과 정책을 알려줍니다. 『로동신문』은 간부들과 당원들을 교양하는 매우 중요한 수단입니다. 모든 기관들과 공장, 기업소들에서는 매일 아침 일을 시작하기 전에 한 30분씩 의무적으로 『로동신문』 사론설을 독보하는 제도를 세워야 하겠습니다.

이후 매일 각종 단체와 직장단위별로 이뤄지는 '독보회'(讀報會)가 생겼고, 여기서 당 세포[130] 서기의 『로동신문』 낭독이 주요 일과로 되었다. 이를 통해 주민들의 사상교양을 강화해 오고 있는 것이다.

넷째, 『로동신문』 기사는 앞에서도 설명했듯이 보도되기 이전 항상 신문사 내부와 당국의 사전 검열을 철저히 거친다. 이는 보도 내용이 단순히 사실을 전달하는 수준을 넘어 최고지도자와 당의 사상과 노선, 정책 방향 등을 제시하기 때문이다. 특히, 『로동신문』의 보도가 김일성 가문을 찬양하고 지도자의 '교시', '지적', '말씀'을 전하고, 그들의 사진을 게재하기 때문에 더욱 그러하다. 따라서 보도 내용은 물론이고 편집, 철자법에 이르기까지 일체의 결함이 있어서는 안되는 출판물이다.[131] 또한, 『로동신문』의 이러한 특징으로 인해 사설 등 중요 보도의 경우 다른 매체인 신문, 방송, 통신 등에 다시 인용 보도되고 있다.

다섯째, 『로동신문』은 배포처와 독자가 정해져 있다. 당 기관지로서 구독자가 국가기관이거나 당원으로 한정하여 배포하는 신문이다. 즉, 불특정다수인에게 판매되거나 배포되지 않는다. 『로동신문』은 대부분 우편기관을 통해 각급 공공기관, 공장, 기업소, 협동농장, 학교기관, 군부대에 의무적으로 배포된다. 당과 정부기관 간부들은 개인용으로 배포되나, 그 외 하급 당원들과 인민들에게는 '독보회'를 통해 접하게 된다.

107) 엄기영, 『신문학개론』, (평양 : 김일성종합대학출판사, 1989), p.5.

108) 북한의 『철학사전』에 의하면 "역사적유물론에서 토대란 일정한 사회의 생산관계의 총체, 즉 경제제도를 말하며, 상부구조란 토대 위에 서있는 사회적 사상, 즉 정치, 법률적 견해, 도덕, 예술, 철학, 종교 등과 그에 상응하는 기관들을 말한다."(『철학사전』, 동경 : 사회과학원 철학연구소, 1970).

109) 엄기영(1989), pp.14-17.

110) 공산주의 북한의 언론에서도 노엘 노이만(Noelle-Neumann)의 '침묵(沈黙)의 나선(螺線)이론'(Theory of Spiral of Silence)이 적용 된다고 주장하는 학자들도 있다. 이들은 북한사회가 개인의 의견 표현에 있어 다른 사회구성원의 평가에 극도로 민감하기 때문에 매체와 다른 의견을 가진 사람은 철저히 침묵하는 데서 오는 '침묵의 나선 효과'가 나타날 수밖에 없다는 것이다.

111) 김정일, "출판보도사업에 대한 당의 방침해설" (평양 : 조선로동당 출판사, 1985), p.6.

112) 엄기영(1989), p.17-21.

113) 엄기영(1989), pp.10-11.

114) 『민주조선』은 1946년 6월 4일에 북한 최초의 중앙권력기구인 '북조선임시인민위원회' 기관지로 창간되었다. 이후 1948년 9월부터 최고인민회의 상임위원회와 내각의 기관지로 발전했다. 『민주조선』의 기본 임무는 "인민정권기관 일꾼들과 국가 경제기관 일꾼들을 수령의 혁명사상, 주체사상으로 무장시키며 그들을 당과 수령의 두리에 굳게 묶어세워 당 정책 관철에 힘있게 조직, 동원함으로써 온 사회의 주체사상 위업에 적극 이바지하는데 있다."라고 되어 있다.

115) 김영주(외), 1999, p.61.

116) 1959년 10월 22-23일간 개최된 당중앙위원회 상무위원회에서 김일성이 행한 연설에서 당보 「사설」의 중요성을 언급하였다.

117) 오체르크(ОЧЕРК)는 러시아어로서 외형 · 스케치라는 의미다. 신문에서는 실화, 기행문 등을 엮은 '모범의 창조' 또는 '모범의 일반화' 기사 형태로 나타난다. 북한 언론에서 오체르크는 실제 주인공의 성격을 산 형상으로 재현함으로써 근로자들의 사상교양에 이바지하는 기사를 말하며, 선전선동 목적으로 이용된다.

118) 고유환, 『로동신문을 통해 본 북한변화』 (서울 : 선인, 2006), pp.25-26.

119) 『로동신문』은 매년 1월 1일 「신년공동사설」을 보도한 후 약 10여 일간 아래와 같은 보도 순서와 형태로 이를 체제 선전에 활용하고 있다.

① '신년사에 접한 각계 반향' 보도(정부 고위인사, 군인, 농민, 기업소, 초급 당 위원회 등 지지 발언)

② 「정론」을 통해 신년사 내용 고무 · 추동

③ 해외 언론 보도 소개(신화통신, 이따르타스통신, Reuters, AP, 교도통신, CNN, NHK 등)

④ '궐기대회', '군중대회' 보도(인민무력부 궐기모임, 평양시 군중대회 등)
⑤ '실천방안 모색' 활동 보도(성, 중앙기관 당 조직)
⑥ 도 단위 '군중대회' 연속 보도
⑦ 「사설」을 통해 지도자 중심 단결 호소(올해를 성과의 해로 빛나자)
⑧ 시 단위 '궐기대회' 보도(당의 령도 따라 올해의 성과를 드높이자)

120) 알뛰세(L. Althusser)는 '이데올로기적 국가기구'(Ideological State Apparatuese)는 언어와 담론을 통해 사회를 유지하는 종교, 교육, 교회, 문화, 언론 기관들을 말하고, '억압적인 국가기구'(Repressive State Apparatuese)는 물리력에 의한 강압적인 통치 기관들, 즉 정부, 군대, 경찰, 감옥 등을 지칭하고 있다.(이진수 역, 『레닌과 철학』, 서울 : 백의, 1991, pp.149-151).

121) 한때 김일성이 직접 당 간부들에게 기고를 독려하거나 흥미로운 기사를 유도하기도 하였으나 큰 성과가 없었다. 이는 신문의 편집에서 제작에 이르기까지 노동당의 간섭과 통제가 미치는 북한의 언론 환경에서 당연한 결과이다. 그래서 〈조선중앙통신사〉의 기사를 옮기거나 천편일률적인 기사가 주종을 이룰 수밖에 없는 것이다. 편집과 제작에서 자율성이 부족한 공산주의 언론의 형식주의가 나타나고 있는 것이다.

122) 김일성은 1960년 11월 27일 작가 · 작곡가 · 영화부문 일군들과의 담화에서 "우리는 신문에 펠레톤(feuilleton:프랑스어로 풍자 또는 비판적이거나 부정적인 기사)을 쓰는 것도 그만두었습니다. 펠레톤이라는 것은 다른 나라에서 가져온 것인데 본래 조선사람의 성격에는 잘 맞지 않습니다. 우리는 사람들의 결함만을 들춰내는 이러한 교양방법을 교조주의의 쓰레기통에 집어던졌습니다. 우리 신문은 펠레톤을 쓰는 것이 아니라 모범적인 사실, 감동적인 아름다운 이야기에 대하여만 쓰고 있으며, 그것으로 사람을 교양하고 있습니다."(『김일성저작집』 제14권, 조선로동당출판사, 1981, p.455).

123) 엄기영(1989), p.28.

124) 엄기영(1989), p.46.

125) 김일성, "신문은 시대의 선구자이며 진정한 여론의 조직자이다," 『김일성저작집』제2권, (평양 : 조선로동당출판사, 1990), p.194.

126) 김일성은 노동당의 조직부와 선전부의 배합적전을 특히 강조했다. 그는 "당조직생활과 군중조직생활에서 나타나는 일군들의 결함을 어떤 방법으로 고치겠는가를 조직부와 선전부가 협의해야한다."고 하면서, 그는 비유해서 말하기로 "조직부는 의사이고 선전부는 약제사"라고 했다.(『김일성저작선집』 제4권, 조선로동당출판사, 1967, pp.428-430.)

127) 북한 조선로동당 선전선동부는 신문 등 출판물, 방송, 문예물 발간의 지휘 감독은 물론 각종 학습과 총화까지 관장하고 있다. 선전선동부에는 선전선동 비서 아래 선전담당, 선동담당, 교양담당 부서를 두고 있다. 신문, 방송 등 언론은 선전지도부에서, 영화 등 문예활동은 선동부에서, 각종 집회 및 강연은 교양부에서 관장하고 있다.

128) 북한 노동당 선전선동 비서 김기남은 『로동신문』 책임주필과 당 이론잡지 『근로자』의 책임주필을 역임한 바 있다.

129) 김일성, "대안의 사업체계를 철저히 관철하여 공장관리 운영을 개선하자," 『김일성저작집』 제

36권, 1990, p.65.

130) 조선로동당 규약 제6장 41항에 "당의 최하기층조직은 당 세포이다."라고 규정하고 있고, 당 세포는 당원 5명에서 30명까지 단위에 조직한다고 되어 있다. (당원 31명 이상 단위에는 초급당조직을 두고 있어 당 세포와 초급당조직 사이에는 부문 당조직을 두기도 한다).

131) 북한 방문객이 『로동신문』을 잘못 취급하여 문제를 야기하곤 하는 이유도 거의 매일 김씨 가문의 기사와 사진이 게재되는 이 신문을 북한 당국이 신성하게 다루기 때문이다.

06

북한 체제유지와 『로동신문』 보도

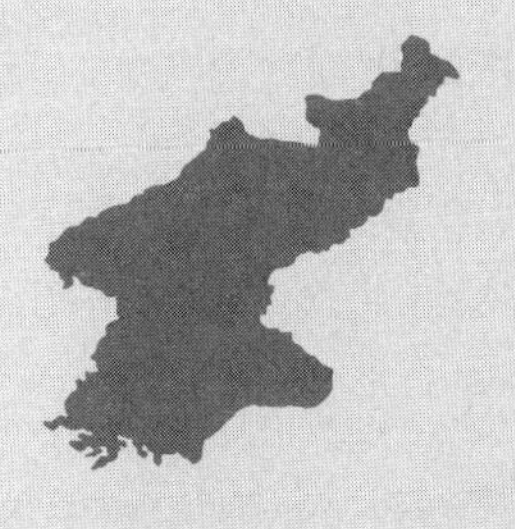

6장

북한 체제유지와 『로동신문』 보도

1. 보도 분석

가. 분석 범위와 접근법

기존의 북한『로동신문』에 대한 연구가 신문에 보도된 기사 분석을 통해 북한의 정책 노선이나 사실 확인을 위한 것이 대부분이었다. 그러나 이 책에서는『로동신문』자체의 보도 체계와 유형, 그리고 선전선동의 작동 원리를 탐구하는 것이 주된 목적이다. 따라서『로동신문』뿐만 아니라 북한에서 발행되는 대표적인 공간(公刊)자료인『김일성저작선집』,『김일성저작집』,『김정일선집』, 그리고 북한에서 발간된 언론 관련 도서와 사전류 등을 1차 자료로 삼았다. 왜냐하면 앞에서도 언급했듯이『로동신문』이 북한의 공식적인 선전매체인 관계로「사설」등 신문의 중요한 기사에는 반드시 최고지도자의 '교시'(김일성), '지적'(김정일), '말씀'(김정은)이 원문 그대로 보도되고있다. 그래서 최고지도자들의 발언 내용이 수록된 문헌에서 관련된 내용을 추적하였다. 따라서 방법론상으로는 '그들의 논리와 관점'에서 북한 문제를 접근하는 소위 내재적 접근법[132]을 통한 문헌 연구라 할 수 있다.

그러나 내재적 접근법 역시 북한을 사회주의 이념과 논리에 따라 해석함으로서 일반적으로 북한 편향적인 오류, 즉 북한체제의 '긍정적'인 측면을 과장되게 해석하거나 북한의 '부정적'인 측면에 대해서는 설명을 기피하고 침묵하는 경향을 보이는 한계성이 있다는 점을 유의하면서 분석하였다.

한편, 본 저서가 전체주의 북한의 체제유지와 권력세습 과정에서 선전선동과 『로동신문』의 역할을 분석하는데 목적을 두고 있어, 자유민주주의적 시각과 반공적인 관점인 외재적인 접근법[133]을 병행하였다.

나. 분석틀

첫째, 주체사상 보도와 관련한 분석은 주체사상이 북한 정권의 전 기간, 전 분야에 걸쳐 광범하게 영향을 미치고 있는 총괄적 · 지도적인 통치이념이기 때문에 주체사상의 태동에서 최근까지의 시대상황에 따른 변화, 즉 변용(變容)들을 포함할 필요가 있었다.

다시 말해, 북한 『로동신문』이 주체사상을 김일성, 김정일, 김정은으로 이어오면서 지배이데올로기화 하고, 시대적 요구와 위기적 상황을 극복하여 정권을 유지해 오는 데 있어서 체제 선전매체로서 앞장서 왔기 때문이다.

주체사상이 변용되어 온 과정에서 중요한 전환점은 소련과 사회주의 진영의 붕괴와 1994년 김일성 사망이라 할 수 있다. 1990년대 이전까지는 주체사상이 김일성주의로까지 확대발전 될 만큼 북한의 통치에서 인민들의 생활 영역에 이르기까지 지배적인 이념으로 작용해 왔다. 때로는 김일성 체제를 공고히 하고 유일사상으로 체제를 다지는 논리적 근거로, 때로는 고난을 극복하고 노력동원을 촉진하는 심리적 동력으로 이용되기도 했다. 그러나 예상치 못한 소련을 위시한 사회주의 진영의 붕괴와 김일성의 사망은 북한 체제의 최대 위기를 맞게 하였다.

1990년대를 기점으로 북한의 대내외적 정치 환경의 변화와 위기적 상황은 주체사상이 '체제와 권력 강화' 이데올로기에서 '체제의 존립과 위기 극복'의 이데올로기로 변화되기 시작했다. '유일사상체제화', '김일성주의화' 등이 90년대 이전의 주체사상의 심화를 위한 변용이었다면, '조선민족제일주의', '우리식 사회주의', '고난의 행군', '선군사상' 등은 90년대 이후 체제 고수와 위기극복을 위한 주체사상의 변용이라 할 수 있다.

그러다 90년대 중반 이후 고난의 행군을 끝내고 2000년대에 접어들면서 '강성국가론'으로, 김정은 체제 들어 '백두혈통 유일령도체계'로 변용되어 오고 있다.

이 책에서 보도 분석의 대상 주체사상과 그 변용들을 다음과 같이 구분하고자 한다. ① 유일사상체계화와 김일성주의, ② 주체사상의 이데올로기 규범화, ③ 3대혁명붉은기쟁취운동, ④ 우리식사회주의와 조선민족제일주의, ⑤ 선군사상과 강성대국론 등이다. 그리고 주체사상 보도 『로동신문』의 분석 기간은 1970년대 초반부터 2012년 최근까지 신문을 대상으로 하였다. 이러한 주체사상의 변용을 가져 온 북한의 시대적 상황을 정리하면 다음 표와 같다.

〈표 6〉 북한의 시대적 상황과 주체사상 변용(變容)

시기	시대적 요구	주체사상의 변용
1955~1970	김일성 1인 지배체제 구축	유일사상체계화, 김일성주의
1972~	북한 사회주의 성숙단계 과시	주체사상 규범화(사회주의헌법 제정)
1975~	김정일 권력 기반 공고화	3대혁명붉은기쟁취운동
1991~	소련 등 동구권 사회주의 진영 붕괴에 따른 체제위기 극복	우리식사회주의, 조선민족제일주의
1995~	총대우선 통치 및 국가비전 제시	선군사상, 강성대국론

다음으로, 김일성 사망과 김정일 사망 이후 세습 관련 『로동신문』 보도 분석은 권력 세습을 위한 설득 체계와 선전 유형을 분석하고, 그리고 세습 담론의 선전선동 '어구'(語句)들을 별도로 분석하였다. 여기서 선전선동에 사용된 '어구'들은 세습 담론에 수차 반복적으로 사용된 단어 또는 구절로서, 앞에서 설명한 언어의 주동적 역할의 관점으로 접근하였다.

세습 관련 『로동신문』 분석 기사의 대상은 북한 지도자의 사망과 후계자 선정이라는 위기 상황에서 보도된 「사설」과 「정론」은 물론 논설, 기고문, 현장보노 등을 총망라하여 분석하였다. 왜냐하면 평상시와 달리 최고지도자 사망 직후 『로동신문』은 완전 비상체제로 편집되고 있어 지면, 기사 종류, 기사 크기에 관계없이 모든 기사가 세습의 정당성 · 당위성 선전에 초점을 맞춰 동시다발적으로 보도되고 있었기 때문이다. 다시 말해, 이 기간 동안 『로동신문』은 처음부터 끝까지 세습 담론과 논리를 확산하기 위한 선전선동 기사로 채워져 있었다.

북한 권력 세습 관련 『로동신문』의 분석 기간은 김일성 사망 이후 한 달간(1994.7.8.-1994.8.8.)과 김정일 사망 이후 한 달간(2011.12.17.-2012.1.17.)의 신문을 집중적으로 분석했다. 최고지도자 사망 이후 한 달간씩의 기간으로 정한 이유는 이 기간이 지나면서 신문의 보도 내용이 일상적으로 돌아오고 있었기 때문이다.

2. 주체사상 보도 분석 : 선전선동 정형(定型) 도출

가. 주체사상과 그 변용(變容) 보도

1) 유일사상체계화 및 김일성주의

1967년 12월 16일 최고인민회의 제4기 1차 회의에서 김일성은 연설을 통해 공식적으로 주체사상의 유일사상체계화 작업을 시작했다. 그는 "우리 당의 주체사상은 우리의 혁명과 건설을 성과적으로 수행하기 위한 가장 정확한 맑스-레닌주의적 지도사상이며, 공화국 정부의 모든 정책과 활동의 확고부동한 지침"[134]라고 하여 주체사상과 마르크스-레닌주의를 동격화였고, 1970년 11월 2일 제5차 당대회에서 당 규약 서문에 "조선로동당은 맑스-레닌주의와 우리 나라의 현실에 그를 창조적으로 적용한 김일성동지의 위대한 주체사상을 자기활동의 지도적 지침으로 삼는다."고 규정하고, 당 중앙위원회사업총화보고에서는 "온 사회가 하나의 사상, 우리 당의 유일사상으로 굳게 단합되고 혁명적기백과 창조적 정열로 들끓도록 함으로써 우리 혁명의 종국적 승리를 더욱 앞당겨야 할 것입니다"고 하였다.[135]

1972년 5월 31일 김정일은 "우리는 영원히 백두의 혁명정신으로 살며 싸워가야 한다."는 주제로 백두산에 오르며 당 일군들과 한 담화에서 "우리 당은 앞으로 위대한 수령님의 혁명사상을 수령님의 존함과 결부시켜 '김일성주의'로 정식화하여 선포하려고 합니다."고 한데서 김일성주의화 의도를 내비쳤다.[136] 그 후 주체사상이 마르크스-레닌주의를 대체하던 시기를 거쳐 보편적 이론화 작업인 김일성주의화로 접어들었다.

1972년 9월 17일 김일성은 "우리 당의 주체사상과 공화국정부의 대내외정책의 몇 가지 문제에 대하여"라는 주제로 일본 〈〈마이니찌신붕〉〉 기자들이 제기한 질문에 대답하는 형식을 빌려 "주체사상이란 한마디로 말하여 혁명과 건설의 주인은 인민대중이며 혁명과 건설을 추동하는 힘도 인민대중에게 있다는 사상입니다. 다시 말하면 자기 운명의 주인은 자기 자신이며 자기 운명을 개척하는 힘도 자기 자신에게 있다는 사상입니다."[137] 고 하여 주체사상을 해외 언론을 통해 먼저 공표했다.

이러한 주체사상이 노동당의 유일사상으로 자리 잡고, 김일성주의로 발전해 가는 과정에 『로동신문』은 김일성의 〈〈마이니찌신붕〉〉과의 회견 이틀 후인 1972.9.19일자 1면과 2면 전체 면에서 "우리 당의 주체사상과 공화국정부의 대내외정책의 몇 가지 문제에 대하여 - 김일성" 제하로 〈〈마이니찌신붕〉〉과의 인터뷰 내용 전문을 크게 보도하면서 북한 인민들에게 주체사상을 본격적으로 선전하기 시작했다.

이어 1972.9.20일자 신문 3면에서 『10월5일전기공장』직장장 배재희 명의의 기고문 "경애하는 수령 김일성동지께서 창시하신 위대한 주체사상의 혁명적기치 높이 들고 혁명과 건설을 더욱 힘차게 다그쳐나가자!" 제목으로 "경애하는 수령 김일성동지께서 〈〈마이니찌신붕〉〉기자들이 제기한 질문에 대하여 주신 대답 을 접한 우리 공장의 전체 근로자, 기술자, 사무원들은 지금 무한한 흥분에 휩싸여있으며 주체사상의 창시자이시며 위대한 맑스-레닌주의자이신 경애하는 수령 김일성 동지를 수령으로 모시고 살며 혁명하는 크나큰 긍지와 자부심으로 끓어번지고 있다."로 보도하였다. 동일자 4면에서는 "《주체의 나라 조선》이 일본에서 큰 반향을 불러일으키고 있다." 제목으로 일본의 또 다른 매체인 요미우리신문이 발간하는 일본 주간지 《슈깡요미우리》의 북한 특집 보도 내용을 인용하면서 인민들에게 순환 선전을 하였다.

이어서 1972.9.21일자 1면에서는 김일성종합대학 경제학부 강좌장 김재은의 "경애하는 수령 김일성동지께서 창시하신 위대한 주체사상의 혁명적 기치를 높이 들고 조국의 자주적 평화통일을 더욱 앞당기자! 수령님의 주체사상은 혁명의 진리를 천재적으로 밝혀준 위대한 혁명사상이다." 제목 하에 일본 《마이니찌신붕》 기자와의 회견 내용을 자세히 해설하는 기사를 게재하였다.

이상에서 보듯이 초기 주체사상의 데뷰는 일본 매체의 기자 질문에 답하는 형식을 취해, 간접적이고 우회적으로 접근하였던 것으로 보인다.

주체사상을 김일성주의화 하는 과정에서 대표적인 행사는 1972년 4월 15일 김일성 탄생 60주년을 앞두고, 이를 기념하기 위해 1972.4.3-4.10.까지 평양에서 개최된 『전국사회과학자대회』였다. 대회 첫날인 4.3일자 『로동신문』은 동 대회에 제출한 조선로동당 중앙위원회 양형섭 비서의 논문 "위대한 수령 김일성동지의 혁명 사상을 철저히 옹호하고 널리 해석 선전하기 위한 사회과학의 임무에 대하여"를 게재하여 김일성주의를 공론화하기 시작하고, 이와 동시에 절대적 지배자 숭배사상인 수령론을 등장시키기 시작했다. 그는 논문에서 "노동계급이 광범한 대중 가운데서 가장 선진적인 부분이며 당이 로동계급의 전위대라면 수령은 당을 비롯한 프롤레타리아 독재체제의 총체를 이끄는 유일한 령도자입니다. 수령은 당과 로동계급과 인민대중의 조직적 의사의 유일한 체현자이며 통일 단결의 중심이고 심장이며 혁명과 건설을 위한 투쟁에서의 최고의 뇌수입니다."고 하여 김일성을 수령으로서 '뇌수'로 『로동신문』을 통해 인민들 앞에 등장시켰다.

또한, 『로동신문』은 대회 다음날인 4.4일자 1면과 7면에서 "혁명의 영재이신 경애하는 수령 김일성동지의 위대한 혁명사상, 불멸의 주체사상을 철저히 옹호하고 널리 해석선전하자!"에서 전국사회과학자 대회 개최 소식을 재차 전하면서 "대회장 정면에는 불멸의 주체사상을 진수로 하는 위대한 혁명사상과 리론을 창시하시여 맑스-레닌주의사회과학을 새로운 높은 단계에로 발전시키였으며 우리 사회과학이 나아갈 길을 환히 밝혀주시고 사회과학자들을 언제나 육친의 사랑으로 극진히 보살펴주시고 계시는 자애로운 어버이이시며 스승이신 우리 당과 조선인민의 위대한 수령 김일성동지의 초상화가 정중히 모셔져있다."라고 보도하여 김일성을 수령으로 호칭하며 '육친', '어버이'로 묘사하여 인민들과의 유기체적 일체감을 유도하였다.

이어 동일자 2면, 3면, 4면, 5면 전체 면을 할애하여 "위대한 수령 김일성동지의 혁명사상을 철저히 옹호하고 널리 해석선전하기 위한 사회과학의 임무" 제목으로 조선로동당 중앙위원회 양형섭 비서의 보고 내용 전문을 게재하였다. 또한, 6면에서는 당대 주체사상의 대가 황장엽 김일성종합대학 총장 박사 교수의 글 "혁명의 위대한 수령 김일성동지에 의한 주체사상의 창시는 맑스-레닌주의 발전과 로동계급의 혁명위업수행에서의 획기적 전환"에서 김일성의 교시 《우리 당의 혁명사상, 당의 유일사상의 진수를 이루는 것은 맑스-레닌주의적인 주체사상이며 우리 당의 유일사상체계는 주체사상체계입니다.》를 인용하여, 주체사상으로 유일사상체계를 세워나가야 할 당위성을 논리적으로 해설한 내용을 보도하였다. 이어 김일성종합대학 학사 부교수 강춘금의 "수령께서 창시하신 혁명전통에관한 사상은 로동계급의 혁명위업수행에서 끝없이 귀중한 사상리론적재부"의 글과 강석숭 조선로동당 중앙당학교 교장 학사 부교수의 글 "수령께서 창시하신 유일사상체계확립에 관한 사상은 맑스-레닌주의 당건설에서 력사적전환을 가져온 탁월한 사상"을 게재하는 등『로동신문』은 북한의 당대 사회과학자들을 총동원하여 주체사상을 유일사상체계화 하는 작업과 김일성을 수령으로 만들어가는 김일성주의화에 집중하였다.

다음날인 1972.4.5일자 신문에서도 5면에서 "전국사회과학자대회에서 한 토론들" 제목으로 맑스-레닌주의학원 교수 장종엽, 정치대학 부교수 리형순, 김종태사범대학 학장 학사 부교수 류영술 등의 북한 내 학자들의 주체사상에 대한 지지 · 평가 글들을 게재하고, 6면에서는 해외 언론인 및 학자로서 오스트레일리아 잡지 〈홰불〉의 주필 스탠리 무어, 일본 사회과학자 대표단 야스이 가오루단장 등의 김일성 주체사상을 칭송하는 글들을 보도하여, 해외에서도 주체사상이 높이 평가받고 있는 것으로 선전하였다. 그 후에도『로동신문』은 4.10일 까지 전국사회과학자대회를 계기로 북한 내 석학들과 해외 사회주의 국가 학자를 포함하여 총 37명에 이르는 학자들을 동원하여 주체사상을 유일사상으로 확립하고, 김일성주의를 확산 · 선전하는데 매진했다.

이후 김일성주의화는 김정일에 의해 본격적으로 추진되었다. 이는 자신에게 권력 승계를 순탄하게 만들고, 그 후 자신의 권력기반을 공고히 할 필요성에서 비롯된 것이다.[138] 1973년 9월 25일 "선전선동부사업을 개선 강화하는데서 나서는 몇가지 문제에 대하여" 주제로 김정일이 노동당 선전선동부 책임일군들과 한 담화에서 "당사상사업에서 기본은 온 사회의 김일성주의화를 실현하는 것입니다. 온 사회를 김일성주의화 하기 위한 사업은 선전선동부가 앞장에 서서 틀어쥐고 나가야합니다. 당사상사업은 당중앙의 유일적지도밑에 진행하여야 합니다."[139]고 하고, 1974년 2월 19일에는 "온 사회를 김일성주의화하기 위한 당사상사업의 당면한 몇가지 과업에 대하여" 주제로 전국당선전일군강습회를, 1975년 1월 1일 군인을 대상으로 한 "전군을 김일성주의화하자" 주제로 조선인민군 총정치국 책임일군들과 담화하는 등, 김정일은 1973-1975년 기간 주체사상을 김일성주의로 보편적 이론화 작업을 집중적으로 진행하였음을 알 수 있다.[140]

이 기간 김일성주의에 대한『로동신문』의 보도는 1974.3.7일자 2면에서 조총련 제10차 전체대회에서 한덕수 중앙상임위원회 의장의 보고 "경애하는 수령 김일성원수님의 위대한 주체사상을 총련의 모든 분야에 철저히 구현하여 제반 애국과 업무수행에서 획기적 전환을 일으키자."제하로 크게 보도하였다. 여기서 그는 "주체사상을 진수로 하는 위대한 김일성주의는 맑스-레닌주의의 단순한 계승발전이 아니라 인류사상령역에서의 위대한 혁명적전환이며 조선혁명과 세계혁명의 실천을 통하여 그 정당성과 불패의 생활력이 남김없이 검증된 우리 시대의 투쟁과 생활의 참다운 교과서입니다."라는 내용을 보도하여, 해외 최대 친북단체 일본 조총련이 앞장서서 김일성주의를 지지하고 있음을 선전에 이용했다.

한편, 북한은 문화예술을 선전선동에 자주 활용하고 있다.『로동신문』

에도 문예기사(文藝記事)를 자주 게재하여 선전에 이용하고 있다.[141]

1972.5.1.일자 『로동신문』은 7면에 시(詩) "5월의 노래"(김성로)를 게재하여 "우리는 부른다/수령님의 품에서 로동계급의 첫걸음을 떼며 부른 노래/위대한 주체사상의 거창한 숨결로 혁명의 불바람을 일구며/해마다 더 높은 봉우리에서 부르는 우리의 5월의 노래를"을 보도하고, 1972.8.29.일자 신문은 2면에 "오, 위대한 주체사상이여!"의 제목으로 《김일성동지로작 및 혁명활동연구소소조 유럽대표》 밀리띠씨 니꼴라스의 시(詩) "아, 인류역사에서/처음으로 주체사상을 창시하시고 빛내이신/위대한 수령 김일성동지/그이의 이름과 함께 영원한 혁명의 노래로, 진리로/온 세상 사람들의 가슴마다에 깊이 새겨진/ 오, 위대한 주체사상이여!"를 게재하였다.

또한, 1976.12.19.일자 신문에는 수필 "은혜로운 햇빛은 설령기슭에도"을 게재하여 "위대한 수령님의 크나큰 사랑과 세심한 보살핌 속에 너무나 행복하게만 살고 있는 우리들"이라고 수령을 칭송하였다.

앞에서도 언급했듯이 『로동신문』은 주체사상 선전과 전파에서 해외의 긍정적인 반응을 보도함으로써 선전 효과를 높이고 있었다. 특히, 일본 언론의 보도와 학계의 반응, 그리고 일부 한국 대학생들의 주체사상과 김일성주의 지지와 동조를 선전에 적극 활용했다. 1974.6.6일자 3면 박스 기사로 《김일성주의는 실천을 통하여 그 정당성과 불패의 생활력이 남김없이 검증된 우리시대의 투쟁과 생활의 참된 교과서》 제목으로 일본 군마현 조선문제연구회 기관지 〈주체사상〉에 실린 글을 인용 보도하면서 김일성주의의 기초는 주체사상이고 현시대의 조류라고 선전하였다.

1975.5.3일자 3면에서는 "주체의 사상, 리론, 방법의 전일적체계인 김일성주의는 사회과학의 새로운 가장 높은 봉우리를 이루고 있다."에서 일

본학자 구리끼 야스노부가 김일성종합대학에서 "사회과학은 본래 사회적 인간을 중심으로 한 과학이다. 주체사상을 진수로 한 김일성주의에 의하여 처음으로 진정한 사회과학이 확립되었다고 말할 수 있다."는 강연 내용을 보도하고, 1977.9.16일자 6면에는 주체사상에 관한 국제토론회 발표 내용 중 일본주체사상연구회 오가이 겡이찌의 발표 "위대한 김일성주의는 오늘의 발전된 자본주의나라들, 제국주의들에서의 혁명투쟁에서도 가장 힘있는 지도사상으로 되고 있다."를 보도하였다.

특히, 1979.9.16일자 1면에 《우리 모두 위대한 김일성주의의 열렬한 신봉자가되자》제목으로 "서울의 대학생들이 위대한 수령님의 주체사상을 열렬히 칭송하고 있다"고 〈통일혁명당목소리〉 방송을 인용 보도하였다.

2) 주체사상 규범화 : 사회주의헌법 제정

북한 통치이데올로기를 마르크스-레닌주의에서 주체사상으로 대체를 공식화한 것은 1972.12.25일 개최된 최고인민회의 제5기 제1차 회의에서 제정된 '조선민주주의인민공화국 사회주의헌법'[142] 제정에서다. 동 헌법 제4조는 "조선민주주의인민공화국은 맑스-레닌주의를 우리나라 현실에 창조적으로 적용한 조선로동당의 주체사상을 자기 활동의 지도적 지침으로 삼는다."고 하여 주체사상을 북한의 공식적인 통치 이념으로 규범화하였다.

이를 『로동신문』은 같은 날 1972.12.25일자 1면 「사설」에서 "최고인민회의 제5기 제1차 회의를 열렬히 축하 한다" 제목으로 "영생불멸의 주체사상을 유일한 지도적 지침으로 삼고 있는 로동자, 농민의 혁명정권인 공화국정권은 위대한 수령 김일성동지의 현명한 령도 밑에 자연과 사회를 변혁하며 혁명과 건설을 수행하는데서 커다란 성과를 거두었으며 나라의 위력을 비할바없이 장성강화하였다."고 하였다. 동 일자 4면은 "영광스러운 우리 조국-조선민주주의인민공화국 만세! 위대한 주체의 나라"에서 "혁명의 위대한 수령 김일성동지께서는 전일적인 사상리론체계를 갖춘 주체의 학설, 주체사상을 창시하시고 우리 인민을 현명하게 령도하시여 마침내 이 땅우에서 주체사상의 전면적승리를 이룩하도록 하시였다."라고 보도하여 주체사상의 우수성을 선전하고, 주체사상을 유일한 통치 이념으로 선전하기 시작했다.

다음 날인 1972.12.26.일자 신문은 2면에서 최고인민회의 제5기 1차 회의에서 행한 김일성의 연설문 "우리 나라 사회주의제도를 더욱 강화하자"를 게재하였다. 이 연설에서 김일성은 "우리 인민의 영광스러운 혁명전통을 이어받은 공화국정권은 맑스-레닌주의를 우리 현실에 창조적으로 적용한 주체사상을 자기활동의 지도적 지침으로 삼고 있으며 조선로동당의 로선과 정책을 집행하기위하여 투쟁합니다."고 주장한 내용을 보도하고, 다음 날인 1972.12.27일자 2면 「사설」 "위대한 주체사상의 빛발로 사회주의, 공산주의의 승리의 길을 밝혀준 탁월한 맑스-레닌주의 문헌" 제목으로 전날 보도된 김일성의 연설문을 자세히 해설하였다. 동 「사설」에서 "모두다 경애하는 어버이수령 김일성동지의 두리에 더욱 철석같이 뭉쳐 백전백승의 주체의 기치를 높이 들고 그이께서 가르키시는 승리와 영광의 길을 따라 혁명의 새로운 위대한 승리를 향하여 더욱 힘차게 앞으로 나아가자."고 보도했다.

이어 최고인민회의 마지막 날인 1972.12.28일자 신문은 2면, 3면에 걸쳐 조선민주주의 사회주의헌법 전문(全文)을 게재하면서 제1장 '정치' 제4

조 “조선민주주의인민공화국은 맑스-레닌주의를 우리나라 현실에 창조적으로 적용한 조선로동당의 주체사상을 자기 활동의 지도적 지침으로 삼는다.”를 인용 보도하고, 3면에서는 “주체사상의 빛나는 승리에 대한 송가” 제목으로 최고인민회의 참관기를 게재하여 “회의는 수령님의 위대한 주체사상, 그이의 탁월하고 현명한 령도, 숭고한 공산주의적 덕성에 대한 감격과 흥분에 넘치는 송가를 높이 울리며 계속되고 있다.”라고 보도하였다. 이어 5면-10면에 걸쳐 북한의 주요 학자들을 동원하여 ‘토론’형식을 빌려 주체사상과 김일성 사회주의를 반영한 사회주의 헌법 채택을 찬양하는 글들을 게재하였다.

이어 1972.12.29일자 6면 「사설」 “위대한 수령님에 대한 우리 인민의 다함없는 신뢰와 열화 같은 충성의 표시”에서 “《주체사상이란 한마디로 말하여 혁명과 건설의 주인은 인민대중이며 혁명과 건설을 추동하는 힘도 인민대중에게 있다는 사상입니다. 다시 말하면 자기운명의 주인은 자기 자신이며 자기운명을 개척하는 힘도 자기 자신에게 있다는 사상입니다.》”는 김일성의 교시를 인용하면서 “수령님께서는 일찍이 우리 나라 역사발전, 혁명발전의 특수성과 새로운 발전단계에 들어선 국제공산주의운동의 필연적 요구를 과학적으로 분석통찰하시고 위대한 주체사상을 창시하시여 시대와 혁명이 나아갈 진로를 밝혀주시고 인민들의 사상생활과 혁명실천에서 획기적인 전환을 가져오게 하시였다”고 선전하였다.

당시 북한은 본격적인 사회주의 건설에 매진하면서 주체사상을 통치이념으로 포함시킨 사회주의헌법 채택에 초점을 맞춰, 『로동신문』은 이에 대한 해외의 반응과 평가를 집중적으로 보도하였다. 1973.2.27일자 신문은 1면에 “공화국에서 새로 제정된 사회주의헌법은 김일성주석님의 위대한 주체사상을 구현한 법전으로서 사회주의를 지향하는 모든 사람들을 크게 고무해준다" 제목으로, 동경에서 1973년 2월 2일 개최된 일조(日朝) 두 나라 여성들의 우호친선과 연대성을 위한 간담회 진행 소식을 전하면서 "참가자들은 조선인민의 경애하는 수령 김일성원수님께서 령도하시는 《주체의 조국》, 《사회주의 모범의 나라》 조선민주주의인민공화국을 방문하고 싶다는 한결 같은 념원을 표시하면서 이날 모임을 계기로 일조 두 나라 녀성들의 친선과 교류를 더욱 깊여나갈데 대하여 일련의 합의를 보았다."라고 보도했다.

또한, 1973.3.15일자 신문도 1면 우측 상단 박스 기사로 "경애하는 수령 김일성원수님의 위대한 주체사상을 빛나게 구현한 조선의 사회주의헌법은 가장 우월한 헌법이다" 제하로 3월 6일 일본 여성들이 사회주의헌법에 대한 강연회를 가졌다고 보도하면서 "경애하는 수령 김일성원수님께서 창시하신 위대한 주체사상과 우리 나라에 세워진 가장 우월한 사회주의제도에 대하여 말하고 수령님께서 친히 구상하시고 작성하신 우리 나라 사회주의헌법은 위대한 주체사상을 빛나게 구현한 새 형의 사회주의헌법이라고 강조하였다."라고 보도하여, 일본에서도 주체사상을 규범화한 사회주의 헌법을 평가하고 있다고 선전하였다.

이어, 1973.3.31일자 신문은 1면 박스 기사로 "혁명의 위대한 수령 김일성동지의 불멸의 주체사상으로 일관된 사회주의헌법은 전진도상에 가로놓인 모든 장애를 제거하고 사회주의, 공산주의 길을 따라 더욱 힘차게 전진 할수 있게 한다" 제하로 폴란드 바르샤바 〈뽈스까〉신문의 보도 내용과 쿠바 아랍인연맹 위원장 니꼴라스 꼬씨오가의 담화 발표문의 요지를 보도하면서 "헌법에는 조선인민의 경애하는 수령 김일성동지의 위대한 주체사상이 훌륭히 구현되여있다."고 하였다. 이는 북한 주체사상을 통치이념으로 채택한 북한 사회주의헌법 제정을 계기로 당시 활발했던 사회주의 진영의 해외 친북단체의 활동과 친북인사들의 글을 통해 북한 체제의 우수성과 김일성의 지도력을 인민들에게 선전하였던 것이다.

또한, 1973.12.27일자 신문은 1면「사설」"위대한 수령 김일성동지께서 친필하신 사회주의헌법을 더욱 깊이 체득하고 빛나게 구현하자"를 게재하면서 〈〈최고인민회의 제5기 제1차 회의에서 채택된 사회주의헌법은 공화국의 모든 공민들이 의무적으로 지켜야 할 가장 기본적인 규범이며 행동준칙입니다...모든 부문, 모든 단위에서 사회주의헌법에 제정된 원칙에 따라 구체적인 사업규범과 행동준칙을 만들고 모든 사람들이 그대로 사업하며 생활하도록 하여야 합니다.〉〉라는 김일성 교시를 인용하면서 사회주의헌법이 김일성의 독창적인 작품으로 선전하고 이를 준수할 것 강조하였다.

이어서 2면은 "우리 나라 사회주의 헌법은 위대한 주체사상을 구현한 사회주의헌법의 빛나는 모범" 제목의 논설과 이를 주제로 한『중앙과학연구토론회』를 기사로 다루고, 3면에서는 "사회주의헌법의 본질과 내용, 그 요구를 깊이 파악하도록" 제목으로『대동군행정위원회초급당위원회』의 결의 내용과 "헌법의 규제대로 사업하며 생활한다" 제목으로『사리원방직기계공장』로동자들의 결의 내용을 보도하여, 초급당위원회 및 공장 노동자들의 지지결의 내용을 보도하여 인민들의 공감대를 확산시켰다.

또한, 같은 3면 박스 기사로 〈〈수령님의 주체사상에 기초한 사회주의헌법은 최고형태의 백과전서적 대정치법전〉〉 제목의 기사에서 "사회주의헌법에서 미래를 내다보며 신심과 용기를 얻고있는 남조선인민들"이라고 보도하면서 김일성의 교시 〈〈공화국북반부에서 사회주의헌법의 실시는 사회의 민주화를 실현하며 조국의 자주적평화통일을 위하여 투쟁하는 남조선인민들을 힘있게 고무할것입니다.〉〉를 인용 보도하고, "박정희도당은 인민들에 대한 파쑈적탄압을 강화하고 있지만 사회주의헌법을 희망의 등대로 삼고 싸워나가는 남조선인민들의 의지와 념원을 꺽지 못할 것이다." 고 하면서, 사회주의 헌법이 남한에까지 영향을 미쳐 그들이 바라는 방향으로 통일을 이루는 지도적 규범으로 작용 할 것 같이 주민들에게 선전하였다.

3) 3대혁명붉은기쟁취운동

1975.1.28.일 김정일은 "당사업방법을 더욱 개선하며 3대혁명을 힘있게 벌려 사회주의건설에서 새로운 앙양을 일으킬데 대하여" 주제로 조선로동당 중앙위원회 책임일군회의에서 "위대한 수령 김일성동지께서 제시하신 사상, 기술, 문화의 3대혁명은 사회주의, 공산주의건설을 위한 우리 당의 기본전략적 로선입니다. 사상, 기술, 문화의 3대혁명로선을 관철하는 투쟁은 우리 나라 사회주의제도를 더욱 공고히 하고 사회주의의 완전한 승리를 이룩하며 조국의 자주적통일을 앞당기기 위한 위대한 력사적 투쟁입니다."라는 내용으로 연설 하였다.[143)]

이에 대해『로동신문』은 곧바로 보도하지 않고 그해 말 1975.12.4.일자 신문에서 1면과 3면에서 "〈〈3대혁명붉은기쟁취운동〉〉을 힘있게 벌려 온 사회의 주체사상화의 력사적위업을 앞당겨 실현하자 – 사상도 기술도 문화도 주체의 요구대로!" 제목 으로 평양시 근로자 군중대회 소식을 조선중앙통신 기사를 인용 보도하고, 이어 2면에서는 "3대혁명의 기치드높이 혁명과 건설에서 일대 전환의 폭풍을 일으키며 총진군하자!" 제하로 평양시

군중대회에서 채택된 결의문과 군중집회 사진을 전면에 크게 보도하였다. 결의문에서는 "사상혁명을 수행하는데서 가장 중요한 것은 위대한 수령님의 혁명사상, 주체사상으로 튼튼히 무장하는 것이다. 《3대혁명붉은기쟁취운동》은 주체의 혁명위업을 성과적으로 완수하기 위한 성스러운 투쟁이다."고 하였다. 이날 『로동신문』의 평양시 군중대회 보도를 시작으로 본격적으로 3대혁명붉은기쟁취운동을 노력동원 캠페인으로 전개하기 시작했다.

이어 1975.12.5일자 신문은 1면에 "《3대혁명붉은기쟁취운동》의 장엄한 포성이 울린 온 검덕골과 청산땅이 끓어번진다" 제하로 "위대한 수령께서 지펴주신 《3대혁명붉은기쟁취운동》의 첫 봉화를 추켜든 끝없는 감격과 기쁨에 휩싸여 있으며 끓어 넘치는 충성의 열정과 혁명적 투지를 안고 힘차게 떨쳐나선 이곳 검덕광산의 영웅광부들은 기세충천하여 내달리고 있다."고 보도하였다. 이어 2면과 3면에 걸쳐 "위대한 수령님의 부르심과 당의 전투적 호소에 따라 《3대혁명붉은기쟁취운동》에 전국이 떨쳐나섰다. 3대혁명의 기치높이 온 사회의 주체사상화를 힘있게 다그치자" 제목으로 기업소 · 공장 근로자들의 궐기대회 소식을 사진과 함께 대대적으로 보도하였다.

또한, 1975.12.6일자 신문은 1면에서 시작하여 3면과 4면 전체 면에서 "3대혁명의 기치 높이 위대한 수령님께서 개척하신 주체의 혁명위업을 앞당겨 완성해나가자!, 《3대혁명붉은기쟁취운동》의 불길이 온 나라 방방곡곡에서 활화산처럼 타오르고 있다" – "전국 각지 공장, 기업소, 협동농장들과 도소재지들에서 련이어 궐기 모임과 군중집회 광범히 진행" 제목으로 "《3대혁명붉은기쟁취운동》을 전당적, 전군중적운동으로 벌릴데 대한 위대한 수령님의 부르심과 당중앙의 전투적 호소를 피끓는 심장에 받아안은 전국각지의 근로자들은 련이은 궐기 모임과 군중집회를 열고 이 운동에 선참으로 일떠선 검덕로동계급과 청산협동농장원들의 열렬한 호소에 호응하여 이 전례 없는 혁명적대진군운동에 힘차게 털쳐나서 위대한 수령님께서 개척하신 주체위업을 앞당겨 실현하여나갈 자기들의 뜨거운 충성심과 드높은 혁명적 열의를 남김없이 시위하고 있다."고 보도하였다.

이처럼 3대혁명붉은기쟁취운동에 대한 『로동신문』의 보도는 광산 · 기업소 · 공장 등 현장 근로자들의 궐기모임과 시민들의 군중대회를 먼저 집중적으로 보도하였다. 이는 인민들의 노력동원을 극대화하기 위해 일선 현장의 경쟁적인 분위기를 보도하여 선전선동 효과를 높이려는 의도가 있었던 것으로 풀이 된다.

이어 1975.12.7일자는 2면「정론」에서 "위대한 수령님의 두리에 뭉쳐 3대혁명의 기치 따라 조선인민의 영웅적 기상 떨치자! – 온 강산을 휩쓰는 충성의 열풍" 제목에서 "모두다 《3대혁명붉은기챙위운동》에 떨쳐나서 수령님께서 개척하신 주체의 혁명위업을 완성하고 다시한번 주체 조선의 영예를 온 세상에 떨치자."고 호소하였다. 이어 1975.12.10일자는 1면「사설」"위대한 수령님께서 지펴주신 〈3대혁명붉은기쟁취운동〉》의 불길이 온 나라에 세차게 타번지게 하자!"에서 "모든 당원들과 근로자들은 위대한 수령 김일성동지의 두리에 하나의 사상의지로 더욱 철통같이 뭉쳐 《3대혁명붉은기쟁취운동》의 불길이 온 나라에 세차게 타번지게 함으로써 위대한 수령님을 모시고 당의 향도 아래 끝없이 융성번영하는 주체의 조국, 천리마조선의 영예를 다시한번 온 세상에 떨치자!"라고 주장하였다.

또한 12.28.일자에서는 "달리자, 3대혁명붉은기 높이 날리며" 제목의 시(詩)에서 "감격에 넘쳐/환희에 넘쳐/온 조국이 떨쳐나섰다/《사상도 기술도 문화도 주체의 요구대로!》"를 보도하여 노력동원을 인민들의 감성에 호소하였다.

그 후『로동신문』은 연일 "사상도 기술도 문화도 주체의 요구대로!" 제목으로 《3대혁명붉은기쟁취운동》에 관한 현지 노동자들의 궐기대회 등을 대대적으로 보도하여 노력동원을 경쟁적으로 부추기는 선전선동을 계속 하였다.

1976.2.21일자 1면 전체를 박스 기사로 "《3대혁명붉은기쟁취운동》은 온 사회의 주체사상화 위업을 다그치기 위한 대중적 진군운동" 제하 기사를 게재하고, 여기서 "우리는 위대한 수령님과 당에 대한 끝없는 충성심을 안고 사상, 기술, 문화혁명의 세폭의 붉은 기치 높이 《3대혁명붉은기쟁취운동》을 힘있게 벌림으로써 사회주의건설을 빨리 다그치며 우리의 혁명 력량을 정치, 경제, 군사적으로 더욱 튼튼히 다지고 조국통일과 혁명의 전국적 승리를 앞당기며 온 사회의 주체사상화 위업을 빛나게 완성해나가야 할 것이다."라고 역설하고 있다. 그러다 1986.7.23일자 1면「사설」"3대혁명붉은기쟁취운동을 심화발전시키자"을 통해 3대혁명붉은기쟁취운동 10주년을 기해 김일성 교시 《오늘 우리 당은 온 사회의 주체사상화 위업이 전면에 나선 혁명발전의 새로운 현실적 요구에 맞게 사회주의 건설의 모든 분야에서 3대혁명붉은기쟁취운동을 힘있게 벌림으로써 사상, 기술, 문화의 3대혁명을 적극 다그쳐 공산주의적 인간개조사업과 사회주의경제건설을 다 같이 성과적으로 수행해나가고 있습니다.》를 보도하여, '3대혁명붉은기쟁취운동'을 상기시키면서 이를 심화 · 발전시켜 더 큰 기적과 혁신을 이룩해나가자고 선동하였다.

4) 우리식사회주의와 조선민족제일주의

북한은 1980년대 후반부터 소련과 동구권 사회주의 진영이 붕괴되면서 체제의 위기를 느끼고 주체이념에 근거한 우리식 사회주의와 조선민족제일주의를 통치담론으로 설정하고, 이를 선전에 활용하였다. 이는 국제정세의 불리한 변화에도 불구하고 주체사상의 정체성을 견지하고 김일성, 김정일의 권력 기반을 공고화하기 위한 체제 고수 및 생존 전략이었다. 이를 위해 북한 지도부는 당시 사회주의가 붕괴하는 것은 주체사상과 같은 위대한 사상이 없었고 김일성 · 김정일과 같은 위대한 지도자가 없었기 때문이라는 논리를 펴면서, 북한의 지도자와 주체적 사회주의의 우수성 · 차별성을 인민대중에게 교화하고 체제의 결속력을 높여 나갔다.

김정일은 1991년 5월 5일 "인민대중 중심의 우리 식 사회주의는 필승불패이다"는 주제로 조선로동당 중앙위원회 책임일군들과 한 담화에서 사회주의체제의 붕괴 원인과 대처 방안을 소상히 설명하였다. 여기서 그는 북한식 사회주의는 주체사상을 구현한 세계에서 가장 우월한 사회주의로 규정하면서, "오늘 제국주의자들과 반동들이 사회주의를 말살하기 위하여 악랄하게 책동하고 있지만 우리의 사회주의는 그들의 비렬한 공격과 비방앞에서 조금도 흔들리지 않고 자기의 길을 따라 계속 힘차게 전진하고 있습니다. 우리 나라 사회주의는 수령, 당, 대중이 일심단결된 불패의 사회주의입니다."[144]고 하였고, 다음해인 1992년 1월 1일 또다시 조선로동당 중앙위원회 책임일군들과 한 담화 "당사업을 강화하여 우리 식 사회주의를 더욱 빛내이자"에서 그는 "제국주의자들과 반동들은 일부 나라들에서 사회주의가 좌절된 것을 기화로 하여 공격의 화살을 우리 나라에 집중하면서 간섭과 파괴 책동을 끊임없이 벌렸습니다. 미제의 사촉밑에 남조선반동들은 〈〈흡수통일〉〉의 야망을 실현하기 위하여 북남고위급회담 앞에 인위적인 장애를 조성하면서 북남합의서 채택을 지연시키는 한편, 핵전쟁연습인 〈〈팀스프리트〉〉합동군사연습을 비롯한 북침전쟁연습을 련이어 벌려놓고 우리 나라 정세를 전쟁접경에로 몰아갔습니다."고 하고, 그럼에도 불구하고 "우리 식 사회주의는 승승장구하고 있으며 우리 혁명의 전도는 휘황찬란합니다."[145]라고 선전하였다.

한편, 공산주의 북한에서 민족주의[146]를 배척해오다 조선민족제일주의를 본격적으로 거론한 것은 1992년 2월 4일 당중앙위원회 책임일군들과 한 담화 "일심단결을 더욱 강화하여 조선민족제일주의 정신을 높이 발양시키자"에서다. 여기서 그는 "최근년간 사회주의길로 나아가던 일부 나라들에서 제국주의자들과 현대사회민주주의자들의 반사회주의 책동으로 말미암아 사회주의가 좌절되고 자본주의가 복귀되는 엄중한 사태가 조성되였습니다. 지난해에는 69년 동안 존재하여 온 쏘련이 해체 되였습니다. 우리 인민들 속에서 조선민족제일주의, 고려민족제일주의 정신을 높이 발양시켜야 그들이 우리 수령이 제일이고 우리 당이 제일이며 우리 식 사회주의가 제일이라는 크나큰 민족적 긍지와 자부심을 가질 수 있습니다."[147] 고 하였다. 조선민족제일주의는 북한체제의 우월성을 붕괴된 동구권 사회주의와 차별성을 부각시켜 주민들의 동요를 막고, 한편으로는 민족대단결이라는 미명하에 대남 통일전선 구축을 위한 책략이기도 했다. 다시 말해, 북한의 조선민족제일주의는 대남혁명주의와 반미자주주의의 정치원칙에 대한 이념적 지도 원리인 것이다.[148]

우리식사회주의와 조선민족제일주의에 대한 『로동신문』의 보도는 김정일의 언급 순서와 관계없이 거의 비슷한 시기에 통치담론으로 확산, 전파되었다.

1991.9.7.일자 신문은 "조선민족제일주의 정신을 구현한 불멸의 글발들"에서 "친애하는 지도자 김정일동지께서 다음과 같이 지적하시였다. 《자기 나라 혁명에 충실하자면 무엇보다도 자기 민족을 사랑하고 귀중히 여길 줄 알아야 합니다. 나는 이런 의미에서 우리 민족 제일주의를 주장합니다.》"를 인용 보도하면서, 이미 혁명적 구호 문헌들 가운데는 조선민족제일주의 정신을 구현하고 있는 것들이 많다고 보도하여, 조선민족제일주의가 이미 오래전부터 중요한 정치이념으로 자리 잡아 왔던 것처럼 역사성을 부여하여 선전하였다.

1995.3.6.일자 3면에는 "조선민족제일주의 교양을 참신하고 실속 있게 하자." 제목으로 『진천군당위원회』, 『금성뜨락또르종합공장』, 『서흥화학공장』초급당위원회에서 "김정일동지의 위대성교양을 사상교양사업의 주선으로 틀어쥐고 여러 가지 형식과 방법으로 진행하고 있다."고 하면서, "나라가 크다고 하여 위대한 사상이 저절로 나오는 것이 아니다. 나라는 작아도 수령이 위대하면 지도사상도 위대한 것이다.", "《21세기를 령도 하실 분은 오직 조선인민의 최고령도자 김정일 각하이시다.》"로 보도하여, 유훈통치 기간 중 조선민족제일주의를 내세워 지도자 김정일의 위대성을 선전하였다.

1995.3.27.일자는 1면 「사설」 "조선민족제일주의 정신을 더욱 높이 발양하자" 제하에서 "조선민족제일주의 정신은 주체조선의 영예와 존엄을 대를 이어 끝없이 떨치게 하는 고귀한 사상적 원천이다.", "사회주의가 좌절된 나라들, 자본주의 나라들의 비참한 현실을 통하여 당원들과 근로자들이 위대한 령도자를 모시고 주체사상의 기치 따라 나아가는 내나라, 내 조국이 제일이라는 신념을 더욱 깊이 간직하도록 하여야 한다."고 하여 조

선민족제일주의를 권력세습의 정당화에 끌어들여 보도하였다.

1995.4.28.일자 신문은 2면에서 "조선민족제일주의정신으로" 제목으로 "위대한 령도자 김정일동지께서는 우리민족의 건국시조는 단군이지만 사회주의 조선의 시조는 경애하는 김일성동지이시라 하시며 수령님의 존함으로 빛나는 조선민족의 우수한 민족성, 조선민족제일주의 정신을 남김없이 발휘하도록 현명하게 령도하고 계신다."라고 보도하였다. 1997.8.12.일자 신문은 2면에서 "조선민족제일주의를 내세우시며" 제하로 "경애하는 장군님께서는 우리 민족은 인류력사발전의 려명기부터 훌륭한 민족문화를 창조하여왔다고 하시면서 민족의 슬기와 재능이 깃들어 있는 모든 유산을 귀중히 여기고 손색이 없이 보존하도록 깊은 관심을 돌리시였다."고 하고, "위대한 장군님의 령도밑에 조선민족제일주의 정신으로 만난을 영웅적으로 해쳐온 지난 3년의 몽상기간이야말로 민족성을 고수하면 승리자가 되고 버리면 노예의 운명을 면치 못한다는 진리를 실증한 력사의 나날이였다."고 보도하면서, 김일성 사망 이후 유훈통치 기간을 위기로 상정하고 조선민족제일주의 정신으로 이를 극복하였다고 선전하였다.

한편, 우리식 사회주의에 대한 첫 보도는 1993.3.23.일자 신문 1면「사설」"주체사상을 철저히 구현하여 우리 식 사회주의를 더욱 빛내이자" 제목으로 "우리 식 사회주의는 주체사상을 기초로 하고 있고 주체사상을 구현하고 있는 주체의 사회주의다. 전체 당원들과 근로자들은 주체사상이 우리 식 사회주의의 생명이라는 것을 심장깊이 새기고 주체사상을 혁명과 건설의 모든 분야에 철저히 구현함으로써 우리 식 사회주의를 견결히 옹호보위하고 더욱 빛내여 나가야 한다."고 했다.

1994.2.1.일자 신문 3면 "위대한 전략가의 령도를 받는 우리 식 사회주

의 위업은 필승불패이다" 제목에서 "혁명의 위대한 전략가이신 친애하는 지도자동지를 우리 당과 혁명의 수위에 높이 모시고 우리 식 사회주의위업의 계승완성을 위하여 투쟁하고 있는 것은 우리 인민의 최대의 영광이며 자랑이다."고 하여 우리식 사회주의가 김정일에 의해 창안된 시대의 통치이념임을 부각하여 선전하였다.

2000.5.5.일자 신문은 2면에서 "천리마대진군속에서 과시되는 우리 식 사회주의의 위력" 제목으로 김정일의 고전로작 《인민대중중심의 우리 식 사회주의는 필승불패이다》 발표 9돐을 맞아 "로작이 발표될 당시 일부 나라들에서는 사회주의가 좌절되고 자본주의가 복귀되는 비극적인 사태가 빚어지고 있었다.", "지난 9년간 우리의 사회주의건설투쟁은 류례없이 간고하였다.", "오늘의 새로운 천리마대진군은 또한 튼튼한 자립경제의 터전우에 건설된 우리 식 사회주의의 위력의 힘있는 과시로 된다."고 보도하면서 1990년대 초 소련과 동구 사회주의 붕괴에도 불구하고 북한은 우리식 사회주의를 통해 자립경제를 이룩하였다고 평가하였다.

2007.7.23.일자 3면에는 "우리 식 사회주의의 우월성을 높이 발양" 제목으로 함경남도인민병원 의료일군들과 강남군의 학부형의 글에서 "위대한 장군님을 친어버이로 모시고 사는 우리나라 사회주의제도가 세상에서 제일이라는 것을 다시금 절감하고 있다."고 보도하였다. 또한, 2007.10.23.일자 신문에서도 "높은 민족적 긍지와 애국의 열정안고 우리 식 사회주의를 빛내이자"에서 함경북도의 당 조직들과 동림군 당위원회의 선전일군들은 "인민이 모든 것의 주인이고 모든 것이 인민을 위하여 복무하는 우리 식 사회주의 제도의 우월성을 잘 알려줄 뿐만 아니라 일상적인 생활과정을 통하여 내 조국의 고마움을 폐부로 느끼도록 사상교양사업을

참신하게 벌려나가고 있다."고 하여 초급당위원회에 이르기 까지 우리식 사회주의에 큰 긍지를 갖고 있다고 보도했다.

2007.12.27.일자 신문은 "인민을 위하여 복무하는 우리 식 사회주의제도 제일" 제하로 사회주의헌법 제정 35주년을 맞이하여 인민들을 모두 요람에서 살도록 만든 북한의 우리식 사회주의가 지구상에서 가장 우수한 사회주의 제도로 선전하였다.

5) 선군사상과 강성대국론

주체사상은 시대에 따라 얼굴을 바꾸어 왔으나 체제유지를 위한 이데올로기로서의 본질은 변하지 않았다. 그런 가운데 90년대에 접어들면서 북한은 사회주의 진영의 붕괴와 계속되는 경제난으로 더 이상 주체사상을 앞세운 이데올로기로는 주민들을 통치하는데 한계 상황에 이르게 되었다. 김정일은 이러한 상황을 돌파하기 위하여 새로운 통치 이데올로기인 선군사상을 내세워 북한 최대 권력집단인 군부의 지지를 확보하고 국가건설에 박차를 가하고자 하였다.

김정일이 선군정치를 암시하는 최초의 언급은 1992년 2월 4일 "인민군대를 강화하며 군사를 중시하는 사회적기풍을 세울데 대하여"라는 주제로 조선로동당중앙위원회 책임일군들과 한 담화에서 나타난다. 그는 "우리는 멀지않아 위대한 수령님을 모시고 조선인민군창건 60돐을 맞이하게 됩니다... 인민군대를 강화하고 군사를 중시하는 사회적기풍을 세워야합니다...내가 오래전부터 강조하여오지만 정권은 무력에 의하여 보위됩니다... 우리는 인민군대를 강화하여 백두에서 시작된 주체혁명위업을 끝까지 완성하여야 합니다...군사를 중시하는 사회적기풍을 세워야 합니다."라

고 하였다.[149)]

이어 김일성 사망 후 1994년 10월 20일 "군의 역할을 높여 인민생활에서 전환을 일으키자"는 주제로 조선로동당 중앙위원회 책임일군들과 한 담화에서 "당의 혁명적 경제전략을 관철하여 인민생활문제를 푸는데서 지방의 창발성을 발양시키고 지방의 원천과 잠재력을 동원하는 것이 매우 중요합니다. 특히 군의 역할을 높여 모든 군인들이 자력갱생의 원칙에서 자체로 인민생활문제를 풀어나가기 위하여 적극 투쟁하도록 하여야 합니다…우리 나라에서 군은 인민생활을 높이는데서 중요한 몫을 담당하고 있습니다."[150)]고 하면서 경제와 인민생활 향상을 위해 군의 역할을 강조하기 시작했다.

이듬해인 1995년 1월 1일 신년벽두에 "당의 두리에 굳게 뭉쳐 새로운 승리를 위하여 힘차게 싸워 나가자" 주제로 조선로동당 중앙위원회 책임일군들과 한 담화에서 "우리가 제국주의의 원흉인 미제국주의자들과 직접 맞서 있고 아직 나라의 통일을 이루지 못한 조건에서 인민군대를 강화하는 사업을 잠시도 소홀히 하여서는 안됩니다. 올해에도 인민군대를 강화하는 사업에 계속 큰 힘을 넣어야 합니다."[151)]고 하여 군대를 강화하고 국사에서 군사우선을 암시했다.

이를 1995.1.1.일자 『로동신문』, 『조선인민군』, 『로동청년』이 「신년공동사설」을 게재하고, 『로동신문』은 1면, 2면에서 "위대한 당의 령도를 높이 받들고 새해의 진군을 힘있게 다그쳐나가자"에서 "우리 나라에서 군은 지방경제발전의 종합적단위이며 지역적거점이다. 친애하는 지도자 김정일 동지께서는 우리 나라 사회주의 건설의 구체적인 현실과 끝임없이 높아지는 인민들의 생활상 요구를 과학적으로 통찰한데 기초하시여 군의 역할을 높여 인민생활에서 전환을 일으킬데 대한 강령적 과업들을 제시하시였다."고 보도했다.

이어 다음날 1995.1.2.일자 신문은 4면에 "위대한 령장의 슬하에서 인민과 군대는 혼연일체 – 군대사업을 중시하는 좋은 기풍"에서 "《군민일치의 전통적 미풍을 발양하여 인민들은 인민군대를 성심성의로 원호하고 군대는 인민들을 친혈육처럼 사랑하며 모두가 혁명적전쟁관점에 튼튼히 서서 국방력강화를 위하여 모든 것을 다하도록 정치사상사업을 힘있게 벌려야 하겠습니다.》"라는 김정일의 발언을 인용 보도하면서, 군을 중시해야 하는 논리로 군대가 지역경제발전에 크게 기여하고 있는 것으로 내세우면서 군민일치(軍民一致)를 강조하였다.

이어 1997년 3월 17일 김정일은 "혁명적군인정신을 따라 배울데 대하여" 주제로 조선로동당 중앙위원회 책임일군들과 한 담화에서 "모든 부문, 모든 단위에서 혁명적군인정신을 적극 따라 배우도록 하여야 하겠습니다. 혁명적군인정신은 일군들과 당원들과 근로자들이 다 따라 배워야 할 투쟁정신이며 오늘의 난관을 뚫고 승리적으로 전진하기 위한 사상정신적량식입니다."[152]고 하였다. 이때까지 『로동신문』은 군이 인민생활을 지원하고 있고, 인민은 군인정신을 배우도록 독려하였을 뿐, 선군정치 · 선군사상이란 용어를 사용하지 않았다.

그러다 1999년 1월 1일 "올해를 강성대국건설의 위대한 전환의 해로 빛내이자" 주제로 조선로동당 중앙위원회 책임일군들과 한 담화에서 "우리가 말하는 강성대국이란 사회주의강성대국입니다. 국력이 강하고 모든 것이 흥하며 인민들이 세상에 부럼없이 사는 나라가 사회주의강성대국입니다. 우리 나라를 강성대국으로 만드는 것, 이것은 결코 빈말이 아니며

면 앞날의 일도 아닙니다. 세상 사람들도 인정하는것처럼 지금 우리의 정치사상적위력과 군사적위력은 이미 강성대국의 지위에 올라섰다고 볼수 있습니다. 이제 우리가 경제건설에 힘을 집중하여 모든 공장, 기업소들이 제 궤도에 올라서서 생산을 꽝꽝 하게 만들면 얼마든지 경제강국의 지위에 올라 설수 있습니다."고 하고, "군사를 중시하고 국방공업에 계속 큰 힘을 넣어야 합니다. 군사는 국사중의 제일국사이며 국방공업은 부강조국건설의 생명선입니다."[153]라고 하면서 강성대국을 이룩하기 위해 선군정치가 필요하다는 점을 선전하기 시작했다.

이듬 해 2000년 1월 1일 "사회주의강성대국건설에서 결정적 전진을 이룩할데 대하여" 주제로 당 중앙위원회 책임일군들과 한 담화에서 "총대중시는 곧 선군령도입니다. 우리는 철저히 선군령도의 원칙에서 인민군대를 강화하여야 합니다....우리 당이 총대를 중시하고 선군정치를 하는 한 우리 나라는 끄떡없습니다. 우리는 앞으로도 총대중시사상을 틀어쥐고 선군정치를 하여 이 땅우에 사회주의강성대국을 건설하고 우리 민족의 숙원인 조국통일을 이룩하여야 합니다."[154]고 하여 '총대중시', '선군령도', '선군정치'를 본격적으로 전면에 내세우면서 이를 통해 강성대국을 건설하자고 주장했다.

'강성대국론'에 대한 『로동신문』의 첫 보도는 1998.8.22.일자에 게재된 「정론」에서다. 여기서 "조국번영의 새 시대를 부르는 력사의 봄우뢰가 이 땅을 뒤 흔들고 있다. 《고난의 행군》을 통하여 더욱 단련되고 강해진 조선민족의 기질과 위력을 다시한번 세상에 시위 할 때가 왔다."라고 보도하였다.

이어 1999.1.1.일자 『조선인민군』, 『청년전위』와 함께 게재된 「신년공동사설」 "올해를 강성대국건설의 위대한 전환의 해로 빛내이자"에서 "우리의 사회주의강성대국은 위대한 김정일동지의 사상으로 일색화된 주체의 나라이다. 사상으로 건설되고 신념으로 다져진 사회주의성새는 금성철벽이다."라고 보도하였다.

2000.1.1.일자 「신년공동사설」 "당창건 55돐을 맞는 올해를 천리마대고조의 불길속에 자랑찬 승리의 해로 빛내이자"에서도 "김정일동지의 명철한 예지와 불면불휴의 로고에 의하여 전국적인 본보기들이 수많이 창조되고 강성대국건설에서 새로운 진격로가 열리게 되었다."고 보도하였다.

2001.1.1.일자 「신년공동사설」 "《고난의 행군》에서 승리한 기세로 새 세기의 진격로를 열어나가자"에서 "새해 주체90년은 위대한 당의 령도 따라 21세기 강성대국 건설의 활로를 열어나가야 할 새로운 진격의 해, 거창한 전변의 해이다"로 보도하였다.

2002.1.1.일자 「신년공동사설」 "위대한 수령님 탄생 90돐을 맞는 올해를 강성대국건설의 새로운 비약의 해로 빛내이자"에서 "올해의 혁명적대진군은 우리 수령, 우리 사상, 우리 군대, 우리제도제일주의를 철저히 구현하여 김일성민족의 존엄과 영예를 빛내이기위한 투쟁이다."로 보도하였다.

2003.1.1.일자 「신년공동사설」은 "위대한 선군기치 따라 공화국의 존엄과 위력을 높이 떨치자" 제하에서 "위대한 수령 김일성동지에 의하여 자주, 자립, 자위의 강국으로 빛을 뿌린 우리 나라가 오늘 무적필승의 《선군정치의 조국》으로 존엄을 떨치고 있는 것은 참으로 자랑스러운 일이다."라고 보도하였다.

이어 2003.3.12.일자 신문은 2면에서 "주체사상은 선군정치의 뿌리" 제목의 논설에서 "《선군정치는 주체사상에 뿌리를 두고 있습니다.》"라는 김정일의 지적사항을 인용 보도하고 "선군혁명로선, 선군정치에 의하여 밝혀진 모든 지침들은 그 어느 것이나 다 주체사상을 바탕으로 하고 있으며 주체사상의 요구를 전면적으로 구현하고 있다. 그것은 바로 선군정치가 주체사상을 지도적 지침으로 삼고 우리식대로 혁명을 해나가는 실천투쟁속에서 나온 독창적인 정치방식이기 때문이다. 이런 의미에서 주체사상은 선군정치의 뿌리라고 말할수 있다."고 하여, 주체사상과 선군사상과의 관계를 설명하고 선군정치의 뿌리는 주체사상이라는 것을 명확히 하였다.

또한, 2004.2.10.일자 1면에서 "주체사상과 선군정치로 자주세계를 펼쳐나가시는 위대한 령도자" 기사에서 김정일 생일을 즈음하여 파키스탄, 에디오피아, 타지기스탄 등 세계 여러나라에서 김정일의 선군정치에 대한 토론회가 진행되었다고 보도하면서, 국제사회에서도 선군정치에 주목하고 있다고 선전하였다.

2004.2.16.일자 1면 「사설」"일심단결의 위력으로 전진하는 우리 당의 선군혁명위업은 필승불패이다"에서 "지금 전체 인민군장병들과 인민들은 다함없는 존경과 흠모의 정을 담아 조국과 민족의 운명을 한몸에 걸머지시고 승리에로 이끌어나가시는 위대한 김정일동지께 최대의 영광을 드리고 있으며 선군의 기치따라 주체의 사회주의위업을 끝까지 완성해나갈 굳은 결의에 넘쳐있다."고 보도하였다.

이어 3면 전체에서는 "경애하는 김정일동지는 선군정치로 주체혁명위업을 승리에로 이끌어나가시는 혁명의 위대한 령도자이시다" 제목으로 조선로동당 중앙보고대회에서 양형섭 최고인민회의 상임위원회 부위원장의 보고문 전문을 개재하고, 여기서 "우리는 모든 사상교양사업을 주체의 선군사상교양으로 일관시켜 누구나 다 주체사상, 선군사상을 신념화, 체질화하도록 하며 당원들과 군인들, 근로자들이 경애하는 사령관동지께서 이끄시기에 우리의 사회주의는 반드시 승리한다는 신심을 가지고 선군의 기치따라 계속혁명의 한길로 힘차게 싸워나가도록 하여야 하겠습니다."로 보도하였다.

2004.2.19.일자 1면 「사설」"당의 선군령도따라 주체사상의 기치를 더 높이 들고나가자"에서 "경애하는 김정일동지께서 지난 세기 90년대에 변화된 시대의 요구를 통찰하시고 주체의 선군사상과 로선을 제시하시여 21세기 자주위업의 승리의 필승의 보검을 마련하신 것은 인민대중의 혁명투쟁력사에 특기할 사변으로 된다."고 하여 선군사상을 김정일의 업적으로 평가, 선전하였다.[155]

나. 『로동신문』의 선전선동 정형(定型)

1) '사상교화' 선전선동 패턴

『로동신문』은 앞에서도 살펴 본 바와 같이 북한 최고 권력 기관인 노동당의 선전 매체로서 선전 효과를 높이기 위하여 사전 기획된 편집 · 보도계획에 따라 보도된다. 따라서 『로동신문』의 보도에는 기사 형태와 순서 등에서 일정한 패턴(pattern)이 나타난다. 이러한 패턴을 앞에서 살펴 본 '유일사상체계화 및 김일성주의'의 예를 통해 선전선동 정형으로 도출해 보면 아래와 같다. 이는 주체사상의 보도에서 뿐만 아니라 『로동신문』의 보도 전반에 적용할 수 있는 포괄적이고, 대표적인 모형이라고도 볼 수 있다.

가) 일자별 보도 진행

〈표 7〉 유일사상 체계화 및 김일성주의 보도

단계	일자	내 용
〈 1단계 〉 담화	1970.11.2	- 제5차 전당대회 당 규약 서문에 주체사상을 '우리 당의 유일사상'으로 명기
	1972.5.31	- 김정일 백두산을 오르며 일군들과 '김일성주의화 하려고 한다' 담화
〈 2단계 〉 신문 보도	1972.4.3.	- 전국사회과학자대회 개막일 양형섭 비서 논문 게재
	4.4.	- 전국사회과학자대회에서 참석 37명의 학자 기고문 게재 - 해외 언론 오스트레일리아 〈〈홰불〉〉 보도문 게재 - 일본 사회과학자 대표단장 야스이 가오루 기고문 게재
	5.1	- 5월의 노래 시(詩) 게재
	8.29	- 오, 위대한 주체사상이여! 시(詩) 게재
	9.17.	- 김일성의 일본 〈〈마이니찌신붕〉〉과의 인터뷰 사실 보도
	9.19.	- 위 인터뷰 내용 전문(全文) 게재
	9.20.	-『10월5일 전기공장』 직장장 기고문 게재 - 일본 잡지 〈〈슈깡요미우리〉〉 보도문 게재
	1974.3.7.	- 한덕수 조총련 중앙상임위원회 의장 보고문 게재
	4.3.	-「사설」 게재(유일사상교양 강화 내용)
	4.30.	-「사설」 게재(유일사상교양 강화 내용)
	5.25.	-「사설」게재 -『황해제철기업소당위원회』,『김일성종합대학당위원회』,『계관근위천리마룡양광산』,『천리마10월15일공장』등 당원 · 광부 · 근로자 결의대회 보도
	6.6	- 일본 〈〈주체사상〉〉지에 실린 '김일성주의'보도 전재
	1975.1.3.	-『혜산시당위원회』,『평양시대성구역당위원회』등 초급당위원회와 근로자 결의대회 보도
	5.3.	- 일본 구리끼 야스노부의 김일성주의 찬양 김일성종합대학 강연 내용 보도
	1976.10.8.	- 〈주체사상에 관한 국제과학토론회〉 참가, 수단 조선친선협회 위원장 헌시 게재
	12.19.	- "은혜로운 햇빛은 설령기슭에도" 수필 게재
	1977.9.16.	- 일본학자 오가이 겡이찌의 김일성주의 발표문 게재
	1979.9.16.	- 〈통일혁명당목소리〉의 서울의 대학생들 주체사상 칭송 방송 내용 인용 보도

나) 『로동신문』 보도 흐름

위의 도표에서 정리된 '유일사상체계화와 김일성주의' 관련 기사를 유형별, 단계별로 흐름(flow)을 정형화(定型化)하면 아래 그림과 같다. 이러한 『로동신문』의 보도 패턴은 주제의 대소(大小)에 따라 일부 단계가 생략되거나 보도의 빈도에서 약간의 차이가 있을 뿐, 대체적으로 모든 보도 형태가 이 틀 속에서 진행될 정도로 일반화 할 수 있다.

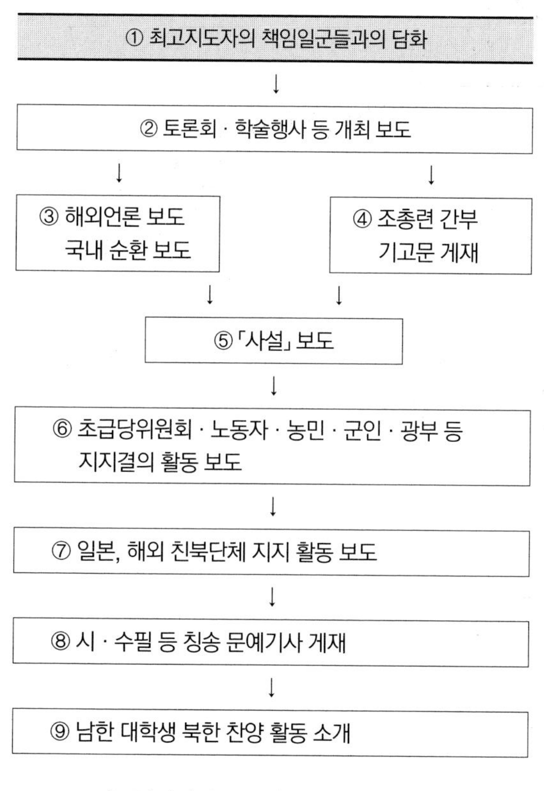

〈그림 2〉 '사상교화' 선전의 보도 흐름

2) '노력동원' 선전선동 패턴

앞에서 살펴보았듯이, 북한『로동신문』의 선전선동 목적이 상시적인 노력동원에 있다. 그러나 때로는 정치적인 목적을 띠고 단기적으로 대규모 캠페인으로 전개되는 경우가 있다. 위에서 살펴본 '3대혁명붉은기쟁취운동'은 1970년대 중반 김정일이 자신의 권력기반을 강화하기 위한 목적으로 일정기간 집중적으로 선전했던 대표적인 경우이다. 그래서 이 보도 사례를 통해 노력동원 선전선동 보도를 정리하면 아래와 같다.

가) 일자별 보도 진행

〈표 8〉 3대혁명붉은기쟁취운동 보도

단계	일자	내 용
〈1단계〉 담화	1975.1.28.	- 김정일 로동당 중앙위원회 책임일군들과 담화 - "3대혁명을 힘 있게 벌려나가자"
〈2단계〉 신문 보도	1975.12.4.	- 평양시 근로자 군중대회 보도 - 평양시 군중대회 결의문 전문과 대형 집회사진 게재
	12.5.	-『검덕광산』의 영웅광부들 - 기업소 근로자들의 3대혁명을 위한 결의 보도
	12.6.	- 전국각지 공장 · 기업소, 협동농장들의 연이은 궐기대회 보도
	12.7.	-「정론」게재 (영웅적 기상 떨치자)
	12.10.	-「사설」게재 (불길이 타번지게 하자)
	12.28.	- 시(詩) "달리자, 3대혁명붉은기 높이 날리며" 보도
	1976.2.21.	- 논설 보도 (3대혁명붉은기쟁취운동은 주체사상위업을 다그치기 위한 진군운동)

나)『로동신문』보도 흐름

위의 도표의 일자별 '3대혁명붉은기쟁취운동'의 보도 흐름을 정형화하면 아래와 같다. 『로동신문』은 논리적인 선전에 앞서 행동을 부추기는 선동에 초점을 맞춰 보도하였다. 즉, 당시 『로동신문』의 보도는 시 · 도 군중대회, 공장 · 기업소 등 노동자들의 현장 궐기대회를 대대적으로 선행(先行) 보도하였다. 이어 선동성이 강한 「정론」을 통해 호소하고, 그 다음에 「사설」을 통해 그 의미와 필요성을 설명하고 설득하는 보도 순서를 밟았다.

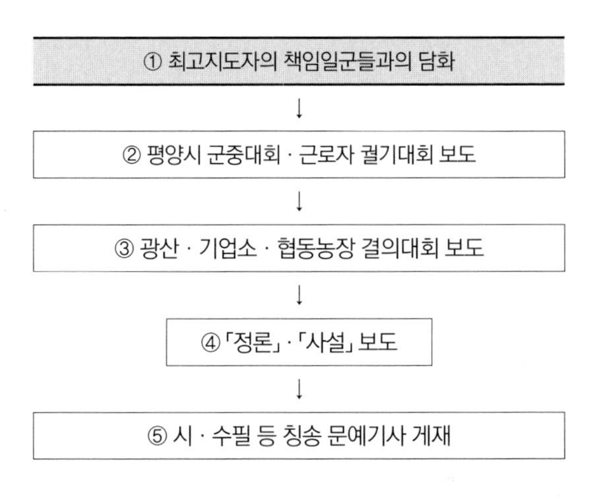

〈그림 3〉 '노력동원' 선전의 보도 흐름

3. 권력세습 보도 분석 : 설득 체계와 담론 어구(語句)

가. 권력세습 선전선동의 설득 체계

두 번의 최고지도자 사망 직후 『로동신문』의 권력세습을 위한 선전선동

체계는 다음과 같이 동일하게 전개되었다. 먼저, 최고지도자의 사망이라는 애도적 분위기를 조성하고, 이에 따라 권력세습이 이뤄져야한다는 당위적 상황을 조성한다. 이러한 상황은 ① 극도의 애도분위기 조성 및 위기의식 조장 ② 주체적 사회주의 정체성 유지 ③ 통일위업 달성이었다.

이어, 권력세습을 설득할 메시지가 내포된 보도 유형과 방법으로는 ① 유훈 인용으로 후계자 기정사실화 ② 백두혈통 중심으로 단결 강조 ③ 정통성 갖춘 지도자 자질 강조 ④ 기초단위의 충성결의 공감대 확산 ⑤ 문예기사 보도로 감성에 호소 ⑥ 조총련 및 해외 유력인사 · 언론의 찬양 보도 등이다. 이러한 선전 유형들은 연일 『로동신문』의 다양한 기사 형태로, 중첩적으로 보도되었다.

김일성 사망과 김정일 사망 이후 두 번에 걸친 권력세습을 위한 선전선동의 체계 즉, 상황 조성과 선전 유형을 정리하면 아래 표와 같다.

〈표 9〉 북한 권력세습 선전선동 체계

상황 조성	애도 · 위기의식 조장		주체적 사회주의 정체성 유지		통일위업 달성	
	⇩		⇩		⇩	
선전 유형	유훈 인용, 후계자 기정사실화	영도자에 충성 · 단결 강조	지도자 자질 부각	기초단위 충성결의 공감대 확산	감성적 문예기사 보도	조총련, 해외인사 · 언론 찬양 보도
	⇩		⇩		⇩	
권력 세습 정당화 메시지 : 선전선동 어구(語句)						

1) 권력세습 상황 조성과 선전

가) 극도의 애도 분위기 및 위기의식 조장

북한체제에서 김일성 사망과 김정일의 사망은 보통 국가의 지도자 사망과는 전혀 의미가 다르다고 할 수 있다. 김일성과 김정일은 인민의 수령과 뇌수로써 인민의 육체적 · 정신적 영역까지 지배하고, 모든 의식주(衣食住)를 해결해 주는 절대적인 존재이다. 따라서 이들의 사망은 인민들의 삶과 직결되는 중대사로 받아들이게 되어있는 것이다. 이러한 상황에서 『로동신문』은 극도의 애도 분위기를 조성하면서, 다른 한편으로는 이들의 사망을 체제의 위기적 상황으로 몰아간다. 이러한 애도 분위기와 위기의식은 결국 권력 세습의 당위성 · 필연성 논리로 연결된다.

(1) 김일성 사망

김일성 사망 다음 날인 1994.7.9.일자 『로동신문』은 1면 전체 면에서 "위대한 수령 김일성동지는 영생 할 것이다" 제목으로 대형 초상을 게재하고, 3면 에서는 "위대한 수령 김일성동지의 서거에 즈음하여 – 조선로동당 중앙위원회, 조선로동당 중앙군사위원회, 조선민주주의인민공화국 국방위원회, 조선민주주의인민공화국 중앙인민위원회, 조선민주주의인민공화국 정무원에서 위대한 김일성동지의 국가장의위원회를 다음과 같이 구성 한다" 제하로 272명의 국가장의위원회 명단을 보도하면서 "김정일동지"를 맨 위에 굵은 글씨체로 보도하였다. 국가장의위원회 구성에 열거된 부서들과 장의위원들은 북한 체제를 받들고 있는 권력부서들과 김일성과 항일 투쟁을 함께 해온 혁명세대 권력 엘리트들로 망라하여 북한 체제의 성격을 확인시키면서, 김일성 사망이 북한 체제의 존망과 직결되는 인상을 강하게 심어주었다.

또한, 1994.7.11.일자『로동신문』1면은「사설」"경애하는 어버이 김일성동지는 인민의 심장속에 영생할 것이다" 제목으로 "지금 온 나라 전체인민들은 가장 비통한 심정에 잠겨있다. 우리 민족의 수천년 력사에서 처음으로 맞이하고 높이 모신 위대한 수령, 위대한 영웅, 위대한 어버이를 잃은 우리 인민의 슬픔은 그 무엇으로써도 다 헤아릴수 없다."고 보도하여 깊은, 애도 분위기를 조성하였다.

이어 7.12.일자 1면에서는 "위대한 수령 김일성동지는 영생불멸할 것이다 – 위대한 수령 김일성동지의 령전에 조의를 표시하는 의식 엄숙히 거행" 제하로 "조선민주주의인민공화국 국방위원회 위원장이시며 조선인민군최고사령관이신 김정일동지께서 당과 국가의 지도자들과 함께 이날 위대한 수령 김일성동지의 령구를 찾으시여 가장 비통한 심정으로 애도의 뜻을 표시하였다."고 보도하여, 국방위원회 위원장과 최고사령관 직위를 내세워 보도함으로써 국가 안보와 위기의식을 부각시키고 있었다. 또한, 7.14.일자 신문은 1면 "조선인민군 최고사령관 김정일동지께서" 제하로 "조선인민군 최고사령관 김정일동지께서는 가장 비통한 심정을 안으시고 위대한 수령 김일성동지의 령전에 묵상하시였으며 수령님의 령구를 돌아보시였다."로 보도하여, 김정일의 직함에 '조선인민군 최고사령관'을 계속 내세웠다.

1994.7.19.일자 신문은 8면에서 "주체의 혁명위업 무력으로 담보하겠다" 제하로 "우리 인민군 장병들은 그 어떤 광풍이 휘몰아쳐오고 천만대적이 덤벼들어도 경애하는 최고사령관 김정일동지께서 계시면 우리는 반드

시 이긴다는 철석의 신념을 안고 전군이 최고사령관동지를 위하여 한목숨 서슴없이 바쳐싸우는 총폭탄이되겠습니다."는 조선인민군 차수 김광진의 기고문을 게재하여 김일성 사망을 국가적 위기상황으로 상정하고 군부가 최후의 보루가 되어 이를 극복해 나가겠다는 의지를 보였다.

(2) 김정일 사망

김정일 사망 당시 『로동신문』의 첫 보도는 사망 3일 후인 2011.12.20. 일자였다. 이 날자 『로동신문』은 김일성 사망 때와 거의 꼭 같이 3면에서 국가 장의위원회 구성을 보도하였다. 한편, 동일자 5면 「정론」 "영원한 우리의 김정일동지"에서는 "이 나라의 산천초목도 비분에 울고 우리의 붓도 떨린다. 눈물이 앞을 가리워 이 글을 쓸수 없고 청천벽력 같은 비보에 쓰러지며 오열을 떠뜨리는 인민의 피절은 곡성이 가슴을 허빈다."라고 보도하고, 12.22.일자 1면 「사설」 "위대한 김정일동지는 우리 군대와 인민의 심장속에 영생하실 것이다"에서 "희세의 령도자를 잃은 비통함이 하늘땅에 사무치고 세계의 진보적 인류가 커다란 슬픔에 잠겨있다."라고 보도하여 애도 분위기를 조성하였다.

2011.12.24.일자 신문은 5면 「정론」 "우리의 최고사령관"에서 "위대한 장군님의 령전에서 다진 피눈물의 맹세를 안고 우리는 김정은 동지, 그이를 우리의 최고사령관으로, 우리의 장군으로 높이 부르며 선군혁명위업을 끝까지 완성 할 것이다."를 통해, 갑작스런 김정일 사망으로 인한 안보 공백을 없애고 체제 안정을 위해 김정은을 군 최고통수권자인 최고사령관으로 받들 것을 주장[156]하였다.

2011.12.26.일자 신문은 "위대한 김정은동지와 천만군민의 굳건한 혼

연일체속에” 제하로 북한 전역의 추도 분위기를 보도하면서 “우리 군대와 인민은 피눈물의 바다에서 더욱 굳게 다진 신념과 맹세를 지켜 위대한 김정은 동지의 령도따라 기어이 이 땅우에 사회주의강성국가를 일떠세우고야말 것이다.”고 하여, 김정일의 사망을 ‘피눈물의 바다’로 비유하면서 군대가 앞장서 이 위기를 극복하겠다는 다짐을 보도했다.

2012.1.2.일자 신문은 1면 전체의 지면을 할애하여 “조선인민군 최고사령관 김정은동지께서 새해에 즈음하여 오중흡7련대칭호를 수여 받은 조선인민군 근위 서울류경수제105땅크사단을 방문하시고 인민군장병들을 축하하시였다”에서 “어버이장군님의 유훈대로 전투정치훈련을 더욱 힘있게 벌림으로써 경애하는 김정은동지를 수반으로하는 당중앙위원회를 목숨으로 사수하여 총대로 기어이 조국통일의 력사적위업을 성취하고야말 불타는 맹세를 다짐하였다.”고 하면서, 최고사령관에 오른 김정은의 새해 첫 현지 시찰을 한국전쟁 당시 서울에 첫 입성한 105탱크 부대 방문을 보도하여 군 통수권자인 최고사령관 김정은의 지도자상을 확인시켰다.

2012.1.10.일자 신문은 1면에서 “백두산총대혈통을 굳건히 이어갈 혁명군대의 억척불변의 신념과 의지의 뚜렷한 표시” 제하로 “그 어떤 천지풍파가 휘몰아쳐와도 《경애하는 김정은동지를 수반으로 하는 당중앙위원회를 목숨으로 사수하자!》는 구호를 높이추켜들고 오중흡7련대칭호쟁취운동을 더욱 힘있게 벌려 최고사령관동지의 두리에 천겹, 만겹의 성새를 쌓으며 천만자루의 총, 천만개의 폭탄이되여 결사옹위하는 김정은제일친위대, 김정은제일결사대가 되겠다.”고 보도하여, 조선인민군 장병들의 김정은 최고사령관 옹호결의를 크게 선전하였다.

나) 주체적 사회주의 정체성 유지

북한 체제는 북한 헌법에도 규정되어 있듯이 사회주의 국가이다. 특히, 소련과 동구권의 붕괴로 불안해진 북한은 북한식 사회주의, 즉 주체적 사회주의를 앞세워 체제를 유지해 오고 있다. 따라서 북한은 이러한 사회주의 정체성을 유지하기 위해서는 반드시 백두혈통이 대를 이어 혁명과업을 승계하고 완성해야 한다는 논리를『로동신문』을 통해 펴오고 있는 것이다. 이는 결국 김일성-김정일-김정은으로 이어지는 주체사상을 통치이데올로기로 하는 '유일사상, 유일영도체계'를 의미하며, 부자간 세습에 당위성을 부여하는 것이다.

(1) 김일성 사망

1994.7.10.일자『로동신문』은 3면 통단으로 "어버이수령님은 우리와 함께 계신다" 제하에서 "김정일동지께서 계시여 위대한 수령님의 위업은 영생불멸이며 그이께서만 계시면 이 세상 그 무엇도 두려운 것이 없고 못해낼것이 없다."고 하여, 김일성의 사망에도 불구하고 그가 쌓은 사회주의 업적을 계속 이어 가려면 김정일로 권력승계가 이뤄져야 한다고 암시하고 있다. 동일자 신문은 3면과 4면에 걸친 기명 논설 "위대한 수령 김일성동지의 혁명업적은 길이 빛날 것이다 – 천세만세 영원할 수령님의 존함"(함원식), "위대한 수령 김일성동지의 혁명업적은 길이 빛날 것이다 – 우리 인민의 신념과 맹세"(리수근), "주체의 혁명위업 대를 이어 완성하리라 – 7월9일 낮 12시의 평양"(한순송) 등의 글을 통해 김일성의 업적을 높이 평가하면서 그의 혁명과업이 계승 · 완성되기 위해서는 김정일이 후계자로 되어야 할 것을 강조하고 있다.

1994.7.12.일자 신문에서도 "력사에 불멸할 만경대갈림길이여" 제하로 "친애하는 지도자 김정일동지께서 만경대고향집사립문에서부터 개척된 주체혁명위업을 대를 이어 빛나게 계승완성하여 나가신다는 철석의 믿음이 그들 모두를 일떠세웠다."고 보도하여, 부자간 세습을 통해 주체혁명위업을 완성하여 나가는데 인민들이 지지하고 있다고 선전하였다.

1994.7.15.일자 1면 "《한국민족민주전선》중앙위원회의 명의로된 화환진정" 제하의 기사에서 "리정상 평양대표부 대표의 조의록에는 '우리조국의 운명이신 천출명장 김정일장군님을 민족의 령수로 높이 우러러모시고 충성다하여 조국의 통일과 주체의 혁명위업을 완성함으로써 어버이수령님의 생전의 뜻 찬란히 꽃피워나갈 것이다'라고 기록"을 보도하여, 북한 인민들뿐만 아니라 남한의 사람들까지도 김정일을 최고지도자로 높이 평가하고 있는 것처럼 호도하고, 그가 후계자가 되어 조국통일과 김일성의 혁명위업을 완성하여 할 것이라고 보도했다.[157]

1994.7.19.일자 신문은 4면에서 기고문(동태관) "우리 수령님은 영생하신다"에서 "우리 모두 오늘의 비분을 이기고 억척같이 일어나 위대한 김정일동지를 하늘처럼 믿고 충성으로 받들어나감으로써 수령님께서 80여 평생을 바치시여 마련하신 주체의 사회주의 위업을 대대손손 고수하고 빛나게 완성해나가자."고 주장하고, 7.27.일자 신문은 "전승의 축포성과 더불어 우리 수령님 영생하신다 – 주체적군사사상의 위대한 승리"에서 전승절(북한식 명칭)을 맞이하여 "경애하는 최고사령관 김정일동지의 령도따라 위대한 수령님께서 개척하신 주체혁명위업의 완성을 위하여 일심단결의 기치높이 억세게 싸워나가는 우리 인민과 인민군대의 앞길에는 언제나 승리와 영광만이 빛날 것이다."고 보도하여, 김정일을 후계자로 기정사실화

하면서 그를 따라 혁명위업을 이어가자고 선동했다.

1994.8.2.일자 신문 "영원히 빛나라 력사의 길이여!"에서도 "주체혁명위업을 대를 이어 빛나게 계승해나가는 위대한 령도자가 계시는 한 위대한 수령님께서 개척하신 주체의 길은 영원히 빛나게된다."고 하여, 김정일이 이미 주체의 길을 계승해 오고 있다고 강조하고, 1994.8.4.일자 신문은 3면에서 "위대한 수령님의 유훈을 만대에 꽃피워나가자! – 변치 않을 인민의 맹세"에서 "희세의 위인이신 친애하는 지도자동지께서 우리의 진두에 서계시고 그이의 두리에 일심단결된 충성스러운 인민이 있는 한 어버이수령님께서 개척하신 우리 혁명위업, 주체혁명위업은 반드시 완성되고야 말 것이다."고 하여, 김정일을 중심으로 인민이 단결하면 주체혁명 위업이 완성될 것이라고 선전하고 있다.

1994.8.6.일자 1면「사설」"위대한 수령 김일성동지의 혁명사상으로 더욱 철저히 무장하자!" 제하로 "위대한 수령 김일성동지의 혁명사상으로 더욱 철저히 무장할데 대한 구호에는 바로 혁명위업계승에서 근본인 사상의 계승성을 확고히 보장하며 우리 당과 혁명위업의 주체적 성격을 변함없이 고수하시려는 친애하는 지도자 김정일동지의 드팀없는 의지가 담겨져 있다."고 하여 김정일으로의 권력 승계가 주체적 사회주의 계승에 있다고 주장하고, 또 8.8.일자 신문은 김일성 사망 한 달을 맞이하여 1면 전체를 할애하여 "위대한 수령 김일성동지는 영원히 우리와 함께 계신다" 제하로 "문무충효를 겸비하신 위대한 김정일동지께서 계시고 그이의 현명한 령도를 높이 받들어나가는 충직한 인민이 있는 한 어버이수령님의 위업은 끝까지 완수될것이며 수령님은 영원히 우리 인민과 인류의 마음속에 계실 것이다."고 하여, 김일성은 사망하였지만 '함께 계신다'의 메시지로 김정일이

김일성의 혁명위업을 이어 갈 것임을 시사하는 보도를 했다.

(2) 김정일 사망

2011.12.26일자 신문 1면 "우리 혁명무력의 최고령도자 김정은동지께서 계시여 선군혁명력사는 영원히 줄기차게 흐를 것이다"에서 김정일 사망 이후 김정은에 의해 선군혁명의 역사는 계속 될 것이라는 조선인민군 장병들의 조의문 내용을 보도하였다. 다음날 27일자 신문은 "김일성조선 강성부흥의 만년토대를 마련한 불멸의 대장정" 제하 기사에서 "경애하는 김정일동지께서 세상에 없는 신념의 강자, 정신력의 강자로 키워주신 우리 군민은 주체혁명위업의 위대한 계승자이시며 당과 군대와 인민의 탁월한 령도자이신 김정은동지의 두리에 철통같이 뭉쳐 민족최대의 슬픔을 천백배의 힘과 용기로 바꾸었다."고 보도하여, 김일성-김정일의 주체혁명위업이 김정은에 의해 이어가고 있다고 선전했다.

동일자 신문 7면에서는 "선군조선의 정치헌장을 더욱 빛내여갈 신념과 의지" 기사에서 "우리는 존경하는 김정은동지의 현명한 령도따라 위대한 수령님과 경애하는 장군님의 불멸의 업적이 깃들어있는 사회주의헌법을 선군조선의 영원한 정치헌장으로 철저히 고수하고 더욱 빛내여나갈 것이다."고 하여 대를 이어 체제를 유지해 나갈 것을 역설하고 있다. 동일자 8면에서도 "인민의 어버이를 그리며 천만의 심장에 끓어번지는 보답의 마음" 기사에서 "조선청년운동을 이끈 김정일동지의 기상과 열의는 김정은동지의 령도따라 백두에서 개척된 주체의 선군혁명위업을 끝까지 계승 완성해나갈 철석같은 신념과 의지의 과시로 된다."고 하여, 김일성의 주체사상과 김정일의 선군사상이 김정은에 의해 이어 갈 것으로 선전했다.

2011.12.28일자 신문에서도 “우리 당의 선군위업을 총대로”의 기사에서 “전체 인민군장병들은 주체혁명위업의 위대한 계승자이시며 우리 당과 우리 인민의 최고령도자인신 김정은동지의 령도를 충직하게 받들어나감으로써 당의 선군위업을 총대로 억세게 받들어 나가겠다.”고 하여, 무력을 앞세운 군이 주체혁명과 선군위업을 완수할 김정은에게 충성 의지를 보이고 있다고 선전했다.

2011.12.30일자 신문은 최고인민위원회 상임위원회 김영남 위원장, 조선로동당 중앙위원회 김기남 비서, 조선인민군 총정치국 제1부국장 김정각 대장의 추도사를 싣고, 김정은을 선두 · 중심에 두고 김일성과 김정일에 이은 주체혁명위업과 선군위업을 완성해 나가자고 주장했다. 김영남 위원장의 추도사는 “오늘 우리 혁명의 진두에는 주체혁명위업의 계승자이신 김정은동지께서 서계십니다. 경애하는 김정은동지는 위대한 김정일동지의 사상과 령도, 인격과 덕망, 담력과 배짱을 그대로 이어 받으신 우리 당과 군대와 인민의 최고령도자이십니다. 우리는 김정은동지의 령도따라 슬픔을 천백배의 힘과 용기로 바꾸어 오늘의 난국을 이겨내고 위대한 김정일동지께서 가르키신 선군의 한길로 더욱 억세게 걸어나갈것입니다.”고 보도하여, 원로 국가 지도자들도 김정은의 후계자 자질을 높이 평가하고, 그를 지도자로 받들고 있다고 선전했다.

2011.12.31일자 신문에서는 6면 “당건설과 당활동에서 이룩한 력사적 승리” 기사에서 “우리는 경애하는 김정은동지를 우리 당과 혁명의 진두에 높이 모시고 어버이수령님과 경애하는 장군님의 유훈을 한치의 드팀도, 한치의 양보도 없이 관철하여 이 하늘아래, 이 땅우에 사회주의강성국가를 반드시 일떠세워야한다.”고 보도하여, 김일성–김정일이 이룩해 온 업

적을 김정은을 받들어 사회주의 강성국가로 만들어나가자고 선동하였다.

2012.1.1.일자 『로동신문』, 『조선인민군』, 『청년전위』의 「신년공동사설」 "위대한 김정일동지의 유훈을 받들어 2012년을 강성부흥의 전성기가 펼쳐지는 자랑찬 승리의 해로 빛내이자"를 게재하고 "새로운 주체 100년대의 진군은 백두에서 시작된 혁명적진군의 계속이다. 위대한 수령님 따라 시작하고 장군님 따라 백승떨쳐온 우리 혁명을 김정은동지의 령도따라 영원한 승리로 이어가려는 우리 군대와 인민의 의지는 확고부동하다... 오늘의 현실은 모든 당 건설과 당 활동을 경애하는 김정은동지의 두리에 굳게 뭉쳐 혁명을 끝까지 해나려는 백두의 행군 정신, 계속혁명의 정신으로 철저히 일관시켜나갈 것을 요구하고 있다...희세의 명장 김정은동지께서 우리 혁명을 진두에서 이끄시고 향도의 당을 충직하게 받들어나가는 무적필승의 혁명강군과 일심단결의 천만대오가 있기에 주체혁명위업의 승리는 확정적이다...모두다 우리 당과 국가, 군대의 최고령도자이신 김정은동지의 령도따라 김일성조선의 새로운 100년대를 강성번영의 년대, 자랑찬 승리의 년대로 끝없이 빛내여나가자."고 하여, 김정일 사망 후 새해를 맞이하여 희망적인 강성부흥의 메시지를 보내면서 후계자 김정은을 중심으로 단결할 것을 강조하였다.

다) 통일위업 달성

북한 대외정책의 기본 노선은 제국주의 배척과 남한의 적화통일에 있다. 그들이 말하는 통일위업 달성의 담론은 김일성-김정일에 이어 김정은에 이르기까지의 북한의 체제 유지와 권력 세습의 중요한 당위성을 제공해왔다. 북한의 적화통일 야욕은 김일성 통치시기에 한국전쟁을 통해 이를 실현하려하였으나 실패했고, 그 후 김정일, 김정은의 수차에 걸친 대남 도발과 핵개발도 모두 이의 연장선상에 있는 것이다. 따라서 북한 지도부는 적화통일을 '통일위업'으로 미화하여 김씨 가문의 권력세습의 명분으로 활용하는 것이다.

(1) 김일성 사망

1994.7.12일자 『로동신문』은 5면에서 "태양이 빛을 잃은 것 같은 심정을 금할수 없다 – 위대한 수령님의 서거에 비통함을 금치 못해" 제하로 "우리는 민족의 영명한 지도자 김정일장군님을 김일성주석처럼, 하늘처럼 믿고 싸워 통일위업을 반드시 성취하고야말 것이다."고 조선중앙통신을 인용 보도하고, 7.17일자 신문은 1면에서 "위대한 수령 김일성동지의 령구를 찾아 – 항일혁명투쟁연고자들이 깊은 애도의 뜻을 표시" 제목의 기사에서 "위대한 수령님께서는 비록 우리곁을 떠나시였지만 우리들은 그이께서 생전에 그토록 바라시던 조국통일을 위하여 억세게 싸워나감으로써 친애하는 지도자동지를 통일의 광장에 높이 모시겠다."고 보도하여, 김일성 사망을 민족의 슬픔으로 묘사하고 김정일을 중심으로 민족통일을 달성하자고 선전하였다.

1994.7.26일자 신문은 5면에서 "3대원칙과 10대강령을 받들고 조국통일위업을 기어이 실현하자" 제하로 "친애하는 김정일동지를 민족의 걸출한 령도자로 모시여 위대한 수령님께서 이끌어오신 조국통일과 민족자주위업의 완성, 통일조국의 륭성번영은 확고히 담보되여있다."고 보도하고, 7.31일자 신문은 5면에서 "조국통일은 자주, 평화통일, 민족대단결의 3대원칙에 기초하여 실현하여야한다"는 제목으로 "북과 남, 해외의 전체 조선민족

은 위대한 수령 김일성동지의 생전의 뜻을 높이 받들고 조선인민군 최고사령관이신 김정일동지의 두리에 더욱 일심단결하여 조국통일의 력사적위업을 기어이 성취하고야말 것이다."라고 보도하여, 남북한 및 해외 동포들까지 통일을 달성하기 위하여 김정일을 중심으로 단결하자고 선동하였다.

(2) 김정일 사망

2012.1.4일자 『로동신문』은 5면에 "온 겨레가 힘을 합쳐 자주통일의 돌파구를 열어나가자" 제목의 기사에서 "또 한분의 천출위인이신 경애하는 김정은동지의 현명한 선군령도가 있고 애국열의에 불타는 7천만겨레가 있기에 조국 통일에 대한 우리민족의 세기적 숙망은 반드시 실현될 것이다." 고 보도하고, 1.6일자 신문 5면에서는 "조국통일위업에 쌓으신 불멸의 업적 만대에 빛나리" 제목으로 "김정은동지께서 계시기에 우리 민족은 반드시 슬픔을 힘과 용기로 바꾸어 위대한 수령님과 경애하는 장군님의 조국통일유훈을 관철하기위해 떨쳐나설 것이다."라고 하여, 마치 우리민족 모두가 적화통일을 원하고 있는 것처럼 보도하고, 김정은으로의 권력 승계가 통일을 담보하고 있다고 선전하였다.

또한, 1.7일자 신문은 6면에 "조국통일유훈관철은 우리 세대의 성스러운 의무" 제목으로 "북과 남, 해외의 온 겨레는 경애하는 김정은동지의 령도를 높이 받들고 절세의 위인들의 조국통일 유훈을 기어이 현실로 꽃피워나가야 할 것이다."고 보도하고, 1.9일자 신문에서는 5면에 "자주통일위업의 힘찬 전진을 추동하는 고무적 가치" 제목으로 "어버이 수령님과 위대한 장군님의 조국통일유훈을 받들어 경애하는 김정은동지의 령도따라 조국통일의 력사적위업을 완성해나가려는 것이 우리 당과 인민의 투철한 신념이다."고 하여, 한민족 전체의 염원인 통일을 달성하기 위해 김정은 중심으로 단결을 호소하였다.

2012.1.10일자 신문은 5면에서 "거족적인 통일대행진에로 부르는 애국의 구호" 제목에서 "오늘 불멸의 조국통일3대헌장과 북남공동선언들의 기치따라 나아가는 조국통일위업의 진두에는 또 한분의 절세의 애국자이신 김정은동지께서 서계신다. 그 이의 두리에 굳게 뭉쳐 투쟁해나가는 여기에 자주통일위업의 양양한 전도와 민족의 밝은 미래가 있다."고 보도하고, 또 같은 면에서 "통일의 주체적력량을 강화할 때" 제목으로 "조국통일의 위대한 구성이신 김정은동지의 사상과 뜻을 받들어 북과 남, 해외의 온 겨레가 일치단결해야 한다."고 하여, 전체 민족적 과제인 통일을 이룩하기 위해 김정은 중심의 단결을 내세우면서 권력 승계의 당위성을 선전하였다.

2) 유형별 선전선동 방법과 메시지

가) '유훈' 보도로 후계자 기정사실화

김일성은 권력세습을 늘 염두에 두고 통치를 해 왔다는 사실이 그의 생전에 김정일을 20년 이상 후계자로 훈련시키고 업적을 쌓도록 해 온 것에서 알 수다. 따라서 김일성은 생전에 기회 있을 때 마다 김정일의 지도자 자질을 높이 평가하면서 그를 통해 혁명과업을 계승하고 완성되어야 한다는 후계자 유훈을 자주 남겼다. 반면, 김정은의 경우 김정일이 갑자기 사망했고, 승계 당시 20대 후반의 젊은 나이였기 때문에 김정일의 후계 관련 유훈은 거의 없고, 후계자 수업기간도 길지 못했다.

(1) 김일성 사망

1994.7.11일 김일성 사망 3일 만에『로동신문』은 1면 전체면「사설」"경애하는 어버이 김일성동지는 인민의 심장속에 영생할것이다"를 게재하고 "위대한 수령 김일성동지께서는 다음과 같이 교시하시였다. 《인민대중중심의 우리 나라 사회주의를 고수하고 주체혁명위업을 빛나게 완성하기위하여서는 전당과 전체 인민이 김정일동지의 령도를 잘 받들어 나가야합니다. 김정일동지의 령도를 잘 받들어 나가는 여기에 사회주의위업의 계승완성을 위한 확고한 담보가 있습니다.》"고하여 주체혁명위업을 완수하기 위하여 김정일이 후계자가 되어야 한다는 것을 강하게 암시하였다. 동일자 6면에서도 조선혁명박물관장의 기고문(황순희)에서 김일성의 동일한 유훈을 반복해서 싣고 있었다.

1994.7.13일자 신문은 4면 통단으로 "수령님의 하늘같은 뜻을 새기며" 제목으로 "어버이 수령께서는 다음과 같이 교시하셨다. 《그는 자기 맡은 일을 훌륭하게 해낼수 있다고 나는 확신합니다.》, 《동무들이 나를 도와주듯이 김정일동무를 잘 도와주리라고 믿습니다.》"고 하고, 동일자 신문 6면에서도 "신념의 맥박은 대를 이어 – 보통강구역 류경2동의 항일혁명투사들" 기사에서 "위대한 수령 김일성동지께서는 다음과 같이 교시하였다. 《나는 동무들이 앞으로 김정일동지의 령도를 충성으로 받들고 사회주의위업, 주체혁명위업의 완성을 위하여 억세게 싸워나가리라고 굳게 믿습니다.》"라고 보도 했다.

1994.7.15일자 신문은 6면 "〈신념의 기둥은 끄떡없습니다〉 – 조의록을 펼치며"에서 "위대한 수령 김일성동지께서는 다음과 같이 교시하셨다. 《주체혁명위업을 대를 이어 계승하고 완성하려면 문무충효를 다 겸비하

고 혁명과 건설을 승리에로 령도하고있는 김정일동지를 잘 받들어야 합니다.〉〉"고 보도하였다.

1994.7.20일자 신문은 "수령님의 유훈 무장으로 받들어" 제목의 기사에서 "위대한 수령 김일성동지께서는 다음과 같이 교시하시였다. 〈〈령도자를 받드는 마음은 언제나 맑고 깨끗하여야하며 진실하여야합니다. 우리 당원들과 근로자들은 평화로운 시기에나 준엄한 시련의 시기에나 변함없이 오직 자기의 령도자 김정일동지만을 믿고 따르며 받들어나가는 끝없는 충실성을 가져야 합니다.〉〉"로 보도하였다.

1994.7.23일자 신문은 3면에서 "위대한 령도자를 따라 주체혁명위업을 완성할 조선의 모습 – 친애하는 지도자 김정일동지께 충성을 맹세" 제하의 조선중앙통신 인용기사에서 "위대한 수령 김일성동지께서는 다음과 같이 교시하시였다. 〈〈나는 동무들이 지금까지 나를 받들고 혁명의 길을 꿋꿋이 걸어온것처럼 앞으로 일편단심 김정일동지를 충성으로 잘 받들고 사회주의 건설과 조국통일을 위하여 힘차게 싸워나가리라고 굳게 믿습니다.〉〉"라고 보도하였다.

1994.7.26일자 신문은 "하늘에 닿은 인민의 신뢰" 제목의 기사에서 "경애하는 수령 김일성동지께서는 다음과 같이 뜨겁게 교시하시였다. 〈〈노래에도 있는바와 같이 김정일동지가 없으면 동무들도 없고 사회주의조국도 없습니다. 그의 운명이자 동무들의 운명이고 조국의 운명입니다. 수령과 당과 인민의 운명은 하나입니다. 그러므로 동무들은 김정일동지에게 충성을 다해야하며 그의 령도를 받들어 사회주의 위업과 조국통일위업을 빛나게 완성하여야 합니다.〉〉"고 하여 김정일 후계자 운명론을 확산시켰다.

1994.7.28일자 신문은 4면에서 조선중앙통신 기사 "전군이 경애하는

최고사령관 김정일동지의 령도를 충성으로 받들자 – 조선인민군 륙해공군 청년군인들의 충성의 결의 모임 진행" 제목의 기사에서 "위대한 수령 김일성동지께서 다음과 같이 교시하시였다. 《나는 전체 인민군장병들이 김정일최고사령관의 명령을 나의 명령과 같이 여기고 그의 명령에 절대 복종하며 최고사령관의 령도를 충성으로 높이 받들어 나갈것을 기대합니다.》"고 보도하여 군부에서도 유훈을 받들고 있음을 선전에 이용했다. 이후에도『로동신문』은 김정일에게 권력승계를 직접적으로 언급한 김일성의 유훈을 김일성 사망 후 한 달간 15회 이상 다양한 형태의 보도를 통해 주기적으로 반복해서 보도하였다.

(2) 김정일 사망

김정일–김정은으로 권력승계 과정에서는 김정일의 직접적인 언급으로 된 유훈을『로동신문』보도에서는 찾아보기가 힘들었다. 이는 앞에서도 언급했듯이 김정일의 갑작스러운 사망과 짧은 기간의 후계자 지정 과정에서 오는 결과로 보인다.

다만 2011.12.30일자『로동신문』3면의 조선로동당 중앙위원회 비서 김기남의 연설문에서 "위대한 령도자 김정일동지께서는 《백두에서 시작된 주체혁명위업을 대를 이어 계승하자면 모든 당원들과 근로자들이 우리 대장에게 충실하고 그의 령도를 잘 받들어 나가야합니다.》"고 지적하였다고 보도하고, 또한 동 일자 3면에서 김일성사회주의청년동맹 1비서 리용철의 연설문 보도에서 "위대한 령도자 김정일동지께서는 《백두에서 시작된 주체혁명위업은 우리 대장에 의하여 빛나게 계승될 것이다.》라고 지적하시였다"를 보도했다.

나) 영도자에 '충성과 단결' 강조

(1) 김일성 사망

1994.7.10일자 『로동신문』은 "우리는 언제나 승리할 것이다" 기사에서 "세상에 그 어떤일이 있어도 친애하는 지도자 김정일동지와 운명을 함께 하려는 우리 인민의 확고한 의지와 신념에는 영원히 변함이 없다."고 보도하고, 7.13일자 신문은 6면에서 "위대한 혼연일체의 메아리 – 온 나라 인민이 끝없이 찾아오는 만수대언덕에서" 제목의 기사에서 "최고사령관 김정일장군님을 옹호보위하는 성새가되고 방패가 되자!"고 선동하였다.

1994.7.15일자 신문에는 "비분과 맹세로 백두밀림 파도친다" 제하의 기사에서 "커다란 상실을 당한 지금 전체인민들의 가슴속에 의지와 희망의 기둥으로, 삶의 태양으로 더욱 소중히 자리잡고계시는 분은 친애하는 김정일동지이시다."로 보도하고, 7.17일자 신문은 4면에 "슬픔을 누르고 붉은기를 높이 들리라"에서 "우리는 어버이수령님의 위대한 사상과 신념, 불멸의 업적으로 빛나는 조선혁명의 붉은기를 위대한 김정일동지의 령도따라 끝까지 들고나갈 것이다."고 보도했다.

1994.7.19일자 신문은 "영결이란 어인말인가" 제하의 기사에서 "어버이수령님의 혁명위업을 빛나게 이어가시는 친애하는 지도자동지의 현명한 령도따라 주체혁명위업을 기어이 완성하고야말 결의가 가슴마다에 불타고 있는데 우리 어찌 상실의 슬픔에만 젖어있을것인가."를 게재하고, 동일자 8면에는 사로청중앙위원회 위원장 최룡해의 "영원한 손자, 손녀로"의 기고문에서 "우리청소년들은 영원히 대원수님의 참된 손자, 손녀로 살며 친애하는 지도자 김정일동지께 끝없이 충직한 혁명전사로 억세게 싸워나갈

것을 다시금 굳게 맹세합니다."라고 보도했다.

1994.7.20일자 신문은 8면에서 "붉게 타는 당기", "충성의 물결, 거세찬 흐름" 제목으로 "친애하는 지도자동지따라 이세상 끝까지 싸워가렵니다."고 충성의지를 불태우는 기사를 게재하고, 동일자 신문 8면에서는 "100여리 길우에 펼쳐진 마음" 기사에서 "오늘도 자주화된 새 세계를 향하여 질풍같이 달리는 우리 수령님의 인민행렬차의 진두에는 혁명의 령도자 김정일동지께서 높이 휘날려주신 《인민을 위하여 복무함!》 이라는 기발이 힘차게 휘날리고 있다."라고 보도하였다.

1994.7.21일자 신문은 "일심단결의 위력을" 제목의 기사에서 "위대한 수령님의 생전의 뜻을 평생의 사명으로 안으시고 당과 혁명을 승리에로 이끄시는 친애하는 지도자 김정일동지께서 계시기에 우리의 승리는 확정적이다."고 보도하고, 7.22일자 신문은 1면「사설」"위대한 수령 김일성동지의 혁명업적을 끝없이 빛내여나가자"에서 "오늘 우리 혁명의 진두에는 경애하는 수령님의 혁명위업을 빛나게 계승완성해나가시는 영명하신 지도자 김정일동지께서 서계신다. 전체 당원들과 근로자들은 앞으로도 친애하는 지도자 김정일동지를 우리 운명의 수호자로, 삶의 태양으로 높이 모시고 친애하는 지도자동지의 사상과 령도에 끝까지 충실하여야하며 그 길에서 우리 당과 혁명의 억년 드놀지 않는 주체의 혈통을 꿋꿋이 이어나가야 한다."고 하여 김정일 중심으로 일치단결을 역설했다.

1994.7.25일자 신문에서는 3면 "불멸의 업적을 이룩하신 위대한 령도자를 모시고 사는 인민의 긍지"에서 "오늘 우리 당과 인민은 슬픔을 힘과 용기로 바꾸어 주체혁명위업의 완성을 위한 투쟁을 더욱 힘차게 다그쳐나가고 있다. 이번에 우리 인민은 위대한 수령님과 영결하는 커다란 슬픔속

에서 친애하는 지도자 김정일동지를 모시고 있는 것이 얼마나 큰 행운으로 되는가를 절감하였다."고 보도하고, 7.27일자 4면에서는 원산시 박만정의 글 "혼연일체의 참모습을 보았습니다"에서 "그 뜨거운 마음을 안고 인민은 위대한 수령님께 못다 바친 충성까지 합쳐 친애하는 지도자동지를 대를 이어 충효일심으로 받들어 모실 것을 맹세다지는 것이다."고 보도하면서 인민들의 충성을 유도하였다.

1994.7.29일자 신문은 1면「사설」"위대한 수령 김일성동지께서 이룩하신 혁명전통을 끝없이 빛내이자"에서 "오늘 우리 혁명의 진두에는 우리 당과 인민의 영명하신 령도자이시며 우리 혁명무력의 최고사령관이신 친애하는 지도자 김정일동지께서 서계신다.", "모든 당원들과 근로자들은 또한 경애하는 수령 김일성동지께서 이룩하신 혁명전통에서 핵을 이루는 일심단결의 전통을 견결히 고수하고 대를 이어 빛내여나가야한다."고 하면서 김정일을 앞세워 단결하고, 혁명위업을 이어가자고 선동했다.

(2) 김정일 사망

2011.12.25일자 『로동신문』은 5면「정론」"장군님의 영원한 동지가되자" 제하로 "경애하는 장군님께서 젊고젊으신 백두산의 아들 존경하는 김정은동지를 대오앞에 거연히 세워주신 것은 바로 애국가에 차넘치는 이 성스러운 혁명위업을 이룩하시기 위해서인 것이다."고 선전하고, 12.26일자 신문에서는 "선군조선의 오늘, 래일" 제하로 "경애하는 김정은동지는 주체혁명위업의 위대한 계승자, 당과 군대와 인민의 탁월한 령도자로 절대적인 지지와 신뢰를 받고 계신다... 위대한 김정은동지의 령도따라 선군조선은 슬픔의 바다 우에서 천백배의 힘을 안고 일떠서고 있다."고 하여, 주체혁명의 계

승자인 김정은을 중심으로 단결하여 위기를 극복해 나가자고 호소하였다.

2011.12.27일자 신문은 「사설」 "위대한 김정일동지의 사회주의강국건설업적을 끝없이 빛내여나가자" 제하로 "모두다 위대한 김정은동지의 두리에 굳게 뭉쳐 조국의 부강번영을 위한 총진군을 힘있게 다그쳐 우리 식 사회주의 위력을 더 높이 떨치자."라고 제창하고, 12.28일자 신문에서는 「정론」 "김정일동지의 혁명유산" 제하에서 "김정일동지께서 남겨주신 인민을 한품에 안으신 우리당과 우리 인민의 최고령도자 김정은동지. 이 인민을 이끌어 김정일동지의 혁명유산을 더 풍부히 해나가실 경애하는 김정은동지"라고 하면서 김정일에 이어 김정은 중심으로 단결하여 사회주의 강성국가를 이룩하자고 선전하였다.

2011.12.28일자 신문은 8면에서 리을설 항일혁명투사의 글 "대를 이어 충정으로 받들어모시리"에서 "우리의 운명이시고 미래이신 경애하는 김정은동지를 높이 받들어 모시고 장군님께서 그토록 념원하시던 사회주의강성국가건설위업을 완성하는데 모든 힘을 다 바치겠다."를 보도하고, 이어 동일자 신문 8면에서 "유훈의 뜻 받들어 경제건설에서 질적비약을" 제하로 조병주 내각부총리의 글에서 "경애하는 김정은동지의 령도를 충직하게 받들어 어버이장군님의 유훈을 결사관철하는 그 길에서 못다한 충성을 깡그리 바쳐 내 나라, 내 조국의 부강번영을 하루빨리 안아오려는 것이 피눈물을 삼키며 그이의 영전에서 다지는 우리들의 맹세입니다."를 보도하는 등 주요 인사들의 충성결의를 선전하였다.

2011.12.29일자 신문은 김정일 영결식 보도에서 9면 통단으로 "위대한 령도자 김정일동지는 영생할 것이다" 제하의 기사에서 "우리 당과 군대와 국가의 최고령도자이신 경애하는 김정은동지께서 계시여 우리 장군님의

위대한 태양의 력사는 무궁토록 흐를것이며 우리조국은 강성국가로 세계 만방에 빛날 것이다."고 보도하고, 12.31일자 신문은 2면과 3면 전체를 할애하여 "조선로동당 중앙위원회, 조선로동당 군사위원회 공동 구호 – 위대한 수령 김일성동지의 탄생 100돐에 즈음하여" 보도에서 "위대한 김일성조국, 김정일장군님의 나라를 김정은동지따라 만방에 빛내이자. 경애하는 김정은동지는 조국과 혁명, 인민의 운명이며 백전백승의 기치이다!"에서 김정은 받들기 선전 표어들을 크게 보도하였다.[158)]

2012.1.5일자 신문은 1면 「사설」 "위대한 당의 령도따라 2012년의 자랑찬 승리를 향하여 총진군 앞으로"에서 "모두다 위대한 김정은동지를 수반으로 하는 당중앙위원회의 두리에 더욱 굳게 뭉쳐 2012년을 성스러운 계승의 해, 자랑찬 강성부흥의 해로 빛내이기위하여 힘차게 싸워나가자."라고 희망과 용기를 담아 보도하고, 1.6일자 신문은 6면에서 "진보적인류의 앞길을 환히 밝혀주신 21세기의 위대한 태양" 기사에서 "선군혁명의 진두에는 백두산이 낳은 또 한분의 천출위인이신 경애하는 김정은동지께서 거연히 서계신다."라고 선전하였다.

2012.1.7일자 신문은 2면에서 "지구가 깨여진대도" 제하 「정론」에서 "또 한분의 백두의 천출명장 김정은동지께서 천만의 병사들과 인민들이 자기의 운명과 미래를 통째로 맡기였다."…"경애하는 김정은동지를 조선인민군 최고사령관으로 혁명의 진두에 높이모시고 2012년 새해를 맞이한 우리의 기쁨은 한없이 크다. 세상만물이 다 변한다해도 우리는 김정은동지의 품을 떠난 그 어떤 다른 삶의 터전을 찾지않을 것이다."라고 하면서 인민들의 감성을 자극하고, 1.9일자 신문은 1면 「사설」 "일심단결의 위력으로 백두의 행군길을 끝까지 이어나가자" 제하에서 "하나의 사상과 신념으로 일

심단결하여 힘차게 전진하는 우리 총진군대오의 진두에는 경애하는 김정은동지께서 서계신다.", "모두다 우리 당과 인민의 최고령도자 김정은동지의 두리에 일심단결하여 백두에서 개척된 주체혁명위업을 끝까지 완성해 나가자."라고 보도하여 김정은 중심으로 인민들의 단결을 호소하였다.

다) 정통성 갖춘 카리스마적 '지도자 자질' 요구

북한에서 최고지도자의 필수 자격 조건은 백두혈통이다. 김일성을 중심으로 하는 백두혈통은 항일혁명투쟁에 뿌리를 두고 있지만 상당부분 왜곡되고 날조된 것이다. 이러한 조작된 정통성에 더하여『로동신문』은 김정일을 '문무를 겸비한', '천하제일명장' 등으로 묘사하고, 김정은을 '백두의 천출위인', '김일성 · 김정일 그대로' 등으로 지도자의 정통성과 자질을 선전하였다. 거기다『로동신문』은 김일성, 김정일 사망 전후에 나타난 기이한 자연현상과 동물들의 출현을 그들의 사망과 연계하여 애도 분위기를 연출하고 세습의 필연성 징조로 해석하면서 선전에 이용하였다.

(1) 김일성 사망

1994.7.13일자『로동신문』은 1면에서 "항일혁명투사들이 가장 심심한 조의 표시" 제목으로 "위대한 수령님의 뜻을 받들어 조국을 통일하고 승리의 열병식장에 경애하는 최고사령관 김정일장군님을 높이 모시겠습니다."고 보도하여, 항일혁명투사들이 김일성에 이어 김정일에게도 항일혁명투쟁의 정통성을 부여하고 충성을 보이고 있다고 선전하였다.

1994.7.17일자 신문에는 "자연도 우리 수령님 못잊어 – 각지에서 특이한 자연현상들이 나타났다" 기사에서 "사람들은 경애하는 수령님의 혁명

위업은 우리 당과 인민의 위대한 령도자이신 김정일장군님에 의하여 더 빛나게 계승완성되어 나갈 것이라는 것을 하늘의 무지개로 펼쳐준것이라고 하면서 혁명적 신심을 더욱 굳게 간직하였다."고 보도하고, 7.19일자 신문은 "우리 수령님 백두산에 계신다" 제하의 기사에서 "백두산에서 탄생하신 혁명의 위대한 령도자, 천하제일명장 김정일동지를 충효를 다해 높이 받들어 모시리!"라고 보도하여 김정일을 백두혈통임을 상기시켰다.

1994.7.21일자 신문은 "조선인민군 최고사령관 김정일동지께서 항일혁명투쟁연고자 진뢰 부부를 접견하시였다" 기사에서 "진뢰 부부는 조선인민군 최고사령관 김정일동지께 가장 심심한 애도의 뜻을 담아 위문을 표하고 조선로동당과 인민이 친애하는 지도자동지의 령도밑에 위대한 수령님의 뜻을 이어 조선을 더욱 번영하고 문명한 인민의 나라로 건설하게되리라고 확신한다고 말하였다."고 하면서 항일혁명투쟁 원로가 김정일을 후계자로서의 정통성을 인정하고 지지하는 것으로 선전했다.

1994.7.23일자 신문은 5면 기사 "위대한 수령님의 불멸의 혁명업적을 억만년 빛내여가자" 제하로 "우리에게는 사상과 령도에서, 인민에대한 사랑에서 어버이수령님의 위대성을 그대로 체현하시고 문무충효를 겸비하신 친애하는 지도자 김정일동지께서 계신다."고 하여 김정일의 정통성과 지도자로서의 자질을 높이 평가하였다. 7.25일자 신문은 "백두의 령장따라 인민은 나아간다" 기사에서 "위대한 수령께서 생전에 친히 붓을 드시고 지으신 불후의 고전적명작이다. '백두산마루에 정일봉 솟아있고/소백수 푸른 물은 굽이쳐흐르누나/광명성탄생하여 어느덧 쉰돐인가/문무충효겸비하니 모두다 우러르네/만민이 칭송하는 그 마음 한결같아/우렁찬 환호소리 하늘땅을 뒤흔든다' 1992.2.16. 김일성"에서 김일성이 직접 쓴 김정일 찬양

시(詩)를 게재하여 김정일의 후계자 정통성과 자질을 재확인시켰다.[159)]

1994.8.6일자 신문은 "사상론을 틀어쥐시고" 제목의 기사에서 "바로 여기에 백두에서 개척된 주체의 혁명위업을 빛나게 이어가시는 친애하는 지도자동지의 령도의 위대성이 있으며 우리 당과 혁명의 계승과 불패의 위력이 있다."고 정통성을 부여하고, 8.7일자 신문에도 5면에 "삶의 순간순간을 빛나게 – 만경대구역안의 항일혁명렬사 유가족, 유자녀들" 기사에서 "우리는 아버지 대원수님을 잃었지만 결코 외롭지않습니다. 온 나라 인민이 우러르는 친애하는 지도자동지께서 계시기에 마음 든든합니다."고 하여 항일혁명의 유족들 까지 김정일을 지지하고 있다고 선전하였다.

(2) 김정일 사망

2011.12.25일『로동신문』은 8면에서 "끊임없이 이어지는 자애로운 어버이 그 사랑 천만년 전해가리 – 위대한 김정은동지는 우리 장군님 그대로이십니다" 기사에서 "위대한 김정은 동지는 우리 장군님 그대로이십니다! 라고 아뢰는 인민의 목소리 강산을 진감한다."고 보도하고, 2011.12.27일자 신문은 "우리에게 또 한분의 백두산 장군이신 위대한 김정은동지께서 계신다."고 하여 김정은이 백두혈통임을 강조하였다.

2011.12.29일자 신문은 "위대한 령도자 김정일동지와 영결하는 의식 엄숙히 거행, 조선로동당 중앙군사위원회 부위원장 김정은동지께서 당과 국가, 무력기관의 책임일군들과 함께 영결식에 참석하시였다"고 보도하면서 김정은이 영구차 인도 모습 사진을 크게 보도하고, 영결식이 끝난 후 김정은은 당과 국가, 무력 기관의 책임 일군들에게 유훈을 철저히 관철하는데 나서는 귀중한 가르침을 주었다고 보도함으로서 장례의식을 통해 김

정은을 후계자로 암시하고, 김정일의 유훈을 이행하는 후계자 지위를 부여하는 보도를 하였다.

2011.12.31일자 신문은 5면에서 재일본조선인중앙추도식에서 허종만 책임부의장이 행한 추도사 "우리 인민은 백두의 천출위인들의 넋과 인격, 령도풍모를 그대로 닮으신 또 한분의 걸출한 령도자이신 존경하는 김정은 동지를 진두에 높이 모심으로써 수령복, 장군복, 대장복을 누리게 되었습니다."을 보도하여 김정은에게 백두혈통의 정통성을 부여하고, 그의 자질을 인민의 복(福)으로 평가하는 선전을 하였다.

2012.1.1일자 신년호에서는 5면에 백두산 전경 사진과 함께 "백두의 혈통 꿋꿋이 이어지는 선군조선에 새해 아침이 밝는다" 제하로 "아침해살이 더욱 눈부시게 빛뿌린다. 위대한 장군님의 유훈을 받들어 이 땅우에 기어이 통일된 강성국가를 일떠세우실 경애하는 김정은동지의 숭고한 뜻을 안고 향도의 밝은 해발이 백두산천지에서 제주도 끝까지 퍼져나간다."고 보도하고, 1.2일자 신문은 "영원히 장군님 받들어 백승을 떨치리" 기사에서 "위대한 장군님께서는 백두산에서 개척된 주체혁명위업은 경애하는 김정은동지에 의하여 빛나게 계승될것이라고 확언하시였다."고 하여 백두혈통 김정은에 의해 강성국가와 혁명과업이 완수될 수 있다고 보도 하였다.

2012.1.3일자 신문은 "천출명장의 위인적풍모 세계를 격동시킨다" 제목으로 "주체혁명위업의 위대한 계승자이시며 우리 당과 인민의 최고령도자이신 경애하는 김정은동지께서 계시여 인류의 미래는 끝없이 밝고 창창하다."라고 김정은의 자질을 평가하고, 2012.1.7일자 신문은 "조선의 영원한 힘" 기사에서 "오늘 우리 혁명의 진두에는 또 한분의 백두산형의 장군이신 경애하는 김정은동지께서 서계신다. 주체혁명위업의 위대한 계승자

이시며 우리 당과 인민의 최고령도자이신 김정은동지는 곧 경애하는 김정일동지이시다."고 보도하여, 김정일과 김정은을 동일한 백두혈통임을 내세워 김정은의 정통성을 계속 선전하였다.

2012.1.11일자 신문은 2면에서 "천출명장의 필승의 신념과 의지" 제하로 "참으로 위대한 장군님의 필승의 담력과 무비의 배짱을 그대로 지니신 경애하는 김정은동지의 걸출한 령도는 내 조국의 끝없는 륭성번영을 담보하는 위대한 원동력이다."고 하여 김정은의 지도자로서 자질을 부각하여 선전하였고, 1.12일자 신문에서는 "천출위인과 특이한 자연현상"이라는 제목으로 "무지개가 저렇게 쌍으로 비친 것은 경애하는 장군님께서 김정은동지와 영원히 함께 계시며 우리를 보살피고 계신다는 것을 온 나라에 알리는 것이며 주체혁명위업의 대가 찬란하게 이어진 조선의 영광을 노래하는 것이 아니겠는가라고 격정에 싸여 말하였다."고 보도하여, 자연현상까지도 김정은을 김정일의 후계자로 인정하고 축복하고 있다고 선전하였다.[160]

라) 초급단위의 '충성결의' 공감대 확산

북한『로동신문』은 평상시에도 체제의 우수성을 선전하기 위하여 협동농장, 기업소 · 공장, 광산 등의 농민과 근로자, 군부대 장병, 그리고 하급당위원회 당원들의 모범적인 활동상과 결의대회 등을 보도하여 인민들의 근로의식을 자극하고 충성을 유도하고 있다. 이러한 보도 형태는 지도자 사망 직후 권력 이양 시기에 더욱 적극적으로 활용되었다. 즉 지도자 사망을 애도하고 후계자에게 충성을 맹세하는 기초단위의 각종 궐기대회와 결의대회를 보도하여, 그 분위기를 전국적으로 확산시켜 공감대를 형성하였다.

(1) 김일성 사망

1994.7.12일자 『로동신문』은 6면에서 "연백벌에 만풍년을 펼치리" 제하로 "친애하는 김정일동지께서 계시면 반드시 승리한다는 확고한 신념을 간직하고있는 연백벌사람들은 당의 령도를 충성으로 받들어 연백벌을 언제나 만풍년으로 빛내여나갈 불같은 결의에 넘쳐있다."고 보도하고, 7.13일자는 5면 "우리 수령님께서는 언제나 인민의 마음속에 계신다 – 각지 로동계급과 협동농민들, 지식인들, 인민장병들 경건한 마음으로 추모" 기사에서 "경애하는 수령 김일성동지의 동상으로 끊임없이 이어지는 근로자들의 가슴깊이 새겨지는 것은 우리 수령님께서 언제나 마음속에 계시고 위대한 령도자이신 친애하는 김정일동지께서 혁명의 진두에 서계시여 든든하다 드높은 신심이다."라고 보도했다.

1994.7.14일자 신문은 "잊을 수 없는 그날, 엄숙한 맹세 – 대안중기계련합기업소 로동계급" 제목의 기사에서 "대안의 일군들과 로동계급은 슬픔을 의지로 이겨내고 힘과 용기로 바꾸어 위대한 수령님께서 생전에 주신 과업을 관철함으로써 친애하는 지도자 김정일동지를 충성으로 받들어가려는 엄숙한 맹세를 지켜가고 있다."고 보도하고, 동일자 같은 면 "그날의 숭고한 뜻 새기며 – 사동구역 장천협동농장 농업근로자들" 기사에서 "우리 수령님께서 언제나 마음속에 계시고 친애하는 김정일동지께서 혁명의 진두에 서계시기에 배심이 든든하다는 드높은 신심이다."고 보도하고, 이어 "당의 령도를 충성으로 받들어" 제목의 기사에서는 "평안남도안의 당원들과 근로자들은 위대한 수령님의 동상앞에서 깊은 애도의 뜻을 표시하며 오늘의 이 슬픔을 힘과 용기로 바꾸어 모두가 한마음으로 친애하는 지도자동지의 령도를 충성으로 받들어나갈 비장한 결의를 다지고 있다."고 하면서

기업소 · 농장 · 도당위원회의 인민들의 충성결의를 확산 전파했다.

1994.7.16일자 신문은 평양제사공장 초급당비서(길확실)의 글 "애지중지 이끌어주신 그 은정 잊지않고"에서 "나는 한 단위의 당사업을 맡은 당일군으로서 위대한 수령님께서 생전에 남기신 가르치심대로 일군들과 당원들, 근로자들을 충신과 효자로 더욱 튼튼히 준비시켜 친애하는 지도자동지의 령도를 충성으로 받들며 그이를 더 잘 모시겠다."를 보도하고, 7.17일자 신문에서는 "주체의 혈통을 굳건히 이어가리 – 강계시에서"의 기사에서 "자강도안의 전체 당원들과 근로자들, 청소년들은 오늘의 슬픔을 힘과 용기로 바꾸어 주체의 혈통을 순결하게 이어가며 일편단심 친애하는 지도자 김정일동지의 령도를 충효일심으로 받들어나갈 것을 굳게 맹세하고 있다."고 보도했다. 동일자 신문 6면에서도 "언제나 수령님과 함께 – 평원군 원화협동농장의 농업근로자들" 제목으로 "위대한 수령님께서 생전에 바라신대로 우리의 친애하는 지도자동지를 더 잘 받들어모시고 더 많은 쌀을 생산하겠습니다."라고 보도했다.

1994.7.18일자 신문은 "쇠물보다 뜨거운 눈물을 삼키며 – 성진제강련합기업소 로동계급" 기사에서 "성진제강련합기업소의 로동계급이 친애하는 지도자동지를 강철로 받들려는 충효일심의 맹세는 쇠물보다 뜨거운 것이다."고 보도하고, 7.19일자 신문에는 강서구역 청산협동종합농장 농장원 일동 명의로 기고 한 "생전의 뜻 만풍년으로 빛내이리" 기사에서 "친애하는 지도자동지의 령도따라 위대한 수령님의 생전의 높은 뜻을 받들어 청산리를 더욱 빛내여갈 드팀없는 신념은 력사의 증견자로 거연히 서 있는 아름드리 백양나무처럼 우리들의 마음속에 억센 기둥으로 더욱 깊이 뿌리내리고 있습니다."로 보도 했다.

1994.7.20일자 신문은 8면에서 "불같은 맹세가 심장마다에 – 김종태 증기기관차종합기업소 로동계급" 기사에서 "위대한 수령님께서 손들어 가르키신 그 길, 친애하는 지도자 김정일동지의 불패의 령도를 받드는 주체위업완성의 드팀없는 그 궤도우에서 우리 종합기업소 로동계급은 변함없이 충성의 기관차가되여 달려갈것입니다."라고 보도하고, 7.21일자 신문은 "위대한 스승의 가르치심따라 – 사회과학원 과학자들" 기사에서 "우리의 운명이신 친애하는 지도자동지는 수령님의 혁명위업의 위대한 계승자이시다."라고 보도했다.

1994.7.22일자 신문은 1면에서 "당의 혁명적경제전략을 관철하기 위한 투쟁을 힘있게 벌리자 – 룡성기계련합총국안의 당원들과 로동계급" 기사에서 "지금 룡성의 로동계급은 위대한 수령님의 생전의 뜻을 높이 받들어 대상설비생산성과로 친애하는 지도자동지를 충성으로 받들어갈 철석의 맹세를 안고 증산투쟁을 더욱 힘있게 벌려나가고 있다."고 보도하고, 동일자 3면 전체에 걸쳐 "심장에 불을 지펴 – 2월26일공장 초급당위원회에서", "용기를 내여 더 많은 화학비료를 – 남흥청년화학련합기업소 로동계급", "슬픔을 누르고 산악같이 떨쳐나섰다 – 국영3월3일농장 농업근로자들" 등 기사에서 슬픔을 힘과 용기로 바꾸어 노동자 · 농민이 김정일을 받들어 생산증대와 풍년을 이룩하자는 초급 당원들과 노동자들의 결의에 찬 모범적인 활동상을 소개했다.

1994.7.23일자 신문은 1면에서 "풍년벌에 모시는 마음으로 – 대성구역협동농장에서" 제하로 "우리에게는 위대한 수령님의 주체위업을 빛나게 이어가시는 친애하는 지도자 김정일동지께서 계십니다. 그이께서 계시는 한 우리 조국의 미래는 창창하고 우리 인민은 반드시 승리합니다."고 보도

하고, 동일자 4면에서는 전체면을 통해 “세멘트생산에서 일대 앙양을” 제하로 “오늘의 슬픔을 힘과 용기로 바꾸어 더 많은 세멘트를 생산하자. 이것이 위대한 수령님의 생전의 뜻을 꽃피우는 길이고 친애하는 지도자동지를 더 잘 받들어 모시는 길이다.”는 기사 외 “승리의 신심높이 – 희천공작기계종합공장 일군들과 로동계급”, “생전의 뜻 포전마다 꽃펴나게 – 안악군 일군들과 농업근로자들”, “그 영상 우러르며 꿋꿋이 살리라 – 평양체육관 일군들과 종업원들”, “사무치는 그리움속에 다지는 맹세 – 만수대언덕에서 만난 중구역 경상동 27인민반원들”, “천백배의 힘과 용기로 – 평양전자계산기단과대학 일군들과 교원들” 등 각종 기초 단위의 현장 일군들의 충성어린 활동상을 소개하여 선전했다.

1994.7.24일자 신문은 1면에서부터 “슬픔을 힘과 용기로 바꾸어 경제건설에 새로운 앙양을!” 제하의 기획보도에서 “천백배의 힘을 내여 철정광생산에서 일대 혁신 – 무산광산련합기업소에서” 기사에서 “무산광산련합기업소의 전체 당원들과 로동계급은 위대한 수령님의 생전의 뜻을 좌우명으로 삼고 친애하는 지도자동지를 충성으로 높이 받들어나갈 불같은 맹세를 다지며 지금 철정광생산에서 날에 날마다 새로운 혁신을 창조해가고 있다.”고 하고, “철도수송을 높은 수준에서 – 평양철도국안의 수송전사들”, “주체농법을 더 잘 관철하여 – 함경남도안의 농촌들에서” 기사를 통해 인민경제와 농업 수확고에서 성과를 높여 김정일 동지께 충정의 보고를 올리자는 노동자 · 농민들의 맹세들을 보도하였다.[161)]

(2) 김정일 사망

2011.12.28일 『로동신문』은 8면에서 곽범기 함남도당위원 책임 비서

의 기고문 "당사업의 위력으로 함남의 불길을 더 세차게"에서 "우리 당과 우리 인민의 령도를 실천으로 받들어 함남땅에서 다시한번 비약의 폭풍이 일어나게 하겠다는 것을 굳게 결의한다."를 보도하고, 같은 면에서 리재현 농업성 부상의 글 "농업생산에서 일대 앙양을"에서 "우리는 경애한 김정은 동지만 계시면 반드시 승리한다는 철석의 신념을 깊이 간직하고 어버이수령님의 100돐이 되는 다음해 농사에서 일대 앙양을 일으켜 나가겠다."고 보도하여, 당과 내각 간부들의 글을 통해 지방과 농업부문의 일군들의 충성심을 불러일으켰다.

2012.1.2일자 신문은 3면 농업상 리경식의 기고문 "농업생산에서 새로운 혁신을"을 게재하고, 4면에서는 「신년공동사설」에 대한 현장의 실천의지로 "증산의 불길이 세차게 타오르는 대동력기지 – 북창화력발전련합기업소 일군들과 로동자, 기술자들", "불같은 열의안고 생산돌격전에로 – 상원세멘트련합기업소의 로동계급", "새로운 신심과 락관에 넘쳐 – 개천탄광 3대혁명소조원들" 제목들의 기사에서 "백두산이 낳은 또 한분의 천출위인이신 경애하는 김정은동지를 우리 당과 인민의 최고령도자로 높이모시여 주체의 강성국가건설위업은 반드시 승리한다는 철의 신념을 갖자."로 보도하여, 현장 로동자 · 농민들을 독려하여 김정은을 중심으로 강성국가를 이룩해 나가자고 선동하였다.

2012.1.3일자 신문은 2면 "위대한 장군님께서 지펴주신 함남의 불길을 더욱 거세차게 일으키며 온 나라 총진군대오의 앞장에서 내달리자" 제하로 함경남도군중대회 보도에서 "그들은 위대한 김정일장군님은 영원히 우리와 함께 계신다는 철석의 신념을 지니고 경애하는 김정은동지의 사상과 령도를 높이 받들어 함남의 불길, 새 세기 산업혁명의 불길을 더욱 세차게

일으키며 용기백배, 신심드높이 힘차게 투쟁해 나갈데 대하여 강조하였다."고 보도하고, 동일자 3면에서도 "피눈물의 맹세 목숨바쳐 지키자" 제하로 함경남도군중대회 참가자 일동으로 전국의 근로자들에게 보내는 편지 《경애하는 김정은동지를 수반으로하는 당중앙위원회를 목숨으로 사수하자!》는 구호를 높이들고 우리의 장군이시고 우리의 최고령도자이신 김정은동지를 대고조의 최후 승리로 결사옹위하자."고 보도했다.

2012.1.4일자 신문은 1면에 "위대한 령도자 김정일동지의 유훈을 받들어 강성국가건설에서 일대 앙양을 일으키자" 제목으로 평양시 군중대회를 보도하면서 "전체 인민이 경애하는 김정은동지의 령도따라 민족대국상의 슬픔을 천백배의 힘과 용기로 바꾸어 새로운 주체 100년대의 장엄한 대진군길에 산악같이 떨쳐나섰다."고 보도하고, 동일자 4면에 "새로운 평양속도로 올해의 대진군에 박차를 – 만수대지구건설에 참가한 근로자들", "비료생산으로 당을 옹위하리 – 흥남비료련합기업소 로동계급", "유훈관철의 앞장에 우리가 서자 – 성, 중앙기관 청년동맹일군들과 동맹원들" 등의 기사에서 각 분야의 근로자들과 인민들이 김정은을 열렬히 지지하고 있다고 선전했다.

2012.1.5일자 신문은 4면에서 보통강구역 서장동 43인민반 김선실의 글 "쥐기밥이 생각나 울었습니다" 기사에서 "경애하는 김정은동지의 령도를 받들어 장군님께서 그토록 바라신 강성국가를 하루빨리 일떠세우기 위한 투쟁에 피와 땀을 깡그리 바치겠습니다."라고 호소하기도 하고, 1.7일자 신문은 1면에서 "대고조의 승전포성이 온 강산에 메아리치게 하자" 제하로 농업근로자, 농근맹원들의 결의대회 소식을 "농근맹안에 경애하는 김정은동지의 유일적령도체계를 철저히 확립함으로써 동맹을 수령결사옹위대오, 선군혁명대오로 더욱 튼튼히 꾸려나갈 것이다."라고 조선중앙통

신 기사를 인용 보도했다. 1.7일자 신문은 3면에서 "선군조선의 존엄과 영예를 금메달로 빛내이자 – 체육부문 일군들 결의대회", "영웅기업소의 기상 더 높이 떨치리 – 룡성기계련합기업소의 일군들 결의", "충실성의 전통대를 이어 빛내가리 – 김일성종합대학에서" 등 직장 단위별 충성 결의대회를 보도했다.

2012.1.8일자 신문은 1면에서 "당의 웅대한 강성부흥전략을 관철하기 위한 총돌격전을 힘차게 벌려나가자" 제하로 평안북도 등 도, 시의 군중대회 보도에서 "보고자와 토론자들은 경애하는 김정은동지를 잘 받들라고하신 위대한 장군님의 간곡한 당부를 명심하고 천겹, 만겹의 성새, 방패가되여 우리 당과 우리 인민의 최고령도자 김정은동지를 결사옹위하며 그이의 사상과 령도를 충직하게 받들어나갈데 대하여 언급하였다."고 하고, 3면에서는 "최첨단돌파전에서 기수의 영예를"에서 함경남도 3대혁명소조원들 활동을 보도하면서 "경애하는 김정은동지의 령도따라 위대한 장군님의 부강조국건설구상을 과학기술로 받들어가려는 도안의 3대혁명전위들의 비상한 각오와 의지는 올해 총돌격전에서 남김없이 과시되고 있다."고 보도하고, "은반우에 넘치는 신념의 맹세" 기사에서는 빙상휘거 감독 · 선수들의 "위대한 장군님의 유훈을 높이 받들어 경애하는 김정은동지의 현명한 령도따라 이 땅우에 기어이 체육강국건설의 포성을 터쳐갈 신념과 의지의 총진군을 힘차게 다그치고 있다."는 등의 결의 내용을 보도했다.

2012.1.11일자 신문은 1면에서 "청춘의 슬기와 용맹을 떨치며" 기사에서 백두산선군청년발전소건설현장 보도에서 "경애하는 김정은동지의 령도따라 김일성조선의 새로운 100년대를 강성번영의 년대, 자랑찬 승리의 년대로 끝없이 빛내가려는 청년돌격대원들의 억센 신념과 의지에 떠받들

려 발전소 완공의 날이 하루하루 앞당겨지고 있다."고 하고, 동일자 3면에서는 "신념의 맹세는 붉은 쇠물로" 제목으로 천리마제강련합기업소 로동자들의 결의 "경애하는 김정은동지의 두리에 굳게 뭉쳐 기어이 이 땅우에 우리장군님의 한평생염원인 사회주의강성국가를 일떠세울 강선로동계급의 신념의 맹세를 담고,..."로 보도했다. 1.13일자 신문에서는 1면에서 "당의 웅대한 강성부흥전략을 실현하기 위한 인민소비품생산에서 대혁신, 대비약을 일으키자" 기사에서 "궐기모임들에서 보고자들과 토론자들은 위대한 김정일장군님은 영원히 우리와 함께 계신다는 절대불변의 신념을 간직하고 경애하는 김정은동지의 두리에 일심단결하여 올해를 자랑찬 승리의 해로 빛내여나갈데 대하여 강조하였다."라고 경공업부문 공장들에서의 궐기모임들을 보도하였다.[162]

마) '문예기사' 보도로 감성에 호소

전체주의 체제에서 문화 · 예술 활동을 통한 감성적인 선전선동 활동은 보편적인 현상이다. 선전선동에서 피지배계층인 노동자 · 농민을 위한 설득에는 때로는 낭만적이고 감성적인 접근이 효과적일 수 있다. 이는 지배계층인 지식층을 대상으로 이성적이고 논리적인 설득과는 대조되는 것이라 할 수 있다. 북한 김정일도 《예술은 혁명과 건설을 추동하는 힘있는 무기이다.》라고 한 바 있다. 따라서 북한의 모든 문예활동은 체제선전 내용이 포함되어 있어 중요한 선전선동 소재로 활용되고 있다. 『로동신문』은 이러한 시 · 수필 · 노래 등을 주기적으로 보도하여 인민들의 감성을 자극하기도 하고, 또한 최고지도자의 공연 · 영화 관람 소식을 보도하여 간접적으로 그 내용을 소개하기도 한다. 이들 문예기사는 북한의 체제의 우수성과 최고지도자의 덕망과 자질을 찬양, 선전하는데 초점이 맞춰져 있다. 김일성 사망 직후 세습과 관련된 문예기사는 김정일을 찬양하는 시(詩)가 주로 활용되었다. 이에 반해 후계자 김정은의 경우 시(詩)을 통한 선전선동은 별로 없었다. 이는 젊은 지도자를 칭송하는 것이 적절하지 않다고 판단하고, 반면에 문화예술 공연 관람을 자주 보도했다.

(1) 김일성 사망

1994.7.11일자 『로동신문』은 4면에서 "수령님은 영원히 우리와 함께"라는 시(詩)에서 "김정일동지/그이의 두리에!/김정일동지/그이와 더불어 수령님은 계신다!/수령님은 계신다!"고 하고, 7.14.일자 신문 6면에 "만수대언덕우에서" 제목의 시(詩)에서 "김정일장군님께서 그 얼마나 비통해하시랴/인민을 믿으시는 그이께 힘이되고 성새가될 우리이기에 끓는 피 하나의 심장이 되자"라고 보도 했다.

1994.7.18일자 신문은 8면에서 "오늘의 슬픔 글줄로 씻을수 있다면 – 각계층 인민들이 시작품들을 계속 보내오고 있다" 기사에서 "우리는 오늘의 슬픔을 힘과 용기로 바꾸어 천백배로 일떠서 수령님 생전에 기쁨을 드리지 못한 몫까지 합쳐 친애하는 지도자 동지께 효도를 다하렵니다."는 내용을 보도하고, 7.21일자 신문 10면에는 "위대한 김일성동지의 령전에" 제하의 조선작가동맹 중앙위원회 추도시 "아, 김일성, 김정일은 하나의 이름으로 사회주의 완전승리가 이룩된 21세기의 창공에 영광의 기치로 찬란히 나붓길것입니다."를 게재 했다.

1994.7.24일자 신문은 5면에서 "심장속에 다지는 맹세 – 각계층 인민들이 보내여온 시작품들을 보며"라는 제목으로 "어버이수령님께서 바라시던

주체위업의 승리를 친애하는 그이의 두리에 일심단결하여 기어이 앞당겨오겠습니다."는 내용을 소개하였다. 7.25일자 신문에는 "포화속에서 빛난 전사의 삶 – 예술영화〈〈젊은 참모장〉〉에 대하여" 제하로 "모든 당원들과 근로자들, 인민군군인들은 영화의 주인공이 위대한 수령님을 위하여 한목숨 바쳐 싸운 숭고한 혁명정신과 영웅적 희생정신을 적극 따라 배워 경애하는 최고사령관 김정일동지의 령도를 충성으로 높이 받들어 나가야 할 것이다."라고 영화 내용을 소개하면서 최고지도자를 위한 희생정신을 강요했다.

1994.7.27일자 신문은 4면에서 시(詩) "승리자의 선언"을 게재하여 "들으라, 세계여 김일성동지의 불멸의 업적을 만년부재로 지키고 빛내이시는 김정일장군님의 령도가 있어 조선의 승리는 영원하리라는 것을 나는 선언한다!"고 하고, 7.31일자 신문은 4면에서 "비장한 각오, 힘찬 전진의 숨결 – 각계층 인민들이 보내여온 시작품들을 보고" 제하로 "그렇다. 우리의 최고사령관 김정일장군님을 혁명대오의 진두에 높이 모시고 위대한 수령님의 생전의 뜻을 꽃피우기위하여 산악처럼 일떠서 나아가는 인민의 장엄한 진군은 그무엇으로써도 막지 못한다."고 보도했다.

1994.8.2일자 신문은 5면에서 시(詩) "조국이여, 앞으로!"를 게재하고 "우리 그이를 잘 받들어갑시다. 그 마음들을 올린 수십만통의 편지에는 인민의 령도자에게 바칠수 있는 가장 순결한 량심의 글발이 적혀졌노라 – 친애하는 지도자동지 힘을 내시여 우리를 이끌어주십시오. 우리는 오직 당신만을 믿습니다."를 보도했다. 또한 8.6일자 신문은 5면에서 "최고사령관동지를 옹위하는 총대가되고 폭탄이되리 – 예술영화 〈〈군인선서〉〉에 대하여" 기사에서 "우리 당원들과 근로자들 특히 인민군군인들은 영화의 주인공이 간직한 높은 충성의 세계를 적극 따라배워 경애하는 최고사령관

김정일동지의 령도를 충성으로 받들어나가며 그이를 옹호보위하는 길에서 총대가되고 폭탄이되어야할 것이다."고 선전선동했다. 8.7일자 신문은 5면에서 "불멸의 혁명력사를 길이 전할 미술작품창작 활발 – 만수대창작사에서" 제하로 "창작사에서는 우리의 운명이시며 우리 당과 우리 인민의 위대한 령도자이신 친애하는 지도자 김정일동지의 불멸의 혁명력사와 령도업적을 만대에 빛내이기 위하여 작품창작사업도 힘있게 벌려나가고 있다."고 하여, 미술인들도 김정일을 지도자로 찬양하고 있다고 선전했다.

(2) 김정일 사망

2011.12.29일자 『로동신문』은 9면에서 "12월의 맹세는 불탄다"는 시(詩)를 게재하고 "어버이 장군님의 염원을 꽃피우며/우리의 김정은동지를 한목숨바쳐 옹위해갈 12월의 불타는 이 신념/피눈물의 이 맹세 지켜가리라/끝까지 지켜가리라!"를 보도하고, 12월 30일자 5면에서 조선작가동맹중앙위원회 명의의 추도시 "위대한 김정일동지의 령전에"를 게재하고 "김정은동지의 령도는 당과 혁명 조국과 민족의 운명이며 우리 군대와 인민의 생명! 김일성조선의 무궁무진한 힘의 원천이며 영원한 승리의 기치! 힘차게 나아가겠습니다. 김정은동지의 두리에 결사옹위의 성벽을 쌓고 그이의 발걸음따라 나아가는 우리의 전진은 천지를 진감합니다."를 보도했다.

2012.1.1일자 신문은 6면에 "조선의 새해" 시(詩)에서 "맹세로 불타는 새해/소원으로 불타는 새해/김정은동지의 건강은 김정일장군의 영생/김일성민족의천만복/아, 태양의 품을 떠나 순간도 살 수 없는 인민의 마음/세상에 오직 한분 김정은동지만을 길이 모시리/길이 받들리"라고 보도했다. 1.2일자 신문은 5면에서 국립교향악단 신년음악회와 수필을 게재했다.

신년음악회는 “전체 출연자들과 관람자들은 위대한 수령 김일성동지와 위대한 령도자 김정일동지의 유훈을 받들고 경애하는 김정은 동지의 두리에 굳게 뭉쳐 강성부흥의 전성기를 펼치기위한 올해의 투쟁에서 자랑찬 승리를 이룩해나갈 혁명적 열의에 충만되여있었다.”라고 조선중앙통신 보도를 인용하고, 수필 “새해의 첫눈을 맞으며”에서는 “경애하는 김정은동지를 우리 당과 우리 인민의 최고령도자로 높이 받들어갈 비장한 맹세가 불타는 이 땅에 어버이장군님의 축복인양 흰눈이 끝없이 내린다.”로 보도했다.

2012.1.3일자 신문은 1면에서 “조선인민군 최고사령관 김정은동지께서 2012년 은하수 신년음악회《태양의 위업 영원하리》를 관람하시였다” 제하 기사에서 “조선인민군 최고사령관 김정은동지께서 극장관람석에 나오시자 전체 관람자들은 어버이 장군님의 한생의 념원인 강성국가건설위업 실현을 승리에로 령도하시며 주체혁명위업을 대를 이어 계승완성해 가시는 경애하는 김정은동지께 새해의 인사를 삼가드리면서 열광적으로 환영하였다.”는 보도를 통해 음악회 행사 참관을 지도자 선전으로 활용했다. 또한 1.5일자 신문은 2면에 “백두산형장군의 명필체” 제하의 수필에서 “위대한 장군님과 꼭 같으신 우리 당과 인민의 최고령도자 김정은동지께서 계시여 우리 인민의 심장속에 간직된 백두산서체는 영원 할 것이다.”고 보도하고, 1.6일자 신문에서도 수필 “첫자욱”을 게재하고 “경애하는 김정은동지를 따라 보폭도 넓게, 발구름도 높이 힘차게 내달려 삶의 자욱을 떳떳이 새겨놓고 싶은 것이 우리 모두의 심정이다.”라고 보도했다.

2012.1.10일자 신문에는 2면 《영원토록 받들리 우리의 최고사령관》 제하에서 4.25문화회관 개관공연기에서 “전체 참가자들은 경애하는 최고사령관 김정은동지를 진두에 높이 모시고 위대한 김정일동지의 필생의 념

원을 기어이 실현하며 총대의 위력으로 강성부흥의 전성기를 이땅우에 펼쳐나갈 혁명적열의로 가슴 불태웠다."고 보도했다. 동일자 3면에는 "절절한 그리움과 충정의 맹세를 담아" 제하로 강반석중학교 문학창작반 활동을 보도하면서 "그들은 오늘도 장군님의 유훈을 받들어 경애하는 김정은동지의 현명한 령도따라 나아가는 천만군민의 투쟁모습을 담은 작품들을 수많이 창작하고 있다."고 보도했다.

2012.1.12일자 신문은 3면에서 "《영원토록 받들리 우리의 최고사령관》 음악무용종합공연" 제목의 기사에서 4.25문화회관 공연을 "관중들은 조선이 낳은 또 한분의 위대한 장군 경애하는 김정은동지께서 계시여 우리 조국은 앞으로도 세계적인 군사강국, 핵보유국으로 위용떨치리라는 것을 절감하였다."라고 보도하고, 동일자 4면에는 "회고모임 진행 – 인민배우 황철생일 100돐기념" 기사에서 "그들은 연극 《오늘을 추억하리》와 같은 시대의 명작들을 더 많이 창작공연함으로써 경애하는 김정은동지의 령도따라 강성부흥의 전성기를 열어나가기 위한 총진군에 떨쳐나선 우리 군대와 인민을 적극 고무추동하는데 이바지할 것이라고 강조하였다."고 보도하고, 5면에서는 "선군시대의 장군찬가 – 노래 〈조선의 힘〉에 대하여" 에서 "김일성조선은 어제도 오늘도 래일도 영원히 선군의 한길로만 나아갈 것이며 우리 군대와 인민은 조선인민군 최고사령관 김정은동지의 두리에 천겹만겹으로 굳게 뭉쳐 백승을 떨쳐나갈 것이다."라고 보도했다.

2012.1.13일자 신문은 4면에서 "우리 나라 교예 《날아다니는 처녀들》에 1등상 수여" 제하 기사에서 이탈이아 골덴 씨르쿠스 교예축전에서 "조선에서 김정일각하와 품격과 덕망에서 꼭같으신 김정은각하를 당과 국가의 최고령도자로 모시였다는 소식을 듣고 얼마나 기뻤는지 모른다."라고

보도했다. 이어 1.14일자 신문은 4면에서 "최고사령관의 첫 자욱" 제하 시(詩)에서 "우리의 최고사령관 김정은장군 계시여 조선은 백전백승하리라 영원히 승리하리라."라고 보도했다. 1.15일자 신문은 3면에서 "모란봉, 왕재산예술단 종합공연 진행" 제하 기사에서 "공연은 위대한 김정은동지를 수반으로하는 당중앙위원회의 두리에 굳게 뭉쳐 2012년의 자랑찬 승리를 향하여 힘차게 전진하는 우리 군대와 인민을 크게 고무추동할 것이다."고 하고, 동일자 4면에서는 수필 《인민을 위하여 복무함!》에서 "어버이장군님과 꼭같으신 경애하는 김정은동지께서 계시여 인민을 위한 사랑의 력사가 영원히 흐르게 될 우리 조국땅에서 이 구호는 우리 일군들의 생명과도 같은 것이고 우리 모두가 목숨바쳐 받들어야할 위대한 장군님의 유훈이 아니겠는가."라고 보도했다.

바) 조총련 및 해외 유력인사 · 해외 언론 활동 보도

김일성 사망과 김정일 사망 후『로동신문』은 중국, 소련을 위시한 사회주의 진영과 제3세계의 지도자 등 해외 유력인사들의 조전(弔電)과 조의(弔意) 표시를 권력 세습에 교묘히 활용했다. 즉, '조전 통치'의 진면목을 보이고 있었다. 이들의 조전과 조의표시 내용은 한결 같이 김씨 가문의 칭송 일색으로 되어 있고, '대를 이어 사회주의 혁명의 완성'을 기원하여 권력 세습을 지지하는 내용들이다. 그리고 러시아 · 중국 · 미국 등 주요국의 일부 언론들의 김일성과 김정일에 대한 긍정적인 보도, 일본 조총련 간부와 단체들의 조의 표시, 남한 좌익세력들의 조문 시도 및 조의 표시 등을 사망 직후 애도 기간 주요 뉴스로 보도하여 후계자 권력승계의 당위성 확보를 위한 선전 소재로 활용했다.

(1) 김일성 사망

1994.7.11일『로동신문』은 3면 전체를 할애하여 "김정일원수각하" 등의 호칭을 사용하면서 시하누크 캄보쟈(캄보디아) 국왕 외 6개국 조전을 보도하고, 동일자 같은 면에 "김일성동지의 서거와 관련하여 중국과 로씨야 신문, 통신이 보도" 제하로 중국『人民日報』의 7.10일자 신문 "오늘 조선혁명의 진두에는 혁명위업의 위대한 계승자이시며 로동당과 인민의 탁월한 령도자이시며 혁명무력의 최고사령관이신 김정일동지께서 서계신다." 보도를 인용했다. 이어 4면에는 조총련 중앙상임위원회의 조문 보도에서 "위대한 수령 김일성대원수님의 국가장의위원회 경애하는 최고사령관이신 김정일원수님께 삼가드리는 조문" 제하로 "우리들은 오늘의 슬픔을 새로운 힘과 용기로 바꾸어 위대한 수령님께서 바라신대로 친애하는 김정일원수님을 우리 인민의 위대한 령도자로 더욱 높이 받들어모시고 경애하는 장군님의 두리에 일심단결하여 총련을 지도자동지의 사상과 령도를 충효일심으로 구현해나가는 주체형의 해외교포조직으로 보다 튼튼히 꾸려나가겠습니다."라고 보도 했다. 또한 5면에서는 《온민족, 온세계가 땅을치며 통곡하고있습니다》 기사에서 조총련 중앙상임위원회 한덕수의장의 조문 내용 "경애하는 대원수님의 숭고한 뜻을 받들어 총련을 명실공히 친애하는지도자 김정일동지의 두리에 더욱 굳게 묶어세우며 그이의 령도따라 조국통일을 위한 성전에 여생을 깡그리 바치겠습니다."라고 보도했다.

1994.7.12일자 신문은 1면에 중국 "강택민동지 우리나라 대사관을 조의 방문" 제목의 기사에서 "우리는 조선인민이 반드시 김정일동지를 수반으로하는 조선로동당 두리에 굳게 뭉쳐 김일성동지의 생전의 뜻을 계승하여 혁명위업을 계속 이어나갈것이라고 믿는다."고 한 언급을 보도하고, 같

은 날짜 신문 5면에서는 "위대한 김일성주석의 공적은 력사에 길이 빛날 것이다 – 여러 나라 신문, 방송이 글을 발표" 기사에서 모잠비끄 라디오방송은 "김일성동지의 혁명위업의 계승자이신 친애하는 김정일동지께서는 오래전부터 조선의 당과 국가의 전반사업을 령도하고계시며 커다란 업적을 쌓으시였다."라고 보도했다. 같은 면 "해외동포들 가장 심심한 애도의 뜻을 표시" 제하로 "나는 오늘의 이 아픈 심정을 새로운 결심으로 바꾸겠다. 우리에게는 걸출한 령도자이신 김정일동지께서 계신다. 우리는 그이를 높이 모시고 조국의 륭성번영을 위한 성스러운 위업에 적극 떨쳐나서겠다."를 보도했다.

7.13일자 신문은 3면과 4면에서 파키스탄이슬람공화국 부토 수상, 말리 대통령, 까자흐스탄공화국 대통령 등 10여명의 지도자 조전 내용과 북한 주재 외교단과 무관단의 조의 표시 "위대한 령도자를 잃은 슬픔에 잠겨 있는 우리들이 바라는 것은 친애하는 지도자동지께서 위대한 수령님의 영원한 업적을 계승하시여 나라의 수위에 서계시는 것입니다."를 보도했다. 또 5면에서는 "《세계에 한분밖에 없는 위대한 정치가》 – 뻬루의 정당지도자들이 깊은 애도의 뜻을 표시" 제하로 "친애하는 지도자 김정일동지께서 계시여 조선혁명과 세계사회주의 위업은 반드시 승리하리라고 우리는 확신한다."고 보도했다.

1994.7.14일자 신문은 1면에서 "위대한 수령 김일성동지의 서거에 즈음하여 리붕 총리 등 중국의 당과 국가 지도간부들이 – 우리 나라 대사관을 찾아 조의를 표시" 제하의 기사에서 "리붕 총리는 《최고사령관 김정일동지께 우리의 경의와 따뜻한 위문을 전해드리기 바란다.》"고 언급한 내용을 보도하고, 4면에서는 "친애하는 지도자 김정일동지께 – 범민련 재중

조선인본부 의장이 조전을 보내여왔다" 제목에서 "위대한 수령님께서 비록 우리곁을 떠나셨지만 위대한 수령님의 영생불멸의 주체사상을 빛나게 계승발전시키고 계시는 문무를 겸비하신 친애하는 지도자 김정일원수님께서 계심으로 우리의 앞길은 휘황찬란하다."라고 보도했다.

7.14일자 5면에서는 "위대한 김일성주석을 경건한 마음으로 추모 – 영명한 김정일지도자님을 받들어나갈 것을 굳게 다짐 – 남조선각지의 수많은 대학생들과 교수들" 제하로 서울 〈구국의 소리〉방송을 인용 "우리 겨레에게는 김일성주석의 위업을 받들어 나가시는 김정일지도자님께서 계신다. 김정일지도자님이시야말로 우리의 운명이시고 민족의 태양이시다."고 보도 하고, 같은 면에서 "위대한 김일성주석은 세계에 공인된 수령이시다 – 여러 나라 신문, 방송이 보도"에서 "친애하는 지도자 김정일동지께서는 이미 오래전부터 김일성주석의 혁명위업의 계승자로 당과 국가, 군대의 전반사업을 령도하여오신다고 강조하였다."고 하여, 해외에서는 이미 김정일을 후계자로 인정하고 있다고 선전했다.

7.16일자 신문은 1면에서 "김일성주석께서는 조선인민과 세계인민들의 심장속에 영원히 계실 것이다" 제목으로 수리아(시리아)대통령의 조문 "친애하는 김정일동지께서는 김일성주석의 위업을 완성해나가실 것이다."와 "김일성주석은 세계에서 가장 위대하고 탁월한 정치가이시다"의 인도 수상의 조문을 보도 하고, 4면에는 "《위대한 수령 김일성주석각하는 세계인민들의 기억속에 영원히 남아있을것이다》 – 마다가스까르, 말리, 요르단왕국 등 정부 수반 우리 나라 대사관 조의 방문"소식을 조선중앙통신을 인용 보도했다.

1994.7.17일자 신문은 4면에서 "《김일성주석은 영생불멸할것이다》

– 중국전국인민대표대회 상무위원회 지도간부들 우리 대사관 조의 방문" 보도와 "《세계적인 정치인》–미국 전대통령 지미 카터의 개인보좌관의 언급" 기사에서 "나는 김정일각하께서 계시는 한 조선인민이 지금의 슬픔을 용감히 이겨내고 김일성주석의 뜻을 받들어 미조간, 북남조선간 문제를 포함한 국내외적인 문제들을 해결해나가리라고 본다."는 발언 내용을 보도했다.

7.18일자는 4면에서 "《경애하는 수령 김일성주석각하께서는 위대한 업적을 쌓으시였다》 – 알제리, 앙골라, 가이아나, 세네갈, 부룬디, 애급, 리비아, 자이르 대통령 특사 등이 우리 나라 대사관을 조의 방문" 기사에서 특히 리비아 가다피는 "우리는 조선인민이 김일성주석의 서거로 인한 커다란 슬픔을 가지시고 김일성각하의 령도밑에 위대한 수령께서 밝혀주신 길을 따라 변함없이 싸워나가리라는 기대와 확신을 표명한다."고 보도하고, 같은 면 "남조선의 단군대종교 총전교가 조전을 보내여왔다" 기사에서 "김일성 주석의 숭고한 뜻을 그대로 이으신 김정일 령도자께서 대덕, 대혜, 대력으로 조국의 평화적 통일과 인류구원의 민족적 소명을 완수하실 것을 기원한다고."고 보도했다.

1994.7.21일자 신문은 7면과 8면에서 해외 주요 지도자와 단체들의 조의 표시를 보도하면서 "조국통일성업 위해 이 한몸 다 바치겠다 – 범민련 해외본부 조의대표단 심심한 애도의 뜻 표시" 제목으로 "조국인민들이 김일성주석의 생전의 뜻을 높이 받들고 새로운 용기와 힘을 내여 김정일동지를 충성으로 높이 받들어모시고 조국통일의 그날을 앞당겨오기 위하여 더욱 힘차게 싸워나가리라는 것을 확신한다고 말하였다."고 보도하고, 7.24일자 신문 6면에서는 "조선인민의 비분의 감정은 강요된 것이 아니라 진정

으로부터 우러나온 것이다 – 미국 씨엔엔텔레비죤이 강조” 제목으로 “이번 애도기간 김정일선생의 모든 활동은 김일성주석의 위업의 계승자로서의 모습을 잘 보여주었다.”는 보도 내용을 소개했다. 7.27일자 신문에서는 1면 “경애하는 수령 김일성동지의 높은 국제적권위에 대한 절대적인 신뢰의 표시 – 세계 160여개 나라에서 근 500여명의 국가, 정부 수반들과 당 령도자들이 조전을 보내여왔다.”고 선전했다.

(2) 김정일 사망

김정일 사망 직후『로동신문』의 외국 지도자 조전 보도는 2011.12.20일 러시아 메드베제브 대통령의 “김정은 각하”, 다음 날 21일자에 쿠바 라울 카스트로 수상의 “김정은 동지”, 조총련 중앙상임위원회의 “존경하는 김정은 동지께”였다.[163] 이어 23일부터 라오스 주석 외 제3세계의 지도자들의 조전 접수 사실을 연일 크게 보도하였다.[164]

2011.12.26일자 신문은 1면에서 “조선로동당 중앙군사위원회 부위원장 김정은동지께서 위대한 령도자 김정일동지의 령전에 또다시 애도의 뜻을 표시하신 소식을 여러 나라에서 보도” 제하로 중국 국영통신사 〈新華社〉 등 외신들의 보도를 소개하였다. 또한 4면에서는 “김정은동지의 령도따라 조선인민은 강성국가건설에서 보다 큰 성과를 거둘 것이다” 제목으로 중국의 당과 정부 간부들이 대거 북경 주재 북한대사관 조문 사실을 보도했다.

이어 12.31일자 신문은 1면에 해외동포 조의 방문단 명의로 “우리 민족의 탁월한 령도자이시며 해외동포들의 자애로운 어버이이신 경애하는 김정은동지께 삼가 올립니다” 제목의 기사에서 “우리 민족의 찬란한 향도의 태양이신 경애하는 김정은동지...지금 저희들의 가슴은 비록 이역땅에서 살아도 오로지 경애하는 김정은동지 한분만을 굳게 믿고 따르며 강성국가건설의 대고조로 세차게 들끓고있는 조국인민들과 심장의 박동을 맞추어 나라의 통일과 어머니조국의 부국번영을 위해 특색있게 기여하는 참다운 애국동포로 살며 싸워갈 불타는 결의에 충만되어 있습니다."를 게재하고, 동일자 신문 4면에서는 중국 CCTV, 일본 NHK 등 외신 보도내용을 소개하면서 "김정은동지를 최고령도자로 호칭하였다."라고 강조하여 보도했다.

2012.1.1일자 신문은 중국 후진타오 주석의 김정은 최고사령관 취임 축하전문을 게재하고 1.2일자 3면에서는 조총련 중앙상임위원회의 김정은 최고사령관 취임 축하문 "우리들은 경애하는 김정은동지를 단결의 중심, 령도의 중심으로 높이모시고 총련을 김정은동지의 령도를 충직하게 받드는 공화국의 해외교포조직으로 더 튼튼히 다지겠습니다."를 보도했다. 같은 날짜 신문 6면에는 "겨래의 심장속에 영생하시는 위대한 어버이" 제목의 기사에서 "또 한분의 절세의 위인이신 경애하는 김정은동지를 높이 모시여 민족의 앞길은 휘황찬란하고 조국통일의 려명은 머지않아 밝아온다는 확신이 그들의 가슴마다에 차넘치고 있다."고 하면서 해외 동포들의 반응을 보도하였다.

2012.1.4일자 신문은 1면에서 "김정은동지를 조선인민군 최고사령관으로 높이 모신 소식을 여러나라에서 보도" 제목으로 중국 신화통신, 러시아 이타르타스통신, 미국 AP통신, 일본 NHK 등이 김정은 최고사령관 부임을 보도했다고 전하고, 1.6일자 신문은 6면에서 "김정일동지의 사상적유산을 적극 선전할 것이다"에서 세계 여러 나라 정당, 사회단체의 성명과 담화 "존경하는 김정은동지는 조선의 군대와 인민의 정신적 기둥, 희망의 등대이시다. 절세의 위인 김정은동지를 모신 것은 조선의 영광, 대통운이며

조선민족만이 누리는 수령복, 장군복이다."는 내용을 인용 보도했다. 또한 같은 면에서 "눈물속에 흘러간 13일간"이라는 제목으로 "진보적인류가 한결같이 칭송해마지 않듯이 특출한 사상리론가, 자주정치의 원로, 령도의 거장, 인민의 어버이로서의 김정일동지의 존함은 세계정치사에 길이 남아 있을것이며 경애하는 김정은동지께서 계시여 인류자주위업, 사회주의위업은 반드시 승리할 것이다."라고 세계 언론들이 보도 했다고 선전했다.

1.6일자에서는 1면에 "조선인민군 최고사령관 김정은동지께서" 제하로 김정은의 서울류경수제105땅크사단 방문 소식을 중국『人民日報』등 각국언론이 보도했다고 전하고, 5면 "김정일조선은 강성국가로 빛을 뿌릴 것이다" 기사에서 재일본조선문학예술가동맹 중앙상임위원회 위원장의 발언 "그 진두에는 선군조선의 승리와 영광의 기치이시며 영원한 단결의 중심이신 경애하는 김정은동지께서 계신다."를 보도했다. 이어 1.7일자 신문은 1면에서 "김정은령도자의 모습은 김일성주석과 김정일국방위원장의 모습과 같다" 제목으로 미국 AP통신의 보도 내용인 "김정은령도자께서는 군부대를 방문하시면서 군인들과 자연스럽게 어울리며 군시찰을 진행하시였는데 그 모습은 김일성주석과 김정일국방위원장의 모습과 신통히도 같았다."를 인용하여 보도했다.

2012.1.13일자 신문은 1면에서 "김정은동지는 조선의 승리와 영광의 기치" 제목으로 "중국의『참고소식』은 공동사설에서 당과 인민의 최고령도자 김정은동지는 조선의 승리와 영광의 기치이시며 영원한 단결의 중심이시라고 주장하였다."고 보도하고, 1.15일자 신문 6면에서는 "오늘도 이어지고있는 인민사랑의 력사" 제목으로 영국선군정치연구협회와 영국주체사상연구소가 2011년 12월 31일 공동성명을 발표, "백두의 선군령장 김정일동지의

위업을 계승해나가시는 김정은동지는 김일성동지와 김정일동지 그대로이신 또 한분의 백두의 령장이시다."는 내용을 보도하여 선전에 이용했다. 또한 1.16일자 신문은 6면에서 "로씨야(러시아) 블라고웨쉔스크주체사상, 선군사상연구소 년차총회 진행" 기사에서 "존경하는 김정은동지는 김일성동지와 김정일동지의 유일한 계승자이시다."는 발표 내용을 보도했다.

나. 권력세습 담론 어구(語句) 분석

북한이 『로동신문』을 통해 세습 정당화 담론을 전파 · 확산하는 선전선동 과정에서 사용한 단어와 술어인 '어구'(語句)[165]는 세습 담론의 구성체로서 최고지도층의 의도를 내포하고 있는 표현들이다.

이러한 어구들은 당 선전선동부 등에서 조어(造語)되어 『로동신문』등 선전 매체를 통해 세습을 정당화하는 메시지로 인민들에게 전달되는 것이다. 두 번에 걸친 권력승계 과정에서 『로동신문』은 세습을 당연시하거나 운명시하는 어구들을 모든 기사의 문장에 포함시켜 집중적 · 반복적으로 보도하였던 것으로 나타났다. 이러한 어구들을 전파하여 대중들의 의식을 '세뇌하고 갇히게'(brainwashed and entrapped) 만들었을 뿐만 아니라, 대중들이 반박하거나 의문을 갖는 것 자체를 원천적으로 차단하기도 하였다.

아래 표에 나타나 있듯이 『로동신문』의 세습관련 보도에 사용된 어구들이 김일성-김정일 세습 과정과 김정일-김정은 세습 과정에서 대동소이(大同小異)하게 나타나고 있다. 이는 세습 담론이 사전에 지도부에 의해 준비되고, 이를 선전선동에 사용하였다는 사실을 뒷받침하는 것이다.

두 번에 걸친 권력세습 과정에서 『로동신문』에 등장한 세습 정당화 메시지가 내포된 반복적인 어구들을 분류하면 다음과 같다. ① 체제 계승발전 어구 ② 정통성 강조 어구 ③ 지도자 자질 어구 ④ 기정사실화 어구 ⑤ 단결 · 충성 강조 어구 ⑥ 위안 · 희망 어구 등이다. 이를 정리하면 아래 표와 같다.

〈표 10〉 북한의 권력세습 과정에 나타난 '어구'(語句)

메시지	김일성 → 김정일 승계	김정일 → 김정은 승계
체제계승발전	① 주체혁명 대를 이어 완성(106회) ② 사회주의 위업 계승 발전(36회)	① 주체의 혁명위업을 대를 이어(29회) ② 선군위업 계승완성(23회) ③ 사회주의 강성국가 완성(48회)
정통성강조	① 백두산에서 탄생하신(4회) ② 김일성동지의 사상과 령도를 완벽하게 체현 하신(7회)	① 또 한분의 천출위인이신 백두산 장군(14회) ② 수령님과 꼭 같으신, 사상과 령도, 풍모도 장군님 그대로(23회)
지도자자질	① 문무충효를 겸비한(14회) ② 걸출한 천출명장(8회)	① 젊고 젊은 백두산의 아들(2회) ② 21세기의 태양(1회)
기정사실화	① 수령님께서 생전에 바라신대로(79회) ② 김정일동지께서 혁명의 진두에 서계시여(35회)	① 장군님께서 그토록 원하시던 (36회) ② 혁명의 진두에는 선군령장이신 김정은동지가 서계신다(20회)
단결 · 충성 강조	① 경애하는 장군님의 두리에 일심단결(32회) ② 김정일장군을 결사옹위하는 총폭탄이되고 성새가되고(15회) ③ 김정일에 충성(119회)	① 김정은동지를 수반으로하는 당중앙위원회 두리에 굳게 뭉쳐(38회) ② 김정은동지를 결사옹위하는 총폭탄(7회) ③ 김정은동지를 모심으로써 수령복, 장군복, 대장복을 누린다(5회)
위안 · 희망 암시	① 오늘의 슬픔을 힘과 용기로(53회) ② 위대한 수령님은 영원히 우리와 함께 계신다(7회) ③조국통일 위업 달성(62회)	① 슬픔을 천백배의 힘과 용기로(16회) ② 장군님은 영원히 우리와 함께 계신다(7회) ③ 조국통일 위업 달성(19회)

* 어구의 존칭어는 『로동신문』이 보도한 표기를 그대로 인용한 것이다.
* 괄호 안 회수는 최고지도자 사망 후 한 달간 『로동신문』에 보도된 세습관련 기사 중에 나타난 어구의 회수로서 상대적 빈도를 가름해 보기 위한 것이다.

위의 표에서도 알 수 있듯이『로동신문』이 보도한 세습 정당화 메시지와 이를 표현한 어구들이 두 번에 걸친 선전선동에서 거의 유사하게 나타났다. 그럴 수밖에 없는 것이 북한체제와 권력이 백두혈통에 의해 이어져 오고, 준비된 권력세습 선전선동이었기 때문이다. 그럼에도 불구하고, 두 번의 세습 선전에 사용된 어구들이 일부 다르거나, 그 빈도에서 차이가 나타나고 있다.

1) 김일성-김정일 승계 당시 사용된 어구

김정일로 권력 승계 당시『로동신문』보도에서 가장 많이 등장한 단어는 김정일에 대한 '충성'이었다. 그 다음의 어구는 권력세습의 당위성을 상징하는 '주체혁명위업을 대를 이어' 완승으로 나타났다. 세습의 당위성을 부여하는 '사회주의 위업 계승 발전'도 많이 사용된 어구 중의 하나이다. 이는 주로 해외 사회주의 진영의 국가지도자들 조의문에서 나타났다.

그리고 김일성의 유훈을 바탕으로 후계자 지정을 기정사실화하는 어구로서 '수령님께서 생전에 바라신대로'가 많이 보도되었으며, 다음으로는 '김정일동지께서 혁명의 진두에 서계시여'가 자주 나타났다. 김정일의 지도자 자질과 관련한 어구로는 주로 김일성의 유훈에 나타난 '문무충효를 겸비한 김정일 동지'가 자주 등장했고, '걸출한 천출명장'도 김정일의 자질로 표현되었다.

인민들의 단결과 충성을 호소하는 어구로는 '경애하는 장군님 두리에 굳게 뭉쳐'가 빈도가 많았으며, 이어 군 장병들과 청소년들의 충성결의를 표현한 '김정일장군님을 결사옹위하는 총폭탄이되고 성새가되어'였다. 그리고 인민들을 위문하면서 미래 희망을 제시하는 어구로는 '오늘의 슬픔을 힘과 용기로 바꾸어'로, 주로 초급당위원회나 작업현장 노동자들의 애도를 긍정적인 분위기로 반전시키는 표현으로 많이 사용되었다. '조국통일 위업 달성'은 일본 조총련 등 해외 친북단체들이 세습의 정당성을 부여하고 이를 통해 인민들에게 희망을 불러일으키는 어구로 사용됐다.

2) 김정일-김정은 승계 당시 사용된 어구

김일성-김정일 승계 시와는 달리 김정일-김정은 승계 시에는 '충성'의 단어는 거의 사용되지 않았다. 이에 반해 '단결' 용어가 이를 대체하고 있었다. 이는 갑자기 등장한 젊은 김정은에게 충성을 요구하는 메시지가 어색하여, 충성보다 단결을 호소하는 것이 적절하다고 판단했던 것으로 보인다. 또한, 권력 승계의 정당성을 담보하는 어구로는 '사회주의 강성국가(강성부흥)'이 가장 높은 빈도로 사용되었고, '백두에서 개척된 주체의 혁명위업을 대를 이어'가 다음으로 자주 나타났다.

김정은의 정통성을 부여하는 어구로는 '수령님과 꼭 같으신, 사상과 령도 · 풍모도 장군님 그대로이신'으로 묘사되고, 자질과 관련된 어구는 '21세기의 태양'이었다. 단결을 호소하는 어구에서는 '김정은을 수반으로하는 당 중앙위원회 두리에 굳게 뭉쳐'로, 김정일 세습 당시와 달리 '당 중앙위원회'를 추가하였다. 이는 권력기반이 상대적으로 약한 '김정은을 중심'으로 하기 보다는 당 중앙위원회와 함께 단결의 중심으로 삼은 것으로 보인다. 또한, 이는 김정은 시대에 들어 당 중심의 권력구도로의 변화를 예측할 수 있는 메시지로 해석할 여지도 있다. 인민들의 위문과 희망을 주는 어구로는 '슬픔을 천백배의 힘과 용기로 바꾸어'로 하여 김정일 승계 시 보다 '천백배' 표현을 추가하여 그 강도를 높였다. 또한 후계자를 중심으로

하는 단결을 호소하는 데서 김정은으로 세습 시 '수령복, 장군복, 대장복을 누린다'는 어구가 새롭게 등장하기도 했다. '조국 통일'은 김정일 때와 마찬가지로 조총련의 조의문 등을 인용하면서 빈번히 등장한 어구였다.

다. 두 번의 권력승계 선전선동 비교

1) 선전선동 체계와 방법

현대사에서 유례를 찾아보기 힘든 두 번에 걸친 북한의 부자간 권력세습이 순조롭게 이뤄진 데는『로동신문』이 세습 당위성 · 정당성 논리를 전파하여 인민들의 설득과 수용을 이끌어 내는데 큰 역할이 있었다.

앞에서도 언급했듯이 최고지도자 사망 직후 두 번에 걸친 부자간 권력승계를 위한『로동신문』선전선동의 형식과 방법(format)은 거의 유사했다. 국가 지도자로 구성된 장의위원회 구성에서부터 시작하여 각국 지도자의 조문 보도, 극단적인 애도분위기 조성 및 유훈 보도를 통한 후계자 암시, 백두혈통의 권력세습 당위성 및 해외 친북단체의 세습 지지 활동 등을「사설」,「정론」, 기고문 등 일련의 보도를 통해 세습 정당화 메시지를 동시다발적으로 보도하였다.

이러한 선전선동은 김일성-김정일 세습의 경우 최고지도부에서 사전에 철저히 준비한 세습 논리와 각본에 따라『로동신문』을 통해 집중적으로 이뤄졌다. 두 번째 김정은으로의 권력 세습의 경우 이미 축적된 선전선동 노하우(know-how)를 거의 그대로 답습하였던 것으로 나타났다.[166]

『로동신문』보도의 선전 체계나 보도 형식, 그리고 세습 담론 확산을 위한 어구들도 김일성-김정일 세습 당시 이용했던 표현들을 거의 그대로 사용하였다.

다만, 김정일–김정은으로의 권력 승계 시에는 「사설」과 「정론」을 자주 이용하여 일방적 · 교화적 설득에 의존하였던 것으로 나타났다. 이는 김정일의 경우 이미 인민들에게 후계자로서 상당 기간 인식되어 왔기 때문에 다양한 소재와 보도 형태를 통해 자연스럽게 후계자를 부각하는 선전을 할 수 있었으나, 김정은의 경우 인민들에게 후계자로서 충분히 인식되어 있지 못한 상황에다 드러낼 만하게 치적도 없어서, 간접적이고 우회적인 선전보다는 지도성과 호소성이 강한 「사설」과 「정론」 등을 통한 직접적인 설득 방법을 택했던 것으로 보인다.

2) 선전선동 집중도

두 번째 권력세습인 김정일–김정은 세습 당시에 『로동신문』의 선전선동의 집중도에 상당한 변화가 나타났다. 여기서 선전선동의 집중도는 『로동신문』이 최고지도자 사망 직후 보도에 있어서 세습 선전을 위한 보도의 양(量)과 그 보도 행태들이 얼마나 체계적이고 조직으로 전개했는가를 의미 한다.

첫째, 김일성 사망과 김정일 사망 직후 각각 한 달간의 『로동신문』의 세습관련 보도에서 볼때 양적인 면에서 차이가 나타났다. 〈부록 1, 2〉 자료에서 나타나듯이 김정일 세습 당시 보도 양이 김정은 세습 당시 보도 양에 비해 훨씬 많았다. 이는 김정일이 장기간 후계자로서 준비를 거쳐 왔고, 예측 가능성도 높았음에도 불구하고 『로동신문』이 세습 정당화 선전선동에 집중했다는 것을 의미한다. 이는 김일성 사망 이후 김정일로 권력 이양이 북한에서 처음 있었던 일이었고, 따라서 당 등 수뇌부에서 권력투쟁 등 혼란 상황을 우려 해 세습 선전을 집중적으로 실시했던 것으로 분석된다. 비록 1인 독재체제인 북한에서도 유례없는 첫 세습에 대한 불확실성을 우려했던 것으로 보인다.

둘째, 김일성-김정일 세습 당시『로동신문』의 보도는 체계적이고 조직적으로 진행 되었다. 보도 내용에서도 다양한 기사 형식과 표현 등을 통해 입체적으로 선전선동 활동을 하였다. 사 · 논설, 기초단위 현장의 충성 결의, 해외 유력인사 및 언론의 보도 인용에 이르기까지 세습의 정당성과 당위성 논리가 다양하게 전개되었다. 이에 반해, 김정일-김정은으로의 세습 당시『로동신문』의 보도의 형식은 김일성 사망 이후의 보도 포맷을 따르고 있으나, 산만하고 체계적이지 못하였던 것으로 나타났다.

이러한 김정일-김정은으로의 세습 과정에서 나타난 선전선동의 약화 현상은 이미 이전에 축적된 경험에서 온 학습 효과가 있어 그럴 수도 있었겠으나, 한편으로는 김일성 통치 시기와 달리 김정일 통치 시기는 경제난과 자연재해 등으로 인한 총체적 위기 상황, 즉 '고난의 행군'을 거치면서 배급제가 폐지되는 등 당시 경제상황 등이 반영되어 상당한 수준의 권력의 누수 현상과 통제력 약화를 가져왔던 것으로 보인다. 김정일 통치 시기인 90년대 중반 이후 이미 북한 인민경제가 파탄의 길을 걷고 있어 지휘명령 체계가 흔들리기 시작했던 것이다. 이러한 사회 전반적인 이완현상이 김정은으로의 권력승계 과정에『로동신문』선전선동의 집중도에도 나타났던 것으로 보인다.

3) 시대상황과 후계자 개인의 차이

먼저, 권력 승계로 이룩할 과업 수행과 지도자 자질이 달랐다. 김정일의 경우는 주체혁명과업을 완수할 백두혈통에 정통성을 부여하고 군사 · 경제 · 과학에 이르는 천재성과 덕망까지 갖춘 완벽한 지도자의 자질을 주된 메시지로 전달하려 하였다. 이에 반해 김정은의 경우 젊은 나이에다 후계자 수업이 일천(日淺)하여 내세울만한 뚜렷한 치적도 없는 상황에서 백두혈통의 정통성을 부각하면서 강성대국을 이룰 젊은 지도자상과 김일성을 닮은 카리스마를 부각하는 메시지를 전달하려고 하였다. 또한, 김정은의 세습 당위성 논리에는 주체적 과업 수행에 추가하여 선군사상에 기초한 강성대국 건설을 부여하였다.

다음으로, 앞에서도 언급되었듯이 후계자 관련 유훈 보도에서 차이가 나타났다. 김일성-김정일 세습과정에서는 김일성의 유훈 – '사회주의 혁명이 계승완수 되기 위해서는 능력과 덕망을 갖추고 준비 된 후계자인 김정일이 권력을 승계하여야 한다.' – 을 자주 인용 보도한데 반해, 김정일-김정은으로의 세습과정에서는 김정일의 유훈 자체가 거의 보도되지 않았다. 그나마 『로동신문』에 보도된 김정은에게 남긴 후계자 유훈은 그 형식과 내용이 다르게 나타났다. 김일성이 남긴 김정일에 대한 유훈은 김일성이 직접 교시한 구체적인 표현이 그대로 보도된 데 반하여, 김정은의 경우 제3자(김기남 비서 등)를 통해 간접적으로 언급된 내용을 보도 한 것으로서, 단지 김정일 살아생전 원했던 '선군위업'과 '강성대국'을 이루기 위해 백두혈통인 김정은으로 계승되어야 한다는 당위성만 강조되었다.

주(註)

132) 1990년대를 전후하여 송두율, 강정구, 이종석 교수 등을 중심으로 북한을 '안'으로부터, 즉 사회주의 이념과 관점으로 분석해야 보다 정확한 연구가 가능하다고 주장하는 연구 방법이다. 이들은 기존의 외재적 접근법이 '밖'의 시각, 즉 자본주의와 자유민주주의의 가치기준에 따라 분석하기 때문에 한계가 있다고 비판하였다.

133) 대표적인 외재적 접근법으로는 미국에서 개발된 다양한 접근법을 바탕으로 안병영교수가 재정립한 ① 전체주의 접근법, ② 역사주의 접근법, ③ 발전론적 접근법, ④ 집단 · 갈등론적 접근법, ⑤ 엘리트 접근법, ⑥ 체계론적 접근법 등이 있다.

134) 김일성, "국가활동의 모든 분야에서 자주, 자립, 자위의 혁명정신을 더욱 철저히 구현하자," 『김일성저작선집』 제4권, (평양 : 조선로동당출판사, 1968), pp.527-586.

135) 김일성, "조선로동당 제5차대회에서 한 중앙위원회사업총화보고," 『김일성저작선집』 제5권, (평양 : 조선로동당출판사, 1972), pp.231-292.

136) 김정일, "우리는 영원히 백두의 혁명정신으로 살며 싸워가야 한다," 『김정일선집』 제4권, (평양 : 조선로동당출판사, 2009), p.323.

137) 김일성, "우리 당의 주체사상과 공화국정부의 대내외정책의 몇 가지 문제에 대여," 『김일성저작선집』 제6권, (평양 : 조선로동당출판사, 1967), p.268.

138) 김정일에 의한 주체사상의 김일성주의로 격상은 김일성 중심의 유일체제를 재생산해내기 위한 사상적 수단으로 후계자 김정일에 의해서 목적의식적으로 추진된 것으로 해석된다.(이종석, 2011, p.170).

139) 김정일, "선전선동부사업을 개선강화하는데서 나서는 몇가지 문제에 대하여," 『김정일선집』 제5권, (평양: 조선로동당출판사, 2009), p.434.

140) 당시 김정일은 선전선동 업무 등 정치전면에서 적극적인 활동들을 해 왔지만 김일성이 권좌에서 통치했던 1980년대 중반까지는 『로동신문』이 김정일의 활동상을 거의 보도하지 않았다. 이에 대해 일부 북한 전문가들은 김정일이 전면에 나서는 것을 싫어하는 성격 탓으로 분석하기도 하지만, 북한 체제 특성상 적어도 김일성 1인 통치 기간인 이 기간 동안 김정일에 대한 보도는 적절치 않다고 판단했던 것으로 보인다. 1980년대 중반 이후 소위 김일성-김정일 공동 통치 기간부터 김정일의 활동상이 본격적으로 보도되기 시작했다.

141) 김일성은 1960년 11월 27일 "천리마 시대에 맞는 문학예술을 창작하자." 주제로 작가 · 작곡가 · 영화부문 일군들과 한 담화에서 "군중을 교양하는 데는 학교 교육만으로도 안되며 선전선동만으로도 안됩니다. 대중교양의 훌륭한 수단들은 소설, 시, 연극, 영화, 음악 등 모든 형태의 문화예술을 다 동원하여야만 군중을 교양개조 하는 사업을 효과적으로 할 수 있습니다."고 한 이후 언론에서 문예 기사를 자주 보도하기 시작했다. (『김일성저작집』 제14권, 평양: 조선로동당출판사, 1981, p.455.

142) 북한은 1948년 '조선민주주의 인민공화국헌법'을 제정(1948.9.9.)하였으나 당시 헌법은 반(反)봉

건적, 반(半)자본주의 · 반(半)사회주의적 과도기적 성격의 헌법이었다. 따라서 1972년 개정한 '조선민주주의인민공화국 사회주의헌법'이 주체사상을 통치 이념화하고 북한의 체제와 권력 구조를 본격적으로 사회주의적으로 규범화한 헌법으로 볼 수 있다.

143) 김정일, "당사업방법을 더욱 개선하며 3대혁명을 힘있게 벌려 사회주의건설에서 새로운 앙양을 일으킬데 대하여," 『김정일선집』제7권, (평양 : 조선로동당출판사, 2009), pp.115-128.

144) 김정일, "인민대중 중심의 우리 식 사회주의는 필승 불패이다," 『김정일선집』 제11권, (평양 : 조선로동당출판사, 1997), pp.40-41.

145) 김정일, "당사업을 강화하여 우리 식 사회주의를 더욱 빛내이자," 『김정일선집』 제11권, (1997), p.241.

146) 2002년 2월 26일 김정일은 노동당 중앙위원회 책임일군들과 한 "민족주의에 대한 올바른 리해를 가질데 대하여"에서 "민족주의는 민족이 형성되고 발전하는데 따라 민족의 리익을 옹호하는 사상으로 발생하였습니다. 민족의 형성시기는 민족마다 다르지만 매개 민족은 피줄과 언어, 지역과 문화생활의 공통성에 기초하여 력사적으로 형성되고 공고화된 사회적 집단이며 여러 계급, 계층들로 이루어져 있습니다."로 기술되어 있다. (『김정일선집』제21권, 2013, p.158)

147) 김정일, "일심단결을 더욱 강화하여 조선민족제일주의 정신을 높이 발양시키자," 『김정일선집』 제13권, (1997), p.10.

148) 조성환, "통일론의 비판적 지식사회론 : 민족 파라다임의 비판적 인식," 『동양정치사상사』 제3권 1호, (한국 · 동양정치사상학회, 2004), p.260.

149) 김정일, "인민군대를 강화하며 군사를 중시하는 사회적기풍을 세울데 대하여," 『김정일선집』 제13권, (1997), pp.1-9.

150) 김정일, "군의 역할을 높여 인민생활에서 전환을 일으키자," 『김정일선집』 제13권, (1997), pp.442-452.

151) 김정일, "당의 두리에 굳게 뭉쳐 새로운 승리를 위하여 힘차게 싸워 나가자" 『김정일선집』 제14권, (1997), pp.1-7.

152) 김정일, "혁명적군인정신을 따라 배울데 대하여," 『김정일선집』제14권, (1997), pp.292-296.

153) 김정일, "올해를 강성대국건설의 위대한 전환의 해로 빛내이자," 『김정일선집』 제14권, (1997), p.452.

154) 김정일은 2003년 1월 29일 선군사상과 주체사상과의 관계를 규정하는 중요한 발언을 한다. 조선로동당 중앙위원회 책임일군들과 한 담화에서 "우리 당의 선군정치는 력사의 준엄한 시련을 통하여 검증된 필승불패의 정치이며 혁명승리를 위한 만능의 보검입니다."..."우리 당의 선군혁명령도, 선군정치는 군사를 제일국사로 내세우고 인민군대의 혁명적기질과 전투력에 의거하여 조국과 혁명, 사회주의를 보위하고 전반적사회주의건설을 힘있게 다그쳐나가는 혁명령도방식이며 사회주의정치방식입니다."..."우리 당의 선군정치는 주체사상을 구현하고 있는 가장 위력하고 존엄높은 자주의 정치입니다."라고 하여 선군사상이 주체 사상과 동등한 이데올로기가 아닌, 주체사상을 구현하는 '방식'으로, 주체사상의 수단적이고 보조적인 개념인 것으

로 확인하였다.

155) 선군사상과 강성대국론에 대한 『로동신문』 보도의 특징은 주로 「사설」, 「신년공동사설」에서 다루고 있다. 1999년부터 『로동신문』을 통해 5년간 매년 「신년공동사설」을 연속해서 게재하면서 '고난의 행군'을 종식하고 선군정치를 앞세운 무력 강국의 위세를 과시하여 위협적인 분위기를 만들고, 한편으로는 인민들에게 새로운 국가적인 비전을 제시하였다. 즉, 선군정치와 강성대국론은 정책적 선전성과 호소성이 강한 「사설」과 「정론」을 통해 보도되었다. 군부대 및 기초단위의 충성결의대회 등을 통한 선전선동은 하지 않았다.

156) 그 며칠 후 2011년 12월 31일 김정은은 조선로동당 중앙위원회 정치국회의 결정으로 조선인민군 최고사령관 자리에 올랐다.

157) '한국민족민주전선'은 북한이 남한인민들이 자발적으로 조직한 공산지하조직이라고 주장하는 대남위장단체로서, 한국의 체제를 비난하는 북한 대남방송 〈구국의소리방송〉을 운용했던 단체이기도 하다.

158) 그 외 『로동신문』에 보도된 표어들은 "경애하는 김정은동지를 수반으로하는 당중앙위원회를 목숨으로 사수하자!", "경애하는 김정은동지의 두리에 전당이 단결하고 전군이 단결하며 전민이 단결하자!", "경애하는 김정은동지와 함께라면 기쁨도 슬픔도 시련도 영광이다!", "경애하는 김정은동지를 따라 백두의 행군길을 꿋꿋이 이어가자!" 등이다.

159) 1994.8.7일자 『로동신문』에서도 "태양의 빛발은 온 누리에" 제목으로 동일한 시(詩)가 반복 게재되었다.

160) 김정일 애도기간에 나타난 신기한 자연 현상으로 ① 천지를 뒤흔든 땅울림, ② 눈내리는 하늘에서 울린 천둥소리, ③ 조의식장에 나타난 산비둘기, ④ 영생탑에 날아온 산매 , ⑤ 정일봉 상공에 비낀 류다른 노을, ⑥ 맑은 하늘에서 내린 눈, ⑦ 동흥산덕에 날아든 매와 학, ⑧ 매일 찾아든 올빼미떼, ⑨ 슬피 운 접동새, ⑩ 조의식장을 맴돌고 간 독수리떼, ⑪ 보통강에서 한밤을 보낸 물오리들, ⑫ 사랑의 일터에 내려앉은 흰비둘기떼, ⑬ 뜻깊은 도로에 나타난 곰들, ⑭ 갑자기 날아든 까치무리, ⑮ 굳어진 새, ⑯ 하늘에 놓인 《다리》, ⑰ 쌍무지개 등이 나타난 것으로 공식적으로 기록되어 있다.(조선중앙년감, 2012년).

161) 이 외에도 금성뜨락또르종합공장, 김종태전기기관차종합기업소, 안주지구탄광련합기업소, 조선비단련합총회사견직공장, 김일성고급당학교, 철도과학분원, 형제산구역 학산협동농장, 평화화력발전련합기업소, 3월26일공장, 온성군 왕재산협동농장, 선천도자기공장, 신의주화학섬유종합공장, 김책제철련합기업소, 2.8세멘트련합기업소, 덕천지구탄광련합기업소, 개천수출피복공장 등 각종 산업현장과 농촌, 학교 및 연구소 등을 망라하여 초급당원과 근로자들의 김정일에 대한 충성 결의와 맹세들을 보도하였다.

162) 이 외에도 "어랑군 삼향협동농장에서", "희천련하기계종합공장 일군들과 기술자, 로동자들", "국립연극단 일군들과 창작가, 예술인들", "기계 · 채취 · 림업 · 건재 부문 공장 · 기업소들에서 궐기모임", "사리원시 미곡협동농장" 등 근로자, 예술인들의 궐기모임 등을 통해 김정은의 영도력을 선전 보도하고 있다.

163) 김정일 사망(2012 11.17) 이후 3일 동안 사망 사실을 일체 공표하지 않았다. 따라서 『로동신문』

도 11. 20일자부터 사망 사실을 보도하면서 장의위원회 구성과 조전 보도를 시작하였다. 당일 『로동신문』에 게재된 첫 해외 조전은 '중국공산당 중앙위원회' 등 연명의 중국 기관들로부터 북한 '로동당 중앙위원'등 기관에 보내 온 조전으로서 김정은 앞으로 보내 온 것은 아니었다.

164) 『로동신문』에 보도된 김정일 사망 시 외국 지도자들의 조전과 조문은 김일성 사망 당시와 비교해 현저히 줄어들었다. 이는 1970년대를 전후하여 김일성이 제3세계와 사회주의 진영을 대상으로 활발히 전개했던 외교활동에 비해 김정일 통치시기의 고립된 대외관계가 반영된 것으로 판단된다.

165) 여기서 어구(語句)는 『로동신문』에 보도된 기사의 문장에서 반복적으로 나타난 담론성 표현들을 말한다. 본 논문에서 어구는 언어학자들이 말하는 특정한 개념 보다 일반적인 개념으로서 '단어와 술어 등의 구성체'를 지칭한다.

166) 다만, 『로동신문』의 김일성 장례식 보도사진(1994.7.20일자)에는 운구행렬 옆에 김정일의 모습이 없었다. 그러나 김정일 장례식에서는 운구차 옆에 측근들을 동행하게 하고, 우측 앞에 김정은을 배치시킨 사진을 보도(2011.12.29.일자)하여 후계자를 암시하는 선전을 한 점이 달랐다. 이는 김정은의 후계자 위상이 김정일에 비해 상대적으로 확고하지 못했음을 의미한다.

07

북한 선전선동과 『로동신문』 역할 평가

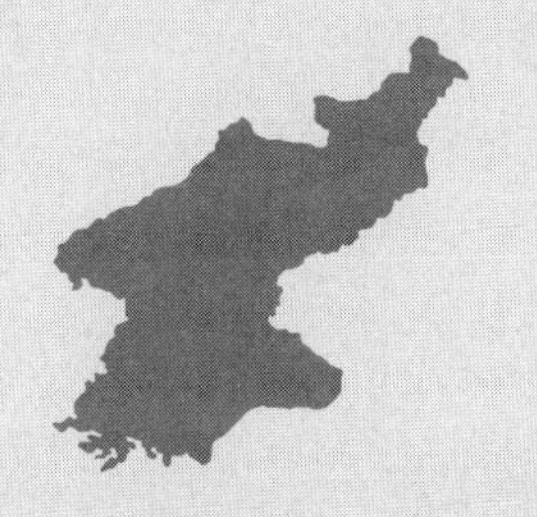

7장

북한 선전선동과 『로동신문』 역할 평가

1. 핵심 통치기제(ruling mechanism)

가. 이데올로기 상부구조

전체주의 일반론에 따르면 전체주의 국가는 이데올로기와 이를 전파하고 설득하는 선전선동이 필요하다. 20세기 들어 집중적으로 출현한 전체주의 국가들에서도 이데올로기와 선전선동이 중요한 역할을 해 왔다는 사실을 확인 할 수 있다. 북한에서도 김일성 이후 현재까지 주체사상을 통치이데올로기로 내세워 이를 대내외에 선전선동 해 오고 있으며, 『로동신문』이 그 중심에 있다. 즉, 『로동신문』을 앞세운 선전선동은 공산주의 이론에서 말하는 계급투쟁의 도구로서 '사회계급적 특성'으로서의 '물질적 토대'와 '상부구조'를 연결하는 중개자로서 뿐만 아니라, 이데올로기적 상부구조로서 능동적인 역할까지 수행하는 북한 통치의 핵심 기제(機制)인 것이다.

북한 김일성은 공산혁명 이후 주체사상을 마르크스-레닌주의를 대체하여 북한의 유일사상으로 체계화하면서, 1972년 북한 사회주의헌법에 공식적으로 통치 이념으로 규범화 하였다. 그 이후 대내외적인 위기 상황을 헤쳐 나가기 위해 주체사상과 이의 변용(變容) 이데올로기를 『로동신문』을 통해 인민들에게 교화시켜 체제를 유지해 왔다.

특히, 김정일은 권력세습의 명분과 권력승계 이후 자신의 권력기반 공고화를 위해 주체사상을 개인 중심의 '김일성주의화'를 시켰다. 이러한 과정에 김정일은 주체적 출판보도 사상을 내세워 선전선동과 기자들의 역할을 강화시켰다. 김정일은 조선기자동맹 제8차 대회 참가자들에게 보낸 서한에서 "사회주의사상진지를 튼튼히 다져나가는데서 기본은 전체 인민을 주체사상으로 튼튼히 무장시키고 주체사상의 요구대로 살며 싸워 나가야 하는 것입니다."[167]고 하였다. 즉, 북한 체제를 유지해 나가기 위해서는 이데올로기 주체사상을 철저히 선전 · 교화 시킬 것과, 그 임무를 『로동신문』을 중심으로 하는 언론들에게 요구하고 있는 것이다. 북한 공산혁명 이후 주체사상 이데올로기를 통한 체제유지에 동원된 『로동신문』의 선전선동의 평가는 다음과 같다.

첫째, 김일성의 국내 적대세력 숙청과 1인 지배체제를 공고화 하여 '유일사상체계화'를 이루었다. 나아가 당시 제3세계와 사회주의 진영에 북한 주체사상과 체제 선전에 기여했다. 특히, 일본 조총련을 위시한 해외 단체들의 지지 활동 보도를 통해 당시 남북한 체제경쟁에서 북한 사회주의체제 우월성을 과시하기도 했다.

둘째, 김정일은 후계자 내정 이후 자신의 권력기반 강화와 인민들의 노력동원에 선전선동을 적극적으로 활용했다. 특히, 1975년을 전후한 '3대혁명붉은기쟁취운동'에서 『로동신문』을 통해 경쟁적인 노력동원 분위기를 조성하기 위해 대규모 평양시민의 궐기대회, 기초단위 노동자들의 지지결의 모임 등을 대형 사진과 함께 대대적으로 보도하였다. 또한, 그는 1986년 7월 15일 《주체사상교양에서 제기되는 몇가지 문제에 대하여》를 발표하여 '사회정치적생명체론'으로 주체사상을 세속적인 종교(secular religion)의 교리 수준으로 까지 끌어 올리는데 『로동신문』을 앞장 세웠다. 1987.10.16. 일자 신문은 "사회정치적 생명체의 고유한 속성은 수령, 당, 대중이 생사 운명을 같이 해 나가는데 있다"고 보도하여, 수령-당-대중간의 '운명적' 관계로 의미를 부여하였다.

셋째, 1990년대를 전후한 동구권의 붕괴로 북한 지도층은 사회주의 체제의 존망에 위기의식을 느끼고 공산주의에서 배격해 오던 민족주의를 재해석하면서 까지 '우리식사회주의'와 '조선민족제일주의' 등 담론을 『로동신문』을 통해 확산하여 북한식 사회주의와 김일성과 김정일의 지도력을 선전하여 체제 결속을 다졌다.

넷째, 김일성 사망 이후 '고난의 행군'을 거치면서 주체사상이 통치이데올로기로서 효력이 약화되자, 김정일은 '선군사상', '강성대국론'을 새로운 이데올로기로 등장시켜 『로동신문』의 「사설」, 「정론」 등을 통해 사상 교화를 지속해 왔다. 김정은의 경우 백두혈통 유일령도체계 확립을 위해 '장성택 처형'이라는 가공할 공포정치를 『로동신문』을 통해 선전선동에 이용했다.

이렇듯 북한은 지도자가 바뀌고 국내외적인 상황이 변화할 때마다 체제와 정권 유지를 위해 『로동신문』을 전위대로 삼아 주체사상과 변용 이데올로기를 선전하여 당과 정권의 수중에 있는 『로동신문』을 통해 인민들을 '동일한 생각과 행동'으로 묶어놓는 선전과 선동을 해 왔다.

그러나 주체사상이 김일성–김정일–김정은으로 이어 오면서 혁명의 일상화와 국력 쇠퇴로 통치이데올로기로서의 영향력이 점차 약화되고 있다. 1971년부터 2012년 말까지 42년간의『로동신문』에 보도 된 주체사상 기사 건수를 기준[168]으로, 이를 계량적으로 추세 분석을 하면 아래 그라프와 같이 나타난다.

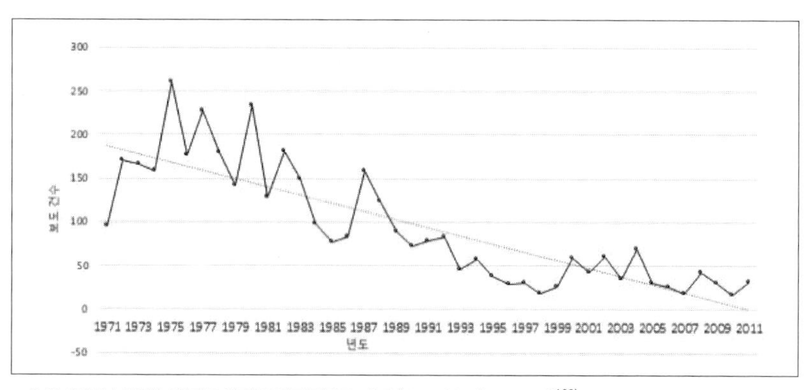

*출처: 통일부 산하 '북한자료센터'의 디지털자료 기준 (보도건수: 총 3,885건)[169]

〈그림 4〉 주체사상 보도 추세

위 도표에서 보듯이 주체사상에 대한『로동신문』의 보도 양은 1970년대 중 · 후반에 가장 많은 것으로 나타났다. 특히, 1975년–1980년은 김정일이 적극적으로 주체사상을 심화 · 발전시켜 왔던 시기로서 주체사상의 김일성주의화, 당의 유일사상체계확립10대원칙 발표, 3대혁명붉은기쟁취운동을 한창 전개했던 시기와 일치한다.

그러다 사회주의 진영의 붕괴가 시작되는 1989년을 기점으로 보도 양이 현저히 떨어지기 시작하여 1994년 '고난의 행군' 시기를 거치면서 보도 양이 최저에 이른다. 2000년에 들어서면서 주체사상이 퇴조 현상을 보이자 선군사상과 강성대국론이 등장하면서 주체사상 보도양이 잠시 증가하는 추세를 보이기도 했다. 그러나 전반적으로 주체사상에 대한 보도 양은 1970년 중반 이후 서서히 줄어들어 하강곡선을 그리고 있다. 이는『로동신문』의 이데올로기 주체사상 보도에서 한계성을 보이고 있는 것으로서, 새로운 이데올로기의 필요성을 암시하기도 한다.

나. 사상 · 인간개조 선전선동의 전범(典範)

전체주의 인간 개조를 아렌트(H. Arendt)는 "전체주의적 과정에 부응하여 인간적 본성 자체를 변형시키고자 한다."[170] 라고 설명하고 있다. 여기서 '전체주의적 과정'이란 인간이 필요 없는 유토피아를 건설하겠다는 목표 아래 궁극적으로는 인간의 창조성 · 다원성 · 차별성을 말살하고 기계적인 도구로 만드는 것을 의미 한다.

북한은 김일성 혁명 이후 지금까지 신문을 혁명과 건설의 위력한 사상적 무기로 인식하고『로동신문』을 철저히 '시대 선구자, 여론 조직자'로 활용하여 인민들의 사상개조에 이용했다. 북한 지도자들은 기회 있을 때 마다『로동신문』창간일인 11월 1일을 전후하여 기자, 편집인들에게 선전선동의 중요성을 강조하여 오고 있다.

어린 나이에서부터 시작되는 사상 교화가 성인에 이르러서는 주로 신문과 방송 매체를 통한 교화가 이뤄지고 있으며, 그 중심에는『로동신문』이 있다. 선전선동에 의한 인간 개조는 지도자, 간부, 인민 할 것 없이 전사회의 구성원 개인은 인간으로서의 존엄과 사유(思惟)없이 획일적이고 집단적 사고와 집단적 이성이 지배하게 만든다.

이러한 과정에 북한은 폭력을 앞세운 공포정치를 병행하여 선전선동과 세뇌의 효과를 증대하고 있다. 앞에서 고찰한 바와 같이 북한에서도 인민들의 사상개조와 인간개조에는 파블로프(I. Pavlov)의 '조건반사'의 원리가 작동되고 있다. 지속적이고 반복적인 선전은 인민들의 대뇌에 영향을 미쳐 학습의 효과로 나타나게 한다. 특히, 공포가 일상화되어 있는 북한에서 '언어'를 통한 선전을 2차적인 조건화로 '공포–선전 연합자극'을 가하여 북한 인민들을 세뇌시켜 인간개조를 해 나가는 것이다. 여기 언어를 통한 선전선동에 국가가 독점적으로 통제하고 있는『로동신문』이 중추적이고 핵심적 기구(core instrument)로서 역할을 수행하고 있는 것이다.

이렇게 북한은 김일성 이후 줄곧 사상교화에『로동신문』을 적극적으로 이용해 왔다. 앞에서도 언급되었듯이 김일성은 1981년 조선로동당 중앙위원회 제6기 제3차 전원회의에서 "우리 당은『로동신문』을 통하여 당원들에게 매시기 나서는 당의 로선과 정책을 알려 줍니다.『로동신문』은 간부들과 당원들을 교양하는 매우 중요한 수단입니다."고 강조한 바 있다. 그 이후 북한 주민들의 사상교화를 위해 초급당위원회 세포비서가 매일 일과 시작하기 전『로동신문』의「사설」과「정론」을 30분간 읽고, 토론하는 독보회(讀報會)가 진행되고 있다.

이러한『로동신문』은 당과 수령의 혁명 활동 보도 자료이자, 당원들과 근로자들에 대한 사상교양 자료이다. 김일성이 지적하였듯이『로동신문』은 '당의 지침서'와 같아 모든 북한 출판보도물의 전범(典範)이다. 특히,『로동신문』은 북한의 최고지도부의 발언들을 전달하고 해설하는 매체로서 그 내용과 형식에서 한 치의 오류가 있어서는 안 된다.

2. 체제유지 권력장치(power apparatus)

가. 최고지도자의 언술(言述) 전달 채널

북한에서 최고지도자의 언술, 즉 '교시'는 그 어떤 규범 보다 위력을 가진다. 이를 인민들에게 직접 전달하는 매체가 『로동신문』이다. 특히, 『로동신문』은 「사설」에서 최고지도자들의 발언 내용을 '교시'(김일성), '지적'(김정일), '말씀'(김정은)으로 표기하여 그대로 인용보도하면서 이를 해설하여 전파한다. 즉, 『로동신문』 최고지도자의 의중을 인민들에게 전달하는 미디어로 이용되고 있다.

소련의 스탈린과 중국의 마오쩌둥 등 전체주의 통치자들은 신문을 '당과 노동자 계급을 연결하는 눈에 보이지 않는 연결 고리'라고 했다. 북한에서도 『로동신문』은 기본적으로 최고지도자와 노동당의 이념이나 정책 방향을 인민들에게 전달하는 운반도구(conveyance belt)라고 할 수 있다. 북한에서 발간된 『신문학개론』에서도 "당적 신문은 당과 대중을 연결시키고...신문사 자체가 당 사업을 맡고 있는 당의 한 개의 부서와 같다"고 하여, 『로동신문』을 당과 인민을 연결시키는 매개체로서의 성격을 분명히 밝히고 있다.

앞에서도 살펴보았듯이 북한의 공식적인 소통구조는 철저히 일방적이고 수직적(vertical)으로 이뤄지고 있다. 최고지도자가 당 중앙위원회 일군들과 담화 등의 형식으로 정책 노선이나 내용을 먼저 밝히고, 이를 『로동신문』은 다양한 보도 형태로 인민들에게 알린다. 이는 슈람(Wilbur Schramm)의 공산주의 언론 이론에 나타나 있듯이, 북한 『로동신문』이 국가의 소유물로서 당과 국가와 공생하는 기제의 일부로써 국가 지배층의 이데올로기와 당의 혁명 사상을 선전선동하는 수단이기 때문이다. 다시 말해, 북한 언론은 피지배자들이 아니라 지배자를 위해 철저히 봉사하고 있는 것이다.

그러나 최근 북한은 만성적인 경제난으로 인민생활이 궁핍해지고 배급제까지 중단되는 상황이어서, 그동안 유효했던 북한의 공식 선전매체에 의한 일방적인 선전선동 체계가 약화될 가능성이 높아지고 있다. 북한에서 주민들의 통제나 교육은 대부분 직장 단위나 학교 등에서 조직적으로 실시되어 왔으나, 배급제가 유명무실해진 상황에서 북한 주민들은 직장과 식량을 찾아 이동하면서 비공식 정보를 전파하고 촉진하는 결과를 초래하게 한다.

북한에는 최근 '장마당' 등을 오가는 유동인구가 많아졌으며, 또한 중국에 있는 친지 방문이나 밀거래를 위해 국경을 넘나드는 일들이 잦아져 수평적 · 쌍방향 커뮤니케이션 네트워크가 확대되어 가고 있는 추세에 있다.[171] 특히, 스마트폰과 SNS 이용자들이 늘어나고 있는 상황에서 지금까지 최고지도자와 인민의 의사소통 채널인 『로동신문』의 입지가 점차 약화될 것으로 보인다.

나. 권력세습과 정권유지 정당화 도구

북한에서 권력세습과 정권유지는 이어동의(異語同意) 이다. 북한 최고 권력기관인 노동당의 당적(黨籍) 신문으로서, 체제선전 전담기관으로서 『로동신문』은 생존과 직결되는 권력세습과 정권유지를 위해 전력을 다하는 것은 당연한 결과이다. 『로동신문』은 최고지도자 사망 후 약 한 달간은 모든 지면, 모든 기사에 최고지도자 사망 애도와 권력 세습 관련 내용으로 채워진다. 이러한 『로동신문』의 보도는 권력세습을 정당화하고, 당연한 것으로 받아들이게 하는 '체계적인 논리 전개와 다양한 선전 유형'들을 동원해 인민들을 설득하게 된다. 물론 김일성, 김정일 사망 직후 후계자 선전선동의 과정과 포맷은 거의 동일하게 나타났다.

먼저, 『로동신문』은 최고지도자 사망 직후부터 최고조의 애도 분위기와 체제의 위기의식을 고양시키는 선전선동을 시작한다. 먼저, 장의위원회 구성에서 북한 최고의 권력기관과 항일혁명 투사들을 망라하여 최고지도자의 사망과 북한 체제의 운명을 동일시하고, 해외 사회주의 국가 지도자들의 조전(弔電)을 보도하여 지도자 사망을 세계적인 슬픔으로 만든다.

이와 함께 주체적 사회주의 정체성을 유지하고 통일 위업을 달성하기 위해 백두혈통으로 권력이 대를 이어 계승되어야 한다는 당위성 논리를 전파한다. 이어 영결식 장면과 도로변 인민들의 애도 물결을 크게 보도하여 지도자 사망의 슬픔을 온 인민의 아픔으로 연출한다. 영결식이 끝난 다음날 부터 본격적으로 후계자를 부각하는 선전에 돌입한다. 선전선동의 유형은 앞에서 분석한 바와 같이 때로는 당위성을 내세워 호소를 하기도 하고, 유훈을 근거로 후계자 기정사실화를 공표하기도 한다. 또한, 지도자가 갖추어야 할 자질과 덕성을 내세우기도 하고, 기이한 자연현상에 빗대어 지도자를 미화하고 우상화 한다. 세습 선전에도 기초단위의 노동자, 군인, 농민들의 세습 지지결의 등을 보도하여 선전 효과를 전국적으로 확산하고 있다. 두 번에 걸친 권력 세습 과정에서 「로동신문」은 세습 정당성 명분으로 김씨 가문에 의한 백두혈통과 우상화 된 후계자의 자질에 모아졌다.

이러한 북한 지도자의 정통성과 자질에 근거한 지배는 법과 전통에 구애 받지 않는 자의적인 지배로 나타나고 있다. 이는 베버(Max Weber)의 3가지 지배 유형 중 '카리스마적 지배'로 해석 될 수도 있겠으나, 지배 권위의 원천인 그들의 '비범하고 천부적 자질'(gnadengabe)이 조작되고 의사(pseudo)적인 사실들로써, 진정한 의미의 카리스마적인 지배로 보기는 어렵다고 하겠다.

최근 김정은의 경우 백두혈통 순수성에 대한 논란이 있는데다 경험과 연륜이 부족한 지도자로서의 한계성은 이를 보여주는 사례가 될 것이다. 이러한 권력세습 정당화에 동원된 명분들이 약화되면 『로동신문』의 권위도 약해질 수밖에 없을 것이다.

3. 기획된 설득체계(programmed system)

가. 판에 박힌 선전선동 정형(定型)

북한 『로동신문』은 조선노동당의 기관지로서 보도의 방향과 내용이 자율적이지 못하고, 오히려 당국이 의도하는 선전선동의 시나리오에 따라 틀에 박힌 기사를 전달하는 매체이다. 따라서 대부분의 기사는 사전 기획 의도에 따라 취재되고 작성되는 것이다. 북한 『신문학개론』에도 나와 있듯이 선전선동의 효과를 높이기 위해 보도선전은 '순차와 단계를 옳게 설정하고 체계적'으로 심화시키는 것이라고 되어 있다. 실제 『로동신문』은 선전 효과를 높이기 위해 다양한 형태의 보도 유형을 일정한 순서에 따라 보도하는 선전 패턴을 유지하고 있다.

이러한『로동신문』의 보도 패턴에서 등장하는 다양한 형태의 보도 유형들 중「사설」이나「정론」 보도는 '정론지' 특성상 당연한 것이라 할 수 있다. 그러나 ① 해외 사회주의 국가 지도자들의 지지성명이나 발언, 해외 언론의 긍정적인 보도 등을 대내 선전선동 목적으로 보도되거나, ② 일선 노동자, 군인, 초급 당원 등의 미담 사례를 보도하여 전 인민에게 공감대를 형성 · 추동하고, ③ 문예기사를 보도하여 사회주의적 낭만주의를 통해 인간 심성에 호소, 그리고 ④ 남한의 대학생 또는 친북단체의 북한 지지활동 등을 보도하여 체제의 우월성을 선전하는 것은『로동신문』이 선전 매체로서의 속성을 보여주는 것이다. 이들 일부 보도 중에는 사실로 믿기 힘든 부분도 있어 언론으로서『로동신문』의 진실 보도에 한계성을 엿볼 수도 있게 한다.

『로동신문』의 기본적인 선전선동의 패턴은 동일한 주제를 몇 가지 형태의 기사로 작성하여 보도하는 데 있다. 특히, 주체사상의 선전과 같이 이념을 주입하여 인민들의 정신세계를 지배하기 위한 선전선동에는 앞에서 열거한 기사 유형을 총동원하여 순차적으로 보도한다. 반면, 단기간의 노력동원을 부추기는 보도는 논리적인 선전 보다는 현장의 궐기대회와 결의대회 기사에 집중하고,「사설」 등 논설 기사는 사후적으로 보도되는 경향이 있다.

이렇듯『로동신문』은 주제에서나 보도 형식에서 획일적이고 경직적이다. 이는 결국『로동신문』이 독립된 자율적인 언론기관이 아니라, 선전선동 국가기관에 종속되어 있는 매체로서 한계성을 보여주고, 거기에다 관료주의적 타성까지 보이기도 하는 것이다.

이러한 북한의 정형화된 선전선동의 장기화는 인민들이 공적인 커뮤니케이션을 교조적(敎條的)이고 의례적(儀禮的)인 것으로 받아들이게 만든다. 특히, 북한의 선전선동에는 지도자들의 초인간적인 자질과 날조된 사실들이 누적되어 오고 있어 그럴 가능성이 크다. 여기에 북한 선전선동이 인민들의 감동 없이 형식적으로 흐르게 될 소지가 있는 것이다. 이는 결국 전체주의 독재체제에서 나타나는 지도층과 인민들 간의 '공백'(vaccum) 현상을 가져오게 만든다.[172]

나. 사전 준비된 선전 담론과 어구(語句)

전체주의 이론에서도 지적하고 있듯이 공산주의 북한에서도 지배계층은 인민들에게 이데올로기를 담론으로 바꾸어 언론 등을 통해 지속적으로 유포시켜 오고 있다. 이러한 담론 유포에 공식 선전매체인『로동신문』을 주로 이용하고 있다.

권력세습 당위성 논리 전파에서도 당국에 의해 사전에 준비된 담론성 어구(語句)들을 반복적으로 보도하였다. 북한 체제와 권력은 백두혈통에 의해 배타적이고 독점적으로 유지되어야 하기 때문에 북한 지도부로서는 최고지도자 사망을 대비해 김씨 가문의 후계자에 대한 세습 준비를 철저히 해 오고 있는 것이다. 그 중『로동신문』을 통한 선전선동에는 지도부의 의중이 담긴, 언어의 기능적 속성을 이용한 담론성 어구들을 인민들에게 전파하는 것이다. 이러한 담론성 어구들은 앞에서 분석하였듯이 체제의 계승발전, 단결과 충성, 지도자의 자질 등을 요구하는 용어와 서술로 구성되어 있다.『로동신문』에 사용된 이러한 어구들은 구조주의 언어학에서 말하는 '기의'(記意) 또는 '언표'(言表)에 해당한다 하겠다.

이러한 어구들은 1차 권력 승계 이후 17년 후 김정일–김정은 세습 과정에서도 거의 유사하게 사용된 것으로 나타났다. 이는 『로동신문』이 전례를 답습하여 반복적으로 선전선동 담론과 어구들을 그대로 다시 사용한 것으로, 체제와 권력의 연장선에서 『로동신문』의 기관성도 유지되고 있음을 의미한다.

이러한 어구들은 결국 세습을 정당화 하는 담론의 일부분이다. 따라서 김일성 사망 후 『로동신문』이 보도한 세습 어구들을 재구성하여 통치 담론으로 정리해 보면 다음과 같다. '오늘의 이 슬픔을 힘과 용기로 바꾸어 김일성 수령께서 생전에 바라시던 대로 김정일동지를 최고령도자로 모시고 그 두리에 굳게 뭉쳐 주체혁명과 조국통일의 위업을 계승 · 완성하자.'가 된다. 이는 비록 김일성은 사망하였지만 백두혈통인 김정일에 의해 북한 체제와 권력의 연속성을 강조하고 정당화시키는 통치담론인 것이다. 이는 '위대한 수령님은 영원히 우리와 함께 계신다.'는 현재 북한의 통치담론으로 이어져 오고 있다.[173)]

또한, 김정일 사망 후 김정은으로의 권력 승계 시에도 『로동신문』의 어구들을 재구성하여 담론화 하면, '오늘의 슬픔을 천백배의 힘과 용기로 바꾸어 백두에서 개척된 주체의 혁명위업과 선군위업을 대를 이어 빛나게 계승 할 김정은동지를 수반으로 하는 당 중앙위원회 두리에 굳게 뭉쳐 장군님께서 그토록 념원하시던 사회주의 강성국가 건설위업을 완성하자.'로 된다. 이 또한, 김정일 권력 승계 당시와 동일하게 체제와 권력의 지속성과 김정은 세습의 정당성 담론이며, 이는 '장군님은 오늘도 내일도 영원히 우리와 함께 계신다.'는 통치담론으로 사용되고 있다.

이러한 담론은 권력세습 당시에는 세습 정당성의 도구로, 세습 이후에는 통치이념으로서 역할을 하는 것을 알 수 있다. 세습 담론 중 '살아계신다', '함께 계신다', '영생 하신다'는 가장 빈번히 등장하는 대표적인 어구들이다. 이는 체제와 권력의 영속성을 의미하는 대표적인 기의(記意)로서, 육체적 사망에도 불구하고 부자간 세습으로 백두혈통이 체제와 권력을 이어져 가야할 당위로 받아들이게 만드는 담론의 핵심 어구들이다.

한편, 북한 『로동신문』에 나타나는 이러한 어구들을 전체주의 소련 당시 대중들을 세뇌하기 위해 선전선동에 사용한 언어를 일컬었던 '랑그 드 부아'(langue de bois)에 해당한다는 주장도 있다. '랑그 드 부아'는 의도하는 목적을 달성하기 위하여 진실을 숨기거나 과장된 표현으로서 애매모호하고 정형화 된 상투어를 장황하게 반복적으로 늘어놓아 감정에 호소하는 표현 방식으로, 북한이 권력 세습을 정당화 하기위해 『로동신문』이 반복적으로 전파한 표현들이 여기에 해당한다는 것이다.[174] 중요한 것은 담론성 어구(語句)든 '랑그 드 부아'든 북한 『로동신문』에 나타나는 표현들은 통치와 관련된 목적의식을 갖고 용의주도하게 만들어진 용어들로 구성되어 있다는 사실이다.

167) 김정일, "기자, 언론인들은 우리의 사상, 우리의 제도, 우리의 위업을 견결히 옹호고수하는 사상적 기수이다."『김정일선집』 제21권 (2013), p.63.

168) 보도 건수는 신문기사의 제목에 '주체사상'으로 표기된 기사를 대상으로 했다. 이는『로동신문』 기사의 제목이 '구체적 · 사실적 · 서술적'으로 되어 있어 이를 기준으로 해도 큰 오차가 없을 것으로 판단했다. 즉 주체사상에 관한 보도는 거의 모두 제목에서 '주체사상'이라는 용어가 나타나게 되어 있다.

169) 년도 별 '주체사상' 보도 건수 :

년도/건수	년도/건수	년도/건수	년도/건수	년도/건수	년도/건수
71년 96건	79년 142건	87년 158건	95년 38건	03년 35건	11년 32건
72년 171건	80년 233건	88년 124건	96년 29건	04년 69건	12년 41건
73년 166건	81년 128건	89년 89건	97년 30건	05년 31건	총계;3,885건
74년 159건	82년 181건	90년 72건	98년 19건	06년 26건	
75년 260건	83년 150건	91년 79건	99년 26건	07년 19건	
76년 176건	84년 98건	92년 84건	00년 59건	08년 43건	
77년 228건	85년 78건	93년 45건	01년 42건	09년 31건	
78년 180건	86년 83건	94년 57건	02년 61건	10년 17건	

170) 이진우 · 태정호(역),『인간의 조건』(The Human Condition), (서울 : 한길사, 1996), p.31.

171) 송태은, "북한 커뮤니케이션 네트워크의 이중구조와 북한정권의 커뮤니케이션 전략,"『통일문제연구』 통권 제59호 (평화문제연구소, 2013), pp.214-217.

172) Friedrich and Brzezinski(1961), p.112.

173) 최근에는 '위대한 김일성동지와 김정일동지는 영원히 우리와 함께 계신다.'로 바뀌고 있다.(『로동신문』2014.5.3.일자 "송도원국제소년단야영소 준공식" 기사 참조).

174) 랑그 드 부아(langue de bois) 용어가 프랑스에서 유행하기 시작한 것은 1970년대 이후이며, 소련의 상투적인 수사법에 대한 비판적 관점에서 주로 사용되었다. 소련 공산당이 대중들을 체제에 순응시키기 위하여 사용한 선전기법으로서, 유사한 말의 반복적 사용을 통해 대중의 의식을 세뇌하는 것이다. 이는 프랑스 언어학자 똥(Françoise Thom)이 소련의 선전선동 언어 분석을 통해 이론적인 체계를 세웠다. 랑그 드 부아에 대한 대표적인 저서로는 Françoise Thom, La langue de bois, (Paris: Julliard, 1987)가 있다. (오일환 설명 참조)

08

맺음말

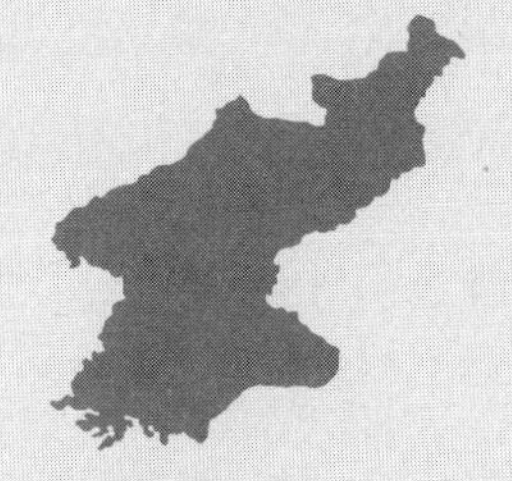

8장 맺음말

북한은 그들의 이념적 · 체제적 종주국들이 이미 소멸하여 역사 속으로 사라져 가고 있으나, 아직도 김일성 혁명 이후 노동당 일당 독재체제를 유지해 오고 있다. 거기에다 3대에 이르는 부자간 권력 세습을 통해 정권을 끌어 오고 있는 비정상적인 국가로 운영되어 오고 있다. 북한은 당초 마르크스-레닌주의 공산국가로 출발했으나, 1950년대 중반 이후부터 주체사상을 내세워 수령에 의해 통치하는 전제국가(專制國家), 국방위원회와 선군정치를 앞세운 병영국가(兵營國家)의 성격을 동시에 갖는 – 어떠한 정치 원리로도 설명이 힘든 – 21세기 지구상에서 보기 드문 국가 체제를 유지해 오고 있다.

과거 실존했던 전체주의 국가들이 선전선동을 통치의 중요한 기제(機制)로 삼아 왔듯이, 북한도 전체주의 국가로서 선전선동을 폭력과 함께 통치의 중요한 수단으로 활용하여 왔다. 소련, 중국, 북한의 선전선동과 언론들은 같은 뿌리에서 나왔다. 그러나 북한의 선전선동과 언론은 여타 전체주의 정권들의 그것을 능가하는 경지에 이르렀다. 이는 소련과 동구권 등 사회주의 진영의 붕괴에 따른 체제의 옹호 필요성, 지속적인 경제난 극복, 권력세습의 정당화 등을 위한 북한 정치상황과 맥을 같이하는 것이다. 즉, 북한 자체적으로도 선전선동과 언론이 바뀌어야 할 정치 · 사회적 변화가 없는데다, 오히려 소련 · 중국 등의 변화를 지켜보면서 위기의식을 갖고 체제를 공고히 하기 위해 선전선동과 언론의 역할을 강화해 왔던 것이다.

북한에서 선전선동의 흐름인 공식 커뮤니케이션은 철저히 일방적 · 하향적으로 이뤄지고 있다. 중요한 계기 때 마다 최고지도자가 먼저 당의 책임일군들과 담화 등의 형식을 빌려 언술(言述)을 하고, 이를『로동신문』은 메시지와 스토리로 재생산하여 인민들에게 전파한다. 그 중에서도『로동신문』의「사설」은 지도자의 '교시'(김일성), '지적'(김정일), '말씀'(김정은)을 그대로 인용 보도하여, 최고지도자의 의중과 표현을 인민들에게 직접 전달한다. 여기서『로동신문』이 북한 최고지도자와 인민들의 직접적인 소통채널로서, 선전선동 전위대로서의 위상을 확인 할 수 있다.

북한에서의 선전선동이 설득의 정도를 능가하여 세뇌의 경지에 이르도록 하는 데는 '공포'와 '언어'의 연합자극을 반복적으로 인민들에게 가하여 대뇌에 '학습효과'로 나타나게 하는데 있다. 이는 소련의 독재자 스탈린(J. Stalin)이 선전선동에 적용했던 파블로프(I. Pavlov)의 '조건반사'(conditioned reflex) 원리가 작동하는 것이다.

북한이 지속적인 경제난과 국제적인 고립에도 불구하고 체제와 권력을 유지해 오는 것은 철저히 외부세계와 차단된 상태에서 강압적인 공포정치와 선전선동을 통한 세뇌에 의해 형성된 집단이성(collective consensus)이

지배하고 있기 때문이다.

북한이 이처럼 『로동신문』등 언론들을 동원한 선전선동을 통치의 중요한 기제로 삼아 그들의 체제를 유지는 하고 있으나, 그 체제 속에 살고 있는 인민들의 삶은 혁명 초기에 제시한 유토피아적인 낙원과는 거리가 멀어지고 있다. 20세기 초 사회철학자 호프(Eric Hoffer)가 지적했듯이 전체주의 독재자들은 선전선동보다 폭력에 더 의존하게 된다는 주장이 북한에서도 적용되는 것일까? 특히, 권력 기반이 약한 김정은의 최근 공포정치가 이를 뒷받침하고 있는 것은 아닐까? 그러나 공포정치도 결국은 최고의 심리전으로써 선전선동의 일환인 것이다.

그러나 이러한 상황이 지속되면 공포정치와 선전선동의 강도는 점점 높아지는 악순환의 과정을 밟게 될 것이다. 즉, 북한 정권이 특별한 성과 없이 공포정치와 선전선동만 지속할 경우 당초 혁명성에 의존했던 설득력은 떨어지고, 그 행위들이 '일상화' 수준에 머물게 될 것이다.[175] 이는 선전매체인 『로동신문』의 신뢰와 영향력도 감소할 수밖에 없게 만든다. 특히, 배급제 중단 이후 북한 사회의 유동인구 증가와 핸드폰 보급 확대로 횡적인 정보의 유통이 증가하고 있기 때문에 더욱 그러하다.

그럼에도 불구하고, 북한의 체제가 노동당 일당독재로 존재하는 한 선전선동과 그의 중추기관으로서의 『로동신문』의 위상과 역할은 큰 변화가 없을 것이다. 왜냐하면 권력 이완 현상이 나타날수록 선전선동의 필요성은 증대하기 때문이다.

김정은 시대 들어 2014.5.7.일자 『로동신문』은 1면 「사설」에서 "기자, 언론인들은 혁명적인 사상공세의 기수, 나팔수가 되자" 제목으로 "우리의 전체 기자, 언론인들은 온 사회의 김일성주의-김정일주의와 강성국가건설위업의 최후 승리를 앞당겨 나가는 오늘의 혁명적인 사상공세에서 당사상 전선의 제일근위병으로서의 영예를 높이 떨쳐 나가야 할 것이다."고 한데서, 김정은 체제에서도 여전히 선전선동과 언론을 체제 유지에 위력한 무기로 내세우고, 언론을 '주체의 필봉'으로 강조하고 있는 것이다.[176]

다른 한편, 김정은 시대 들어 권력 구도의 변화인 권력의 중심이 군(軍)에서 당(黨)으로 회귀하고 있는 현상과 맞물려 북한 노동당 기관지인 『로동신문』의 활동에도 변화가 예측된다. 최근 북한 『로동신문』이 최고지도자 관련 사실(fact)보도 까지 〈조선중앙통신〉에 앞서 보도하는 빈도가 많아지고 있는 것은 이를 방증하는 것이다. 다만, 종이신문의 효용성이 점차 줄어들고 있는 세계적인 추세를 북한 『로동신문』도 피할 수는 없을 것이다. 그러나 인터넷 등으로 포맷을 바꿔가면서 북한 공식 선전매체로서의 기능을 유지해 나갈 것으로 보인다.

지금까지 모든 전체주의 독재국가들은 선전선동을 통치의 중요한 축으로 이용했고, 그 집행 도구인 당적(黨籍) 언론은 체제가 소멸하거나 변환했을 때까지 그 위상과 역할을 유지했다. 북한도 체제가 이미 변화의 길에 들어섰고, 공식 커뮤니케이션에 대한 인민들의 신뢰와 영향력이 축소되어 가고 있는 상황이지만, 북한 조선로동당 일당독재체제와 백두혈통의 유일영도체계가 유지되는 한 『로동신문』은 북한 권력의 장치로서, 국가 선전기관의 일부로서 권위를 유지하면서 본연의 역할을 계속할 것이다.

주(註)

175) 정영태(외), 『북한의 부문별 조직실태 및 조직문화 변화 종합연구 : 당 · 정 · 군 및 경제 · 사회 부문 기간조직내의 당 기관 실태를 중심으로』(통일연구원, 2011), p.xviii

176) 이정철 · 김갑식 · 김효숙(2011), pp.16.-18.

참고문헌

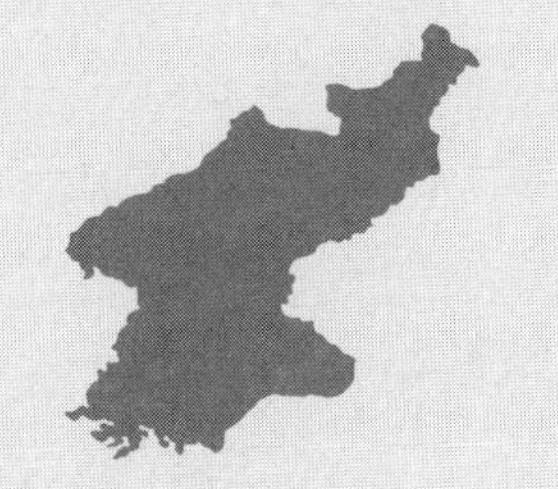

참 고 문 헌

1. 국내 문헌

1) 단행본

강현두, 『북한 매스미디어론』, 서울: 나남, 1997.

김영주, 『현대 북한 언론 연구: 내재적 관점을 중심으로』, 서울: 경남대학교출판부, 1998.

김영주 · 이범수, 『김정일시대의 언론 이론과 정책』, 서울: 한울아카데미, 1994.

김영주 · 이범수(편), 『현대 북한 언론의 이해』, 서울: 한울아카데미, 1999.

김영호, 『대한민국과 국제정치』, 서울: 성신여자대학교 출판부, 2012.

김태희(역), 『괴벨스(Joseph Goebbels) 대중 선동의 심리학』, 서울: 교양인, 2006.

노재봉, 『사상과 실천』, 서울: 도서출판 녹두, 1985.

노재봉(외), 『정치학적 대화』, 서울: 성신여자대학교 출판부, 2015.

박상철, 『북한법을 보는 법』, 서울: 통일부 통일교육원, 2006.

박용수, 『중국의 언론과 사회변동』, 서울: 나남출판, 2000.

서성우, 『북한의 선전선동조직과 그 운영 실태』, 서울: 북한연구소, 1982.

손태규, 『왜 언론자유, 자유언론인가』, 서울: 기파랑, 2012.

신일철, 『북한 주체사상의 형성과 쇠퇴』, 서울: 생각의 나무, 2004.

오경섭, 『주체사상의 구조와 정치적 기능의 변화』, 서울: 세종연구소, 2012.

오일환, 『사회과학 오디세이』, 서울: 을유문화사, 2001.

유재천, 『북한의 언론』, 서울: 을유문화사, 1989.

이민아(역), 『맹신자들』, 서울: 궁리, 2011.

이상두, 『마르크스 · 레닌주의와 언론 – 북한 언론의 본질과 비판』, 서울 : 범우사, 1979.

이상우, 『북한정치 변천』, 서울 : 도서출판 오름, 2014.

이상우, 『북한정치: 신정체제의 진화와 작동원리』, 서울 : 나남, 2008.

이정철 · 김갑식 · 김효숙,『북한 주민의 언론과 사회에 대한 이해』, 서울 : 한국언론연구재단, 2011.

이정우(해설), 『담론의 질서』, 서울: 새길, 1993.

이종석, 『새로 쓴 현대북한의 이해』, 서울: 역사비평사, 2011.

이종인(역), 『파블로프』, 서울: 시공사, 2000.

이진우 · 박미애(역), 『전체주의의 기원 2』, 서울: 한길사, 2006.

이충훈(역), 『여론』, 서울 : 까치글방, 2012.

이호규 · 곽정래, 『북한의 사회적 커뮤니케이션 구조와 미디어』, 서울 : 한국언론진흥재단, 2011.

임상훈(역),『담론이란 무엇인가』, 서울: 한울, 2002.

정성장,『현대 북한의 정치』, 서울: 한울, 2011.

정성장 · 백학순,『김정일 정권의 생존 전략』, 서울: 세종연구소, 2003.

정영태 외, 『북한의 부문별 조직실태 및 조직문화 변화 종합연구: 당 · 정 · 군 및 경제 · 사회부문 기간조직 내의 당 기관 실태를 중심으로』, 통일연구원, 2011.

정옥히, 『아젠다 세팅』, 서울: (주)웅진싱크빅, 2012.

조재권, 『선전 여론』, 서울: 박영사, 1984.

최상용(외), 『인간과 정치사상』, 서울: 인간사랑, 2002.

최용찬(역), 『독일 제3제국의 선전정책』, 서울: 혜안, 2001.

최장집(편), 박상훈(역) 『막스 베버, 소명으로서의 정치』, 서울 : 후마니타스, 2013.

최정호(역), 『소련의 보도기관과 정보정책』, 서울 : 정음사, 1984.

황장엽,『북한의 진실과 허위』, 서울 : 시대정신, 2006.

홍재성 · 권요룡(역), 『언어와 이데올로기』, 서울 : 역사비평사, 1994.

2) 논문

고금주, "개혁개방 이후 중국 신문 매체의 변화추이와 역할에 관한 연구," 한국외국어대학교 석사학위 논문, 2006.

고승규, "미셸 푸코의 권력/지식론 연구," 중앙대학교 대학원 박사학위 논문, 1999.

김성해, "매스미디어와 담론의 정치학: 성찰을 통해 제안하는 담론 기획의 미래," 『언론학보』 제27권, 한국언론진흥재단, 2010.

김세철, "마르크스와 레닌의 언론관," 『신문학보』 제23호, 한국언론학회, 1988.

김연각, "북한의 통치 이데올로기: 19952007," 『한국정치연구』 제16집 제1호, 서울대학교 한국정치연구소, 2007.

김영수, "북한의 대미 인식," 『현대북한연구』 제6권 제2호, 경남대학교북한대학원, 2003.

김영주, "김정일의 '주체적 출판보도사상'에 관한 연구," 『한국사회와 언론』, 한울, 1995.

김용현, "『로동신문』을 통해 본 북한의 수령제 형성과 군사화," 『아세아연구』제48권 제4호, 고려대학교아세아문제연구소, 2005.

김원태, "북한 로동신문의 언론이념과 대중설득에 관한 연구," 『한국동북아논총』 제15권 3호 통권 56집, 한국동북아학회, 2010.

김정수, "북한체제 연구방법론의 쟁점과 과제: 외재적 접근법과 내재적 접근법의 유용성과 한계성을 중심으로," 『통일문제연구』 20, 영남대통일문제연구소, 1998.

김재웅, “북한의 논리를 통해 재구성된 미국의 상, 1945-1950,” 『한국사학보』 제37호, 고려사학회, 2009.

김종락, “무엇이 대중을 선동하는가,” 기획회의 173호, 한국출판마케팅연구소, 2006.

김창순, “김일성주의의 진수, 북한을 망친 개인 영웅주의,”『북한』제237호, 북한연구소, 1991.

김창희, “북한 권력승계의 정치: 이념 · 제도화 · 인적기반 · 사회화,” 『한국동북아논총』, 제17권 제3호 통권 64집, 한국동북아학회, 2012.

남주홍(외), “북, 지휘명령체계의 불안정성 · 불확실성 크게 늘어,” 『월간조선』, 2009년 10월호.

박관수, “한나 아렌트의 전체주의론에 의거한 북한 정치체제 연구,” 서울교육대학교 교육대학원 석사학위 논문, 2010.

박문갑, “북한 정치사회화에 관한 연구 - 특히 청소년을 중심으로,” 건국대학교대학원 박사학위 논문, 1996.

박이문, “언어란 무엇인가?” 『언어와 언어학』 27, 한국외대 언어연구소, 2001.

박춘서, “북한 언론과 나치즘 언론의 비교연구 - 양국의 언론정책을 중심으로,” 『한국언론학회보』 제43-2호, 겨울호, 한국언론학회, 1998.

방정배, “선전의 전체주의 체제와의 역학관계,” 중앙대학교 신문방송대학원 언론연구논문집 8호, 1989.

서동오 외, “공포의 생성과 소멸: 파블로프 공포의 조건화의 뇌회로를 중심으로,” 『한국심리학회지』, 실험 제18권 제1호, 한국실험심리학회, 2006.

서옥식, “김정일 체제의 지배이데올로기 연구 - 선군정치를 중심으로,” 경기대학교 정치전문대학원 박사학위 논문, 2005.

송태은, “북한 커뮤니케이션 네트워크의 이중구조와 북한정권의 커뮤니케이션전략,” 『통일문제연구』 통권 제59호, 평화문제연구소, 2013.

양무진, “선전선동 사례연구: 나치독일, 중국, 북한,” 『현대북한연구』 제14권 제3호, 북한대학원대학교, 2011.

이재원, “괴벨스 선전전략 연구,” 연세대 행정대학원 석사학위 논문, 1986.

이지순, “북한 시문학의 이데올로기적 담론구조 연구,” 단국대학교 박사학위 논문, 2005.

임재천, “노동당 제3차 대표자회의와 당 규약 개정: 규약 개정의 배경과 의도 및 특징을 중심으로,” 『국제문제연구』 제11권 제1호 통권 41호(2011 봄호), 국가안보전략연구소, 2011,

조성환, “통일론의 비판적 지식사회론: 민족 패러다임의 비판적 인식,” 『동양정치사상사』제3권 1호, 2004.

최정호, “소련의 매스미디어와 언론정책,” 『중소연구』 제25호, 한양대학교중소연구소, 1985.

한승호, “북한 사회주의 정치체제(political system)와 통치담론의 지속성,” 『통일과 법률』, 통권 제7호, 평화문제연구소, 2011.

2. 북한 문헌

1) 단행본

강 성,『4대제일주의: 사회주의 조선의 기상 21세기 강성대국 건설의 영원한 구호』, 평양 : 평양출판사, 2002.

김원삼 · 최순옥,『4대 제일주의는 강성대국 건설의 영원한 구호』, 평양 : 사회과학출판사, 2004.

엄기영,『신문학개론』, 평양: 김일성종합대학출판사, 1989.

조형창 · 리준하,『신문학』(1982) : 김영주 · 이범수(편), 1994.

2) 논문

김정일, "주체사상에 대하여", 평양: 조선로동당출판사, 1991

3) 신문 · 사전 · 연감류

『로동신문』

『근로자』

『김일성저작집』, 평양: 조선로동당출판사, 1981, 1982, 1990.

『김일성저작선집』, 평양: 조선로동당출판사, 1967. 1968, 1972.

『김정일선집』, 평양: 조선로동당출판사, 1997, 1998, 2009. 2013.

『대중 정치용어사전』, 평양: 조선로동당출판사, 1964.

『정치사전』, 평양: 사회과학출판사, 1973.

『정치용어사전』, 평양: 사회과학출판사, 1970.

『조선말사전』, 평양: 과학백과사전출판사, 2004.

『철학사전』, 동경: 사회과학원 철학연구소, 1970.

『조선중앙년감』, 평양: 조선중앙통신사, 2012.

『로동당 규약』, 1980.

『조선민주주의인민공화국 사회주의헌법』, 2012.

3. 외국 문헌

1) 단행본

Arendt, Hannah, *The Origins of Totalitarianism,* New York : A Harvest Book, 1968.

Armstrong, Charles K., *Tyranny of the weak: North Korea and The World, 1950-1992,* Ithaca NY : Cornell Univ. Press, 2013.

Bobbio, Norberto, translated by Kennedy, Peter, *Democracy and dictatorship: the nature and limits of state power,* Cambridge : Polity Press, 1997.

Hayek, F. A., *The Road to Serfdom,* Chicago : The Univ. of Chicago, 1972.

Hidebrand, K., *The Third Reich,* London : George Allen & Unwin, 1984.

Hoffer, Eric, *The True Believer : thoughts on the nature of mass movements,* New York: Harper & Row, Publishers, Inc., 1989.

Hyman, Herbert H., *Political Socialization - A Study in the Psychology of Political Behavior,* New York : The Free Press, 1969.

Friedrich, Carl J.(edited), *Totalitarianism*, Cambridge : Harvard Univ. Press, 1964.

Friedrich, Carl J. and Brzezinski, Zbigniew K, *Totalitarian Dictatorship and Autocracy,* New York : Frederick A. Praeger Inc. Publisher, 1961.

Gandhi, Jennifer, *Political institutions under dictatorship,* Cambridge: Cambridge Univ. Press, 2008.

Moore, Barrington, *Social origins of dictatorship and democracy : Lord and peasant in the making of the modern world,* Boston: Beacon Press, 1993.

Orwell, George, *1984,* New York : Penguin Group Inc., 1961.

Pascal, Royal, *The Nazi dictatorship,* New York : Routledge, 2010.

Plamper, Jan, *The Stalin Cult,* New Heaven : Yale Univ. Press, 2012.

Shim, David, *Visual politics and North Korea-seeing is believing,* New York : Routledge, 2014.

Sigel Roberta.(edited), *Political Learning in Adulthood,* Chicago : The University of Chicago Press, Ltd, 1989.

Tormey, Simon, *Making sense of Tyranny - Interpretations of Totalitarianism,* Manchester : Manchester Univ. Press, 1995.

Yang, Sung Chul, *The North and South Korean Political Systems,* Seoul : Seoul Press, 1994.

2) 논문

Cumings, Bruce, "The Two Koreas," Foreign Policy Associat ion, Headline Series, 1984.

David-West, ALZO, "North Korea, Fascism and Stalinism : On B. R. Myers' *The Cleanest Race,*" Journal of Contemporary Asia, Vol. 41, No.1, Feb., 2011.

Fitzpatrick, Mark, "North Korea: Is Regime Change the Answer?" Survival, Vol.55, no.3. 2013.

Kim, Jina, "Analysis of Political instability in the DPRK: identity, interest, and leader-elite relations," Korean Journal of defense analysis, Vol.25, no.1, 2013.

Lim, Jae- Cheon & You Ho Yeol, "North Korean Patrimonial elite," Korea Observe, Vol.44, no.2, 2013.

부 록

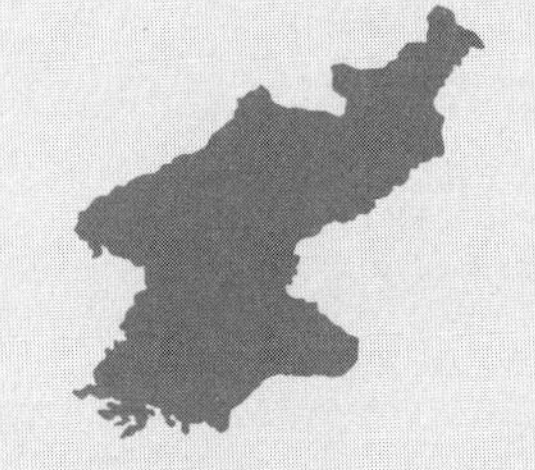

부록: 1

김일성-김정일 권력승계 관련 『로동신문』 보도 주요 내용 (1994.7.8. ~ 1994.8.8.)

*아래 내용에서 '존칭'과 '철자법', '띄워 쓰기' 등은 북한『로동신문』이 보도한 원문을 그대로 인용 한 것임을 밝힌다.

일 자	제목	내용	크기	형식
1994.7.8.	* 김일성 사망			
1994.7.9.	위대한 수령 김일성 동지는 영생할 것이다	김일성 대형 초상화(흑백) 게재	1면 전체	
〃	위대한 수령 김일성동지의 서거에 즈음하여-조선로동당 중앙위원회, 조선로동당 중앙군사위원회, 조선민주주의인민공화국 국방위원회, 조선민주주의인민공화국 중앙인민위원회, 조선민주주의인민공화국 정무원에서 위대한 김일성동지의 국가장의위원회를 다음과 같이 구성한다	김정일동지, 오진우동지 외 272명 명단 보도	3면 통단	'김정일동지'를 맨위에 굵은글씨체로 보도
1994.7.10.	위대한 수령 김일성동지의 서거에 즈음하여 - 중국 등소평 동지와 당 및 국가령도자들이 조전을 보내여왔다.	"김일성동지의 한생은 조선민족의 해방과 인민의 행복을 위하여 바쳐오신 한생이였으며 중조친선을 마련하시고 발전시키기 위하여 분투해 오신 한생이였습니다."	1면 톱	조전
〃	어버이수령님은 우리와 함께 계신다	"김정일동지께서 계시여 위대한 수령님의 위업은 영생불멸이며 그이께서만 계시면 이 세상 그 무엇도 두려운 것이 없고 못해낼것이 없다"	3면 통단	본사 기자
〃	우리는 언제나 승리할것이다	"세상에 그 어떤일이 있어도 친애하는 지도자 김정일동지와 운명을 함께하려는 우리 인민의 확고한 의지와 신념에는 영원히 변함이없다"	3면 4단	김찬호 기자

일 자	제목	내용	크기	형식
〃	위대한 수령 김일성동지의 혁명업적은 길이 빛날 것이다-천세만세 영원할 수령님의 존함	"위대한 수령 김일성동지의 존함으로 빛나는 주체의 사회주의 내 조국은 친애하는 지도자 김정일동지의 현명한 령도따라 끝없이 륭성번영할것이다"	4면 3단	함원식 기자
〃	위대한 수령 김일성동지의 혁명업적은 길이 빛날 것이다-우리 인민의 신념과 맹세	"친애하는 지도자동지를 높이 모시고 그이의 령도를 충성으로 받들어 조국통일로, 주체혁명위업의 완성으로 위대한 수령님의 혁명업적을 후세만세에 길이 전해갈 영원한 기념비를 세우자!"	3면 4단	리수근 기자
〃	주체의 혁명위업 대를 이어 완성하리라-7월9일 낮 12시의 평양	"우리 인민은 친애하는 지도자동지의 현명한 령도따라 주체의 혁명위업을 대를 이어 빛나게 계승완성해나갈것이다"		한순송 기자
1994.7.11.	(사설) 경애하는 어버이 김일성동지는 인민의 심장속에 영생할것이다	"지금 온 나라 전체 인민들은 가장 비통한 심정에 잠겨있다...위대한 수령 김일성동지께서는 다음과 같이 교시하시였다. 《인민대중중심의 우리 나라 사회주의를 고수하고 주체혁명위업을 빛나게 완성하기위하여서는 전당과 전체 인민이 김정일동지의 령도를 잘 받들어 나가야합니다. 김정일동지의 령도를 잘 받들어 나가는 여기에 사회주의위업의 계승완성을 위한 확고한 담보가 있습니다》"	1면 전체면	(사설)
〃	김정일원수각하/김정일지도자동지	시하누크 캄보쟈 국왕 외 6개국 조문 보도	3면 통단	
〃	김일성동지의 서거와 관련하여 중국과 로씨야 신문, 통신이 보도	중국 〈人民日報〉 10일자. "오늘 조선혁명의 진두에는 혁명위업의 위대한 계승자이시며 로동당과 인민의 탁월한 령도자이시며 혁명무력의 최고사령관이신 김정일동지께서 서계신다"	3면 4단	조선중앙통신

〃	민족의 찬란한 태양이신 영명한 지도자 김정일동지께	《《한국민족민주전선》》중앙위원회 조의문 보도. “영명한 김정일동지를 민족의 령수로 모시여 우리 민족의 자주통일위업실현과 륭성번영은 확고히 담보되어 있습니다”	4면 3단	
〃	위대한 수령 김일성대원수님의 국가장의위원회 경애하는 최고사령관이신 김정일원수님께 삼가드리는 조문	재일본조선인총련합회 중앙상임위원회 조문. “우리들은 오늘의 슬픔을 새로운 힘과 용기로 바꾸어 위대한 수령님께서 바라신대로 친애하는 김정일원수님을 우리 인민의 위대한 령도자로 더욱 높이 받들어모시고 경애하는 장군님의 두리에 일심단결하여 총련을 지도자동지의 사상과 령도를 충효일심으로 구현해나가는 주체형의 해외교포조직으로 보다 튼튼히 꾸려나가겠습니다“	4면 3단	
〃	여러 나라 당지도자들 깊은 애도의 뜻을 표시	“친애하는 김정일최고사령관동지의 현명한 령도가 있음으로 하여 조선혁명위업은 필승불패이다”	4면 5단	조선 중앙 통신
〃	(시) 수령님은 영원히 우리와 함께	“김정일동지, 그이의 두리에!, 김정일동지, 그이와 더불어 수령님은 계신다! 수령님은 계신다 !”	4면 2단	김철
〃	《《온민족, 온세계가땅을치며 통곡하고있습니다》》 - 총련중앙상임위원회 한덕수의장이 깊은 애도의 뜻을 표시	“경애하는 대원수님의 숭고한 뜻을 받들어 총련을 명실공히 친애하는지도자 김정일동지의 두리에 더욱 굳게 묶어세우며 그이의 령도따라 조국통일을 위한 성전에 여생을 깡그리 바치겠습니다”	5면 4단	조선 중앙 통신
〃	위대한 그사랑 천추만대에 전해가리	만수대에 모인 조문객. “우리는 위대한 수령님의 사랑을 천추만대에 전해가며 수령님께서 생전에 바라시던대로 친애하는 지도자 김정일동지의 령도를 충성으로 받들어 주체의 혁명위업을 끝까지 완성하겠습니다”	5면 8단	기병인 기자

〃	혁명의 피줄기를 이어나가는 길에	"위대한 수령 김일성동지께서는 다음과 같이 교시하시였다. 《인민대중중심의 우리 나라 사회주의를 고수하고 주체혁명위업을 빛나게 완성하기위하여서는 전당과 전체 인민이 김정일동지의 령도를 잘 받들어 나가야합니다. 김정일동지의 령도를 잘 받들어 나가는 여기에 사회주의위업의 계승완성을 위한 확고한 담보가 있습니다》"	6면 3단	조선 혁명 박물관 관장 황순희
〃	잠들줄 모르는 평양사람들-7월10일 밤의 만수대언덕	"위대한 수령 김일성동지께서는 다음과 같이 교시하시였다. 《오늘 우리 혁명은 인민대중의 위업에 끝없이 충실한 지도자인 김정일동지의 령도밑에 훌륭히 계승발전되여 나가고 있습니다》"	6면 5단	김원석 기자
1994.7.12.	위대한 수령 김일성동지는 영생불멸할 것이다-위대한 수령 김일성동지의 령전에 조의를 표시하는 의식 엄숙히 거행	"조선민주주의인민공화국 국방위원회 위원장이시며 조선인민군최고사령관이신 김정일동지께서 당과 국가의 지도자들과 함께 이날 위대한 수령 김일성동지의 령구를 찾으시여 가장 비통한 심정으로 애도의 뜻을 표시하였다"	1면통단	정치 보도반
〃	강택민동지 우리나라 대사관을 조의 방문	"우리는 조선인민이 반드시 김정일동지를 수반으로하는 조선로동당 두리에 굳게 뭉쳐 김일성동지의 생전의 뜻을 계승하여 혁명위업을 계속 이어나갈것이라고 믿는다"	1면 4단	본사 기자
〃	위대한 수령 김일성동지의 령구를 찾아-우리 나라 주재 외교단, 무관단, 경제 및 무역참사단과 외국손님들이 조의표시	"친애하는 지도자 김정일동지께 손님들은 위대한 수령 김일성동지의 서거에 깊은 애도의 뜻을 표시하였다"	2면 4단	본사 기자

〃	인민은 맹세한다	"지금 우리 인민들은 우리 역사에서 가장 비통한 날들을 보내고 있다...우리는 우리모두의 운명이시며 백전백승의 기치이신 김정일동지를 결사옹위하는 총폭탄이되고 성새가되고 방패가될것이며 전당,전민,전군이 그이의 두리에 철통같이 일심단결해 나갈것이다"	2면통단	리종태, 리석호 기자
〃	김정일동지/김정일각하	꾸바 가스트로 수상 외 11개국 지도자 조문 보도	4면전체	
〃	위대한 수령 김일성동지의 서거에 즈음하여-에꽈도르에서 공동성명 발표	"우리들은 이 어려운 순간에 친애하는 지도자 김정일동지께서 김일성주석과 마찬가지로 당과 국가, 군대의 수위에서 조선인민을 승리의 한길로 이끄시리라고 확신한다"	5면 2단	
〃	국제공산주의운동의 큰 손실이다-여러나라 정계, 사회계 인사들 깊은 애도의 뜻 표시	"메히꼬-조선민주주의인민공화국 친선 및 문화교류협회 위원장 길레르모 빼레스는 "조선혁명의 승리는 친애하는 김정일동지의 령도로하여 확고히 담보되여있다"	5면 3단	
〃	위대한 김일성주석의 공적은 력사에 길이 빛날 것이다-여러 나라 신문, 방송이 글을 발표	모잠비끄 라지오방송은 다음과 같이보도하였다 "김일성동지의 혁명위업의 계승자이신 친애하는 김정일동지께서는 오래전부터 조선의 당과 국가의 전반사업을 령도하고계시며 커다란 업적을 쌓으시였다"	5면 5단	
〃	가장 위대한분을 잃은 애석함을 금할수 없다-꾸바녀성법률가가 심심한 애도의 뜻을 표시	"우리는 세계에서 가장 위대한분을 잃었다. 그러나 친애하는 지도자 김정일동지께서 계시는 한 주체의혁명위업은 빛나게 계승발전될것이다"	5면 3단	조선 중앙 통신

〃	해외동포들 가장 심심한 애도의 뜻을 표시	"나는 오늘의 이 아픈 심정을 새로운 결심으로 바꾸겠다. 우리에게는 걸출한 령도자이신 김정일동지께서 계신다. 우리는 그이를 높이 모시고 조국의 륭성번영을 위한 성스러운 위업에 적극 떨쳐나서겠다"	5면 4단	조선 중앙 통신
〃	태양이 빛을 잃은 것 같은 심정을 금할수 없다-위대한 수령님의 서거에 비통함을 금치 못해하는 남녘겨레들	"우리는 민족의 영명한 지도자 김정일장군님을 김일성주석처럼, 하늘처럼 믿고 싸워 통일위업을 반드시 성취하고야말것이다"	5면 4단	조선 중앙 통신
〃	력사에 불멸할 만경대갈림길이여	"친애하는 지도자 김정일동지께서 만경대고향집사립문에서부터 개척된 주체혁명위업을 대를 이어 빛나게 계승완성하여나가신다는 철석의 믿음이 그들 모두를 일떠세웠다"	6면 4단	박명철 기자
〃	대를 이어 충성다하는 별이되리라-항일혁명렬사유가족 오씨일가를 찾아서	'우리 오씨 일가의 가장 가까운 친아버지를 잃은 슬픔을 힘과 용기로 바꿀수 있는 것은 바로 친애하는 지도자 김정일동지께서 계시기때문이다"	6면 4단	본사 기자
〃	그 영상 영원히 심장속에-금속공업부안의 일군들과 당원들	"우리의 이러한 신념은 우리 당의 위대한 향도자이신 친애하는 지도자 김정일동지께서 계신다는 생각으로하여 더욱 굳세여집니다"	6면 5단	김정웅 기자
〃	연백벌에 만풍년을 펼치리	"친애하는 김정일동지께서 계시면 반드시 승리한다는 확고한 신념을 간직하고있는 연백벌사람들은 당의 령도를 충성으로 받들어 연백벌을 언제나 만풍년으로 빛내여나갈 불같은 결의에 넘쳐있다"	6면 3단	본사 기자

1994.7.13.	위대한 수령 김일성동지는 영생불멸할 것이다-위대한 수령 김일성동지의 령전에 각급기관일군들, 각계층대표들, 인민군장병들이 조의 표시	"우리 인민은 오늘의 슬픔을 새로운 힘과 용기로 바꾸어 혁명과 건설을 더욱 힘있게 다그쳐나갈 것이며 조선의 상징이시며 백전백승의 기치이신 혁명의 위대한 령도자 김정일동지의 두리에 그 어느때보다 굳게 뭉쳐 사회주의 위업의 완성과 조국통일을 위하여 변함없이 억세게 전진할것이다"	1면통단	조선중앙통신
〃	항일혁명투사들이 가장 심심한 조의 표시	"위대한 수령님의 뜻을 받들어 조국을 통일하고 승리의 열병식장에 경애하는 최고사령관 김정일장군님을 높이 모시겠습니다"	1면 5단	조선중앙통신
〃	김정일동지/김정일원수각하	파키스탄이슬람공화국 수상 부토이외 9명 조전 보도	3면통단	
〃	파키스탄 수상 우리 나라 대사관을 조의 방문	"나는 친애하는 김정일각하를 위대한 령도자로 모시고있는 조선인민이 조선의 통일과 번영을 위하여 계속 힘있게 전진하리라고 확신한다"	3면 4단	조선중앙통신
〃	말리대통령이 우리 나라 대사관을 조의 방문	"나는 조선 인민이 친애하는지도자 김정일각하의 두리에 굳게 뭉쳐 위대한 수령 김일성주석각하의 위업을 빛나게 계승해나가리라고 확신한다"	3면 4단	조선중앙통신
〃	김정일각하/김정일동지께	까자흐스탄공화국 대통령 나자르바예브 외 5개국 지도자 조전 보도	4면통단	
〃	친애하는 지도자 김정일동지께-우리 나라 주재 외교단과 무관단이 조문을 드리였다	"위대한 령도자를 잃은 슬픔에 잠겨있는 우리들이 바라는 것은 친애하는 지도자동지께서 위대한 수령님의 영원한 업적을 계승하시여 나라의 수위에 서계시는것입니다"	4면 5단	조선중앙통신

〃	수령님의 하늘같은 뜻을 새기며	"어버이 수령께서는 다음과 같이 교시하셨다. 《그는 자기 맡은 일을 훌륭하게 해낼수 있다고 나는 확신합니다》,《동무들이 나를 도와주듯이 김정일동무를 잘 도와주리라고 믿습니다》	4면통단	량순 기자
〃	《세계에 한분밖에 없는 위대한 정치가》-뻬루의 정당지도자들이 깊은 애도의 뜻을 표시	"친애하는 지도자 김정일동지께서 계시여 조선혁명과 세계사회주의 위업은 반드시 승리하리라고 우리는 확신한다"		조선 중앙 통신
〃	우리 수령님께서는 언제나 인민의 마음속에 계신다-각지 로동계급과 협동농민들, 지식인들, 인민장병들 경건한 마음으로 추모	"경애하는 수령 김일성동지의 동상으로 끊임없이 이어지는 근로자들의 가슴깊이 새겨지는 것은 우리 수령님께서 언제나 마음속에 계시고 위대한 령도자이신 친애하는 김정일동지께서 혁명의 진두에 서계시여 든든하다 드높은 신심이다"	5면 5단	조선 중앙 통신
〃	산천초목도 슬픔에 떨고 하늘땅도 뇌성을 울리며 눈물을 뿌리고 있다-남녘겨레들의 목소리	"우리는 통일될 이 땅에 김일성 주석을 모시지 못하지만 김정일장군님을 모시기위해 당국의 어떠한 탄압에도 굴하지않고 계속 힘있게 투쟁해나가겠다"	5면 3단	조선 중앙 통신
〃	《슬픔을 힘과 용기로 딛고 일어서 통일의 그날을 앞당기기위해 더욱 분투 할것이다》-남조선사병들 깊은 애도의 뜻 표시	"서울 〈구국의 소리〉방송에 의하면, 우리에게는 또 한분의 걸출한 위인이 있다. 그분이 다름아닌 친애하는 김정일동지님이시다. 김일성주석의 주체위업을 계승해 나가시는 친애하는 김정일지도자님께서 우리 민족의 전도는 양양하다"	5면 5단	조선 중앙 통신
〃	신념의 맥박은 대를 이어-보통강구역 류경2동의 항일혁명투사들	"위대한 수령 김일성동지께서는 다음과 같이 교시하였다. 《나는 동무들이 앞으로 김정일동지의 령도를 충성으로 받들고 사회주의 위업, 주체혁명위업의 완성을 위하여 억세게 싸워나가리라고 굳게 믿습니다》"	6면 4단	한룡호 기자

〃	위대한 혼연일체의 메아리- 온 나라 인민이 끝없이 찾아오는 만수대언덕에서	"최고사령관 김정일장군님을 옹호보위하는 성새가되고 방패가 되자!"	6면 5단	오혜옥 기자
〃	수령님은 우리와 함께 계신다-선천군 장공협동농장 로병분조원들	"우리 인민은 친애하는 지도자동지를 혁명의 진두에 높이 모시고 어버이수령님의 생전의 뜻대로 주체의 혁명 위업을 끝까지 완성할 결심을 다지고 있다"	6면 3단	김원석 기자
〃	슬픔속에 다진 비장한 결의-신의주시안의 당원들과 근로자들	"위대한 수령님동상 앞에서 깊은 애도의 뜻을 표시하며 오늘의 이 슬픔을 힘과 용기로 바꾸어 모두가 한결같이 친애하는 지도자 김정일동지께 충성다할 비장한 결의를 다지고 있다"	6면 2단	김기무 기자
1994.7.14.	조선인민군 최고사령관 김정일동지께서	"조선인민군 최고사령관 김정일동지께서는 가장 비통한 심정을 안으시고 위대한 수령 김일성동지의 령전에 묵상하시였으며 수령님의 령구를 돌아보시였다"	1면통단	정치 보도반
〃	위대한 수령 김일성동지의 서거에 즈음하여 리붕총리 등 중국의 당과 국가 지도간부들이-우리 나라 대사관을 찾아 조의를 표시	"리붕 총리는 《최고사령관 김정일동지께 우리의 경의와 따뜻한 위문을 전해드리기 바란다》고 말하였다"	1면 4단	조선 중앙 통신
〃	김정일원수각하/김정일동지	기네공화국 대통령 란사나 꽁떼 외 9명 조전 보도	3면통단	
〃	경애하는 수령 김일성동지의 령전에-로동계급과 협동농민들, 인민군장병들, 지식인들과 청소년 학생들이 계속 조의 표시	"위대한 수령님! 우리의 슬픔우에 우리의 맹세가 있습니다. 수령님의 혁명위업을 계승하신 친애하는 지도자 김정일동지께서 우리 혁명의 진두에 서계시니 세상에 두려운 것, 부러운 것이 없습니다"	3면통단	조선 중앙 통신
〃	김정일원수각하께/김정일동지께	캄보쟈왕국 국회의장 체아 심 외 4명 조전 보도	4면통단	

〃	친애하는 지도자 김정일동지께-범민련 재중조선인본부 의장이 조전을 보내여왔다	"위대한 수령님께서 비록 우리곁을 떠나셨지만 위대한 수령님의 영생불멸의 주체사상을 빛나게 계승발전시키고계시는 문무를 겸비하신 친애하는 지도자 김정일원수님께서 계심으로 하여 우리의 앞길은 휘황찬란하다"	4면 3단	조선중앙통신
〃	위대한 수령 김성동지의 령구를 찾아-총련의 조의대표단이 깊은 애도의 뜻을 표시	"전체 총련일군들과 재일동포들은 어버이수령님의 숭고한 뜻을 심장으로 받들고 위대한 수령이시며 경애하는 최고사령관이신 김정일원수님께 생사운명을 다 맡기고 총련을 친애하는 지도자동지께 충성다하는 조직으로 튼튼히 꾸리며 해외교포운동의 선구자적모범을 빛내임으로써 경애하는 최고사령관동지를 통일의 광장에 높이 모실 것을 엄숙히 맹세드립니다"	4면 5단	조선중앙통신
〃	김일성주석의 거대한 공적을 높이 평가한다-전련맹볼쉐비크공산당 중앙위원회 성명, 벨지크로동당 중앙위원회 공보 발표	"벨지끄로동당 중앙위원회는 김정일동지의 령도를 받는 조선로동당이 사회주의를 고수하고 나라를 자주적으로, 평화적으로 통일하기위한 위업을 성과적으로 실현해나가리라고 확신한다"	5면 4단	
〃	《하늘이 무너지고 땅이 깨진 것 같다》-재일동포들 가장 큰 슬픔에 잠겨 심심한 애도의 뜻 표시	"재일동포들은 오늘의 비분을 힘으로 바꾸어 친애하는 지도자 김정일동지를 높이 모시고 대를 이어 충성다해갈 불같은 결의를 다지고 있다"	5면 4단	
〃	주체혁명위업을 끝까지 완성할것을 결의-각지 로동계급과 협동농민들, 지식인들, 인민군장병들, 청소년학생들 조의 표시	"조의 참가자들은 오늘의 슬픔을 힘과 용기로 바꾸어 앞으로도 친애하는 지도자 김정일동지의 령도를 충성으로 받들고 친애하는 지도자 동지의 두리에 일심단결하여 인민대중중심의 우리식 사회주의를 더욱 빛내이며 주체의 혁명위업을 끝까지 완성하고야말 불타는 결의를 가다듬었다"	5면 3단	조선중앙통신

〃	위대한 김일성주석을 경건한 마음으로 추모-영명한 김정일지도자님을 받들어나갈 것을 굳게 다짐-남조선각지의 수많은 대학생들과 교수들	"서울에서의 〈구국의 소리〉방송에 의하면, '그러나 우리 겨레에게는 김일성주석의 위업을 받들어 나가시는 김정일지도자님께서 계신다. 김정일지도자님이시야말로 우리의 운명이시고 민족의 태양이시다'"	5면 3단	
〃	위대한 김일성주석은 세계에 공인된 수령이시다-여러 나라 신문, 방송이 보도	"신문들은 친애하는 지도자 김정일동지께서는 이미 오래전부터 김일성주석의 혁명위업의 계승자로 당과 국가, 군대의 전반사업을 령도하여오신다고 강조하였다"	5면 5단	조선 중앙 통신
〃	언제 한번 편히 쉬지 않으시고	"우리 인민은 위대한 수령님의 현지지도의 수억만리에 새겨진 숭고한 뜻을 친애하는 지도자동지의 령도밑에 더욱 활짝 꽃피워나갈것이다"	6면 3단	김승표 기자
〃	잊을 수 없는 그날, 엄숙한 맹세-대안중기계련합기업소 로동계급	"대안의 일군들과 로동계급은 슬픔을 의지로 이겨내고 힘과 용기로 바꾸어 위대한 수령님께서 생전에 주신 과업을 관철함을써 친애하는 지도자 김정일동지를 충성으로 받들어가려는 엄숙한 맹세를 지켜가고있다"	6면 5단	길세식 기자
〃	그날의 숭고한 뜻 새기며-사동구역 장천협동농장 농업근로자들	"우리 수령님께서 언제나 마음속에 계시고 친애하는 김정일동지께서 혁명의 진두에 서계시기에 배심이 든든하다는 드높은 신심이다"	6면 3단	정영철 기자
〃	(시) 만수대언덕우에서	"김정일장군님께서 그 얼마나 비통해하시랴 인민을 믿으시는 그이께 힘이되고 성새가될 우리이기에 끓는 피 하나의 심장이 되자"	6면 2단	홍현양

〃	당의 령도를 충성으로 받들어	"평안남도안의 당원들과 근로자들은 위대한 수령님의 동상앞에서 깊은 애도의 뜻을 표시하며 오늘의 이 슬픔을 힘과 용기로 바꾸어 모두가 한마음으로 친애하는 지도자동지의 령도를 충성으로 받들어나갈 비장한 결의를 다지고 있다"	6면 5단	특파 기자
1994.7.15	조선인민군 최고사령관 김정일동지께서-조의방문에 참가한 해외동포들을 접견하시였다	"해외동포들은 조선군인민군최고사령관이신 친애하는 지도자 김정일동지께 가장 심심한 애도이 뜻을 담아 삼가 위문의 뜻을 표하고 김정일원수님을 충효일심으로 받들어모심으로써 우리 인민에게 통일된 조국을 안겨주시기위하여 그토록 마음 쓰시던 위대한 수령 김일성동지의 념원을 반드시 실현해 나갈 결의를 표명하였다"	1면 5단	정치 보도반
〃	위대한 수령 김일성동지의 령구를 찾아-해외동포들이 심심한 애도의 뜻을 표시	"위대한 수령 김일성동지의 령구옆에는 조선인민군 최고사령관이신 김정일동지께서 호상을 서고 계시였다"	1면 5단	본사 기자
〃	위대한 수령 김일성동지의 령구를 찾아-장울화동지의 자녀일행과 우리 나라 주재 유엔개발계획대표부 대표가 조의 표시	"친애하는 지도자 김정일동지께 손님들은 위대한 수령 김일성동지의 서거에 깊은 애도의 뜻을 표하였다"	1면 5단	본사 기자
〃	《《한국민족민주전선》》중앙위원회의 명의로된 화환진정	"리정상 평양대표부 대표의 조의록에는 '우리조국의 운명이신 천출명장 김정일장군님을 민족의 령수로 높이 우러러모시고 충성다하여 조국의 통일과 주체의 혁명위업을 완성함으로써 어버이수령님의 생전의 뜻 찬란히 꽃피워 나갈것이다'"	1면 3단	

〃	위대한 수령 김일성동지의 령전에-평양과 지방의 각급 기관일군들과 로동계급, 지식인들과 청소년학생들, 인민군장병들이 계속 조의 표시	"사회과학원 제1부원장 김철식은 《우리는 위대한 수령님의 생전의 뜻을 이어 친애하는 지도자동지를 결사옹위하고 과학이론적으로 주체시대를 더욱 빛내여나가겠습니다》"	1면 8단	조선 중앙 통신
〃	김정일각하/김정일동지	사하라아랍민주주의공화국 아브델아즈 대통령 외 13개국 조전 보도	3면전체	
〃	《인민적수령, 인민적령도자의 빛나는 한생》-여러 나라 신문, 텔레비전죤방송이 칭송하는 글을 크게 발표	"뛰어난 사상이론과 령도력을 지니고 계시는 김정일각하께서 김일성주석의 주체의 혁명위업을 계승하시기 때문에 조선의 미래는 확고한 것이다"	4면 5단	조선 중앙 통신
〃	《그이의 존함은 사회주의 이념을 믿는 모든 사람들의 기치》-로씨야신문 〈빠트리오트〉 글 발표	"수령님은 우리곁을 떠나시였다. 그러나 김정일동지와 조선로동당이 구현하고 있는 그이의 리념은 사람들을 새로운 위훈에로, 새로운 승리에로 고무하고 있다"	4면 3단	
〃	모든 국민들과 청년학도들은 민족의 어버이이신 김일성주석과 영결하기 위한 추도집회에 나서자-국민에게 드리는 글	한국민족민주전선 중앙위원회."우리에게는 비애의 바다를 넘을 마음의 기둥이 있다. 우리 민족의 진두에는 빛나는 예지와 무비의 담력, 출중한 령도술을 지니신 영명한 지도자 김정일수령께서 서계신다"	5면 4단	
〃	《신념의 기둥은 끄떡없습니다》 - 조의록을 펼치며	"위대한 수령 김일성동지께서는 다음과 같이 교시하셨다 《주체혁명위업을 대를 이어 계승하고 완성하려면 문무충효를 다 겸비하고 혁명과 건설을 승리에로 령도하고있는 김정일동지를 잘 받들어야 합니다》"	6면 4단	본사 기자
〃	비분과 맹세로 백두밀림 파도친다	"커다란 상실을 당한 지금 전체인민들의 가슴속에 의지와 희망의 기둥으로, 삶의 태양으로 더욱 소중히 자리잡고계시는 분은 친애하는 김정일동지이시다"	6면 4단	박철 기자

1994.7.16.	위대한 수령 김일성동지의 령전에-조선인민군장병들과 각계층 인민들이 계속 조의 표시	"우리 인민은 문무충효를 겸비하신 현시대의 위대한 령도자 김정일동지를 혁명의 진두에 높이 모시고 우리 수령님의 필생의 위업이였던 사회주의건설과 조국통일을 위하여 더욱 힘차게 싸워나갈 것이다"	1면 8단	조선 중앙 통신
〃	김일성주석께서는 조선인민과 세계인민들의 심장속에 영원히 계실 것이다-수리아대통령	"친애하는 김정일동지께서는 김일성주석의 위업을 완성해나가실 것이다"	1면 2단	
〃	김일성주석은 세계에서 가장 위대하고 탁월한 정치가이시다-인도 수상	"나는 능력있는 탁월한 지도자 김정일각하께서 이 모든 슬픔을 이겨내시고 위대한 수령님의 위업을 계승하시여 조선민주주의인민공화국을 번영과 승리에로 령도하시기를 축원한다"	1면 2단	
〃	김정일원수각하/김정일동지께	요르단 대통령 후쎄인1세 등 26명 조전 보도	3면 전체, 4면 반면	
〃	《위대한 수령 김일성주석각하는 세계인민들의 기억속에 영원히 남아있을것이다》-마다가스까르, 말리, 하쉐미트요르단왕국 정부수반 우리 나라 대사관 조의 방문	"친애하는 지도자 김정일동지께서 계시니 조선의 전망은 밝으며 인민들은 행복할것이다"	4면 4단	조선 중앙 통신
〃	시간이여, 흐름을 멈추라!	"위대한 김정일장군님께서 계시기에 어버이수령님과 우리 인민의 영결이란 영원히 있을수 없다"	4면 4단	최칠남 기자
〃	《위대한 김일성주석각하는 위인중의 위인, 세계의 탁월한 수령》- 여러 나라 정계, 사회계 인사들이 우리 나라 대사관을 조의방문	"꾸바 외무상은 '우리는 김일성동지의 사상과 령도방법을 완벽하게 체현하신 김정일동지께서 당과 인민을 김일성동지의 의도대로 확신성있게 이끄시리라는 것을 의심하지않는다'"	5면 2단	

〃	세계평화수뇌자리사회 의장과 세계평화련합 총재의 특별보좌관이 조전을 보내여왔다	'세계평화련합 총재인 문선명 목사의 특별보좌관 김효률은 친애하는 지도자 김정일동지께서 수령님의 위업을 승리에로 이끌어 나가실것이다"	5면 4단	조선 중앙 통신
〃	불멸의 업적을 끝까지 고수할 것을 결의-총련조직과 재일단체들, 사업체들에서 조전을 보내여 왔다	"조전들은 오늘의 이 슬픔을 힘과 용기로 바꾸어 친애하는 지도자 김정일원수님을 충성으로 높이 받들어 모시고 조국통일을 위한 투쟁과 재일조선인운동을 힘있게 벌려나감으로써 위대한 수령님께서 이룩하신 불멸의 업적을 끝까지 고수하고 빛내여나갈 결의를 표명하였다"	5면 3단	
〃	충성의 맹세를 더욱 굳게 다진다-각지 기관, 기업소, 협동농장, 학교, 인민군구분대들에서 조의를 표시	"조의식 참가자들은 오늘의 이 슬픔을 힘과 용기로 바꾸어 경애하는 수령님께서 그토록 바라시던 친애하는 지도자 김정일동지를 우리 당과 국가, 혁명무력의 최고령도자로 영원히 높이 받들어 모시고 그이의 두리에 일심단결하여 주체혁명위업을 끝까지 완성해나갈 충성의 맹세를 더욱 굳게 다지고 있다"	6면 5단	조선 중앙 통신
〃	애지중지 이끌어주신 그 은정 잊지않고	"나는 한 단위의 당사업을 맡은 당일군으로서 위대한 수령님께서 생전에 남기신 가르치심대로 일군들과 당원들, 근로자들을 충신과 효자로 더욱 튼튼히 준비시켜 친애하는 지도자동지의 령도를 충성으로 받들며 그이를 더 잘 모시겠다"	6면 3단	평양 제 사공장 초급당 비서 길확실
〃	가슴터지는 아픔 비낀 인민의 모습	"력사에 돌이킬 수 없는 상실의 아픔을 새로운 힘과 용기로 바꾸어 일떠서는 인민이 바로 어버이 수령님의 품속에서 자라고 위대한 령도자 김정일동지의 향도따라 굴함없이 나아갈 결의에 불타는 우리 인민이다"	6면 3단	김치곤 기자

1994.7.17.	위대한 수령 김일성동지의 령전에-평양과 지방의 광범한 인민들 계속 깊은 애도를 표시	"황해남도 연안군 천태협동농장 관리위원장 백경실은 '위대한 수령님의 현지교시대로 친애하는 지도자 김정일동지를 충성으로 높이 모시며 지도자동지의 령도를 받들고 농사를 더 잘 짓겠습니다'"	1면 8단	조선 중앙 통신
〃	위대한 수령 김일성동지의 령구를 찾아-항일혁명투쟁연고자들이 깊은 애도의 뜻을 표시	"위대한 수령님께서는 비록 우리 곁을 떠나시였지만 우리들은 그이께서 생전에 그토록 바라시던 조국통일을 위하여 억세게 싸워나감으로써 친애하는 지도자동지를 통일의 광장에 높이 모시겠다"	1면 4단	조선 중앙 통신
〃	위대한 수령 김일성동지께서 쌓으신 고귀한 업적은 영원할 것이다-라오스 당과 국가지도자들	"우리 당과 정부와 인민은 형제적 조선인민이 친애하는 지도자 김정일동지를 수반으로하는 조선로동당의 현명한 령도밑에 위대한 수령 김일성동지의 혁명위업을 빛나게 계승해나가며 반드시 종국적승리를 이룩하리라는 것을 확신한다"	1면 5단	
〃	김정일각하/김정일동지께	방글라데슈인민공화국 수상 칼레다지아 외 12명 조전 보도	3면전체	
〃	친애하는 지도자 김정일동지께-여러 나라 고위인사들이 조전을 보내여왔다	"조전들은 위대한 수령님의 위업은 친애하는 지도자 김정일동지의 현명한 령도밑에 빛나게 계승완성되리라는 확신을 표명하였다"	4면 2단	조선 중앙 통신
〃	《김일성주석은 영생불멸할것이다》 - 중국전국인민대표대회 상무위원회 지도간부들 등 조의 방문	"오학겸 부주석은 중국주재 우리나라 대사를 만나 다음과 같이 말하였다. '나는 조선인민이 김정일동지의 령도밑에 자기 나라를 보다 빛나게 건설하리라고 믿습니다'"	4면 4단	조선 중앙 통신
〃	《세계인민들에게 있어서 커다란 손실》 - 캄보쟈왕국 정부 제1수상 지적	"김정일원수각하께서는 대원수각하께서 제시하신 전민족대단결 10대강령에 따라 나라의 통일위업을 반드시 이룩하시리라 나는 확신한다"	4면 2단	조선 중앙 통신

〃	《세계적인 정치인》 - 미국 전대 통령 지미 카터의 개인보좌관이 언급	"나는 김정일각하께서 계시는 한 조선인민이 지금의 슬픔을 용감히 이겨내고 김일성주석의 뜻을 받들어 미조간, 북남조선간 문제를 포함한 국내외적인 문제들을 해결해나가리라고 본다"	4면 2단	조선 중앙 통신
〃	슬픔을 누르고 붉은기를 높이 들리라	"우리는 어버이수령님의 위대한 사상과 신념, 불멸의 업적으로 빛나는 조선혁명의 붉은기를 위대한 김정일동지의 령도따라 끝까지 들고나갈것이다"	4면통단	리석호 기자
〃	총련조직들에서 조전을 보내여왔다	"조전들은 참기 어려운 가장 큰 슬픔을 이겨내고 영명하신 김정일원수님의 두리에 일심단결하여 조국의 통일과 총련애국사업에 끝까지 헌신분투해나갈 결의를 표명하였다"	5면 3단	조선 중앙 통신
〃	공화국영웅 안동수의 가족 우리나라 대사관 조의방문	"그들은 오늘의 이 비분을 딛고 일어나 어버이수령님의 생전의 뜻대로 친애하는 지도자 김정일동지의 령도에 끝없이 충성할 것을 굳게 맹세하였다"	5면 3단	
〃	수리아와팔레스티나 류학생들 심심한 애도의 뜻을 표시	"친애하는 지도자 김정일동지의 령도밑에 주체혁명위업은 반드시 성취될것이다"	5면2단	조선 중앙 통신
〃	파란많은 력사의 흐름속에서 거성이 떨어졌다. 주석의 업적을 빛나게 계승완성해나가실분은 김정일각하이시다-일본의 각계 인사들 총련중앙본부를 조의 방문	"세계적인 령도자를 잃어 어찌할바를 모르고 있다. 나라를 해방하시고 사회주의사회를 꾸려오신 김일성주석의 위업과 영향력은 절대적이였다, 또한 앞으로 그 업적을 빛나게 계승해나가실 분은 김정일각하이시라는 것을 모두가 알고 인정하고있는 사실이다"	5면 8단	조선 중앙 통신

〃	주체의 혈통을 굳건히 이어가리-강계시에서	"자강도안의 전체 당원들과 근로자들, 청소년들은 오늘의 슬픔을 힘과 용기로 바꾸어 주체의 혈통을 순결하게 이어가며 일편단심 친애하는 지도자 김정일동지의 령도를 충효일심으로 받들어나갈 것을 굳게 맹세하고 있다"	6면 5단	서충식 기자
〃	엄숙한 맹세안고 전진할 것이다-금수산의사당 조의식장에서	"리인모동지도 흐르는 눈물을 씻으며 이런 맹세를 다진다. '저는 수령님께서 가르쳐주신대로 친애하는 지도자동지를 잘 받들어 모시겠습니다. 그리하여 친애하는 지도자동지대에 수령님께서 개척하신 우리 혁명 위업을 반드시 완성해드리겠습니다'"	6면 3단	리수근 기자
〃	언제나 수령님과 함께-평원군 원화협동농장의 농업근로자들	"위대한 수령님께서 생전에 바라신대로 우리의 친애하는 지도자동지를 더 잘 받들어모시고 더 많은 쌀을 생산하겠습니다"	6면 3단	신성철 기자
〃	자연도 우리 수령님 못잊어-각지에서 특이한 자연현상들이 나타났다	"사람들은 경애하는 수령님의 혁명위업은 우리 당과 인민의 위대한 령도자이신 김정일장군님에 의하여 더 빛나게 계승완성되어나갈것이라는 것을 하늘의 무지개로 펼쳐준것이라고하면서 혁명적신심을 더욱 굳게 간직하였다"	6면 2단	조선 중앙 통신
〃	로병들의 심장이 불탄다	"최고사령관동지의 령도를 받들어 주체의 건군위업을 대를 이어 완성하자, 이것이 슬픔을 힘과 용기로 바꾸어 일떠선 전체 인민군 군대들의 각오이며 맹세이다"	6면 3단	주병순 기자
1994.7.18.	조선인민군 최고사령관 김정일동지께서-조의방문에 참가한 항일혁명투쟁연고자들과 해외동포들을 접견하시였다	"조의 참가자들은 조선인민군 최고사령관이신 김정일동지께서 가장 심심한 애도의 뜻을 담아 위문을 표사하였다"	1면 3단	정치 보도반

〃	위대한 수령 김일성동지의 령전에-로동계급과 협동농민들, 인민군장병들, 지식인들, 청년학생들이 계속 조의표시	"조의 참가자들은 오늘의 슬픔을 힘과 용기로 바꾸어 친애하는 지도자동지의 령도따라 수령님께서 개척하신 주체의 혁명위업, 사회주의 위업을 옹호고수하고 빛내여나갈 신념의 맹세를 다졌다"	1면 5단	조선중앙통신
〃	존경하는 김정일각하/김정일동지께	레바논공화국 대통령 흐라위 대통령 외 14개국 조전 보도	3면전체	
〃	위대한 수령 김일성대원수님의 거룩하신 영상과 숭고한 뜻은 총련일군들과 재일동포들의 심장속에 억만년 무궁토록 영원히 간직되여있을 것이다-재일본조선인중앙추도식 도꾜에서 엄숙히 거행	"참가자들은 오늘의 슬픔을 새로운 힘과 용기로 바꾸어 위대한 수령님께서 바라시던대로 친애하는 김정일원수님을 위대한 령도자로 더욱 높이 받들어 모시고 그이의 두리에 일심단결하여 조국통일을 위한 거족적인 위업에서 맡은바 성서러운 임무를 다해나갈 충성의 맹세를 다지였다"	2면 8단	조선중앙통신
〃	리진규 제1부의장이 한 추도사	"오늘 우리 인민의 진두에는 어버이수령님께서 개척하신 주체위업의 위대한 계승자이시며 우리 인민의 탁월한 령도자이신 경애하는 최고사령관 김정일장군께서 서계십니다"	4면 8단, 5면 4단	
〃	《경애하는 수령 김일성주석각하께서는 위대한 업적을 쌓으시였다》 - 알제리, 앙골라, 가이아나, 세네갈, 부룬디, 애급, 리비아, 자이르 대통령 특사 등이 우라 나라 대사관을 조의 방문	"리비아 가다피 특사는 '우리는 조선인민이 김일성주석의 서거로 인한 커다란 슬픔을 가시고 김일성각하의 령도밑에 위대한 수령께서 밝혀주신 길을 따라 변함없이 싸워나가리라는 기대와 확신을 표명한다'"	4면 5단	조선중앙통신
〃	남조선의 단군대종교 총전교가 조전을 보내여왔다	"그는 또한 김일성 주석의 숭고한 뜻을 그대로 이으신 김정일 령도자께서 대덕, 대혜, 대력으로 조국의 평화적 통일과 인류구원의 민족적 소명을 완수하실 것을 기원한다고 지적하였다"	4면 3단	조선중앙통신

〃	탄자니아련합공화국, 파키스탄 국회의장 - 우리 나라 대사관을 조의 방문	"파키스탄 무슬림신문사 사장은 '우리는 친애하는 김정일동지의 현명한 령도밑에 조선인민이 강인한 원칙성과 전투적기백으로 나라의 통일 위업과 제3세계나라 피압박 인민들의 정의의 위업을 위해 계속 힘차게 투쟁하리라 확신한다'"	4면 3단	조선 중앙 통신
〃	동서고금에 없는 위인-남조선재야인사가 칭송	"김일성주석께서는 서거하셨지만 우리 민중은 그분의 모든 풍모를 그대로 이어받으신 또한분의 위대한 령수이신 친애하는 김정일 장군님을 모시고 그분의 현명한 령도를 받고있다"	5면 3단	
〃	《경애하는 김일성주석의 존함과 영상은 우리들의 기억속에 영원히 간직될것이다》 - 여러 나라에서 추모회, 추도모임 진행	"우리는 조선인민이 앞으로 위대한 수령님의 계승자이신 경애하는 김정일동지의 령도따라 승리와 영광의 길을 걸어가리라고 확신한다"	6면 5단	조선 중앙 통신
〃	《김일성동지는 전설적위인이시다》 - 인도의 정당들이 애도문을 발표	"인도공산당(맑스주의)은 김정일동지의 령도밑에 조선인민이 그이의 위업을 계승해나가리라고 확신한다고 강조하였다"	6면 5단	조선 중앙 통신
〃	한결같이 다지는 충성의 맹세	"우리는 위대한 수령님께서 생전에 바라시던대로 친애하는 지도자동지를 높이 받들어 모시고 사회주의 농촌문제의 종국적 해결을 위해 더욱 힘차게 떨쳐나가겠습니다"	8면 5단	유명양 기자
〃	쇠물보다 뜨거운 눈물을 삼키며-성진제강련합기업소 로동계급	"성진제강련합기업소의 로동계급이 친애하는 지도자동지를 강철로 받들려는 충효일심의 맹세는 쇠물보다 뜨거운것이다"	8면 4단	리영호 기자
〃	오늘의 슬픔 글줄로 씻을수 있다면-각계층 인민들이 시작품들을 계속 보내오고 있다	"우리는 오늘의 슬픔을 힘과 용기로 바꾸어 천백배로 일떠서 수령님 생전에 기쁨을 드리지 못한 몫까지 합쳐 친애하는 지도자 동지께 효도를 다하렵니다"	8면 2단	본사 기자

1994.7.19.	인민은 크나큰 슬픔속에 어버이 수령님과 영결한다-위대한 수령 김일성동지는 영원히 우리와 함께 계신다	“친애하는 지도자 김정일동지께서 우리 혁명의 진두에 서계시고 수령의 위업에 끝없이 충직한 우리 인민이 있기에 우리 혁명의 전도는 양양하다”	1면전체	
〃	《김일성동지는 위대한 인간, 위대한 수령, 위대한 어버이》 - 여러 나라 국가령도자들이 우리 나라 대사관을 조의 방문	“짐바브웨이, 모잠비끄, 탄자니아 대통령과 잠비아부대통령 등. ‘우리는 조선인민의 위대한 김일성 주석의 위업을 빛나게 계승하신 친애하는 지도자 김정일각하의 현명한 령도밑에 주체사상을 계속 고수하며 수령님의 생전의 고귀한 뜻을 받들고 조선의 평화와 통일을 반드시 실현하리라고 굳게 확신한다’”	3면통단	조선중앙통신
〃	위대한 수령 김일성동지의 령전에-전국의 인민들 깊은 애도 표시, 지난 8일간 수십만명 조의에 참가	“전체 당원들과 인민들은 오늘의 슬픔을 힘과 용기로 바꾸어 미래에대한 락관과 승리의 신심드높이 경애하는 최고사령관 김정일동지를 높이 모시고 위대한 수령께서 개척하신 주체혁명위업을 끝까지 완성하기 위하여 더욱 억세게 전진할것이다”	3면 5단	
〃	김정일원수동지께/김정일각하	도미니까통일된 좌익운동 중앙위원회 총비서 미겔 메히아 외 9명 조전 보도	4면통단	
〃	우리 수령님은 영생하신다	“우리 모두 오늘의 비분을 이기고 억척같이 일어나 위대한 김정일동지를 하늘처럼 믿고 충성으로 받들어나감으로써 수령님께서 80여 평생을 바치시여 마련하신 주체의 사회주의 위업을 대대손손 고수하고 빛나게 완성해나가자”	4면 7단	동태관 기자

〃	비통한 마음 하늘땅 사무칩니다-해외동포학자민족통일연구소 최경태소장 조의문 보내여왔다	"해외동포학자민족통일연구소는 오늘의 슬픔을 새로운 힘과 용기로 바꾸어 경애하는 김일성주석께서 바라시는대로 친애하는 김정일원수님께서 가르키시는 길을 따라 자주, 평화통일, 민족대단결의 3대원칙과 《조국통일을 위한 전민족대단결 10대강령》을 높이 받들고 90년대 조국통일을 위한 거족적인 위업에 모든 힘과 지혜를 다바쳐 맡은바 성스러운 과업을 다해나가겠습니다"	5면 3단	
〃	《민단》계와 남조선 동포들로부터 조전을 보내여왔다	"조전들은 위대한 김일성주석께서 비록 우리 곁을 떠나시였으나 그이의 높은 뜻을 이어받으신 영명한 지도자 김정일선생님께서 계신다고 지적하고 그이의 현명한 령도따라 나라의 자주적평화통일을 위하여 끝까지 싸워나갈 굳은 결의를 표명하였다"	5면 2단	
〃	《통일의 날 다가왔다고 기다리는데 어디가셨습니까? 어버이수령님!》 - 총련중앙상임위원회 허종만책임부의장이 비분을 토로	"우리는 슬픔을 힘과 용기로 바꾸어 위대한 수령님께서 교시하신대로 최고사령관 김정일장군님을 해와 달이 다하도록 받들어나아가겠다"	5면 3단	
〃	하늘 무너진들 이처럼 비통할수 있으리까-해외동포들이 조의록에 깊은 애도의 뜻을 표시	"수령님, 비록 수령님은 우리 곁을 떠나시였어도 우리 7천만 겨레는 친애하는 지도자 김정일최고사령관동지의 주위에 주체사상으로 굳게 뭉쳐 기필코 조국통일을 이룩할것입니다"	5면 3단	
〃	영결이란 어인말인가	"어버이수령님의 혁명위업을 빛나게 이어가시는 친애하는 지도자동지의 현명한 령도따라 주체혁명위업을 기어이 완성하고야말 결의가 가슴마다에 불타고있는데 우리 어찌 상실의 슬픔에만 젖어있을것인가"	5면 4단	김찬호 기자

〃	《김일성주석께서 서거하신 것은 불행한 일》 - 남조선종교단체들에서 조전, 종교인 조의방문	"친애하는 김정일지도자님께서 나라의 평화통일과 민족의 일체를 위해 많은 일을 하여주실 것을 기원한다고 말하였다"	5면 4단	
〃	《위대한 수령 김일성동지는 전세계인민들의 심장속에 영원히 살아계실것이다》 - 여러 나라 부대통령, 정부수반들 조의 방문	자이르 정부대표단. "우리는 전체 조선인민이 김정일각하의 령도밑에 김일성주석의 위업을 빛나게 계승완성해나가기를 충심으로 바란다"	6면 4단	
〃	《천재적수령, 위인중의 위인》 - 말리, 적도기네, 까자흐스탄, 타이, 파키스탄, 앙골라, 로므니아, 마다카스까르 세네갈 국회의장들 조의 방문	"우리는 조선인민이 김정일각하의 령도를 받들고 슬픔을 이겨내고 김일성주석께서 개척하신 위업을 끝까지 완성하리라고 확신한다"	6면 4단	
〃	《인류의 자애로운 어버이》 - 여러 나라 국가수반특사들 조의방문	"김정일각하의 현명한 령도밑에 나라의 륭성번영과 통일을 위한 위업수행에서 조선인민이 성과를 이룩하리라고 확신한다"	6면 3단	
〃	세계혁명의 커다란 손실-여러 나라 당지도자들 강조	"우리는 김일성주석의 숭고한 뜻을 받들어나가시는 친애하는 지도자 김정일동지께서 계시기에 조선인민이 슬픔을 힘과 용기로 바꾸고 그이의 세련된 령도밑에 사회주의건설과 나라의 통일을 위한 힘찬 진군을 다그치리라고 확신한다"	6면 4단	
〃	《김일성주석은 위대한 령도 예술, 인자하신 인품을 지니신 세기의 위인》 - 여러 나라에서 추도모임, 추도회 진행	"인도대학생련맹은 조선인민이 슬픔을 힘과 용기로 바꾸고 김정일동지의 현명한 령도밑에 김일성동지께서 밝혀주신 한길로 조선을 전진시켜나가리라고 확신한다"	7면 5단	
〃	인류의 해방위업에 큰 손실로된다-여러 나라 정계, 사회계 인사들 우리 나라 대표부를 조의 방문	"에스빠냐 대표단은 '위대한 수령 김일성동지의 서거는 진보적 인류와 인민들의 해방위업에 있어서 커다란 손실로 된다고 하면서 그들은 친애하는 자도자 김정일동지의 령도가 있는 한 조선의 사회주의는 계속 전진할것이라는 확신을 표명하였다'"	8면 3단	

〃	벨지끄로동당대표단이 프랑스주재 우리 총대표부를 조의 방문	"우리는 김정일동지께서 김일성동지의 위업을 빛나게 계승완성해나가시리라고 굳게 확신한다"	8면 3단	조선 중앙 통신
〃	인민들의 마음속에 영웅으로, 긍지와 존엄의 상징으로 영원히 남아있으리-여러 나라 주재 외교대표들이 우리나라 대표부를 조의 방문	"팔레스티나대사는 '조선 당과 정부가 위대한 령도자이신 김정일동지의 령도하에 위대한 수령 김일성동지의 숭고한 사상을 반드시 실현해나갈 것이라는 것을 확신한다'"	7면 5단	조선 중앙 통신
〃	《김일성주석은 력사에 불멸할 자욱을 남기신 우리 시대의 가장 위대하고 진보적인 수령이시였다》 - 여러 나라 신문, 방송들이 글 발표	"앙골라신문〈,조르날 디 앙골라》는 '조선인민이 친애하는 지도자 김정일동지를 주체혁명위업의 위대한 계승자로 모시고 있다고 강조하였다'"	7면 8단	조선 중앙 통신
〃	주체의 혈통을 순결하게	"위대한 수령 김일성동지께서는 다음과 같이 교시하시였습니다. 《김정일동지의 령도를 잘 받들어나가는 여기에 사회주의위업의 계승완성을 위한 확고한 담보가 있습니다》"	8면 2단	항일 혁명 투사 전문섭
〃	주체의 혁명위업 무력으로 담보하겠다	"우리 인민군 장병들은 그 어떤 광풍이 휘몰아쳐오고 천만대적이 덤벼들어도 경애하는 최고사령관 김정일동지께서 계시면 우리는 반드시이긴다는 철석의 신념을 안고 전군이 최고사령관동지를 위하여 한목숨 서슴없이 바쳐 싸우는 총폭탄이되겠습니다"	8면 2단	조선 인민군 차수 김광진
〃	영원한 손자, 손녀로	"우리청소년들은 영원히 대원수님의 참된 손자, 손녀로 살며 친애하는 지도자 김정일동지께 끝없이 충직한 혁명전사로 억세게 싸워나갈 것을 다시금 굳게 맹세합니다"	8면 2단	사로청 중앙 위원회 위원장 최룡해
〃	당을 받드는 주추돌로	"친애하는 지도자동지께서 우리 당의 수위에 서계시기에 마음이 든든합니다"	8면 2단	새별군 당위원회 책임비서 석길호

〃	효녀의 지성을 다바쳐	"위대한 수령님 생전에 하지 못한 충성까지 합쳐 친애하는 지도자 동지께 효녀의 지성을 바쳐 더 잘 받들어모시겠습니다"	8면 2단	전천군 상업관리소 2중 로력영웅 정춘실
〃	생전의 뜻 만풍년으로 빛내이리	"친애하는 지도자동지의 령도따라 위대한 수령님의 생전의 높은 뜻을 받들어 청산리를 더욱 빛내여갈 드팀없는 신념은 력사의 증견자로 거연히 서 있는 아름드리 백양나무처럼 우리들의 마음속에 억센 기둥으로 더욱 깊이 뿌리내리고있습니다"	8면 4단	강서 구역 청산 협동 종합 농장 농장원 일동
〃	우리 수령님 백두산에 계신다	"백두산에서 탄생하신 혁명의 위대한 령도자, 천하제일명장 김정일동지를 충효를 다해 높이 받들어 모시리!"	8면 2단	김형균 기자
〃	가슴을치는 전보문들-중앙전신전화국에서	"조선인민군 현영철동무 소속부대원들이 보내온 전문. 《우리 군인들은 최고사령관 김정일장군님을 옹호보위하는 총폭탄이되여 위대한 수령님께서 생전에 바라시던 조국통일의 역사적인 날을 앞당겨오고야말것입니다》"	8면 3단	박훈상
1994.7.20.	인민은 크나큰 슬픔속에 어버이 수령님과 영결한다	"조선인민군 최고사령관 김정일동지께서는 국가장의위원회 위원들과 함께 위대한 수령 김일성동지의 령전에 심심한 애도의 뜻을 표시하였다"(김정일 사진 게재)	1면전체	정치 보도반
〃	1면에서 계속	"조선인민군 최고사령관 김정일동지께서 영결식에 참석하시였다"(김정일 사진 게재)	2면통단	정치 보도반

〃	김일성주석의 존함은 전세계인민들의 마음속에 영원히 아로새겨져있을 것이다-여러 나라에서 조기 게양, 국가령도자들이 우리 나라 대사관을 조의방문	기네 란사나 꽁떼 대통령, "조선인민이 슬픔을 이겨내고 친애하는 김정일동지각하의 령도따라 위대한 수령님의 위업을 변함없이 계승해나가기를 바란다"	2면 2단	
〃	계속	몽골 대통령 뿐살마긴 오치르바트, "조선인민의 지도자이신 김정일각하께서 김일성주석의 위업을 실현하는데서 보다 큰 전진을 이룩하리라고 확신한다"	2면 2단	
〃	태양도 빛을 잃고 산천초목도 목놓아운다	"우리 당과 국가, 혁명무력의 최고령도자 김정일동지를 혁명의 진두에 높이모시고 나아가는 우리 인민의 앞길에는 언제나 승리와 영광만이 빛날 것이다. 위대한 수령님계시여 우리의 김정일장군님 계시고 장군님 계시여 경애하는 김일성동지는 영생할것이다"	3면 전체, 6면 전체	
〃	김정일원수동지께/김정일각하께	로므니아 새 사회당 위원장 빅또르 보이끼져 외 7개국 조전 보도	7면통단	
〃	영원히 기억하자	"조선은 슬픔을 누르고 일어선다. 우리는 또 한분의 희세의 위인이신 위대한 김정일동지의 령도를 높이 받들고 그이의 두리에 일심단결하여 우리에게 가장 높은 존엄과 영예, 최상의 행복을 안겨주신 위대한 수령 김일성동지의 사상과 위업에 영원히 충실하리라"	7면통단	리종태 기자
〃	자애로운 어버이수령님을 우러르며 한생을 살리!-영원한 태양의 모습	"하늘땅이 꺼진다해도 변함없을 위대한 김정일동지의 신념이시며 우리 인민이 눈물속에 다지고 또 다지는 철석의 의지이다"	8면 5단	동태관, 박철 기자

〃	수령님의 유훈 무장으로 받들어	위대한 수령 김일성동지께서는 다음과 같이 교시하시였다. 《령도자를 받드는 마음은 언제나 맑고 깨끗하여야하며 진실하여야합니다. 우리 당원들과 근로자들은 평화로운시기에나 준엄한 시련의 시기에나 변함없이 오직 자기의 령도자 김정일동지만을 믿고 따르며 받들어나가는 끝없는 충실성을 가져야 합니다》, "군기앞에서 선서하던 그때처럼 경애하는 최고사령관 김정일동지를 위하여 한목숨바쳐 싸울 것을 맹세한다"	8면 5단	조원재 기자
〃	붉게 타는 당기	"김정일동지는 한마디로 말하여 충성의 최고화신이다"	8면 3단	송미란 기자
〃	충성의 물결, 거세찬 흐름	"친애하는 지도자동지따라 이세상 끝까지 싸워가렵니다"	8면 2단	본사 기자
〃	불같은 맹세가 심장마다에-김종태증기기관차종합기업소 로동계급	"위대한 수령님께서 손들어 가르키신 그 길, 친애하는 지도자 김정일동지의 불패의 령도를 받드는 주체위업완성의 드팀없는 그 궤도우에서 우리 종합기업소 로동계급은 변함없이 충성의 기관차가되여 달려갈것입니다"	8면 3단	박일민 기자
〃	숭고한 뜻 만대에 빛내리	"위대한 수령님의 령구를 바래우면서 친애하는 지도자 김정일동지를 위대한 어버이로 높이 받들어 모시고 일편단심 충성다해갈 불같은 결의를 다지고 또 다지였다"	8면 3단	최재남 기자
〃	100여리 길우에 펼쳐진 마음	"오늘도 자주화된 새 세계를 향하여 질풍같이 달리는 우리 수령님의 인민행렬차의 진두에는 혁명의 령도자 김정일동지께서 높이 휘날려주신 《인민을 위하여 복무함!》 이라는 기발이 힘차게 휘날리고 있다"	8면 5단	함원식 기자

〃	이 땅에 아로새겨진 불멸의 자욱길이 빛내여가리라-위대한 수령 김일성동지를 추모하는 추도식 각 도, 시, 군들에서 엄숙히 진행	“(황해북도에서)참을수 없는 슬픔을 힘으로 바꾸어 다지는 그들의 맹세는 친애하는 지도자 동지를 천세만세 높이 받들어 모시고 조국통일도 사회주의 건설도 더 잘해나가려는 충신, 효자들이 다지는 가장 순결하고 참다운 맹세였다”	9면전체	
〃	계속	“각 도, 시, 군들에서 진행된 추도식들은 위대한 수령 김일성동지께서 당과 혁명, 조국과 인민앞에 쌓아 올리신 불멸의 업적을 천세만세 길이 빛내여가며 민족의 자애로운 어버이를 잃은 오늘의 크나큰 슬픔을 힘과 용기로 바꾸어 친애하는지도자 김정일동지를 우리 당과 혁명의 최고수위에 높이 모시고 수령님의 생전의 뜻, 주체혁명위업을 끝까지 완수하려는 온 나라 인민들의 확고한 의지와 충성의 열정이 대하처럼 굽이쳐흐르는 가운데 진행되였다”	10면8단	
〃	위대한 수령님의 뜻받들어 주체위업 대를 이어 완성하자-조선인민군 및 조선인민경비대 부대들에서 추도식 진행	“추도식에 참가한 전체 인민군 및 인민경비대 장병들은 위대한 수령님께서 그처럼 바라시던 조국의 통일과 주체혁명위업의 완성을 위해 혁명의 무기를 억세게 틀어쥐고 대를 이어 끝까지 싸워나갈 철석의 의지를 가다듬었다”	10면8단	조선중앙통신
〃	(추도시) 위대한 김일성동지의 령전에	“아, 김일성, 김정일은 하나의 이름으로 사회주의완전승리가 이룩된 21세기의 창공에 영광의 기치로 찬란히 나붓길것입니다”	10면5단	조선작가동맹 중앙위원회

1994.7.21.	경애하는 수령 김일성동지를 추모하는 중앙추도대회 혁명의 수도 평양에서 엄숙히 거행-조선민주주의인민공화국 국방위원회 위원장이시며 조선인민군 최고사령관이신 김정일동지께서 당과 국가의 지도간부들과 함께 추도대회에 참석하시였다	"추도대회 참가자들은 경애하는 수령 김일성동지께서 평생의 로고를 다하여 마련해주신 우리 당, 우리 국가, 우리 혁명무력을 철통같이 다지며 김정일동지를 중심으로 하는 당중앙위원회의 세련된 령도밑에 우리식 사회주의를 튼튼히 수호하고 빛내이며 주체혁명위업을 끝까지 완성해나갈 혁명적열의에 넘쳐있었다"	1면전체	정치 보도반
〃	조선인민군 최고사령관 김정일동지께서 항일혁명투쟁연고자 진뢰부부를 접견하시였다	"진뢰부부는 조선인민군 최고사령관 김정일동지께 가장 심심한 애도의 뜻을 담아 위문을 표하고 조선로동당과 인민이 친애하는 지도자동지의 령도밑에 위대한 수령님의 뜻을 이어 조선을 더욱 번영하고 문명한 인민의 나라로 건설하게되리라고 확신한다고 말하였다"	2면 4단	정치 보도반
〃	(추도사) 중앙추도대회에서 한 조선로동당 중앙위원회 정치국위원이며 정무원부총리인 김영남동지	"우리는 오늘의 슬픔을 힘과 용기로 바꾸어 김정일동지의 령도따라 더욱 분발하여 투쟁함으로써 위대한 수령님의 생전의 뜻을 이어 공화국의 끊임없는 번영과 조국의 통일, 주체혁명위업의 완성을 이룩할 것을 진심으로 바라는 세계인민들의 기대에 반드시 보답할 것이다"	3면전체	
〃	경애하는 수령 김일성동지를 추모하는 중앙추도대회에서-로동계급을 대표하여 한 평양화력발전련합기업소 로동자 로력영웅 조영기의 연설	"저는 친애하는 지도자 김정일동지를 우리 당과 혁명의 수령으로 높이 우러러모시며 그이의 령도따라 조국의 통일과 사회주의위업, 주체혁명위업의 완성을위한 투쟁에 모든 것을 다 바쳐 싸워나갈 것을 엄숙히 맹세합니다"	4면 4단	

〃	(계속) 인민군장병들을 대표하여 한 조선인민군 김광진차수의 연설	"우리 인민군장병들은 그 어떤 광풍이 휘몰아치고 이 세상 천지가 열백번 변한다해도 위대한 수령님의 유훈을 지켜 우리의 운명이시고 생명이신 경애하는 최고사령관 김정일장군님을 당과 국가, 군대의 최고수위에 높이 받들어 모시고 민족최대의 숙원인 조국통일을 90년대에 반드시 성취하여 백두에서 개척된 영광스러운 주체의 혁명위업을 대를 이어 끝까지 완성해나가겠다는 것을 엄숙히 맹세합니다"	4면 4단	
〃	(계속) 농업근로자들을 대표하여 한 사동구역 장천협동농장 관리위원장 로력영웅 김명연의 연설	"저는 온 나라 농업근로자들과 함께 위대한 수령님의 혁명사상, 주체사상의 기치를 높이 들고 최고사령관 김정일동지의 령도따라 주체혁명위업의 종국적 승리와 조국통일을 위하여 더욱 억세게 싸워나갈 것을 수령님령전에 엄숙히 맹세합니다"	4면 4단	
〃	(계속) 해외동포들을 대표하여 한 총련중앙상임위원회 허종만책임부의장의 연설	"우리 재일동포들을 비롯한 전체 해외동포들은 위대한 수령님의 생전의 유훈을 깊이 명심하고 경애하는 장군님을 우리 혁명의 탁월한 수령으로, 민족의 태양으로 높이 받들어모시고 총련을 경애하는 김정일장군님께 충직한 주체의 애국조직으로 굳건히 다지며 수령님의 령도업적을 만대에 길이 빛내여나가겠습니다"	4면 4단	
〃	김정일동지각하/김정일동지께	나미비아공화국 대통령 삼 누죠마 외 19개국 지도자 조전 보도	5면전체	

〃	위대한 수령님의 유훈 높이 받들고 주체위업 끝까지 완성하리!-용암은 이글거린다	"어버이수령님을 잃은 슬픔을 힘과 용기로 바꾸어 친애하는 지도자 동지를 충효일심으로 받들어 나가려는 우리 인민의 맹세와 결의가 활화산처럼 타번질 때 그 힘을 당할자는 이 세상에 없다"	6면 5단	리지영 기자
〃	일심단결의 위력을	"위대한 수령님의 생전의 뜻을 평생의 사명으로 안으시고 당과 혁명을 승리에로 이끄시는 친애하는 지도자 김정일동지께서 계시기에 우리의 승리는 확정적이다"	6면 3단	박철 기자
〃	힘과 용기를 내여 당의 혁명적경제전략 관철에로-각지 당원들과 로동계급	"그들은 위대한 수령님의 생전의 뜻을 받들어 더 많은 전력을 생산하는 것으로 친애하는 지도자 김정일동지를 충성으로 받들어나갈 철석의 맹세를 다지고 증산투쟁을 벌려 20일에 올해 들어와 가장 높은 전력생산수준을 돌파했다"	6면 5단	김영재 기자
〃	조포소리여 말해다오	"온 나라 인민이 슬픔을 힘과 용기로 바꾸어 친애하는 지도자동지의 령도따라 사회주의완전승리도 조국통일위업도 다 성취해나갈 철석같은 각오를 다지며 새로이 일떠섰다"	6면 3단	김정웅 기자
〃	위대한 스승의 가르치심따라-사회과학원 과학자들	"우리의 운명이신 친애하는 지도자동지는 수령님의 혁명위업의 위대한 계승자이시다"	6면 5단	성필창 기자
〃	《김일성주석님은 천세만세 겨레와 함께 계신다》, 《절세의 위인 김정일장군님 높이 모시리》 - 《한민전》 중앙위원회와 남조선의 각계 민중, 각 단체에서 만장을 보내여왔다	《김정일장군 받들어 90년대 통일을》 등	7면 5단	
〃	조국통일성업 위해 이 한몸 다 바치겠다-범민련 해외본부 조의대표단 심심한 애도의 뜻 표시	"그는 조국인민들이 김일성주석의 생전의 뜻을 높이 받들고 새로운 용기와 힘을 내여 김정일동지를 충성으로 높이 받들어모시고 조국통일의 그날을 앞당겨오기 위하여 더욱 힘차게 싸워나가리라는 것을 확신한다고 말하였다"	7면 3단	

〃	조의를 표시 - 《한민전》의 각급 조직들과 대표부들에서	"조전들은 오늘 흘리는 슬픔의 눈물을 충성다하는 맹세로 바꾸어 친애하는 지도자 김정일선생님을 높이 우러러모시고 조국의 통일과 주체위업의 완성을 위해 전심전력할 결의를 표명하였다"	7면 3단	
〃	오지리 련방대통령이 깊은 애도의 뜻을 표시	"나는 앞으로 조선인민이 김정일동지의 령도밑에 조선의 통일을 위한 사업에서 커다란 성과를 이룩하기 바랍니다"	8면 3단	
〃	조전을 보내여왔다-여러 나라 고위인사들과 국제 및 지역 기구들에서	"조선은 오늘 친애하는 지도자 김정일동지를 높이 우러러받들고있다고 하면서 위대한 수령님의 높으신 뜻은 지도자동지에 의하여 훌륭히 계승될것이라고 강조하였다"	8면 3단	
〃	《김일성주석의 존함은 영원히 인민들속에서 빛을 뿌릴것이다》 - 여러 나라에서 추도모임 진행	로므니아에서-"조선인민은 앞으로도 김정일동지의 현명한 령도밑에 더 큰 승리를 이룩할것이라는 것을 확신한다고 강조하였다"	8면 5단	
〃	《한평생 인류를 위해 헌신하신 령도자의 귀감》 - 여러 나라 정계, 사회계 인사들과 외교대표들이 조문	"친애하는 지도자 김정일동지께서 만수무강하시여 수령님의 혁명위업을 빛나게 완성해나가실 것을 축원한다", "김일성동지의 업적은 영원하며 친애하는 지도자 김정일동지에 의하여 더욱 빛날 것이다", "그들은 한결 같이 위대한 수령 김일성동지의 서거는 모두의 손실로된다고 하면서 조선인민이 하루 빨리 이 슬픔을 힘과 용기로 바꾸어 친애하는 지도자 김정일동지의 현명한 령도밑에 위대한 수령님의 혁명위업을 성과적으로 수행하여나갈 것을 축원하였다"	8면통단	조선 중앙 통신

1994.7.22.	(사설) 위대한 수령 김일성동지의 혁명업적을 끝없이 빛내여나가자	"오늘 우리 혁명의 진두에는 경애하는 수령님의 혁명위업을 빛나게 계승완성해나가시는 영명하신 지도자 김정일동지께서 서계신다", "전체 당원들과 근로자들은 앞으로도 친애하는 지도자 김정일동지를 우리 운명의 수호자로, 삶의 태양으로 높이 모시고 친애하는 지도자동지의 사상과 령도에 끝까지 충실하여야하며 그 길에서 우리 당과 혁명의 억년 드놀지 않는 주체의 혈통을 꿋꿋이 이어나가야 한다"	1면통단	(사설)
〃	당의 혁명적경제전략을 관철하기 위한 투쟁을 힘있게 벌리자-분발하여 더 많은 대상설비를-룡성기계련합총국안의 당원들과 로동계급	"지금 룡성의 로동계급은 위대한 수령님의 생전의 뜻을 높이 받들어 대상설비생산성과로 친애하는 지도자동지를 충성으로 받들어갈 철석의 맹세를 안고 증산투쟁을 더욱 힘있게 벌려나가고 있다"	1면 5단	유부작 기자
〃	만수대언덕에 세워진 경애하는 수령님의 동상을 찾아 충성을 맹세-평양시민들 20일 밤에도	"위대한 수령 김일성동지께서는 다음과 같이 교시하시였다. 《김정일동지의 령도를 잘 받들어나가는 여기에 사회주의위업의 계승완성을 위한 확고한 담보가 있습니다》	3면 5단	조선 중앙 통신
〃	심장에 불을 지펴-2월26일공장 초급당위원회에서	"우리의 최고사령관 김정일동지께서 계시는 한 우리는 언제나 이긴다"	3면 3단	최갑성 기자
〃	용기를 내여 더 많은 화학비료를-남흥청년화학련합기업소 로동계급	"그러나 그들은 슬픔에만 잠겨있지 않는다. 우리에게는 위대한 수령님의 혁명위업을 빛나게 이어가시는 친애하는 지도자동지께서 계신다는 신념과 배심을 안고 그들은 슬픔을 의지로 누르고 떨쳐나섰다"	3면 5단	김명치 기자
〃	슬픔을 누르고 산악같이 떨쳐나섰다-국영3월3일농장 농업근로자들	"위대한 수령님께서 생전에 그토록 바라시던 대풍을 마련하여 친애하는 지도자동지께 충성의 보고를 하자"	3면 3단	김경무 기자

〃	주체농법의 요구대로	"농장 일군들은 슬픔과 비애를 힘과 용기로 바꾸어 산악같이 일떠선 농장원들속에 깊이 들어가 주체혁명위업의 위대한 계승자이시며 우리 당과 인민의 탁월한 령도자이신 친애하는 지도자 김정일동지께서 계시는 한 우리 혁명은 승승장구하며 반드시 승리한다는 것을 이야기해주면서 올해를 기어이 만풍년으로 장식하고자 뜨겁게 호소하였다"	3면 3단	특파 기자
〃	《세계인민들의 가장 높은 존경을 받아오신 위대한 수령》시에라레온 국가수반과 고위인사들이 조의 표시	"우리는 조선인민이 친애하는 지도자 김정일각하의 두리에 더욱 굳게 단결하여 나가리라고 확신한다"	4면 3단	
〃	여러 나라에서 추도행사 광범히 진행	"조선 인민과 세계 진보적인민들은 위대한 김일성 주석의 혁명위업을 계승발전시켜나가시는 또 한분의 위대한 수령을 모시고 있다"	4면 5단	조선 중앙 통신
〃	어버이수령께서 꽃피워주신 민족의 넋, 애국의 대를 훌륭히 이어나가겠다-총련의 조의 대표단과 재일동포조문객들을 위한 위로연이 있었다	"어버이수령님의 사상과 령도도 인품과 덕망도 그대로 이어받으신 경애하는 최고사령관동지께서 계시는데 수령님께서 어떻게 우리곁을 떠났다고 생각할수 있겠는가", "우리의 혁명의 진두에는 최고사령관 김정일장군님께서 서계신다"	4면 8단	조선 중앙 통신
〃	김정일동지는 넓은 도량과 비상한 통찰력, 세계적인 안목을 지니고계시는 위대한 령도자이시다-이딸리아 국제관계연구소 총서기가 기자회견에서 강조	"위대한 수령동지께서는 천리마속도로 귀국의 번영을 이룩하시였다면 존경하는 김정일동지께서는 천리마에 미싸일속도를 배가하시여 나라의 비약적인 발전을 이룩하시였다", "진정 김정일동지는 넓은 도량과 비상한 통찰력, 세계적인 안목을 지니신 위대한 령도자이시다"	5면 5단	

〃	일심단결로 우리 당을 받들어-선봉군 백학분장 청년분조원들	'청년분조원들의 얼굴마다에는 위대한 수령님께 못다바친 충성까지 합쳐 친애하는 지도자동지께 충효일심을 다 바쳐감으로써 위대한 수령님의 불멸의 위업을 만대에 빛내일 각오가 어리여있다"	5면 3단	박훈상
〃	위대한 령도자를 높이 모시고 따를 충효일심의 맹세	"위대한 수령 김일성동지께서는 다음과 같이 교시하시였다. 《...동무들은 김정일동지에게 충성을 다해야하며 그의 령도를 받들어 사회주의 위업과 조국통일 위업을 빛나게 완성하여야 합니다》	5면 4단	엄일규 기자
1994.7.23.	(사설) 슬픔을 힘으로 바꾸자	"우리에게 있어서 위대한 수령 김일성동지는 곧 친애하는 지도자동지이시고 김정일동지는 곧 위대한 수령님이시다", "당조직들은 우리 혁명대오를 위대한 김정일동지의 두리에 굳게 뭉친 충성의 대오로 더욱 튼튼히 꾸리며 비상히 앙양된 대중의 혁명적 열의를 맡겨진 전투과제를 수행하는데로 힘있게 이끌 나가야 한다"	1면통단	(사설)
〃	풍년벌에 모시는 마음으로-대성구역협동농장에서	"《우리에게는 위대한 수령님의 주체위업을 빛나게 이어가시는 친애하는 지도자 김정일동지께서 계십니다. 그이께서 계시는 한 우리 조국의 미래는 창창하고 우리 인민은 반드시 승리합니다》"	1면 2단	김경선 기자
〃	김정일각하/김정일동지께	바누아투공화국 대통령 마나타와이 이외 8명 지도자 조전 보도	3면통단	
〃	까메룬, 또고 수상과 꽁고국회 상원 의장이 우리 나라 대사관을 조의 방문	"우리는 조선인민이 김정일지도자각하의 령도밑에 김일성주석께서 생전에 염원하신 숭고한 뜻을 반드시 훌륭하게 계승완성하리라고 확신한다"	3면5단	조선중앙통신

〃	위대한 령도자를 따라 주체혁명위업을 완성할 조선의 모습-친애하는 지도자 김정일동지께 충성을 맹세	"위대한 수령 김일성동지께서는 다음과 같이 교시하시였다. 《《주체혁명위업을 대를 이어 계승하고 완성하려면 문무충효를 다 겸비하고 혁명과 건설을 승리에로 령도하고있는 김정일동지를 잘 받들어야합니다...나는 동무들이 지금까지 나를 받들고 혁명의 길을 꿋꿋이 걸어온것처럼 앞으로 일편단심 김정일동지를 충성으로 잘 받들고 사회주의 건설과 조국통일을 위하여 힘차게 싸워나가리라고 굳게 믿습니다》	3면통단	조선중앙통신
〃	위대한 령도자의 두리에 일심단결하여 생산과 건설을 다그치자-우리 인민은 영원히 백전백승한다	"위대한 수령 김일성동지께서는 다음과 같이 교시하시였다. 《《지금 우리 나라에서는 김정일동지의 령도밑에 당사업도 잘되고 국가사업과 군대사업도 잘되고 있으며 사회주의건설이 성과적으로 추진되고 있습니다》 "위대한 령도자 김정일동지를 높이 모시고 있는 한 우리 혁명은 영원히 백전백승의 력사로 수놓아질것이다"	4면 5단	김정웅 기자
〃	세멘트생산에서 일대 앙양을	"오늘의 슬픔을 힘과 용기로 바꾸어 더 많은 세멘트를 생산하자. 이것이 위대한 수령님의 생전의 뜻을 꽃피우는 길이고 친애하는 지도자동지를 더 잘 받들어 모시는 길이다"	4면 2단	김경준 기자
〃	승리의 신심높이-희천공작기계종합공장 일군들과 로동계급	"《《우리는 친애하는 지도자 김정일동지의 령도를 충성으로 받들어나가는 이 한길, 충효일심의 한길에서 어버이수령님께서 한평생 바라시고 심혈을 바쳐오신 모든 염원과 리상을 이 땅우에 현실로 꽃피우고야말겠다》	4면 3단	서충식 기자

〃	생전의 뜻 포전마다 꽃펴나게-안악군 일군들과 농업근로자들	"《어버이 수령님! 우리는 주체혁명위업의 위대한 계승자이신 친애하는 지도자 김정일장군님을 더 잘 받들어 모시고 수령님께서 밝혀주신 사회주의농촌테제와 주체농법의 위대한 생활력을 더 높이 발양시켜 이 땅에 언제나 만풍년의 로적가리를 높이 쌓아가겠습니다》"	4면 5단	김희영 기자
〃	민족의 령수 김정일장군님의 령도를 높이 받들고 조국통일성업을 기필코 실현하자-해외동포들을 위한 위로연이 있었다	"우리에게는 또 한분의 장군이신 김정일선생님께서 계시며 그분께서 우리모두를 령도하여주신다, 우리는 민족의 아들답게 김정일장군님을 받들어나갈것이다"	4면 8단, 5면 3단	조선중앙통신
〃	위대한 수령님의 불멸의 혁명업적을 억만년 빛내여가자	"우리에게는 사상과 령도에서, 인민에대한 사랑에서 어버이수령님의 위대성을 그대로 체현하시고 문무충효를 겸비하신 친애하는 지도자 김정일동지께서 계신다"	5면 5단	로주봉 기자
〃	수령님 유훈 심장으로 받들어	"위대한 수령님의 유훈을 심장으로 받들고 우리 인민은 친애하는 지도자 김정일동지의 두리에 일심단결하여 기어이 조국통일을 이룩하고 최고사령관동지를 통일의 광장에 높이 모실것이다"	5면 3단	리광 기자
〃	그 영상 우러르며 꿋꿋이 살리라-평양체육관 일군들과 종업원들	"우리들은 위대한 수령께서 생전에 그토록 바라신대로 친애하는 지도자 김정일동지를 충성으로 받들어 주체혁명위업을 완성해나갈것이다"	5면 3단	정철호 기자
〃	사무치는 그리움속에 다지는 맹세-만수대언덕에서 만난 중구역 경상동 27인민반원들	"그렇다. 어버이수령님께서는 비록 애석하게도 우리의 곁을 떠나셨지만 친애하는 지도자동지를 받들어가는 우리 인민의 심장속에 영원히 살아계신다"	5면 3단	김원석 기자

〃	천백배의 힘과 용기로-평양전자계산기단과대학 일군들과 교원들	"그들은 오늘의 슬픔을 천백배의 힘과 용기로 바꾸어 우리 당과 인민의 위대한 령도자이신 친애하는 김정일동지의 두리에 굳게 뭉쳐 주체혁명위업을 빛나게 완성해나가기 위해 힘차게 전진하고 있다"	5면 2단	본사 기자
〃	충성의 결의를 굳게 다지며-함경북도안의 당원들과 근로자들	"정말 원통합니다. 우리는 어버이 수령님께서 생전에 바라시던 그대로 친애하는 지도자동지께 충성과 효도를 다 하겠습니다"	5면 5단	동성종 기자
〃	위대한 수령 김일성동지와 영결하는《한국민족민주전선》중앙위원회 추도식에서 한 추도사	"우리들은 경애하는 수령님께서 한평생을 다 바쳐 이룩하신 위대한 업적을 대를 이어 영원토록 빛내여가겠습니다", "우리 민족은 또 한분의 운명의 수호자이시고 찬란한 향도의 태양이신 영명한 김정일동지를 민족의 령수, 혁명의 령수로 모시고 있습니다"	6면 4단	
〃	위대한 수령님과 영결하는 추도모임-남조선 각지에서 엄숙히 거행된것과 관련하여 《한민전》 중앙위원회가 공보 발표	"위대한 수령님의 천만뜻밖의 서거에 비분함과 절통함을 금치 못하는 전위투사들과 각계각층 남녀민중은 슬픔을 천백배의 투지로 바꾸어 또 한분의 걸출한 수령이신 영명한 김정일동지를 민족의 찬란한 태양으로 우러르모시고 이북형제들과 더불어 자주통일위업실현과 민족의 양양한 미래를 빛나게 개척해나갈 불퇴전의 의지를 가다듬고 있다"	6면 2단	
〃	7천만 민족의 령수를 천세만세 받들리	"위대한 김일성동지께서는 다음과 같이 교시하시였다. 《김정일동지가 우리의 혁명위업을 훌륭히 계승해나가기 때문에 우리 나라에서는 지금도 모든 일이 잘되고있지만 앞으로도 계속 잘되여 나갈것입니다》"	6면 5단	엄일규 기자

1994.7.24.	슬픔을 힘과 용기로 바꾸어 경제 건설에서 새로운 양상을!-천백배의 힘을 내여 철정광생산에서 일대 혁신-무산광산련합기업소에서	"무산광산련합기업소의 전체 당원들과 로동계급은 위대한 수령님의 생전의 뜻을 좌우명으로 삼고 친애하는 지도자동지를 충성으로 높이 받들어나갈 불같은 맹세를 다지며 지금 철정광생산에서 날에 날마다 새로운 혁신을 창조해가고있다"	1면 5단	허일훈 기자
〃	(계속) 철도수송을 높은 수준에서-평양철도국안의 수송전사들	"지금 국일군들과 그 아래 일군들과 로동계급은 수송성과를 더욱 확대하여 인민경제 모든 부문에서 경제적 앙양이 일어나게 하는 것으로써 친애하는 지도자 김정일동지를 충성으로 받들 충효일심을 안고 계속 힘찬 투쟁을 벌리고있다"	1면 2단	김명치 기자
〃	(계속) 주체농법을 더 잘 관철하여-함경남도안의 농촌들에서	"북청군과 신포시, 덕성군, 홍원군을 비롯한 도안의 모든 농촌들에서도 올해 과일 정당 수확고를 그 어느해 보다 높여 친애하는 지도자동지께 충성의 보고를 올리기 위하여 분발해나섰다"	1면 4단	최시홍 기자
〃	김정일동지각하/김정일원수각하께	케니아공화국 대통령 아라프 모이 이외 11명 지도자 조전 보	3면통단	
〃	조선로동당 중앙위원회에 여러나라 당 및 당지도자들이 조전을 보내여왔다	"조전들은 조선인민이 친애하는 김정일동지의 령도밑에 절통한 심정을 반드시 이겨내고 더욱 굳게 단결하여 나라의 통일과 사회주의위업을 승리적으로 실현할것이라는 것을 확신하였다"	3면 3단	본사 기자
〃	김일성동지는 인류의 자주위업실현에 커다란 공헌을하시였다	"우리는 조선로동당과 조선인민이 위대한 수령 김일성동지의 주체의 혁명위업을 친애하는 지도자 김정일동지의 령도밑에 끝까지 완성할것이라고 확신한다"	3면 4단	조선 중앙 통신

〃	우리 수령님은 영원한 하늘이시다	"경애하는 수령님에 대한 한없이 경건한 숭배심은 자자손손 끊임없이 이어갈것이며 세상사람들의 심장속에 더욱 널리, 더욱 깊게 자리잡게 될것이다"	4면 6단	백동규 기자
〃	강한 의지로 새 자욱 떼며-금성뜨락또르종합공장 로동계급	"위대한 수령 김일성동지께서는 다음과 같이 교시하시였다. 《《김정일동지의 령도를 잘 받들어나가는 여기에 사회주의위업의 계승완성을 위한 확고한 담보가 있습니다》》"	4면 2단	리장록 기자
〃	현지교시를 유훈으로 새기고-함흥일용품종합공장 초급 당위원회에서	"오늘의 슬픔을 천백배의 새로운 힘과 용기로 바꾸어 친애하는 지도자동지께 해와 달이 다하도록 충성다하도록 이끌었다"	4면 3단	특파 기자
〃	그 념원 꽃피우려고	"위대한 수령 김일성동지께서는 다음과 같이 교시하시였다. 《《당과 혁명대오의 일심단결을 강화하려면 모든 당원들과 근로자들이 혁명적 신념과 의리에 기초하여 김정일동지를 진심으로 받들고 적극 옹호보위하여야 합니다》》"	4면 3단	손영희 기자
〃	그날의 기적소리 영원히 울려가리-김종태전기기관차종합기업소 로동계급	"그들은 그 슬픔과 비통함을 힘과 용기로 바꾸어 친애하는 지도자동지의 령도밑에 위대한 수령님의 생전의 뜻을 빛내일 것을 당 앞에 맹세를 다지고 그대로 실천해 나가고있다"	4면 5단	안시근 기자
〃	인민은 안녕을 바라옵니다	"위대한 수령 김일성동지께서는 다음과 같이 교시하시였다. 《《주체혁명위업을 대를 이어 계승하고 완성하려면 문무충효를 다 겸비하고 혁명과 건설을 승리에로 령도하고 있는 김정일동지를 잘 받들어야 합니다》》"	5면 5단	승재순 기자

〃	당을 따라 억세게 걸어가자-만수대언덕에서	"그것은 위대한 수령님과 영원히 함께 살아갈 조선의 참모습이고 친애하는 지도자동지를 높이 모시고 주체혁명위업을 끝까지 완성할 조선의 철석같은 맹세이다"	5면 3단	김영철 기자
〃	영생의 언덕우에 펼쳐진 꽃바다	"친애하는 지도자 김정일동지께서 펼쳐드리신 그 꽃바다우에 어버이 수령님을 영원히 모시려는 인민의 마음인가. 끝없이 흐른다. 꽃바다.꽃바다"	5면 3단	송미란 기자
〃	나라의 기둥으로 억세게	"아버지대원수님의 사랑은 김정일장군님에 의하여 뜨겁게 이어진다. 위대한 장군님께서 온 나라 아이들을 한품에 안으시고 찬바람, 눈비를 다 막아주시며 행복을 지켜주신다"	5면 5단	전선호
〃	심장속에 다지는 맹세-각계층 인민들이 보내여온 시작품들을 보며	"어버이수령님께서 바라시던 주체위업의 승리를 친애하는 그이의 두리에 일심단결하여 기어이 앞당겨오겠습니다"	5면 4단	본사 기자
〃	조선인민의 비분의 감정은 강요된 것이 아니라 진정으로부터 우러나온 것이다-미국 씨엔엔텔레비죤이 강조	"이번 애도기간 김정일선생의 모든 활동은 김일성주석의 위업의 계승자로서의 모습을 잘 보여주었다"	6면 3단	
1994.7.25.	조선인민군 최고사령관 김정일동지께서-혁명사적지들을 더 잘 꾸리는데서 모범을 보인 인민군장병들에게 감사를 보내시였다	"토론자들은 오늘의 이 영광, 이 행복을 언제나 잊지 않고 경애하는 수령님의 유훈대로 최고사령관 김정일동지를 영원한 삶의 태양으로, 자애로운 어버이로 높이 받들어 모시고 이 세상 끝까지 따르며 그 어떤 시련과 역경 속에서도 최고사령관동지를 목숨바쳐 옹위할 것을 결의하였다"	1면 5단	본사기자
〃	김정일각하를 민족의 최고수위에 모신 조선인민의 미래를 확신한다-모잠비끄정계 인사와 프랑스 교수가 강조	"김정일각하께서는 이미 오래전부터 김일성주석의 위업의 계승자로 되시였다. 나는 김정일각하를 민족의 최고수위에 모신 조선인민의 미래에대하여 확신한다"	1면 3단	조선중앙통신

〃	수령과 인민의 혼연일체를 뚜렷이 표시-애도기간 연2억1,200만여명의 각계층 인민들의 조의 표시-조선인민군 최고사령관 김정일동지께 충성을 맹세	“력사가 일찍이 알지 못하는 가장 큰 슬픔을 위대한 힘으로 전환시키며 산악같이 일떠선 우리 인민은 친애하는 지도자 김정일동지를 중심으로 일심단결하여 그이의 세련된 령도밑에 경애하는 수령님께서 생전에 바라시던 조국의 통일을 실현하며 주체혁명위업을 빛나게 완성해나갈것이다”	1면 5단	조선 중앙 통신
〃	락원의 정신으로 우리 당을 충성으로 받들어가리-락원기계련합기업소의 로동계급	“《어버이수령께서 동무들이 지금까지 나를 받들고 혁명의 길을 꿋꿋이 걸어온것처럼 앞으로 일편단심 김정일동지를 충성으로 잘 받들고 사회주의건설과 조국통일을 위하여 힘차게 싸워나가리라는 것을 굳게 믿는다고하신 교시를 우리 모두의 심장에 깊이 새기고 이 슬픔을 힘과 용기로 바꿉시다》”	1면 5단	김기두 기자
〃	친애하는 지도자 김정일동지께-여러 나라 당과 당 및 국가 령도자들이 조전을 보내여왔다	“조전들은 조선인민이 커다란 슬픔을 이겨내고 친애하는 지도자 김정일동지의 두리에 일심단결하여 분렬된 나라의 통일과 사회주의위업을 끝까지 완성하며 세계혁명의 빛나는 모범을 계속 창조하여 나갈것이라는 확신을 표시하였다”	3면 3단	본사 기자
〃	백두의 령장따라 인민은 나아간다	“위대한 수령께서 생전에 친히 붓을 드시고 지으신 불후의 고전적 명작이다. ‘백두산마루에 정일봉 솟아있고/소백수 푸른 물은 굽이쳐흐르누나/광명성탄생하여 어느덧 쉰돐인가/문무충효겸비하니 모두다 우러르네/만민이 칭송하는 그 마음 한결같아/우렁찬 환호소리 하늘땅을 뒤흔든다’ 1992.2.16. 김일성”	3면 4단	송미란 기자

〃	불멸의 업적을 이룩하신 위대한 령도자를 모시고 사는 인민의 긍지	"오늘 우리 당과 인민은 슬픔을 힘과 용기로 바꾸어 주체혁명위업의 완성을 위한 투쟁을 더욱 힘차게 다그쳐나가고 있다. 이번에 우리 인민은 위대한 수령님과 영결하는 커다란 슬픔속에서 친애하는 지도자 김정일동지를 모시고 있는 것이 얼마나 큰 행운으로 되는가를 절감하였다"	3면통단	승정표
〃	천백배의 힘과 용기를 내여 사회주의건설에서 일대 앙양을!-석탄증산투쟁에 떨쳐나섰다-안주지구탄광련합기업소 탄부들	"모임에서 당위원회 책임일군은 말했다. 《우리는 슬픔과 애석함을 힘과 용기로 바꾸고 위대한 수령님의 생전의 뜻을 영원히 꽃피워 나가야합니다...우리 혁명의 진두에는 친애하는 지도자 김정일동지께서 서계십니다》"	4면 4단	안시근 기자
〃	(계속) 충성의 맹세 지켜 생산성과 확대-광업부아래 각지 기업소의 당원들과 로동계급	"위대한 수령님의 생전의 뜻을 받들어 친애하는 지도자동지께 충성다하는 길이 자기들이 맡은 부문에서 생산적앙양을 일으키는 것임을 깊이 자각한 이들의 힘찬 투쟁에 의하여 생산성과는 계속 확대되고 있다"	4면 4단	김영철 기자
〃	슬픔을 이겨내고 더 많은 비단천을 생산-조선비단련합총회사아래 견직공장들에서	"오늘 조선비단련합총회사아래 각지 견직공장들의 일군들과 로동계급은 친애하는 지도자동지의 두리에 더욱 일심단결하여 그이의 령도를 충성으로 받들어나갈 맹세를 안고 비단천 생산에서 앙양을 일으켜나가고있다"	4면 5단	황영철 기자
〃	포화속에서 빛난 전사의 삶-예술영화《젊은 참모장》에 대하여	"모든 당원들과 근로자들, 인민군군인들은 영화의 주인공이 위대한 수령님을 위하여 한목숨 바쳐 싸운 숭고한 혁명정신과 영웅적 희생정신을 적극 따라 배워 경애하는 최고사령관 김정일동지의 령도를 충성으로 높이 받들어 나가야 할것이다"	5면통단	함원식 기자

〃	수령님은 영원한 우리의 스승-김일성고급당학교 교직원, 학생들	'친애하는 지도자동지를 혁명의 령도자로 높이 모시여 우리의 마음은 든든합니다. 우리는 영원히 친애하는 지도자동지의 령도를 충성으로 받들어나가겠습니다"	5면 3단	본사 기자
〃	유고슬라비아조선친선협회 결성	위원장은 "조선에서는 전체 인민이 김정일각하의 두리에 일심단결되여있다"	5면 3단	조선 중앙 통신
〃	자연인들 어찌 무심할수 있으랴	"인민들은 위대한 수령님의 높은 뜻을 받들어 친애하는 지도자동지를 충성으로 높이 받들어모시고 주체혁명위업의 완성을위하여 자기의 몸과 마음을 다 바치겠다는 맹세를 한결같이 다지였다"	5면 5단	성필창 기자
〃	〈〈김일성주석님 서거에 남녘도 호곡한다〉〉 〈〈민족운명의 수호자 김정일장군〉〉 - 경애하는 수령님의 서거에 즈음하여 남조선의 각계층 인민들이 보내온 글발들	"글발들에는 오늘의 크나큰 슬픔을 천백배의 힘과 용기로 바꾸고 절세의 위인이신 김정일장군님의 령도를 높이 받들어 자주, 민주, 통일의 길로 힘차게 나아갈 남조선인민들의 확고한 결의가 반영되어 있었다"	1면 5단	본사 기자
〃	슬픔을 힘으로 바꾸어 생산에서 새로운 앙양을 일으키자-경공업부문 일군들과 각지 로동계급	"지금 경공업부문 일군들과 로동계급은 친애하는 지도자 김정일동지께서 계시는 한 이 세상 그 무엇도 무서울 것이 없으며 언제나 승리할수 있다는 배심을 가지고 당의 경공업제일주의 방침을 철저히 관철하기 위한 투쟁을 과감히 벌려나가고있다"	1면 3단	리경화 기자
〃	(계속) 증산투쟁의 불길 세차게-강원지구탄광련합기업소에서	"더 많은 석탄을 캐내는 것으로써 친애하는 지도자동지의 령도를 충성으로 받들어갈 맹세를 굳게 다진 이곳 일군들과 로동계급은 더 높은 석탄증산목표를 내세우고 계속혁신, 계속전진해나아고있다"	1면 3단	최일호 기자

〃	위대한 수령 김일성동지는 영원히 우리와 함께 계신다-인자하신 영상은 천대만대를 두고	"위대한 수령 김일성동지께서는 우리 일군들에게 이렇게 교시하시였다. 《우리가 백두밀림에서 개척한 혁명위업은 아직 끝나지 않았습니다. 우리는 앞으로도 혁명의 먼길을 가야합니다. 주체혁명위업을 대를 이어 계승하고 완성하려면 문무충효를 다 겸비하고 혁명과 건설을 승리에로 령도하고있는 김정일동지를 잘 받들어야 합니다》"	3면 5단	최창격 기자
〃	(계속) 만수대와 함께 영원히	"우리 인민은 친애하는 지도자 김정일동지의 령도를 충성으로 받들어나가는 한길에서 어버이수령님을 영원히 높이 모시며 수령님께서 생전에 바라시고 심혈을 기울여오신 모든 념원과 리상을 반드시 찬란한 현실로 이 땅우에 꽃피울것입니다"	3면 3단	김두형 기자
〃	(계속) 언제나 심장속에 간직하고	"슬픔과 비애의 눈물로 온몸을 적시던 영결의 그날에도 인민에게 울지 말라고, 어서 눈물을 거두라고, 친애하는 김정일동지를 더 잘 받들어 모시고 우리 혁명위업을 반드시 완성하리라는 것을 믿는다고 말씀하시듯 해빛같이 환히 웃으시는 위대한 수령님!"	3면 5단	김인선 기자
〃	(계속) 뜻깊은 사적이 깃든곳에서	"우리의 농업근로자들은 자기들의 심장마다에 지울수없이 새겨진 위대한 수령님의 존귀하신 영상을 천년만년 소중히 간직하고 친애하는 지도자동지를 따라 주체혁명위업의 한길로 억세게 걸어나갈 것이다"	3면 3단	김승표 기자

〃	하늘에 닿은 인민의 신뢰	"경애하는 수령 김일성동지께서는 다음과 같이 뜨겁게 교시하시였다. 《《노래에도 있는바와 같이 김정일동지가 없으면 동무들도 없고 사회주의조국도 없습니다. 그의 운명이자 동무들의 운명이고 조국의 운명입니다. 수령과 당과 인민의 운명은 하나입니다. 그러므로 동무들은 김정일동지에게 충성을 다해야하며 그의 령도를 받들어 사회주의 위업과 조국통일위업을 빛나게 완성하여야 합니다》》"	3면 7단	량순 기자
〃	위대한 령도자를 받들고 인민은 전진한다	"우리에게는 친애하는 지도자 김정일동무께서 계신다. 문무를 겸비하신 참다운 인민의 령도자이신 희세의 위인 김정일동지"	4면 6단	리수근 기자
〃	충효일심의 대오로-장강군 향하리당위원회에서	"모든 당원들과 농업근로자들 모두가 친애하는 지도자 김정일동지께 충효일심을 다 바치는 억센 투사로, 위훈의 창조자로 믿음직하게 준비시켜나가고있다"	4면 2단	서충식 기자
〃	어버이수령님의 유훈 심장에 새기고-철도과학분원 과학자들	"철도과학분원 과학자들은 위대한 수령님을 잃은 참을수 없는 슬픔과 비통함을 힘과 용기로 바꾸어 과학연구사업에 박차를 가함으로써 수령님의 령전에 다진 맹세대로 친애하는 지도자동지를 더 잘 받들어모시고 혁명투쟁과 건설사업에서 끝임없는 앙양을 일으키는데 이바지하고있다"	4면 5단	박지흥 기자
〃	숭고한 뜻 꽃피우기 위하여-형제산구역 학산협동농장의 농업근로자들	"위대한 수령님께서 생전에 바라신대로 농민의 본분을 다하는것으로써 친애하는 지도자 김정일동지를 더 잘 받들어모시고 우리식 사회주의를 더욱 빛내이려는 이들의 결심은 반드시 실현될것이다"	4면 3단	최재남 기자

〃	우리 나라 신임대사 또고대통령에게 심임장을 봉종	"나는 위대한 수령 김일성동지의 뜻대로 조선인민이 친애하는 지도자 김정일동지의 두리에 굳게 뭉쳐 통일단결을 더욱 강화하고 나라의 통일과 번영을 이룩하리라 믿는다"	4면 3단	조선 중앙 통신
〃	위대한 수령님의 동상을 찾은 리인모동지가 맹세를 피력	"몸은 비록 성하지 못하여도 위대한 수령 김정일동지를 한목숨바쳐 옹위하는 전사가되겠습니다"	4면 2단	조선 중앙 통신
〃	본분을 다하게 이끌어-단천시 문호리당위원회에서	"동무들, 우리 모두 어버이수령님에대한 생각이 간절해질 때마다 조선인민군 최고사령관이신 우리의 영명한 령도자 김정일장군님을 높이 우러러 뵈옵자"	4면 3단	김경무 기자
〃	3대원칙과 10대강령을 받들고 조국통일위업을 기어이 실현하자	"친애하는 김정일동지를 민족의 걸출한 령도자로 모시여 위대한 수령님께서 이끌어오신 조국통일과 민족자주위업의 완성, 통일조국의 륭성번영은 확고히 담보되여있다"	5면 6단	한응호
〃	《저명한 수령의 업적》 - 여러나라 신문, 방송이 강조	"오지리텔레비죤방송은 친애하는 김정일동지의 초상화를 화면에 모시고 김정일각하는 김일성주석의 혁명위업을 계승하여 전반사업을 맡아보고계신다고 보도하였다"	6면 4단	
〃	김일성주석의 생전의 뜻을 받들어나갈 것이다-조선의 통일과 평화를 위한 국제련락위원회 뷸레찐특간호 발행	"우리는 김정일원수의 령도를 받는 조선인민이 시련과 난관을 용감하게 이겨내고 나라의 통일과 평화위업을 하루속히 성취하리라고 굳게 확신한다"	6면 4단	조선 중앙 통신

1994.7.27.	(사설) 조국해방전쟁을 승리에로 이끄신 경애하는 김일성동지의 업적은 만대에 빛날것이다	"문무충효를 겸비하신 절세의 위인이시며 백전백승의 강철의 령장이신 친애하는 지도자 김정일동지께서 우리 혁명의 진두에 서계신다...우리는 오늘의 커다란 슬픔을 새로운 힘과 용기로 바꾸어 친애하는 지도자 김정일동지의 령도를 충성으로 높이 받들어 나감으로써 경애하는 수령님께서 이룩하신 불멸의 혁명업적을 영원히 빛내여나가며 우리 조국의 존엄과 민족의 자주권을 철벽으로 지켜나갈 것이다. 친애하는 지도자 김정일동지께서 계시는 한 우리 인민의 혁명투쟁력사는 영원히 백전백승의 력사로 수놓아 질것이다"	1면통단	(사설)
〃	친애하는 지도자 김정일동지께-대리비아아랍사회주의인민공동체 위대한 9월1일혁명의지도자가 련대성전문을 보내여왔다	가다피대좌 "나는 당신께서 만수무강하시고 행복하실것과 아울러 친선적인 조선인민에게 진보와 번영이 있을 것을 축원합니다"	1면 3단	
〃	경애하는 수령 김일성동지의 높은 국제적권위에 대한 절대적인 신뢰의 표시-세계 160여개 나라에서 근 500여명의 국가, 정부 수반들과 당령도자들이 조전을 보내여왔다	"조전들은 위대한 수령께서는 비록 서거하시였으나 그이께서 개척하신 혁명위업은 비범한 예지와 탁월한 령도력을 지니고계시는 조선인민군 최고사령관이신 친애하는 지도자 김정일동지의 현명한 령도밑에 빛나게 계승완승될것이라는 굳은 확신을 표명하였다"	1면5 단	조선중 앙 통신
〃	전승의 축포성과 더불어 우리 수령님 영생하신다-주체적군사사상의 위대한 승리	"경애하는 최고사령관 김정일동지의 령도따라 위대한 수령님께서 개척하신 주체혁명위업의 완성을 위하여 일심단결의 기치높이 억세게 싸워나가는 우리 인민과 인민군대의 앞길에는 언제나 승리와 영광만이 빛날것이다"	3면 4단	조원재 기자

〃	무적의 강군으로	"위대한 수령 김일성동지께서는 다음과 같이 교시하시였다. 〈〈김정일동지의 령도는 혁명무력건설에서도 새로운 전변을 가져오게 하였습니다〉〉"	3면 3단	리수근 기자
〃	〈〈김일성장군의 노래〉〉 높이 부르며	"이것은 위대한 수령님을 잃은 애석하고 비통한 심정을 힘과 용기로 바꾸어 경애하는 최고사령관동지를 충효일심으로 받들어가고있는 우리 인민과 인민군장병들의 엄숙한 맹세, 조선의 맹세이다"	3면 5단	기병인 기자
〃	군민은 한전호에 서있다	"오늘 우리 인민군대와 인민들속에서는 위대한 수령님의 유훈을 높이 받들고 우리의 최고사령관 김정일장군님께서만 계시면 우리는 이긴다는 철석의 신념을 간직하고 조국을 지키고 사회주의건설을 다그치는 길에서 서로 돕고 위해주는 아름다운 소행들이 수없이 창조되고 있다"	3면 4단	김치곤 기자
〃	태양의 력사는 영원하리!	"친애하는 지도자동지께서 계시는 한 우리 나라는 영원한 〈태양이 빛나는 나라〉로 될것입니다"	4면 5단	박정남 기자
〃	(시) 승리자의 선언	"들으라, 세계여 김일성동지의 불멸의 업적을 만년부재로 지키고 빛내이시는 김정일장군님의 령도가 있어 조선의 승리는 영원하리라는 것을 나는 선언한다!"	4면 3단	오영환
〃	영원한 메아리	"어버이수령님의 생전의 뜻을 이 땅에 활짝 꽃피워갈 일념을 안고 우리 인민은 이렇게 일어섰다. 하늘땅에 울려퍼지던 슬픔의 메아리는 친애하는 지도자동지를 억만년 길이 받들어갈 충성의 메아리로 조국땅에 울려퍼진다"	4면 5단	오혜옥 기자

〃	혼연일체의 참모습을 보았습니다	"그 뜨거운 마음을 안고 인민은 위대한 수령님께 못다 바친 충성까지 합쳐 친애하는 지도자동지를 대를 이어 충효일심으로 받들어 모실 것을 맹세다지는 것이다"	4면 3단	원산시 봉춘동 박만정
〃	오늘도 우리를 지켜보고계신다-평화화력발전련합기업소 로동자들	"위대한 수령님께 기쁨을 드리던 그때처럼 언제나 흰연기만을 세차게 뿜어올려 친애하는 지도자동지께 기쁨과 만족을 드릴 이곳 로동계급의 충효일심의 마음을 담고담아"	4면 4단	박명철 기자
〃	그 약속 대을 이어 지켜나가리-평양 대동문인민학교에서	"일편단심 친애하는 지도자동지만을 따라갈 우리 조국의 자랑스러운 새 세대들의 충성의 맹세였다"	4면 4단	김원석 기자
〃	조국해방전쟁승리 41돐에 즈음하여-근로자들의 모임 진행	'위대한 수령 김일성동지께서는 다음과 같이 교시하시였다. 《《인민대중중심의 우리 나라 사회주의를 고수하고 주체혁명위업을 빛나게 완성하기 위하여서는 전당과 전체 인민이 김정일동지의 령도를 잘 받들어 나가야합니다》"	5면 5단	조선 중앙 통신
〃	전쟁로병들과 평양시 청년학생소년들의 상봉모임들 진행	"그들은 지난 조국해방전쟁시기 위대한 수령님을 위하여 생명도 서슴없이 바쳐 싸운 50년대의 영웅전사들처럼 혁명의 새 세대들도 우리의 최고사령관 김정일장군님을 결사옹위하는 성새가되고 방패가되며 영원히 받들어 모시는 충신, 효자로 자라날 것을 당부하였다"	5면 5단	조선 중앙 통신
1994.7.28.	조선인민군 최고사령관 김정일동지께서-군민일치의 전통적미풍을 높이 발휘한 단위들과 근로자들에게 감사를 보내시였다	"그들은 친애하는 지도자동지를 혁명무력의 최고수위에 높이 모신 긍지와 행복을 안고 최고사령관동지의 전사들을 성심성의로 도와줌으로써 군인들 모두가 일당백초병으로 준비되도록 고무해주고있다"	1면 4단	본사 기자

〃	《김일성주석님은 천세만세 겨레와 함께 계신다》《절세의 위인 김정일장군 높이 모시리》 - 경애하는 수령님의 서거에 즈음하여 남조선의 각계층 인민들이 보내온 글발들	"오늘 위대한 령도자이신 친애하는 김정일동지를 높이 모시고 경애하는 수령님의 생전의 뜻을 받들어 조국통일위업을 반드시 성취하려는 남조선인민들의 의지는 더욱 굳세여지고 있다"	1면 4단	본사 기자
〃	경애하는 수령 김일성동지의 동상에-당과 정부 간부들과 인민군 군인들, 근로자들, 청소년학생들 화환 진정	"수령님께서 생전에 바라시던대로 친애하는 지도자 김정일동지를 당과 국가, 군대의 최고수위에 높이 모시고 그이의 령도따라 주체혁명위업을 대를 이어 끝까지 완성해 나갈 의지를 굳게 간직하였다"	1면 3단	
〃	위대한 조국해방전쟁승리 41돐경축 중앙보고대회 진행	"대회는 한 세대에 두 제국주의를 타승하시고 주체조선의 존엄과 영예를 만방에 빛내여주신 위대한 수령 김일성동지의 불멸의 업적을 천세만세 길이 빛내이며 조선인민군 최고사령관이신 친애하는 지도자 김정일동지를 중심으로 하는 당중앙위원회 두리에 굳게 뭉쳐 주체의 사회주의위업의 승리와 조국의 자주적 평화통일을 위하여 힘차게 싸워나갈 참가자들의 충성의 열정이 세차게 차넘치는 가운데 진행되었다"	1면 6단	조선 중앙 통신
〃	천백배의 힘과 용기를 내여 더 많은 석탄을-평안남도안의 각지 탄광들에서	"이곳 일군들과 전투원들은 친애하는 지도자동지께 충성다할 불같은 맹세를 안고 련일 혁신을 일으켜 요즈음에는 중순에 비하여 생산을 훨씬 장성시키고 있다"	1면 6단	문명록 기자
〃	증산투쟁을 힘있게 벌려-3월26일공장의 로동계급	"공장의 일군들은 친애하는 지도자 김정일동지께서 쌓아올리신 불멸의 업적과 그이께서 지니신 고매한 덕성을 로동자들속에 더욱 해설침투하는 한편 그들이 자력갱생, 간고분투의 혁명정신으로 더 높은 생산적앙양을 일으키게 하고있다"	1면2단	최재남 기자

〃	위대한 수령 김일성동지께서 이룩하신 불멸의 군건설업적을 만대에 빛내여나가자-당중앙위원회 비서 계응태동지의 경축보고	"모두다 김정일동지를 중심으로 하는 당중앙위원회두리에 굳게 뭉쳐 주체의 사회주의위업의 승리와 조국의 자주적 평화통일을 위하여, 온 세계의 자주화를 위하여 힘차게 싸워나아갑시다"	3면통단	
〃	항일혁명선렬들의 숭고한 모범따라 최고사령관 김정일동지께 충성다하리-대성산혁명렬사능을 찾은 수도의 각계층 인민들과 인민군장병들	"조선인민군 장병들은 적탄이 빗발치는속에서 한몸이 그대로 철벽의 방패가되어 위대한 수령님을 보위한 김정숙동지처럼 어떤 역경속에서도 최고사령관동지를 결사옹위하는 총폭탄이되며 김정일장군님을 통일의 광장에 높이 모실 그날을 앞당겨나갈 철석의 신념을 가다듬었다"	3면 4단	조선중앙통신
〃	조국해방전쟁승리기념탑에 꽃바구니 진정-위대한 조국해방전쟁승리 41돐에 즈음하여 당과 정부 간부들과 인민군인들, 근로자들, 청소년학생들	"그들은 위대한 수령님을 위하여 하늘과 땅, 바다에서 한목숨 서슴없이 바쳐 싸운 50년대의 영웅전사들처럼 일편단심 우리의 최고사령관 김정일장군님을 결사옹위하며 그이의 령도밑에 피로써 쟁취한 인민대중중심의 우리 식 사회주의를 고수하고 빛내여나갈 의지로 가슴 불태웠다"	3면 3단	조선중앙통신
〃	전군이 경애하는 최고사령관 김정일동지의 령도를 충성으로 받들자-조선인민군 륙해공군 청년군인들의 충성의 결의 모임 진행	"위대한 수령 김일성동지께서 다음과 같이 교시하시였다. 《나는 전체 인민군장병들이 김정일최고사령관의 명령을 나의 명령과 같이 여기고 그의 명령에 절대복종하며 최고사령관의 령도를 충성으로 높이 받들어 나갈것을 기대합니다》"	4면 4단	조선중앙통신
〃	조선인민군 륙해공군들의 분렬행진 진행	"천출명장 김정일동지의 령도밑에 그 어떤 대적도 감히 범접 못하는 필승불패의 강군으로, 조직력과 집단력이 강한 혁명적무장력으로 발전된 우리 인민군대의 위용이 대오마다 넘쳐났다"	4면 4단	조선중앙통신

〃	《조선인민군의 위력은 막강하다》	"파키스탄조선친선협회 성원이며 카라치법률협회 변호사인 이부힘 한. '조선인민군 최고사령관 김정일각하께서 계시고 막강한 군사력과 일심단결의 위력을 가진 조선을 당할자는 이 세상에 없다'"	4면 4단	조선 중앙 통신
〃	위대한 수령 김일성동지의 동상에-단마르크공동위업로동당대표단이 화환을 진정	"그이께서 개척하신 혁명위업은 친애하는 김정일동지에 의하여 훌륭히 실현되고있다"	4면 3단	
〃	영원한 마음의 기둥으로	"위대한 수령 김일성동지께서 다음과 같이 교시하시였다. 《우리의 당원들과 근로자들은 평화로운 시기에나 준엄한 시련의 시기에나 변함없이 오직 자기의 령도자 김정일동지만을 믿고 따르며 받들어나가는 끝없는 충성심을 가져야 합니다》"	5면 5단	윤계근 기자
〃	영광의 땅에 만풍년 펼치리-온성군 왕재산협동농장 농업근로자들	"위대한 수령님의 생전의 뜻을 받들고 농사를 잘지어 친애하는 지도자동지께 만풍년의 기쁨을 드리려는 왕재산협동농장 일군들과 농장원들의 뜨거운 마음에 받들려 포전마다 흐뭇한 풍년작황이 펼쳐져가고있다"	5면 3단	김청국 기자
〃	회고록학습을 더욱 뜻깊게-선천도자기공장 초급당위원회에서	"조국광복과 인민의 자유와 해방을위하여 온갖 로고와 심혈을 다 바쳐오신 위대한 어버이수령님의 업적을 우리는 영원히 잊지말며 대를이어 빛내여나갑시다"	5면 3단	한병인 기자
〃	정치사업을 능란하고 활발하게-시중군 연평리당위원회에서	"리당비서는 우리의 최고사령관 김정일동지를 잘 받들어모시고 그이의 두리에 일심단결하여야 한다신 수령님의 생전의 뜻을 심장으로 간직하고 모두가 올해의 농사를 잘 지어 친애하는 지도자동지께 기쁨을 드리자고 절절히 호소했다"	5면 4단	최갑성 기자

〃	충성의 맹세를 다지고 떨쳐나섰다-신의주화학섬유종합공장에서	"위대한 수령님은 영원히 우리와 함께 계신다. 더 높은 생산적 앙양으로 친애하는 지도자동지께 충성다해나가자!"	5면 3단	김기두 기자
〃	신념의 맹세를 꽃피우며-신천군 일군들과 농업근로자들	"위대한 수령님! 우리는 친애하는 지도자 김정일동지를 충성으로 높이 우러러모시고 어버이수령님의 생전의 뜻대로 이 땅에 언제나 만풍년을 마련하겠습니다"	5면 3단	김희영 기자
〃	《최고사령관 김정일동지는 강철의 령장》 - 짐바브웨이에서 련합토론회 진행	"조선인민군 최고사령관 김정일동지의 세련된 령도에 의하여 오늘 우리 인민군대가 백전백승의 혁명무력으로 강화발전된데 대하여 그들은 강조하였다"	6면 5단	조선 중앙 통신
1994.7.29.	(사설) 위대한 수령 김일성동지께서 이룩하신 혁명전통을 끝없이 빛내이자	"오늘 우리 혁명의 진두에는 우리 당과 인민의 영명하신 령도자이시며 우리 혁명무력의 최고사령관이신 친애하는 지도자 김정일동지께서 서계신다", "모든 당원들과 근로자들은 또한 경애하는 수령 김일성동지께서 이룩하신 혁명전통에서 핵을 이루는 일심단결의 전통을 견결히 고수하고 대를 이어 빛내여나가야한다"	1면통단	(사설)
〃	위대한 김일성주석은 영원히 세계인민들과 함께 계신다-경애하는 수령님의 서거에 세계5대륙 인민들 깊은 애도의 뜻 표시, 160여개 나라에서 조의행사 진행	"그들은 친애하는 지도자 김정일동지의 세련된 령도밑에 위대한 수령 김일성동지의 생전의 뜻이 반드시 성취될것이며 세계가 전진할것이라고 지적하고 《우리는 김일성동지를 절대적으로 신뢰하고 존경한것처럼 친애하는 김정일동지를 절대적으로 존경한다》"	1면 5단	조선 중앙 통신
〃	친애하는 지도자 김정일동지와 우리 인민은 혼연일체이다-필승불패의 힘의 원천	"이제 세계는 친애하는 지도자 김정일동지의 두리에 굳게 뭉쳐 일떠선 조선이 얼마나 위대한 력사를 창조하는가를 똑똑히 보게 될것이다"	3면 5단	박정남 기자

〃	갈수록 더해만가는 뜨거운 은정	"우리의 친애하는 지도자 김정일동지께서는 언제나 우리 혁명전사들과 인민들을 생각하시며 어쩌다 자신께 빛다른것이 생겨도 다심한 사랑과 배려를 돌려주고 계신다"	3면 5단	박남진 기자
〃	믿고 따르는 품	"우리 인민이 믿는 것은 《하느님》도 아니고 돈이나 재물도 아니다. 우리 인민은 오직 친애하는 지도자 김정일동지만을 믿는다"	3면 6단	김홍룡 기자
〃	대를 이어 누리는 수령복을 절감하며	"위대한 수령 김일성동지께서 다음과 같이 교시하시였다. 《주체혁명을 대를 이어 계승하고 완성하려면 문무충효를 다 겸비하고 혁명과 건설을 승리에로 령도하고있는 김정일동지를 잘 받들어야한다》"	3면 3단	경공업 위원회 부위원장 김창석
〃	수령님의 생전의 뜻을 받들어 더 많은 철강재를-김책제철련합기업소 당원들과 로동계급	"지금 김철의 로동계급은 위대한 수령님의 생전의 뜻을 높이 받들어 철강재증산성과로 친애하는 지도자 동지를 충성으로 받들어나갈 철석의 맹새를 다지고 증산투쟁을 더욱 힘있게 벌려나가고있다"	4면 6단	동성종 기자
〃	천백배의 힘으로 바꾸어-2.8세멘트련합기업소에서	"경애하는 수령님의 유훈을 심장깊이 새기고 친애하는 지도자동지를 충성으로 받들어나갈 불타는 일념밑에 2.8세멘트련합기업소의 일군들과 로동자, 기술자들, 3대혁명소조원들이 슬픔을 힘과 용기로 바꾸면서 한결같이 떨쳐나서 생산에서 전례없는 혁신을 일으키고 있다"	4면 2단	박춘흥 기자
〃	충성의 맹세안고 일떠섰다-덕천지구탄광련합기업소 당원들과 탄부들	"위대한 수령 김일성동지께서 다음과 같이 교시하시였다. 《...동무들은 김정일동지에게 충성을 다해야하며 그의 령도를 받들어 사회주의 위업과 조국통일위업을 빛나게 완성하여야 합니다》"	4면 5단	신혁필

〃	매일 계획을 어김없이-개천수출피복공장에서	"이곳 로동계급은 어버이수령님의 생전의 뜻을 받들어 친애하는 김정일동지께 충성과 효성을 다할 신념의 맹세를 안고 집단적혁신을 일으켜 요즘 매일 1.2배, 1.3배의 실적을 기록하고 있다"	4면 4단	본사 기자
〃	위대한 수령님 키우신 우리 군대의 훌륭한 품성-혁명사적지를 더 잘 꾸리는데서 모범을 보인 인민군장병들	"수령님께 다하지 못한 충성까지 합쳐 경애하는 최고사령관 김정일장군님을 해와 달이 다하도록 모시겠습니다. 위대한 수령님, 안심하십시오. 경애하는 최고사령관동지께서 계시는 한 수령님의 혁명위업은 빛나게 완성될것입니다"	5면 6단	기병인 기자
〃	무적의 대오로 억세게 준비	"이런 나날에 군인들은 천출명장이신 경애하는 최고사령관 김정일동지와 인민대중중심의 우리식 사회주의를 믿음직하게 보위해나가는 일당백의 싸움군들로 억세게 자라나고있다"	5면 2단	박명일
1994.7.30.	《민족의 태양 김정일령수 만만세!》 - 친애하는 지도자 김정일동지를 칭송하는 글발 서울의 지하전동차에 나붙었다, 남조선인민들의 결의	"참으로 김정일지도자님은 구세제민의 태양이시다. 김정일선생님과 같으신 민중의 령도자를 모신 것은 복중의의 복이다. 지금 우리 이남민중이 양키식민지통치하에서 온갖 고통을 받으며 살아가지만 김정일지도자님을 모시여 우리 민족의 미래는 양양하다"	1면 5단	조선 중앙 통신
〃	필승의 신념과 락관에 넘쳐 생산에서 일대 앙양을!-심장의 맹세지켜-각지 탄광 당원들과 탄부들	"각지 탄광 당원들과 탄부들은 친애하는 지도자동지의 현명한 령도밑에 어버이수령님의 생전의 뜻을 철저히 실현하기 위한 충성의 맹새대로 석탄생산을 늘이며 전진, 전진, 투쟁 또 전진하고있다"	1면 5단	안시근 기자

〃	당의 혁명적성격을 고수하기 위한 빛나는 령도	"전체 당원들과 근로자들, 인민군 군인들은 지난날과 마찬가지로 앞으로도 우리 당의 운명이시고 우리 혁명의 승리의 상징이신 위대한 령도자 김정일동지의 향도따라 억세게 싸워나감으로써 우리 당을 영원히 주체형의 혁명적 당으로 더욱 빛내여나갈것이다"	3면통단	주병순 기자
〃	충성의 당세포대렬을 늘려-사리원시 정방리당위원회에서	"모든 당세포비서들이 당원들을 친애하는 지도자동지께 충성과 효성을 다하는 참다운 충신, 지극한 효자로 키우는 사업을 책임적으로 진행해나가게 하고 있다"	3면 2단	특파 기자
〃	우리 당 교육방침의 위대한 승리, 주체교육의 대화원-교육혁명의 불길높이 전진한 10년	"모든 교육일군들과 교원들은 위대한 수령님께서 생전에 바라시던대로 친애하는 지도자동지의 령도를 충성으로 받들고 교육혁명의 불길을 더욱 높임으로써 후대교육사업과 민족간부양성사업에서 보다 큰 성과를 이룩해나가야 할것이다"	4면 4단	변창덕 기자
〃	일하면서 배우는 교육체계의 우월성-흥남공업대학에서	"대학에서는 지금 위대한 수령님의 생전의 높으신 뜻을 받들어 친애하는 지도자동지께 끝까지 충성과 효성을 다하는 기술인재들을 키워내기 위한 사업을 목적지향성있게 진행하고있다"	4면 3단	최시홍 기자
〃	위대한 교육강령-인도인사가 담화 발표	"나는 조선의 교육자들이 위대한 령도자 김정일동지의 현명한 령도밑에 앞으로 더 큰 성과를 이룩하리라고 믿는다"	4면 3단	조선 중앙 통신
〃	주체교육의 화원을 활짝 꽃피우리	"나는 우리의 하늘이시고 운명이신 친애하는 지도자동지의 령도를 충성으로 받들고 위대한 수령님의 생전의 뜻대로 주체교육의 화원을 활짝 꽃피우는데 한생을 바칠 결의를 굳게 다지곤한다"	4면 5단	평양 제1고등중학교, 교장, 인민교원, 배재인

〃	조국의 미래는 창창하다-재령군 재령고등중학교를 찾아서	"위대한 수령님을 잃은 슬픔을 힘으로 바꾸어 후대 교육사업에서 꼭 훌륭한 성과들을 내겠습니다"	4면 5단	송미란 기자
〃	위대한 수령님의 유훈을 높이 받들어 올해를 만풍년으로!-불멸의 자욱마다에-문덕군 룡오협동농장 농업근로자들	"친애하는 지도자동지의 령도를 충성으로 받들어 올해에 섬땅에서 논벼 정보당 10톤의 수확을 낼 결의를 다진 제11작업반원들은 하늘을 찌를듯한 기세로 논벼를 알뜰히 가꾸고 있다"	5면 5단	리상호 기자
〃	생전의 뜻 꽃피워-봉산군 가촌협동농장에서	"봉산군 가천협동농장벌은 위대한 수령님의 생전의 뜻대로 만풍년을 이룩하여 친애하는 지도자동지께 기쁨과 만족을 드리려는 일군들과 농업근로자들의 불타는 열의로 세차게 끓고있다"	5면 3단	김창길 기자
〃	단마르크공동위업로동당대표단-만경대 방문, 여러곳 참관	"오늘 조선인민은 친애하는 지도자 김정일동지의 현명한 령도밑에 나라의 통일과 사회주의위업을 위한 투쟁을 힘있게 벌려나가고있다"	5면 4단	
〃	총련중앙상임위원회 책임부의장-대성산혁명렬사릉 참관	"우리들은 위대한 수령님의 생전의 유훈을 심장속에 명심하고 최고사령관 김정일장군님을 민족의 태양으로 높이 받들어모시며 총련을 그이께 충직한 주체의 애국조직으로 더욱 튼튼히 다져나가겠다"	5면 4단	
〃	개성송도피복공장 조업식 진행	"그들은 친애하는 지도자 김정일동지의 현명한 령도가 있는 한 주체혁명위업은 반드시 빛나게 완성되며 갈라진 조국은 기어이 통일된다는 확고한 신념을 더욱 깊이 간직하고 우리 당의 경공업제일주의방침을 철저히 관철하기위한 보람찬 투쟁에 몸과 마음을 다 바쳐갈것이라고 지적하였다"	5면 4단	조선 중앙 통신

〃	총련의 대표단과 방문단 만경대 방문	"재일본조선문학예술가동맹 중앙 상임위원회 김정수사무국장은 '오늘의 이 슬픔과 아픔을 힘과 용기로 바꾸어 친애하는 지도자 김정일원수님을 높이 모시고 그이의 령도를 충성으로 받들어 나가는 것이 위대한 수령님의 생전의 뜻을 잘 받드는 길이라고 생각한다'"	6면 2단	조선 중앙 통신
1994.7.31.	친애하는 지도자 김정일동지께-세계 여러 나라에서 련대성전문을 보내여왔다	'우리 당과 우리 인민의 지도자 김정일동지께 조선인민과의 국제적 련대성월간에 즈음하여 세계 여러 나라에서 전문을 보내여 왔다"	1면 3단	본사 기자
〃	친애하는 지도자 김정일동지의 불후의 고전로작들을 여러나라에서 보도, 깊이 연구	"토론자들은 '친애하는 김정일각하는 조선인민과 세계혁명적 인민들의 결출한 수령이시다'"	1면 3단	조선 중앙 통신
〃	용기백배, 기세드높이 생산과 건설에서 일대 앙양을 일으키자-석탄생산에서 새로운 전환-함경북도안의 탄광들에서	"더 많은 석탄을 생산하는것으로써 친애하는 지도자동지의 령도를 충성으로 받들어갈 맹세를 굳게 다진 도안의 각지 탄광 일군들과 로동계급은 높은 석탄증산목표를 내세우고 계속혁신, 계속 전진해 나가고 있다"	1면5단	동성종 기자
〃	(계속) 충성의 기적소리 높이 울리며-원산철도분국에서	"분국의 일군들은 각대의 로동계급과 수송전사들 속에 들어가 힘과 용기를 내여 더 많은 짐을 수송하는것으로써 친애하는 지도자 김정일동지를 더 높이 받들어모시고자 호소하면서 자기들이 직접 객화차, 철길 수리에 달라붙었고 기관차운전대도 잡았다"	1면 2단	신혁필
〃	우리 당을 천증산성과로 받들어 가리-평양종합방직공장의 천생산자들	"동무들! 우리 모두 가슴아픈 슬픔을 힘과 용기로 바꾸고 어버이수령님의 높으신 뜻을 깊이 새겨나갑시다. 천증산으로 친애하는 지도자동지를 더 잘 받들어나갑시다"	3면 3단	리경화 기자

〃	불같은 일념을 안고-중화군 명월협동농장에서	"지금의 풍년작황이 그대로 알찬 열매가 되게하여 친애하는 지도자 동지께 기쁨을드려야 한다는 불같은 각오를 안고 그들은 일떠섰다"	3면 2단	한원 기자
〃	위대한 수령님의 당건설사상을 옹호 고수하는 것은 당조직들의 숭고한 사업	"당조직들과 당일군들은 로작에서 제시된 사상과 과업을 튼튼히 틀어쥐고 현실발전의 요구에 맞게 당조직사상사업을 더욱 짜고들어 진공적으로 벌려나감으로써 모든 간부들과 당원들을 친애하는 지도자 김정일동지께 충효일심을 다 바치는 혁명의 정수분자로, 당의 전위기수로 튼튼히 준비시켜나가야한다"	3면통단	금속 공업부 당위원회비서 손경수
〃	세쌍둥이를 위해 날은 비행기	"우리 혁명의 1세, 2세들이 위대한 수령님을 충성으로 받들어모신것처럼 우리 인민 모두가 친애하는 지도자동지를 결사옹위하는 총폭탄이 될 것을 굳게 맹세다지고 있다"	4면 2단	김창수
〃	우리는 언제나 이긴다-조국해방전쟁승리기념탑을 찾아서	"하늘땅을 쩡쩡 울리는 노래소리 그것은 위대한 령장이신 경애하는 최고사령관 김정일장군님의 령도따라 오직 승리의 한길로만 나아갈 우리 인민의 불같은 맹세이기도하였다"	4면 5단	리은실 기자
〃	위대한 수령 김일성동지의 동상을 찾아 추모-예멘대사관 성원들	"우리는 위대한 수령 김일성주석께서 이룩하신 혁명업적을 친애하는 지도자 김정일동지께서 반드시 빛나게 고수하시리라고 확신한다"	4면 3단	
〃	비장한 각오, 힘찬 전진의 숨결-각계층 인민들이 보내여온 시작품들을 보고	"그렇다. 우리의 최고사령관 김정일장군님을 혁명대오의 진두에 높이 모시고 위대한 수령님의 생전의 뜻을 꽃피우기위하여 산악처럼 일떠서 나아가는 인민의 장엄한 진군은 그무엇으로써도 막지 못한다"	4면 5단	전선호

〃	〈〈문민〉〉독재자들은 민족이 내리는 추상같은 징벌에서 절대로 벗어나지 못할 것이다-조국평화통일위원회 성명	"우리는 경애하는 수령 김일성동지의 생전의 뜻을 높이 받들고 친애하는 김정일동지의 두리에 굳게 뭉쳐 조국의 자주적평화통일위업을 완성하기위한 투쟁을 더욱 힘차게 벌려나갈것이다"	5면 5단	
〃	조국통일은 자주, 평화통일, 민족대단결의 3대원칙에 기초하여 실현하여야한다	"북과 남, 해외의 전체 조선민족은 위대한 수령 김일성동지의 생전의 뜻을 높이 받들고 조선인민군최고사령관이신 김정일동지의 두리에 더욱 일심단결하여 조국통일의 력사적위업을 기어이 성취하고야말것이다"	5면 5단	김창운
〃	일심단결은 조선의 위력-여러 나라 인사들이 강조	"존경하는 김정일동지를 높이 모시고 일심단결된 힘으로 사회주의를 건설해나가는 조선인민의 앞길에는 언제나 승리와 영광만이 있을것이다"	6면 5단	조선 중앙 통신
1994.8.1.	위대한 수령 김일성동지의 혁명사상으로 더욱 철저히 무장하자!-우리 혁명의 영원한 생명으로	"전당과 온 사회의 주체사상화의 기치아래 우리 모든 당조직들과 당원들 한사람 한사람을 어버이 수령님의 혁명사상으로 튼튼히 무장시킨 위대한 령도자 김정일동지의 불멸의 업적은 길이 빛날 것이다"	1면 5단	본사 기자
〃	로작원문학습에 힘을-3월26일 공장 초급당위원회에서	"초급당위원회는 당원들과 근로자들이 주체사상의 정당성과 생활력을 똑똑히 알고 주체사상의 요구대로 살며 일해나가도록 어버이수령님과 친애하는 지도자동지의 로작원문에 대한 학습지도를 더욱 심화시켜나가고있다"	1면 5단	손영희 기자
〃	〈〈위대한 인간사랑의 정치〉〉 - 모잠비끄 정계 인사들이 담화 발표	"주체의 태양이시며 조선로동당과 국가, 군대의 최고령도자이신 친애하는 김정일동지의 위대한 인간사랑의 정치 만세!"	1면4단	조선 중앙 통신

〃	(정론) 금성철벽의 당	"우리는 언제나 강하며 언제나 이긴다. 우리 모두 친애하는 지도자동지를 신념과 의리로 높이 받들어 모시고 우리 당을 더욱 일심단결된 금성철벽의 당으로 튼튼히 다져나감으로써 어버이수령님께서 한평생을 바치시여 개척해놓으신 성스러운 주체의 혁명위업을 대를 이어 끝까지 완성해나가자"	3면통단	(정론) 동태관
〃	혁명에 대한 헌신성의 빛나는 귀감	"친애하는 지도자 김정일동지께서는 누구보다 슬픔이 크실 최근의 기간에만도 모든 것을 조국과 인민을 위해 바치시며 위인중의 위인, 령장 중의 령장, 위대한 령도자로서의 걸출하고 고결한 풍격을 온 세계에 떨치시였다"	3면 4단	한룡호 기자
〃	위대한 주체농법 더욱 활짝 꽃피우기 위하여-박천벌안의 일군들과 농업근로자들	"위대한 수령님께 다하지 못한 충성과 효성을 친애하는 지도자동지께 깡그리 바쳐가는 길만이 어버이수령님의 높은 뜻을 받들어가는 길임을 깊이 자각한 박천벌사람들은 올해에도 주체농법을 꽃피워 만풍년의 가을을 안아올 결의를 빛나게 실천해가고있다"	3면 5단	태명호 기자
〃	잊지 못할 은덕으로-신천군 화산리당위원회 사업에서	"이곳 당원들과 농장원들은 당의 은덕을 잊지않고 세월이 흐를수록 가슴깊이 새기며 친애하는 지도자동지만을 믿고 따르면서 그이께 충성과 효성을 다할 한마음으로 농사일을 착실하게 잘해나가고있다"	3면 2단	본사 기자
〃	위대한 수령님의 유훈을 받들고 전력생산에서 일대 앙양을!-그날의 말씀을 가슴깊이 새기고-평양화력발전련합기업소 일군들과 로동계급	"슬픔을 힘과 용기로 바꾸어 전력생산의 더 높은 고지에로 치달아 오르려는 이곳 일군들과 로동자, 기술자, 3대혁명소조원들의 앙양된 열의는 친애하는 지도자동지의 령도를 높이 받들고 힘차게 전진하는 우리 인민의 굳은 결의를 그대로 보여준다"	4면 5단	정한모 기자

〃	《20세기 인류력사에 빛나는 자욱을 남기신 위인》 - 여러 나라 신문, 방송이 글 발표	"세계 혁명적인민들은 위대한 수령 김일성동지의 위업을 친애하는 지도자 김정일동지께서 계승 완성하실 것을 념원하고 있다"	6면 5단	조선 중앙 통신
1994.8.2.	(사설) 전당 주체사상화의 구호밑에 전진해온 영광스러운20년	"오늘 우리 당의 진두에는 우리의 모든 승리의 상징이시며 혁명적 당건설의 거장이신 친애하는 김정일동자께서 서계신다. 모두다 친애하는 지도자 김정일동지를 중심으로 하는 우리 당 중앙위원회 두리에 충효일심으로 굳게 뭉쳐 주체의 당건설위업과 사회주의위업을 끝까지 완성하기위하여 힘차게 투쟁해나가자"	1면통단	(사설)
〃	조선인민군 최고사령관 김정일동지께서-사회와 집단을 위하여 좋은 일을 한 군인들에게 감사를 보내시였다	"그들은 오늘의 이 영광, 이 행복을 가슴깊이 간직하고 더욱 분발하여 최고사령관 김정일동지의 령도를 충성으로 받들어나감으로써 위대한 수령님의 유훈을 앞장서 실현하고 우리 식 사회주의 우월성과 불패성을 과시하는데 이바지할 굳은 결의를 표명하였다"	1면 4단	본사 기자
〃	친애하는 지도자 김정일동지께-여러 나라 국가수반들과 령도자들이 조전을 보내여왔다	"조전들은 조선인민이 커다란 슬픔을 용기와 힘으로 바꾸고 친애하는 지도자 김정일동지의 두리에 일심단결하여 분렬된 나라의 통일과 사회주의 위업을 끝까지 완성하여 세계혁명의 빛나는 모범을 창조하여 나갈것이라는 확신을 표시하였다"	1면 4단	본사 기자
〃	위대한 수령님의 존귀하신 영상과-외국기자단과의 회견내용을 남조선잡지가 특집	"《세계와 나》6월호는 '《김정일, 인민지도자로 믿음직》이라는 소제목을 달고 위대한 수령님께서 우리나라에서는 이미 오래전부터 김정일동지가 당과 국가, 군대의 전반사업을 맡아 령도하고 있다'는 말씀을 인용하였다"	1면 3단	조선 중앙 통신

〃	전당 주체사상화의 요구에 맞게 당사업을 더욱 개선강화하자!-당의 명맥을 꿋꿋이 이어나가며	"지금 우리의 모든 당일군들은 위대한 수령님의 유훈을 높이 받들고 당사업을 보다 참신하고 실속있게 해나감으로써 수령님께서 창건하신 우리 당의 명맥을 영원히 이어나가기 위하여 친애하는 지도자동지의 령도를 충성으로 만들어나가고있다"	3면 5단	한병인 기자
〃	전진하는 당의 일군답게-승리호 세멘트공장 초급당위원회 일군들	"초급당위원회 당 일군들은 음악도 알고 정서가 있어야 한다고 하신 친애하는 지도자 동지의 의도를 관철하기 위하여 문화적 소양을 높여 정서가 풍부한 일군으로 준비되기 위해서도 적극노력하였다"	3면 5단	손영희 기자
〃	당 생활지도를 짜고들어	"이런 과정을 통하여 간부들과 당원들은 그 어떤 광풍이 휘몰아치고 하늘땅이 열백번 뒤집힌다 해도 오직 친애하는 지도자동지만을 믿고 따르며 주체혁명위업의 완성을 위한 투쟁에 몸과 마음을 다 바쳐나가는 충신과 효자로 자라났다"	3면 3단	기계 공업부당위 원회 비서 최기선
〃	당조직의 항구적인 사업으로 틀어쥐고-남포시당위원회 사업에서	"시당위원회는 이미 거둔 성과에 만족하지않고 친애하는 지도자 김정일동지를 우리 당의 수위에 높이 모시고 어버이수령님께서 개척하신 주체의 혁명위업을 끝까지 완성하기 위하여 당사업을 끊임없이 심화시켜나가고있다"	3면 5단	리장록 기자
〃	위대한 수령님의 유훈을 받들고 올해를 만풍년으로-모두가 들끓는 포전에서-개천시안의 일군들	"지금 시의 일군들은 올해 만풍년을 마련하여 친애하는 지도자동지께 기쁨을 드릴 불같은 결의를 안고 언제나 농장원들속에 들어가 그들에게서 배우고 그들을 이끌어주며 당면한 농사일을 착실히 해나가고있다"	4면 3단	정영철 기자

〃	(계속) 드높은 결의 안고-정평군 봉대협동농장 일군들과 농장원들	"위대한 수령님의 생전의 뜻을 받들어 친애하는 지도자동지를 충효일심으로 더욱 높이 우러러 모시며 그이의 현명한 령도따라 수령님께서 밝혀주신 주체농법을 더욱 활짝 꽃피워 이 땅에 또다시 만풍년을 안아오려는 농장원들의 그 신념, 그 열정으로 하여 이곳 농장벌에는 날을 따라 더 좋은 농사작황이 펼쳐지고있다"	4면 3단	유부작 기자
〃	실천적 모범으로-평산군에서	"어버이수령님의 생전의 높은 뜻대로 올해 농사를 잘지어 친애하는 지도자동지께 기쁨과 만족을 드릴 불타는 결의를 다지고 떨쳐나선 평산군안의 당원들과 농업근로자들은 포전에서 살고 포전에서 뛰고있다"	4면 2단	본사기자
〃	영원히 빛나라 력사의 길이여	"주체혁명위업을 대를 이어 빛나게 계승해나가는 위대한 령도자가 계시는 한 위대한 수령님께서 개척하신 주체의 길은 영원히 빛나게된다"	5면 5단	승정표 기자
〃	맹세를 혁명적으로 실천하여-석탄채굴공학연구소 과학자들	"소장 동무는 위대한 수령께 다하지 못한 충성과 효성까지 합쳐 친애하는 지도자동지를 석탄증산으로 더 잘 받들어 모실 비상한 각오를 안고 갱목절약을 위한 과학연구사업을 대담하고 통이 크게 지휘해나가고있다"	5면 5단	박지흥 기자
〃	(시) 조국이여, 앞으로!	"우리 그이를 잘 받들어갑시다. 그 마음들을 올린 수십만통의 편지에는 인민의 령도자에게 바칠수 있는 가장 순결한 량심의 글발이 적혀졌노라-친애하는 지도자동지 힘을 내시여 우리를 이끌어주십시오. 우리는 오직 당신만을 믿습니다"	5면 3단	(시) 오영세

〃	존귀하신 영상을 가슴에 새기며-만경대구역 칠골3동 20인민반 김영순가정에서	“우리 인민은 친애하는 지도자동지의 위대한 모습에서 경애하는 수령님의 인자하신 영상을 보고있다”	5면 5단	한룡호 기자
〃	김일성주석은 민족의 영원한 태양-재미교포 손원태선생이 강조	“겨레여, 슬픔의 눈물을 거두라. 우리에게는 향도의 태양, 세기의 위인이 계신다. 그 분께서 계시는 한 민족의 전도는 양양하다. 우리 모두 민족의 운명이신 김정일장군님을 따라 더욱 힘차게 나가자”	6면 5단	조선 중앙 통신
1994.8.3.	친애하는 지도자 김정일동지께-여러 나라 당령도자들이 축전과 련대성전문을 보내여왔다	“축전과 련대성전문들에서는 최고사령관 김정일동지께서 사회주의제도를 굳건히 고수하시리라는 것을 굳게 확신한다고 지적하였다...친애하는 지도자 김정일동지께서 만수무강하실 것을 가장 충심으로 축원하였다”	1면 3단	본사 기자
〃	《단군민족의 한울님 김정일령수 받들어 통일조국 세우자!》 - 공주의 한 건물벽에 씌여진 흠모의 글발, 전주 김씨들의 결의	“전주 김씨들은 오늘의 통한을 힘과 용기로 바꾸어 주석께서 생전에 그렇게도 바라시고 애쓰시던 통일의 그날을 앞당기기 위해 주석의 숭고한 뜻을 승계해 나가시는 친애하는 김정일동지님을 민족의 령수로, 통일의 구성으로 높이 받들어 모시고 통일위업을 완수하기 위하여 투쟁할 결의를 다지고 있다”	1면 4단	조선 중앙 통신
〃	당의 농업제일주의방침을 철저히 관철하여 올해를 만풍년으로!-심장의 맹세를 다지며 떨쳐나-평안남도 각지 농업근로자들	“문덕군 립석협동농장의 일군들과 농업근로자들은 친애하는 지도자동지를 잘 받들어 모시고 그이의 사상과 령도를 빛나게 실천해나갈 결의드높이 농작물비배관리를 착실히 해가고있다”	1면 3단	문명록 기자
〃	전당 주체사상화 기치밑에 강화발전된 우리 당의 불패의 위력	“친애하는 지도자 김정일동지의 사상과 령도를 높이 받들고 위대한 수령께서 개척하신 주체혁명위업의 완성을 위하여 억세게 싸워나가려는 것은 우리 인민의 심장속에 억세게 뿌리 내린 철석의 신념이고 의지이다”	3면통단	박정남

〃	혼연일체의 위대한 어버이	"정녕 친애하는 그이는 가장 자애롭고 친근한 어버이를 잃은 우리 인민모두에게 있어서 또 한분의 위대한 보호자이시며 깨뜨릴 수 없는 혼연일체의 위대한 어버이이시다"	3면 4단	량 순 기자
〃	《우리 당에 의하여 발단된 8월3일인민소비품생산운동은 경공업혁명을 수행하는데서 큰 은을 내고 있습니다》 김정일-현명한 령도, 자랑찬 성과	"친애하는 지도자 김정일동지께서는 8월3일인민소비품생산운동을 몸소 발기하시고 이 운동이 높은 수준에서 힘있게 벌어지도록 현명하게 이끌어주시였다"	4면 4단	리경화 기자
〃	혁명일화-한통의 전화에서	"우리 모든 간부들과 당원들과 근로자들은…위대한 수령님의 생전의 뜻대로 우리 당과 인민이 위대한 령도자이신 친애하는 지도자 김정일동지를 충효일심으로 받들며 생산에서 새로운 앙양을 일으켜가기 위하여 적극 노력하고 있다"	5면 3단	본사 기자
〃	조국의 하늘에 무지개 비꼈다	"해주세멘트공장 박동원동무는 친애하는 지도자동지를 우러르고 따르는 인민의 뜨거운 마음을 시에 담아 이렇게 썼다. '우리의 머리우에 해빛이 찬란합니다/태양의 위업 받아 안으신 우리의 친애하는 김정일동지 진두에 높이 서시여 주체의 대진군을 령도하십니다/ 그이를 중심으로 심장을 합치고 의지를 합쳐 인민은 산악같이 일떠섰습니다'"	5면 5단	오혜옥 기자
〃	불멸의 존함 만대에 빛내리-김일성경기장 일군들과 종업원들	"저희들은 친애하는 지도자동지의 높으신 뜻을 받들어 김일성경기장을 만년재부로 영원히 빛내여나가겠습니다"	5면 4단	박명철 기자

〃	중국인민해방군창건 67돐에 즈음하여-중국대사관 무관이 연회	"무관 류건화는 지금 조선인민과 인민군장병들은 경애하는 수령님을 잃은 슬픔을 천백배의 힘과 용기로 바꾸어 조국통일과 주체혁명위업의 완성을 위하여 산악같이 일떠섰다고하면서 위대한 수령이신 친애하는 김정일동지께서 계시고 수령, 당, 대중의 불패의 일심단결이 있는 한 우리는 반드시 승리할것이라고 말하였다"	6면 3단	
1994.8.4.	친애하는 지도자 김정일동지께-적도기네공화국대통령이 련대성 전문을 보내여왔다	"나는 각하의 현명한 령도밑에 주체사상의 기치따라 전진해온 조선혁명이 성과적으로 완성되며 조선인민의 최대의 숙원인 조국통일이 가까운 앞날에 반드시 실현되리라고 확신합니다"	1면 3단	
〃	친애하는 지도자 김정일께-여러나라 당령도자들이 조전을 보내여왔다	"조전들은 용감한 조선인민이 슬픔을 참고 견디여내며 친애하는 지도자 김정일동지의 현명한 령도밑에 커다란 승리와 성과를 달성해나가리라는 굳은 확신을 표명하였다"	1면 3단	본사 기자
〃	《김정일각하께서는 시대와 혁명, 조국과 인민 앞에 불멸의 공헌을 하시였다-뉴니지와 니까라과의 신문, 방송이 글 발표	"니까라과 텔레비죤방송은 또한 친애하는 지도자 김정일동지는 조선인민의 최고령도자이시라는데 대하여 강조하였다"	1면 5단	조선 중앙 통신
〃	위대한 수령 김일성동지에 대한 절대적인 신뢰의 표시-130여개의 해외동포 조의대표단과 단체들, 세계각지의 동포들이 깊은 애도의 뜻 표시, 충성을 맹세	"7천만 겨레와 함께 영생하시는 위대한 수령 김일성동지의 생전의 높은 뜻 받들어 우리 민족의 최고령도자이신 김정일동지를 천세만세 길이 모시고 부강번영하는 통일조국을 건설하려는 그들의 철석같은 의지와 신념의 맹세가 어려있었다"	1면 5단	조선 중앙 통신

〃	심장의 맹세를 지켜 분연히 일떠섰다-대안중기계련합기업소 당원들과 로동계급	"친애하는 지도자 김정일동지께서 새형의 발전설비제작과 관련하여 제기되는 모든 문제를 당에서 다풀어주도록하셨다는 말씀은 대안 로동계급에게 천백배의 힘을 더해주었다"	1면 6단	길세식 기자
〃	위대한 수령님의 유훈을 만대에 꽃피워나가자!-변치 않을 인민의 맹세	"희세의 위인이신 친애하는 지도자동지께서 우리의 진두에 서계시고 그이의 두리에 일심단결된 충성스러운 인민이 있는 한 어버이수령님께서 개척하신 우리 혁명위업, 주체혁명위업은 반드시 완성되고야말것이다"	3면 5단	리정수 기자
〃	영원한 구호의 뜻대로-원산시 시루봉협동농장 초급당위원회에서	"초급급위원회는 여기서 그치지 않고 구호에 새겨진 깊은 뜻대로 당원들과 농장원들이 위대한 수령님을 영원히 잊지않고 친애하는 지도자동지의 령도따라 주체혁명위업수행에 한몸 다 바쳐 나서도록 조직정치사업을 여러 가지 형식과 방법으로 계속 심화시켜나가고있다"	3면 2단	김현
〃	주체의 혈통을 빛나게 이어	"위대한 수령 김일성동지께서는 다음과 같이 교시하시였다. 《김정일동지가 우리 혁명위업을 훌륭히 계승해나가기 때문에 우리나라에서는 지금도 모든 일이 잘되고있지만 앞으로도 계속 잘되여나갈것입니다》"	3면 5단	박장선 기자
〃	위대한 풍모를 따라배워-일군들은 어버이수령님의 령전에 다진 맹세를 철저히 실현하자-절대적인 승배심을 지닐때	"위대한 령도자에 대한 절대적인 숭배심을 지니고 친애하는 지도자 김정일동지의 숭고한 풍모를 따라배워 현실에 구현해나가자"	4면 5단	화학 공업부 당위원회 비서 고룡길

〃	(계속) 자세와 립장이 중요하다	"우리는 앞으로도 친애하는 지도자 김정일동지의 위대한 풍모를 따라배우기 위한 사업에서 얻은 성과와 경험에 기초하여 일군들의 혁명화에 더 큰 힘을 넣어 모든 일군들이 어버이수령님의 유훈을 지침으로 삼고 그것을 무조건 끝까지 관철함으로써 혁명전사의 본분을 다해나가도록하겠다"	4면 5단	평양 차량수리공장 지배인 로동일
〃	문제를 푸는 비결은 무엇인가	"친애하는 김정일동지의 령도를 높이 받들고 우리 식 사회주의위업을 빛나게 옹호고수하고 주체혁명위업을 끝까지 완성할데 대한 어버이수령님의 휴훈은 우리 일군들의 심장속에 피와 숨결로 뛰고있으며 일생의 좌우명으로 간직되여있다"	4면 3단	대동강 구역당 위원회 비서 조정남
〃	독자들은 말한다	"그들은 편지에서 얼마전 위대한 어버이수령 김일성동지를 뜻밖에도 잃었으나 수령님의 숭고한 풍모를 그대로 체현하고 계시는 우리 당과 혁명의 위대한 령도자 김정일동지를 모시고 있기에 마음든든하다고하면서 어버이수령님의 유훈을 높이 받들어 사회주의건설에서 일심단결의 위력으로 끊임없는 앙양을 일으켜 나가고 있다고 일치하게썼다"	4면 3단	본사 기자
〃	모두가 공산주의미풍선구자로-운전수산사업소 당원들과 로동자들	"위대한 수령님의 생전의 뜻을 높이 받들고 친애하는 지도자동지의 령도를 충성으로 받들어나가는 길에 사회주의위업의 계승완성을 위한 확고한 담보가 있다"	4면 5단	리광, 심덕환 기자
〃	김정일장군님께 영원히 충성다하렵니다-리인모동지가 만경대와 대성산혁명렬사릉을 찾아 전사의 맹세를 피력	"경애하는 수령님께서 생존해계실 때 다하지 못한 충성을 백두광명성으로 탄생하신 조선의 태양 김정일동지를 위해 깡그리 바쳐가겠습니다"	5면 3단	조선 중앙 통신

〃	꾸바대사관 성원들-조선예술영화촬영소 참관	"대사는 친애하는 지도자 김정일동지께서는 당과 국가, 군대의 전반적인 사업을 현명하게 령도하여오시였다고 하면서 위대한 수령 김일성동지의 혁명위업은 그이에 의하여 반드시 빛나게 완성될것이라고 말하였다"	5면 3단	
1994.8.5.	친애하는 지도자 김정일동지께서-평양방직기계공장 공구직장 기계1작업반에 감사를 보내시였다	"친애하는 지도자동지는 언제나 로동계급과 함께 계시면서 그들의 생활을 친부모의 심정으로 따뜻이 보살펴주시고 혁명의 주력부대로서의 사명을 다해나가도록 손잡아 이끌어주시는 자애로운 어버이이시며 위대한 스승이시라고 그들은 강조하였다"	1면 5단	본사 기자
〃	《김정일, 그분은 매우 위대한분이시다》 - 미국 씨엔엔텔레비죤방송이 강조	"우리는 김정일, 그분이 매우 위대하신분이며 이 나라를 령도하시는 분이라고 생각한다"	1면 5단	조선 중앙 통신
〃	친애하는 지도자 김정일동지께-여러 나라에서 련대성전문을 보내여왔다	"전문들은 친애하는 지도자 김정일동지의 두리에 굳게 뭉친 조선인민이 조선반도의 평화와 나라의 통일을 반드시 이룩하고야말것이라는 굳은 확신을 표명하였다"	1면3단	조선중앙 통신
〃	전민족대단결 10대강령지지 서명운동-여러 나라에서 진행	"부룬디 인민당위원장 샤드라크 니용후루는 '나는 조선인민이 최고령도자 김정일각하의 현명한 령도밑에 90년대에 기어이 나라의 통일위업을 성취하리라는 확신을 표명한다'"	1면 3단	조선 중앙 통신
〃	천백배의 힘을 내여 혁신의 한길로-덕천지구탄광련합기업소 당원들과 탄부들	"이곳 일군들과 탄부들은 어버이수령님의 유훈을 철저히 실현해나가는 길이 친애하는 지도자동지의 령도를 충효일심으로 받들어가는 길임을 심장깊이 명심하고 모든 힘을 석탄생산을 결정적으로 늘이는데 집중해나가고있다"	1면 5단	안시근 기자

〃	"민족의 존엄을 대를 이어 빛내여 나가시는 위대한 령도자"	오늘 우리 인민은 위대한 수령 김일성동지의 생전의 뜻을 받들어 민족의 번영과 통일을 위한 투쟁을 더욱 과감히 벌리고있다. 이 자랑찬 진군의 진두에는 민족의 걸출한 령도자 김정일동지께서 서계신다", "참으로 민족의 존엄을 대를 이어 빛내여 나가시는 위대한 령도자를 모신 것은 우리 민족이 지닌 행복가운데서도 가장 큰 행복으로 된다"	3면통단	로영
〃	오늘도 힘과 용기를 주시는 우리 수령님	"위대한 수령님께 다 바치지못한 충성을 몇천배로 더하여 친애하는 지도자동지를 더 잘 받들어모시자, 이것이 오늘 우리인민의 확고한 의지이다"	3면 5단	김두형 기자
〃	평양일대에서 단군조선의 유적유물 새로 발굴	"우리 고고학자들은 위대한 령도자 김정일동지의 령도를 충효일심으로 받들고 단군조선의 력사연구에 자기의 모든 힘과 지혜를 바침으로써 위대한 수령 김일성동지의 불멸의 령도업적을 길이 빛내여나갈 결의에 충만되여있다"	4면통단	사회과학원 고고학연구소
〃	위대한 수령님의 동상을 찾아 추모-웰남대사관 무관가족	"우리는 조선인민과 조선인민군의 최고사령관 김정일동지의 현명한 령도밑에 김일성주석의 유훈을 높이 받들고 자기의 위업 실현에서 새로운 빛나는 성과들을 이룩해나가리라는 것을 굳게 확신한다"	4면 3단	
〃	《《문민파쇼정권》》은 전민족의 단호한 심판을 받고야말 것이다-총련중앙상임위원회 성명	"총련의 전체 일군들과 재일동포들은 경애하는 수령 김일성대원수님의 생전의 뜻을 높이 받들고 친애하는 지도자 김정일원수님을 중심으로 한 일심단결을 철통같이 다지며 조국통일위업을 앞당기기 위하여 해내외 온겨레와의 대단결을 더욱 강화하고 남조선인민들의 정의로운 투쟁을 모든 힘을 다하여 백방으로 지지성원해나갈것이다"	5면 5단	

1994.8.6.	(사설) 위대한 수령 김일성동지의 혁명사상으로 더욱 철저히 무장하자!	“위대한 수령 김일성동지의 혁명사상으로 더욱 철저히 무장할데 대한 구호에는 바로 혁명위업계승에서 근본인 사상의 계승성을 확고히 보장하며 우리 당과 혁명위업의 주체적 성격을 변함없이 고수하시려는 친애하는 지도자 김정일동지의 드팀없는 의지가 담겨져 있다”	1면통단	(사설)
〃	수령과 인민의 끊을 수 없는 혈연적유대-전국의 근로자들과 인민장병들, 청소년들 위대한 수령님의 동상에 계속 찾아가 대를 이어 우리 당에 영원히 충성다할것을 맹세	“경애하는 수령 김일성동지와 가장 비통한 심정으로 영결한지 보름이 지난 오늘에도 각지에 세워진 위대한 수령님의 동상으로 각계층 인민들이 계속 찾아가 애도의 뜻을 표시하고 우리 최고사령관이신 김정일동지의 두리에 더욱 굳게 일심단결하여 어버이수령님의 유훈을 반드시 실현하고야말 충성의 맹세를 다지고 있다”	1면 4단	조선 중앙 통신
〃	불멸의 업적 만대에 빛낼 충성의 열정 안고-평양시안의 중앙기관 일군들과 사무원들 만수대언덕에서 금요로동 진행	“이처럼 중앙기관의 일군들과 사무원들은 위대한 수령님의 불멸의 혁명업적을 만대에 빛내이며 수령님께서 생전에 바라시던대로 친애하는 지도자동지를 높이 받들어모시고 주체혁명위업을 빛나게 완성해나갈 신념의 맹세를 안고 만수대언덕우에 충성의 한마음을 바쳤다”	1면 4단	김인선 기자
〃	날이 갈수록 굳세여지는 일심단결	“이 세상에는 지구를 폭파하는 힘은 있을지언정 하나의 중심, 위대한 김정일동지를 중심으로하여 굳게 뭉친 우리 당과 혁명대오의 일심단결을 깨뜨릴 힘은 없다”	3면 4단	주병순 기자
〃	사상론을 틀어쥐시고	“바로 여기에 백두에서 개척된 주체의 혁명위업을 빛나게 이어가시는 친애하는 지도자동지의 령도의 위대성이 있으며 우리 당과 혁명의 계승과 불패의 위력이 있다”	3면 4단	김웅 기자

〃	한시도 잊을수 없어-룡강축전기공장 초급당위원회 사업에서	"공장의 당원들과 로동자들은 지금 어버이수령님의 유훈을 받들고 실천적성과로 친애하는 지도자 김정일동지를 더 잘 받들어나가기 위하여 올해 계획을 앞당겨 수행하기 위한 투쟁을 더 적극적으로 벌려나가고있다"	3면 5단	리장록 기자
〃	충성의 한길로 더욱 억세게-삼지연남새온실농장의 당원들과 근로자들	"어버이 수령님을 영원히 심장속에 모시고 친애하는 지도자동지의 현명한 령도따라 충성의 한길로 더욱 억세게 나아가자!"	3면 3단	박용덕 기자
〃	《수령님! 오늘도 쇠물빛이 좋습니다》 - 황해제철련합기업소 용해공들	"《어버이수령님 뜻 받들어 위대한 김정일장군님을 강철로 결사옹위하는 성새, 방패가 되겠습니다》 이런 충성의 맹세를 다지고...쇠물은 끓기 시작했다"	4면 5단	박일민 기자
〃	그날의 그 믿음 쇠물폭포가 되어-성진제강련합기업소 1강철 직장에서	"강철증산성과로 친애하는 지도자 김정일동지를 충성으로 받들어가려는 강철전사들의 철석같은 결의, 불같은 지향이 넘쳐나는 용해장의 숨결은 시간이 흐를수록 더욱 거세여진다"	4면2단	황영철 기자
〃	억센 강철기둥으로-8호제강소에서	"8호제강소 당원들과 로동계급은 친애하는 지도자 김정일동지의 령도를 억센 강철기둥으로 굳건히 받들어나갈 일념밑에 증산투쟁을 과감히 벌려나가고있다"	4면 3단	특파 기자
〃	혁명규율은 우리의 생명	"우리 총국안의 모든 일군들과 근로자들은 지금 위대한 어버이수령님을 잃은 크나큰 슬픔을 힘과 용기로 바꾸어 수령님의 유훈을 철저히 관철하기위한 조직지도사업을 짜고듦으로써 친애하는 지도자 김정일동지의 령도를 충성으로 받들어나가고있다"	4면 6단	총국장 김영무

〃	더 큰 수송성과로-자성역의 수송전사들	"이렇게하는 것이 우리 당과 우리 인민의 향도의 기치이신 친애하는 지도자동지의 령도를 충성으로 받들어나가는 길이라는 것을 잘 알고있기에 성과에 자만함이없이 계속 힘차게 투쟁하고있다"	4면 2단	김영철 기자
〃	최고사령관동지를 옹위하는 총대가되고 폭탄이되리-예술영화 《군인선서》에 대하여	"우리 당원들과 근로자들 특히 인민군군인들은 영화의 주인공이 간직한 높은 충성의 세계를 적극 따라배워 경애하는 최고사령관 김정일동지의 령도를 충성으로 받들어나가며 그이를 옹호보위하는 길에서 총대가되고 폭탄이되어야할것이다"	5면통단	함원식 기자
〃	주체의 행군길 억세게 걸으리라-각계층 인민들이 보내온 시작품을 보고	"우리의 김정일동지, 주체의 기적소리 높이 울리신다, 인민행렬차는 질풍같이 내닫는다, 조선의 신념과 의지를 싣고, 승리에로 승리에로"	5면 3단	전선호
〃	위대한 수령님의 동상을 찾아 추모-일본 김정일저작연구회 전국련락협의회대표단	"이에 마사지단장은 '가장 위대한 혁명의 수령이신 김정일동지를 받들어 주체시대를 더욱 훌륭히 빛내이며 주체사상의 전세계사적 승리를 위하여 끝까지 싸워나갈 것이라고 말하였다"	5면 3단	조선 중앙 통신
〃	부모없는 세 아이를 친자식으로-백암군검찰소 소장 현태성동무와 그의 안해 김해금녀성	"언제나 아이들을 제일 사랑하시고 제일 좋은 것을 먼저 아이들에게 돌려주신 어버이수령님의 생전의 숭고한 뜻을 받들어 이애들을 친애하는 지도자 김정일동지께 끝없이 충실한 충신, 효자로, 주체위업의 믿음직한 계승자로 키우겠습니다"	5면 4단	엄석철 기자

〃	조선로동당은 김일성동지의 생전의 위업을 반드시 완성할 것이다-여러 나라 신문 글 발표	"자이르신문 《땅 누보》는 7.13자에서 '주체혁명위업의 위대한 계승자이신 김정일각하는 조선로동당의 령도자이시며 김일성주석의 사회주의위업의 계승자이시며 혁명무력의 최고사령관이시라고 하면서 그이께서는 조선혁명의 수위에서 혁명위업을 계승하실것이라고 지적하였다'"	6면 5단	조선 중앙 통신
〃	조선반도의 핵문제는 공정하게 해결되어야 한다-조선반도의 비핵화에 관한 전국토론회 파키스탄에서 진행	"우리는 친애하는 지도자 김정일각하의 령도를 받는 조선인민의 정의로운 투쟁에 전적인 지지와 련대성을 표시한다"	6면 5단	
〃	명예학생으로 등록된 남조선의 남태혁, 안성모 렬사들에게 졸업증을 수여-김형직사범대학에서	"그들은 경애하는 수령님의 유훈을 받들어 우리 당과 우리 인민의 위대한 령도자 김정일동지의 두리에 일심단결하여 90년대에 나라의 통일위업을 성취하기 위하여 힘차게 싸워나갈 굳은 의지를 표명하였다"	6면3단	
1994.8.7.	친애하는 지도자 김정일동지께-김형직사범대학 교직원, 학생들에게 감사를 보내시였다	"그들은 위대한 수령님과 영결한 민족 최대의 슬픔을 천백배의 힘과 용기로 바꾸어 어버이수령님의 높은 뜻을 활짝 꽃피우기 위하여 친애하는 지도자동지의 령도를 충성으로 받들어나갈데 대하여 강조하였다"	1면 4단	본사 기자
〃	《위대한 김정일동지 만세!》-일본 김정일저작연구회 전국련락협의회에서 주체사상탑에 고급석재 기증	"오늘 김정일각하의 령도는 주체혁명위업의 종국적 승리를 위한 확고한 담보로되고 있다. 김정일각하를 주체혁명위업의 령도자로 모시고 있는 한 우리의 투쟁은 반드시 승리 할 것이다."	1면 4단	조선 중앙 통신

〃	위대한 수령 김일성동지의 로작들-단행본으로 출판	"위대한 수령님께서는 로작에서 김정일동지는 조국과 인민에게 끝없이 충실하며 인민의 지도자로서의 풍모와 자질을 훌륭히 갖추고 있다고 강조하시였다"	1면 3단	조선 중앙 통신
〃	《김정일령수 받들어 90년대에 기어이 조국을 통일하자!》 - 서울의 학자들 시국토론회진행, 광주시와 서울 종로구에 현수막과 선전물 출현	"친애하는 김정일동지자님을 받들어 모시고 주석의 생전의 뜻을 꽃피우기 위해 자주, 민주, 통일운동을 더욱 과감히 벌려나가자"	1면 5단	조선 중앙 통신
〃	친애하는 김정일동지와 우리 인민은 영원히 운명을 함께 할 것이다-위대한 령도자를 받들어 하늘땅 끝까지	"우리인민은 지금 친애하는 지도자 김정일동지를 높이 모시고 주체혁명위업을 끝까지 완성할 일념으로 사회주의 건설의 모든 전선에서 새로운 위훈을 떨치고 있다"	3면 5단	
〃	(계속) 반세기전에 받아안은 대통운을 두고	"위대한 수령 김일성동지께서는 다음과 같이 교시하시였다. 《김정일동지의 령도를 잘 받들어나가는 여기에 사회주의위업의 계승완성을 위한 확고한 담보가 있습니다》"	3면 3단	김승표 기자
〃	(계속) 태양의 빛발은 온 누리에	"친애하는 지도자동지의 50돐을 즈음하여 김일성동지께서 지으신 친필송시의 구절구절들이 지금 천근만근의 무게로 인류의 가슴에 더더욱 세차게 울려준다. 백두산마루에 정일봉 솟아있고 소백수 푸른 물은 굽이쳐흐르누나 광명성 탄생하여 어느덧 쉰돐인가 문무충효 겸비하니 모두다 우러르네 만민이 칭송하는 그 마음 한결같아 우렁찬 환호소리 하늘땅을 뒤흔든다"	3면 2단	리정수 기자

〃	력사적으로 다져진 억센 의지로	"친애하는 김정일동지를 주체혁명위업의 계승자로, 우리 당과 혁명의 령도자로 높이 모시려는 우리 인민의 신념과 의지는 깊고 억센 역사적뿌리를 가지고 있다. 위대한 수령 김일성동지께서는 다음과 같이 교시하시였다. 《우리나라에서는 혁명의 대가 굳건히 이어져나가고있습니다》"	3면 3단	본사 기자
〃	(계속) 향도의 기치따라	"위대한 수령님의 생전의 뜻을 받들고 친애하는 지도자동지의 령도따라 주체혁명위업을 끝까지 완수하고야말리라는 우리 인민의 신념과 의지는 천백배로 더욱 굳세여졌다"	3면 3단	김인선 기자
〃	(계속) 열렬한 흠모와 다함없는 칭송	"짐바브웨의 텔레비죤방송은 다음과 같이 전하였다. 《조선인민은 김정일동지의 현명한 령도밑에 나라의 자주적 평화통일을 반드시 실현할것이며 주체의 기치밑에 사회주의 건설을 더욱 힘있게 다그쳐나갈것이다》"	3면 2단	본사 기자
〃	위대한 령도자를 따르는 우리 인민의 확고한 신념	"위대한 수령 김일성동지께서는 다음과 같이 교시하시였다. 《노래에도 있는바와 같이 김정일동지가 없으면 동무들도 없고 사회주의조국도 없습니다. 그의 운명이자 동무들의 운명이고 조국의 운명입니다》. 친애하는 지도자 김정일동지와 영원히 운명을 끝까지 같이하려는 확고부동한 신념을 심장깊이 간직하고 더욱 억세게 싸워나가는 우리 인민의 힘찬 전진을 가로막을 힘은 이 세상에 없다"	3면통단	김명이

〃	굳은 신념을 안고-함주군 포항협동농장의 농업근로자들	"위대한 수령님의 생정의 뜻을 만풍년으로 빛내여 친애하는 지도자동지께 충성과 효성을 다해나가려는 이곳 농업근로자들의 불같은 맹세는 이렇듯 실천에 옮겨지고 있다"	4면 2단	신성철 기자
〃	한포기도 끄떡없게-어랑군안의 협동농장들에서	"올해 만풍년을 이룩하여 친애하는 자도자동지께 충성의 보고를 올릴 드높은 결의를 안고 떨쳐나선 수남협동농장의 농업근로자들은 한포기의 논밭곡식도 근물과 비바람에 의한 피해를 받지 않도록 철저한 대책을 세워나가고 있다"	4면 5단	본사 기자
〃	실천적모범으로 대중을 이끌어-문천시안의 일군들	"친애하는 지도자동지의 령도를 충성으로 받들어나가자"	4면 3단	김창길 기자
〃	위대한 수령님의 동상을 찾아 추모-총련의 대표단, 선수단, 방문단들	"그러나 우리는 슬픔을 이겨내고 경애하는 대원수님의 숭고한 뜻을 받들어 친애하는 지도자 김정일원수님의 두리에 일심단결하여 주체의 혁명위업을 대를 이어 끝까지 완성해나가겠습니다"	4면 4단	조선 중앙 통신
〃	절세의 위인에 대한 열렬한 칭송과 흠모-국제 친선전람관을 찾아	"이 전람관은 인류의 최고봉을 이루는 박물관인 동시에 오늘의 세계를 이끄실분은 김정일동지이시라는 것을 사람들에게 깨우쳐주는 훌륭한 학교이다"	5면 5단	리은실 기자
〃	불멸의 혁명력사를 길이 전할 미술작품창작 활발-만수대창작사에서	"창작사에서는 우리의 운명이시며 우리 당과 우리 인민의 위대한 령도자이신 친애하는 지도자 김정일동지의 불멸의 혁명력사와 령도업적을 만대에 빛내이기 위하여 작품창작사업도 힘있게 벌려나가고 있다"	5면 3단	로주봉 기자

〃	은정속에 자라는 새 세대들-옹진군 제작고등중학교를 찾아서	"당의 은덕을 대를 이어 노래하며 위대한 수령님의 생전의 뜻을 받들어 친애하는 지도자동지께 충성과 효성을 다해나갈 한마음 안고 열심히 배우며 일하고있다는 륙마합마을 사람들과 어린 학생들의 가슴뜨거운 이야기는 우리의 마음을 후덥게 해주었다"	5면 3단	정성보 기자
〃	재능과 열정을 다 바쳐-집단체조 창작단 일군들과 창작가들	"이와 함께 전국의 청소년학생들에게 태권도를 보급할데 대한 위대한 수령님의 교시와 친애하는 지도자동지의 말씀을 관철하기 위하여 태권도교본도 출판하여 각 도들에 내려보내주게 하였다"	5면 2단	정철호 기자
〃	삶의 순간순간을 빛나게-만경대구역안의 항일혁명렬사 유가족, 유자녀들	"우리는 아버지 대원수님을 잃었지만 결코 외롭지않습니다. 온 나라 인민이 우러르는 친애하는 지도자동지께서 계시기에 마음 든든합니다"	5면 5단	본사 기자
1994.8.8.	위대한 수령 김일성동지는 영원히 우리와 함께 계신다	"문무충효를 겸비하신 위대한 김정일동지께서 계시고 그이의 현명한 령도를 높이 받들어나가는 충직한 인민이 있는 한 어버이수령님의 위업은 끝까지 완수될것이며 수령님은 영원히 우리 인민과 인류의 마음속에 계실것이다"	1면전체	본사 기자
〃	(정론) 심장은 하나로 고동친다	"그날로부터 한달이되었다. 위대한 수령님께서 심장의 고동을 멈추신 청천벽력의 그날로부터 한달이되었다", "우리는 그 어떤 광풍이 불어와도 민족의 위대한 심장이시며 운명이신 경애하는 김정일동지의 두리에 일심단결하여 조국통일도 하고 주체위업도 끝까지 완성할것이다"	3면통단	최용덕

〃	《향일회》 회원들이 추도모임에서 혈서로 맹세	"우리는 오늘의 슬픔을 용기로 투지로 바꾸어 민족의 태양이시고 운명이신 친애하는 김정일지도자님을 높이 받들어 모시고 90년대에 조국의 통일을 반드시 이루어 경애하는 김일성주석의 생전의 뜻을 실현해야한다"	3면 5단	조선 중앙 통신
〃	조국을 방문한 총련의 조의대표단의 보고모임-도꾜에서 진행	"허종만 책임부의장은 '어버이수령님의 숭고한 유훈대로 우리 세대에는 말할 것도 없고 자식들과 손자들만 아니라 대대손손 천세만세를 두고 위대한 수령이신 김정일장군님을 잘 모시여나갈 것을 굳게 맹세하였다'"	3면 3단	조선 중앙 통신
〃	숭고한 뜻 대를 이어	"참으로 경애하는 수령님을 높이 모시여 그러하였던것처럼 수령님의 고매한 인민적덕망을 한몸에 체현하신 친애하는 지도자동지를 민족의 자애로운 어버이로 높이 모신 우리 인민의 자랑과 긍지, 행운은 력사와 더불어 온 누리에 더욱 떨쳐질것이다"	4면 3단	리정수 기자
〃	오늘의 태성할머니로 살리	"친애하는 지도자동지의 위대성을 폐부로 절감해온 우리 인민은 그 어떤 바람이 불건 오직 그이만을 절대적으로 믿고 따르려는 불타는 맹세를 다지고 충성을 다해왔다"	4면 5단	계성남 기자
〃	슬픔을 천백배의 힘과 용기로 바꾸어-인민경제 여러 부문의 당원들과 로동계급	"인민경제 여러 부문의 당원들과 로동계급은 친애하는 지도자 김정일동지의 령도를 높이 받들고 어버이수령님의 유훈을 철저히 관철해갈 심장의 맹세를 안고 신심드높이 천리마에 속도전을 가한 기세로 계속 힘차게 전진하고 있다"	4면 5단	김명치 기자
〃	불멸의 업적은 력사에 길이 빛날것이다-여러 정계, 사회계 인사들이 담화	"친애하는 김정일장군은 문무를 겸비하신 현시대의 영웅이시며 강철의 령장이시며 혁명의 탁월한 수령이시다"		

부록:2

김정일-김정은 권력승계 관련『로동신문』보도 주요 내용 (2011.12.17. ~ 2012.1.17.)

*아래 내용에서 '존칭'과 '철자법', '띄워 쓰기' 등은 북한『로동신문』이 보도한 원문을 그대로 인용 한 것임을 밝힌다.

일 자	제목	내용	크기	형식
2011.12.17. (김정일사망)	* 로동신문 2011.12.17.-19,(3일간) 김정일 사망과 관련한 일체의 보도 없음			
2011.12.20	위대한 령도자 김정일동지의 서거에 즈음하여국가장의위원회를 다음과 같이 구성한다	김정은 동지, 김영남 외 230명 명단 공표	3면 통단	'김정은 동지'를 명단 맨위 굵은 글씨체 표기
〃	김정은 각하	러시아 메드베제브 대통령의 김정일 사망 조전 보도	4면 4단	
2011,12,21	김정은 동지	쿠바 라울 카스트로 수상의 김정일 조전 보도	2면 3단	
〃	존경하는 김정은 동지께	조총령중앙상임위원회 조전 보도	2면 통단	
2011.12.23	김정은 동지/각하	라오스 주석 외 9명 조전 보도	3면 2단	
2011.12.23	주체혁명위업의 위대한 계승자이시며 민족의 탁월한 령수이신 존경하는 김정은 동지께	반제민족민주전선 중앙위원회 조전 보도	3면 통단	
2011.12.23	세계가 추모하는 민족의 대국상	외국 언론 보도 내용 소개(김정은 사진 맨 위 부각) 보도	4면 통단	
〃	김정은 동지께	미국 지미 카터 전 대통령 조전 보도	5면 4단	
〃	김정은동지 따라 내 나라를 태양조선으로 만대에 빛내이리	순천의 탄부들이 일떠섰다. 21일 하룻동안 4천톤 이상의 석탄 증산	7면 통단	강명천 기자

2011.12.24	조선노동당중앙군사위원회 부위원장 김정은 동지께서 위대한 령도자 김정일동지의 령구를 찾으시여 심심한 애도의 뜻을 표시하였다.	당과 무력기관 책임자들과 김정일 영전에 묵상하고 돌아보았다.	1면 통단	정치 보도반
〃	김정은 동지께	시리아공화국 대통령 조전 보도	1면4단	조문
〃	김정은 각하는 조선인민의 정신적 기둥	방글라데시 신문〈블리쓰〉 동 제목으로 특집 보도	3면 3단	본사 기자
〃	김정은 각하/대장께	남아공대통령 주마 외 15명 조전 보도	4면 통단	
〃	(정론) 우리의 최고사령관	"위대한 장군님의 령전에서 다진 피눈물의 맹세를 안고 우리는 김정은 동지, 그 이를 우리의 최고사령관으로, 우리의 장군으로 높이 부르며 선군혁명위업을 끝까지 완성 할 것이다."	5면 통단	(정론) 백룡
〃	(시)인민이여 우리에겐 김정은 대장이 계신다	김일성종합대학 문학대학 집체작	7면3단	
2011.12.25	조선로동당 중앙군사위원회 부위원장 김정은동지께서 위대한 령도자 김정일동지의 령구를 찾으시여 심심한 애도의 뜻을 표시하였다	조선로동당 중앙군사위원회, 국방위원회 등 지도자 합동 조문 보도	1면 전체, 2면 반면	정치 보도반
〃	김정은 동지께	주조 무관단 조의 편지 보도	2면 4단	
〃	김정은 각하/동지께	가나공화국 죤 에번즈 아타 밀즈 대통령 외 16명 조전 보도	3면 전체	
〃	(정론) 장군님의 영원한 동지기되지	"경애하는 장군님께서 젊고젊으신 백두산의 아들 존경하는 김정은 동지를 대오앞에 거연히 세워주신 것은 바로 애국가에 차넘치는 이 성서리운 혁명위업을 이룩하시기 위해서인 것이다."..."21세기의 태양 김정은 동지의 영원한 혁명동지가 되자"	5면 통단	(정론) 송미관

〃	끊임없이 이어지는 자애로운 어버이 그 사랑 천만년 전해가리-위대한 김정은 동지는 우리 장군님 그대로이십니다.	"위대한 김정은 동지는 우리 장군님 그대로이십니다!"라고 아뢰는 인민의 목소리 강산을 진감한다.	8면 통단	방성화 기자
2011.12.26	우리 혁명무력의 최고령도자 김정은동지께서 계시여 선군혁명력사는 영원히 줄기차게 흐를 것이다.	김정일 사망에 대한 조선인민군 장병들의 조의 내용 보도	1면 통단	본사 기자
〃	조선로동당중앙군사위원회 부위원장 김정은동지께서 위대한 령도자 김정일동지의 령전에 또다시 애도의 뜻을 표시하신 소식을 여러 나라에서 보도	중국의 신화사 등 외신보도 소개	1면 4단	본사 기자
〃	김정일과 함께한 김정은 사진 게재	오중흡7련대 칭호를 받은 조선인민군 공군 378군부대를 시찰하는 김정일과 함께 찍은 사진	2면	김정일 생전활동 사진보도
〃	김정은 동지께/김정은 각하	니콰라과 싸베드라 대통령 외 13개 조전 보도	3면 전체	
〃	김정은동지의 령도따라 조선인민은 강성국가건설에서 보다 큰 성과를 거둘 것이다.	중국 당과 국가간부들 북한 대사관 조문 내용 보도	4면 4단	
〃	김정은령도자께서 계시는 한 조선은 반드시 승리한다	세계 여러나라 국가, 정부, 정당대표들 북한 대사관 방문 조문 내용 보도	4면 5단	본사 기자
〃	위대한 김정은동지와 천만군민의 굳건한 혼연일체속에	북한 전역 추도의 장소 분위기 보도. "우리 군대와 인민은 피눈물의 바다에서 더욱 굳게 다진 신념과 맹세를 지켜 위대한 김정은 동지의 령도따라 기어이 이 땅우에 사회주의강성국가를 일떠세우고야말 것이다."	6면 통단	박옥경 기자

〃	선군조선의 오늘, 래일	김정일 사망 9일째 김정은동지의 지도력으로 안정을 되찾고 있다. "경애하는 김정은동지는 주체혁명위업의 위대한 계승자, 당과 군대와 인민의 탁월한 령도자로 절대적인 지지와 신뢰를 받고 계신다... 위대한 김정은동지의 령도따라 선군조선은 슬픔의 바다 우에서 천백배의 힘을 안고 일떠서고 있다"	6면 6단	본사 기자
2011.12.26	경애하는 장군님은 태양의 모습으로 우리와 함께 계신다	"어버이 수령님과 경애하는 장군님과 꼭 같이 인민에 대한 사랑을 천품으로 지니신 존경하는 김정은 동지를 충직하게 받들어 이 땅에 기어이 사회주의강성국가를 건설 할 것이다"	7면 통단	최수복 기자
2011.12.27	조선로동당 중앙군사위원회 부위원장 김정은동지께서 위대한 령도자 김정일동지의 령구를 또다시 찾으시여 심심한 애도의 뜻을 표시하시였다	"주체혁명의 위대한 계승자이시며 우리 당과 국가, 군대와 인민의 영명한 령도자이신 경애하는 김정은 동지께서 우리 혁명의 진두에 서계시기에 어버이장군님의 영광스러운 선군혁명력사는 줄기차게 흐를 것이다"	1면 통단	정치 보도반
〃	김정은 각하/ 김정은 동지께	케냐 대통령 키바키 대통령 외 15명의 조문 보도	2면 전체	
〃	(사설) 위대한 김정일동지의 사회주의강국건설업적을 끝없이 빛내여나가자	조선민주주의인민공화국사회주의헌법절을 맞아 혁명적 준법정신을 옹호하여 사회주의를 발전시키자. "모두다 위대한 김정은동지의 두리에 굳게 뭉쳐 조국의 부강번영을 위한 총진군을 힘있게 다그쳐 우리 식 사회주의 위력을 더 높이 떨치자"	3면 통단	(사설)

〃	김일성조선 강성부흥의 만년토대를 마련한 불멸의 대장정	김정일동지가 생애의 마지막 순간까지 강행군 총공세를 펼쳤다. "경애하는 김정일동지께서 세상에 없는 신념의 강자, 정신력의 강자로 키워주신 우리 군민은 주체혁명위업의 위대한 계승자이시며 당과 군대와 인민의 탁월한 령도자이신 김정은동지의 두리에 철통같이 뭉쳐 민족최대의 슬픔을 천백배의 힘과 용기로 바꾸었다"		조선 중앙 통신
〃	사무치는 그리움속에 어려오는 자애로운 어버이의 인민을 위한 한평생-위대한 그 업적 길이 빛나리	"우리에게 또 한분의 백두산 장군이신 위대한 김정은동지께서 계신다"		김인선 기자
〃	선군조선의 정치헌장을 더욱 빛내여갈 신념과 의지	헌법절 의미 보도. "우리는 존경하는 김정은동지의 현명한 령도따라 위대한 수령님과 경애하는 장군님의 불멸의 업적이 깃들어있는 사회주의헌법을 선군조선의 영원한 정치헌장으로 철저히 고수하고 더욱 빛내여나갈것이다"	7면 5단	황금철 기자
〃	인민의 어버이를 그리며 천만의 심장에 끓어번지는 보답의 마음	김정일 사망 이후에도 청년들의 생산활동 참여도가 높다. "조선청년운동을 이끈 김정일동지의 기상과 열의는 김정은 동지의 령도따라 백두에서 개척된 주체의 선군혁명위업을 끝까지 계승 완성해나갈 철석같은 신념과 의지의 과시로 된다"	8면 통단	황철웅 기자
2011.12.28	조선로동당중앙군사위원회 부위원장께서 위대한 령도자 김정일동지의 령구를 찾으시여 심심한 애도의 뜻을 표시하였다	당, 국가, 무력기관의 책임일군들과 함께 김정일 령구에 참배	2면 통단	정치 보도반
〃	위대한 령도자 김정일동지는 영원히 우리와 함께 계신다	김정일 생전 현지시찰 동정 사진에 김정은과 함께한 사진 게재	3면 전체	김정은 사진크게 보도

〃	김정은 각하/김정은 동지께	콩고공화국 대통령 느게쏘 조전 외 16개 조전 소개	4면 전체	
〃	(정론) 김정일동지의 혁명유산	"김정일동지께서 남겨주신 인민을 한품에 안으신 우리당과 우리 인민의 최고 령도자 김정은동지. 이 인민을 이끌어 김정일동지의 혁명유산을 더 풍부히 해나가실 경애하는 김정은동지"		(정론) 리동찬
〃	영원한 태양의 미소	"그렇다. 우리 혁명의 진두에 김정은동지를 높이 모시였기에 이 땅 우에 장군님의 력사는 계속 줄기차게 흐를 것이며 장군님은 오늘도 래일도 영원히 우리와 함께 계실 것이다"	7면 3단	강진형 기자
〃	어버이장군님의 령전에 다지는 천만군민의 신념과 의지의 맹세	"어버이장군님의 품에서 자란 천만의 철의 대오가 누리에 붙는 불이 되어 선군조선의 강성번영을 위하여, 주체혁명위업의 최후 승리를 위하여 경애하는 김정은동지의 두리에 뭉친 힘으로 폭풍치며 전진하기에 위대한 김정일동지의 주체혁명위업은 필승불패이다"	8면 통단	량 순 기자
〃	대를 이어 충정으로 받들어모시리	"우리 혁명위업이 대를이어 계속되는만큼 령도자에 대한 충성도 대를 이어 계승되여야한다"… "우리의 운명이시고 미래이신 경애하는 김정은동지를 높이 받들어 모시고 장군님께서 그토록 념원하시던 사회주의강성국가건설위업을 완성하는데 모든 힘을 다 바치겠다"	8면 5단	리을설 항일 혁명 투사
〃	유훈의 뜻 받들어 경제건설에서 질적비약을	"경애하는 김정은동지의 령도를 충직하게 받들어 어버이장군님의 유훈을 결사관철하는 그 곁에서 못다한 충성을 깡그리 바쳐 내 나라, 내 조국의 부강번영을 하루빨리 안아오려는 것이 피눈물을 삼키며 그이의 영전에서 다지는 우리들의 맹세입니다"	8면 3단	조병주 내각 부총리

〃	당사업의 위력으로 함남의 불길을 더 세차게	"우리 당과 우리 인민의 령도를 실천으로 받들어 함남땅에서 다시한번 비약의 폭풍이일어나게 하겠다는 것을 굳게 결의한다"	8면 3단	곽범기 함경남도 당위원회 책임비서
〃	농업생산에서 일대 앙양을	"우리는 경애한 김정은동지만 계시면 반드시 승리한다는 철석의 신념을 깊이 간직하고 어버이수령님의 100돐이 되는 다음해 농사에서 일대 앙양을 일으켜 나가겠다"	8면 2단	리재현 농업성 부상
〃	우리 당의 선군위업을 총대로	"전체 인민군장병들은 주체혁명위업의 위대한 계승자이시며 우리 당과 우리 인민의 최고령도자인신 김정은동지의 령도를 충직하게 받들어나감으로써 당의 선군위업을 총대로 억세게 받들어 나가겠다"	8면 3단	장영길 조선 인민군 장령
〃	과학과 기술로 그 위업 받들렵니다	"우리 당과 우리 인민의 최고령도자 김정은동지의 령도를 높은 과학기술성과로 받들어 나가겠다는 것을 굳게 결의한다"	8면 3단	장철 국가 과학원 원장
〃	수령결사옹위의 전통을 끝까지 옹호고수하겠다	"우리는 그 어떤 천지풍파가 밀려와도 경애하는 김정은동지만 계시면 반드시 이긴다는 필승의 신념을 간직하고 김정은동지의 두리에 일심단결하여 백두에서 개척된 주체의 선군혁명위업을 대를 이어 빛나게 계승완성해나가겠다는 것을 다시한번 굳게 맹세한다"	8면 5단	리용철 김일성 사회주의 청년동맹 중앙 위원회 비서
2011.12.29.	위대한 령도자 김정일동지와 영결하는 의식 엄숙히 거행, 조선로동당중앙군사위원회 부위원장 김정은동지께서 당과 국가, 무력기관의 책임일군들과 함께 영결식에 참석하시였다.	김정은 영구차 인도 모습 사진 보도. "영결식이 끝난 다음 경애하는 김정은동지께서는 당과 국가, 무력기관의 책임일군들에게 위대한 장군님을 영원히 높이 받들어 모시고 어버이장군님의 유훈을 철저히 관철하는데서 나서는 귀중한 가르침을 주시였다"	1,2,3, 4,5,6면 전체면	정치 보도반

〃	이렇게 떠나실수는 없습니다, 장군님!	“우리의 운명이시고 미래이시며 삶의 전부이신 우리 당과 군대와 인민의 최고령도자 김정은동지를 높이 모시고 나아가는 천만군민의 앞길에는 언제나 승리와 영광만이 있을 것이다”	7면 통단	조선 중앙 통신사
〃	김정은 각하/김정은 동지	나이지리아 대통령 죠나탄 외 11명 조전 보도	8면 전체	
〃	위대한 령도자 김정일동지는 영생할것이다	“우리 당과 군대와 국가의 최고령도자이신 경애하는 김정은동지께서 계시여 우리 장군님의 위대한 태양의 력사는 무궁토록 흐를것이며 우리조국은 강성국가로 세계만방에 빛날 것이다”	9면 통단	량순 기자
〃	끝나지 않는 길	우리 장군님께서는 마지막길을 가지 않으시였다. 장군님과 꼭같으신 경애하는 김정은동지께서 계시기에 장군님 인민을 찾아 사랑안고 오시던 길. 인민을 위해 뜨거운 정을 부어주시던 길은 끝나지 않았다“	9면 3단	림현숙 기자
〃	오늘의 피눈물을 천만년 잊지 말자	“경애하는 김정은동지를 받들어 이 땅우에 눈부시게 솟아오를 주체의 사회주의강성국가의 래일을 축복해주시며 우리 장군님은 천만군민의 앞길에 태양의 빛을 뿌려 주신다”	9면 4단	방성화 기자
〃	(시) 12월의 맹세는 불탄다	김정일찬양 시 게재.“어버이 장군님의 염원을 꽃피우며 우리의 김정은동지를 한목숨바쳐 옹위해갈 12월의 불타는 이 신념 피눈물의 이 맹세 지켜가리라 끝까지 지켜가리라!”	9면 통단	

2011.12.30.	우리 당과 우리 인민의 위대한 령도자 김정일동지를 추모하는 중앙추도대회 혁명의 수도 평양에서 거행, 경애하는 김정은동지께서 당과 국가, 무력기관의 책임일군들과 함께 중앙추도대회에 참석하시였다	(김정은 임석 사진 게재)."전체 당원들과 인민장병들, 인민들은 위대한 장군님의 유훈을 받들고 우리 당과 국가, 군대의 최고령도자 김정은동지의 령도따라 백두에서 개척된 선군혁명위업, 사회주의 강성국가건설위업을 빛나게 계승완성해나갈 것이다"	1면 전체	정치 보도반
〃	추도사 (최고인민회의 상임위원회 위원장 김영남)	"오늘 우리 혁명의 진두에는 주체혁명위업의 계승자이신 김정은동지께서 서계십니다. 경애하는 김정은동지는 위대한 김정일동지의 사상과 령도, 인격과 덕망, 담력과 배짱을 그대로 이어 받으신 우리 당과 군대와 인민의 최고령도자이십니다. 우리는 김정은동지의 령도따라 슬픔을 천백배의 힘과 용기로 바꾸어 오늘의 난국을 이겨내고 위대한 김정일동지께서 가르키신 선군의 한길로 더욱 억세게 걸어나갈것입니다"	2면 통단	추도사
〃	추도사 (조선로동당 중앙위원회 비서 김기남)	"우리는 경애하는 김정은동지를 단결의 중심, 령도의 중심으로 높이 받들어모시고 우리당을 영원히 위대한 김일성, 김정일동지의 당으로 강화발전시켜나가겠습니다. 우리는 전당과 온 사회에 김정은동지의 유일적령도체계를 튼튼히 세우고 김정은동지의 두리에 굳게 뭉쳐 혁명대오의 일심단결을 더욱 철통같이 다져나가겠습니다"	3면 4단	추도사
〃	추도사 (조선인민군 총정치국 제1부국장 조선인민군대장 김정각)	"우리 인민군대는 김정은동지를 우리 혁명무력의 최고 수위에 높이 모시고 위대한 김정일동지의 선군혁명위업을 대를 이어 끝까지 계승완성해 나갈 것입니다"	3면 4단	추도사

〃	추도사 (김일성사회주의청년동맹 중앙위원회 1비서 리용철)	“경애하는 김정은동지의 령도는 우리 청년동맹의 생명입니다. 우리 청년들은 김정은동지를 결사옹위하는 500만의 총폭탄이 되며 우리 청년동맹일군들부터가 작렬하는 첫 육탄용사가 되겠습니다”	3면 4단	추도사
〃	(추도시)“위대한 김정일동지의 령전에”(조선작가동맹 중앙위원회)	“김정은동지의 령도는 당과 혁명 조국과 민족의 운명이며 우리 군대와 인민의 생명! 김일성조선의 무궁무진한 힘의 원천이며 영원한 승리의 기치! 힘차게 나아가겠습니다. 김정은동지의 두리에 결사옹위의 성벽을 쌓고 그이의 발걸음따라 나아가는 우리의 전진은 천지를 진감합니다”	5면 통단	추도시
〃	주체의 선군혁명위업을 대를 이어 끝까지 완성해나가리	각도, 시, 군의 추도대회 행사 보도	4면 전체	조선 중앙 통신
〃	김정은각하	수단 공화국 알 바쉬르 대통령 외 7명 조전 소개	6면 통단	
〃	위대한 김정일동지를 온 나라, 온 민족이 가장 애석하게 추도	“태양조선이 낳은 또 한분의 절세의 위인이신 경애하는 김정은동지께서 계시여 위대한 김정일동지의 력사는 사회주의강성부흥과 주체혁명의 새 승리와 더불어 이 땅우에 세세년년 흐를 것이다”	8면 통단	조선 중앙 통신
〃	조전을 보내여왔다	로씨야 이따르-따스통신사 총사장 , 재중동동포. “경애하는 김정은동지께서 계시여 위대한 김정일동지의 위업은 빛나게 계승완성될것이라고 조전들은 확신을 표명하였다”	8면4단	

2011.12.31.	김정은동지를 조선인민군 최고사령관으로 높이 모시였다	조선로동당 중앙위원회 정치국회의 결정 내용 보도."정치국회의에서는 위대한 령도자 김정일동지의 주체 100(2011)년 10월8일 유훈에 따라 조선로동당 중앙군사위원회 부위원장이신 경애하는 김정은동지를 조선인민군 최고사령관으로 높이 모시였다는 것을 정중히 선포하였다." "결정서는 오늘 우리 혁명의 진두에는 위대한 령도자 김정일동지의 유일한 후계자이신 경애하는 김정은동지께서 서계신다고하면서 전체 당원들과 인민군 장병들과 인민들이 김정은동지의 령도따라 슬픔을 천백배의 힘과 용기로 바꾸어 주체혁명의 위대한 새 승리를 위하여 더욱 억세게 투쟁해나가야 한다고 지적하였다"	1면 통단	정치 보도반
〃	우리 민족의 탁월한 령도자이시며 해외동포들의 자애로운 어버이이신 경애하는 김정은동지께 삼가 올립니다	"우리 민족의 찬란한 향도의 태양이신 경애하는 김정은동지...지금 저희들의 가슴은 비록 이역땅에서 살아도 오로지 경애하는 김정은동지 한분만을 굳게 믿고 따르며 강성국가건설의 대고조로 세차게 들끓고있는 조국인민들과 심장의 박동을 맞추어 나라의 통일과 어머니조국의 부국번영을 위해 특색있게 기여하는 참다운 애국동포로 살며 싸워갈 불타는 결의에 충만되어 있습니다...꿈결에도 다시 뵙고 싶은 경애하는 김정은동지...저희들의 심장속에 불타고있는 간절한 소망은 오직 하나 우리 민족의 최고령도자이신 경애하는 김정은동지의 건강과 안녕뿐입니다. 온 겨레가 하늘처럼 믿고 사는 경애하는 김정은동지의 건강과 안녕에 조국의 운명, 민족의 천만년미래가 달려있습니다"	1면 통단	해외 동포 조의 방문단 일동

〃	조선로동당 중앙위원회, 조선로동당 군사위원회 공동 구호-위대한 수령 김일성동지의 탄생 100돐에 즈음하여	"위대한 김일성조국, 김정일장군님의 나라를 김정은동지따라 만방에 빛내이자. 경애하는 김정은동지는 조국과 혁명, 인민의 운명이며 백전백승의 기치이다! 경애하는 김정은동지를 수반으로하는 당 중앙위원회를 목숨으로 사수하자! 경애하는 김정은동지의 두리에 전당이 단결하고 전군이 단결하며 전민이 단결하자! 경애하는 김정은동지와 함께라면 기쁨도 슬픔도 시련도 영광이다! 경애하는 김정은동지를 따라 백두의 행군길을 꿋꿋이 이어가자!	2, 3면 전면	조선 로동당 중앙 위원회 군사 위원회
〃	위대한 령도자 김정일동지의 서거에 즈음하여 – 우표 발행	"위대한 령도자 김정일동지는 영원히 우리와 함께 계신다" 제목하에 김정일-김정은 함께한 사진 우표 소개	4면 4단	조선 중앙 통신
〃	위대한 령도자 김정일동지를 추모하는 중앙추도대회가 엄숙히 거행된 소식을 여러나라에서 보도	중국 중앙TV, 일본 NHK 등 외신 보도내용 소개, 추도사에서 언급된 내용 중 김정은 관련 언급 내용을 부각 보도."김정은동지를 최고령도자로 호칭하였다"	4면 4단	조선 중앙 통신
〃	민족의 대국상앞에 저지른 이명박역적패당의 만고대죄를 끝까지 결산할 것이다 (조선민주주의인민공화국 국방위원회 성명)	김정일 사망에 대비한 한국정부의 대비태세에 대한 비난. "세계는 위대한 령도자 김정은동지의 두리에 굳게 뭉쳐 슬픔을 용기로, 눈물을 힘으로 바꾼 이 나라 천만군민이 어떻게 최후승리를 이룩하는가를 똑똑히 보게 될 것이다"	4면 통단 (하단)	국방 위원회 성명
〃	경애하는 김정일장군님을 영생하는 민족의 태양으로, 총련의 영원한 스승으로 높이 모실 것이다.-재일본조선인중앙추도식 엄숙히 거행	"전체 참가자들은 경애하는 김정일장군님을 영생하는 민족의 태양으로, 총련의 영원한 스승으로 해와 달이 다하도록 높이 모시며 오늘의 슬픔을 천백배의 힘과 용기로 바꾸어 주체혁명위업의 위대한 계승자이신 경애하는 김정은동지를 충직하게 받들어갈 결의를 다듬었다"	5면 통단	도꼬발 조선 중앙 통신

〃	추도사 (재일본조선인중앙추도식에서 허종만 책임부의장)	"우리 인민은 백두의 천출위인들의 넋과 인격, 령도풍모를 그대로 닮으신 또 한분의 걸출한 령도자이신 존경하는 김정은동지를 진두에 높이 모심으로써 수령복, 장군복, 대장복을 누리게 되었습니다"	5면 통단	추도사
〃	최고인민회의 상임위원회 위원장 김영남동지 총련조의대표단을 만났다	"남승우 총련중앙상임위원회 부의장은 위대한 김정일장군님을 영원히 높이 모시고 경애하는 김정은동지의 령도를 충직하게 받들어나갈 굳은 의지를 표명하였다"	5면 3단	조선 중앙 통신
〃	피눈물의 2011년을 영원히 심장에 새기고	"우리 군대와 인민은 어버이장군님의 거룩한 존함과 자애로운 영상, 그이의 위대한 업적을 언제나 심장 깊이 간직하고 경애하는 김정은동지의 탁월한 령도따라 어버이수령님탄생 100돐이 되는 2012년에 기어이 사회주의강성부흥의 대문을 열어제낄 것이다"	6면 통단	김준혁 기자
〃	당건설과 당활동에서 이룩한 력사적승리	"우리는 경애하는 김정은동지를 우리 당과 혁명의 진두에 높이 모시고 어버이수령님과 경애하는 장군님의 유훈을 한치의 드팀도, 한치의 양보도 없이 관철하여 이 하늘아래, 이 땅우에 사회주의강성국가를 반드시 일떠세워야한다"	6면 통단	리종석 기자
〃	위대한 장군님의 리상을 기어이 꽃피우자	"위대한 김정일동지의 전사들이며 제자들인 우리들은 경애하는 김정은동지의 탁월한 령도따라 장군님께서 지펴주신 새 세기 산업혁명의 불길을 온 나라에 활화산처럼 타번지게하여 강성부흥의 래일을 기어이 안아오며 세상 사람들을 놀래우는 위대한 기적과 사변들을 끊임없이 수놓아갈 것이다"	7면 통단	리병춘 기자

〃	단결의 위력으로 승리떨치며	김일성 수령 탄생 100돐. "경애하는 김정은동지의 두리에 일심단결하여 위대한 장군님의 리상인 강성대국을 반드시 일떠세우리라!		김승표 기자
〃	(장시) 장군님세월은 영원히 굽이쳐 흐르리라	"가자, 조국이여 인민이여 김정은동지의 영광넘친 발걸음을 따라 장군님을 높이 모시고 2012년 태양절의 봄언덕으로 긍지높이 떳떳하게 세계가 보란듯이!	8면 통단	
〃	인류사와 더불어 길이 빛날 위대한 업적	해외 주체사상 신봉자들의 칭송 내용 보도."주체사상연구 기네전국위원회 위원장은 존경하는 김정은동지의 령도따라 조선인민이 김정일동지의 위업을 빛나게 계승완성하리라는 확신을 표명하였다"	8면 3단	
2012.1.1	(신년공동사설) 위대한 김정일동지의 유훈을 받들어 2012년을 강성부흥의 전성기가 펼펴지는 자랑찬 승리의 해로 빛내이자(〈로동신문〉,〈조선인민군〉, 〈청년전위〉)	"지금 우리의 천만군민은 크나큰 슬픔을 천백배의 힘과 용기로 바꾸어 경애하는 김정은동지의 령도따라 새로운 주체 100년대의 강성부흥을 위한 장엄한 진군길에 들어서고 있다...새로운 주체 100년대의 진군은 백두에서 시작된 혁명적진군의 계속이다. 위대한 수령님 따라 시작하고 장군님 따라 백승떨쳐온 우리 혁명을 김정은동지의 령도따라 영원한 승리로 이어가려는 우리 군대와 인민의 의지는 확고부동하다...우리의 일심단결을 대를 이어 계승되는 가장 공고한 단결로 끊임없이 강화 발전시켜나가야 한다. 우리 당과 우리 인민의 최고령도자 김정은동지는 선군조선의 승리와 영광의기치이시며 영원한 단결의 중심이시다. 경애하는 김정은동지는 곧 위대한 김정일동지이시	2면 전체	신년 공동 사설

		다. 전당, 전군, 전민이 성새, 방패가 되어 김정은동지를 결사옹위하며 위대한 당을 따라 영원히 한길을 가려는 투철한 신념을 가져야 한다...전군이 《경애하는 김정은동지를 수반으로하는 당중앙위원회를 목숨으로 사수하자!》는 구호를 더 높이 추켜들고 김정은동지를 절대적으로 믿고 따르며 천만자루의 총, 천만개의 폭탄이 되여 결사옹위하여야한다...오늘의 현실은 모든 당 건설과 당 활동을 경애하는 김정은동지의 두리에 굳게 뭉쳐 혁명을 끝까지 해나려는 백두의 행군 정신, 계속혁명의 정신으로 철저히 일관시켜나갈 것을 요구하고 있다...오늘 우리 일군들에게 중요한 것은 경애하는 김정은동지의 의도를 가장 신속하게, 가장 철저하게 관철해나가는 인민군대 지휘관들의 전투적기질을 적극 따라배우는 것이다...오늘 불멸의 조국통일3대헌장과 북남공동선언의 기치따라 나아가는 조국통일위업의 진두에는 또 한분의 절세의 애국자이신 경애하는 김정은동지께서 서계신다...희세의 명장 김정은동지께서 우리 혁명을 진두에서 이끄시고 향도의 당을 충직하게 받들어나가는 무적필승의 혁명강군과 일심단결의 천만대오가 있기에 주체혁명위업의 승리는 확정적이다...모두다 우리 당과 국가, 군대의 최고령도자이신 김정은동지의 령도따라 김일성조선의 새로운 100년대를 강성번영의 년대, 자랑찬 승리의 년대로 끊없이 빛내여 나가자"		

〃	선군혁명령도의 길에 언제나 함께 계셨습니다	김정일 생전 현장시찰시 김정은 동행 사진 기사 보도(10개 사진)	3면 전체	사진 기사
〃	김정은동지께/경애하는 김정은동지께	중국 후진타오 주석의 김정은 최고사령관 취임 축하전문/조총련 등 단체 김정은 새해 인사 축전 보도	4면 전체	본사 기자
〃	백두의 혈통 꿋꿋이 이어지는 선군조선에 새해 아침이 밝는다	백두산 전경 사진. "아침해살이 더욱 눈부시게 빛뿌린다. 위대한 장군님의 유훈을 받들어 이 땅우에 기어이 통일된 강성국가를 일떠세우실 경애하는 김정은동지의 숭고한 뜻을 안고 향도의 밝은 해발이 백두산천지에서 제주도 끝까지 퍼져나간다"	5면 통단	김순영 기자
〃	경애하는 최고사령관동지의 두리에 일심단결하여 나아가는 우리 군대와 인민을 당할자 이 세상에 없다	김정일동지 최고사령관 취임을 축하하는 주요 인사 축하문 보도(항일혁명투사 김철만, 총정치국 제1부국장 김정각, 당중앙위원회 비서 최룡해, 내각부총리 로두철)	5면 통단 (하단)	축하문 게재
〃	천만군민은 새해의 인사를 삼가 올립니다	"김일성민족의 영원한 승리 그것은 경애하는 김정은동지의 사상과 영도를 충직하게 받들어나가는 길에 있다"	6면통단	황명희 기자
〃	(시) 조선의 새해	"맹세로 불타는 새해, 소원으로 불타는 새해, 김정은동지의 건강은 김정일장군의 영생, 김일성민족의 천만복", "아, 태양의 품을 떠나 순간도 살 수 없는 인민의 마음, 세상에 오직 한분 김정은동지만을 길이 모시리, 길이 받들리"	6면3단	류동호
〃	경애하는 김정은동지를 굳게 믿고 따르겠다	총련 일군들 맹세. "우리는 김정은동지를 높이 받들어모시며 조국과 총련의 부강번영을 위해 헌신하겠다"	6면4단	본사 기자

2012 1.2.	조선인민군 최고사령관 김정은동지께서 새해에 즈음하여 오중흡7련대칭호를 수여 받은 조선인민군 근위 서울류경수제105땅크사단을 방문하시고 인민군장병들을 축하하시였다.	"어버이장군님의 유훈대로 전투정치훈련을 더욱 힘있게 벌림으로써 경애하는 김정은동지를 수반으로하는 당중앙위원회를 목숨으로 사수하여 총대로 기어이 조국통일의 력사적위업을 성취하고야말 불타는 맹세를 다짐하였다"	1면 전체	정치 보도반
〃	조선인민군 최고사령관 김정은동지께서 새해즈음하여 당과 국가, 무력기관의 책임일군들과 함께 금수산기념궁전을 찾아 경의를 표시하시였다	"조선인민군 최고사령관이시며 우리 당과, 국가, 군대의 최고령도자이신 경애하는 김정은동지를 조선혁명의 진두에 모시고 뜻깊은 새해 2012년을 맞이한 김일성민족, 김정일조선의 앞길에는 승리와 번영만이 있을 것이다"	2면 통단	정치 보도반
〃	위대한 수령 김일성동지께와 위대한 령도자 김정일동지께	당, 무력기관, 근로단체 각계층 근로자들 금수산기념궁전 방문. "참가자들은 우리당과 우리 인민의 최고령도자이신 친애하는 김정은동지의 두리에 일심단결하여 김일성민족, 김정일조선을 세계가 우러러보는 사회주의강성국가로 일떠세울 불타는 맹세를하였다"	2면 3단	
〃	위대한 수령 김일성동지의 동상에	새해를 맞으며 꽃바구니 진정. "전체 참가자들은 위대한 수령 김일성동지의 불멸의 업적을 길이 빛내이며 경애하는 김정은동지를 수반으로하는 당중앙위원회 두리에 굳게 뭉쳐 위대한 령도자 김정일동지의 평생의 뜻대로 강성국가건설대전에서 일대 앙양을 일으켜나갈 불타는 맹세를 다지였다"	2면 3단	
〃	위대한 령도자 김정일동지의 태양상에	"전체 인민장병들과 각계층 근로자들은 경애하는 김정은동지의 령도를 충직하게 받들고 조선로동당 중앙위원회, 조선로동당 중앙군사위원회 공동구호와 새해공동사설에 제시된 과업을 철저히 관철함으로써 위대한 김정일동지의 유훈을 빛나게 실현해나갈 철석의 의지에 넘쳐있었다"	2면 3단	조선 중앙 통신

〃	조선인민군 최고사령관이신 경애하는 김정은동지께 드리는 축하문	조총련 중앙상임위원회 축하문. "우리들은 경애하는 김정은동지를 단결의 중심, 령도의 중심으로 높이모시고 총련을 김정은동지의 령도를 충직하게 받드는 공화국의 해외교포조직으로 더 튼튼히 다지겠습니다"	3면 2단	
〃	영원히 장군님 받들어 백승을 떨치리	"위대한 장군님께서는 백두산에서 개척된 주체혁명위업은 경애하는 김정은동지에 의하여 빛나게 계승될것이라고 확언하시였다"	3면 4단	김인선 기자
〃	우리당의 선군위업을 총대로 억세게 받들리	신년공동사설 반응. "경애하는 김정은동지의 선군정치를 앞장에서 받들어나가는 혁명의 기둥, 주력군이되라!	3면 5단	조선 인민군 장령 박대영
〃	농업생산에서 새로운 혁신을	"경애하는 김정은동지의 령도를 알곡증산으로 받들어나가겠다"	3면 3단	농업상 리경식
〃	증산의 불길이 세차게 타오르는 대동력기지	북창화력발전련합기업소 일군들과 로동자, 기술자들의 공동사설에 대한 반응. "백두산이 낳은 또 한분의 천출위인이신 경애하는 김정은동지를 우리 당과 인민의 최고령도자로 높이모시여 주체의 강성국가건설위업은 반드시 승리한다는 철의 신념을 안고... 헌신적인 투쟁에의하여 전력증산성과는 더욱 확대되고 있다"	4면 5단	전순성 기자
〃	불같은 열의안고 생산돌격전에로	상원세멘트련합기업소의 로동계급 공동사설 반응. "경애하는 김정은동지를 세멘트증산으로 결사옹위하는 제일 충신, 제일기수가 되자!"	4면 3단	본사 기자
〃	새로운 신심과 락관에 넘쳐	개천탄광 3대혁명소조원들 공동사설 반응. "3대혁명소조원들은 경애하는 김정은동지의 령도를 높은 기술혁신과성과로 받들어 뜻깊은 올해를 빛나게 장식하기 위해 새해 첫 발자욱부터 큼직하게 내짚고있다"	4면 3단	리종석 기자

〃	불타는 충정과 맹세속에 밝아온 내 조국의 새해	"우리 당과 우리 인민의 최고령도자 김정은동지께서 계시기에 주체의 선군위업, 조국통일위업의 종국적승리는 반드시 이룩되고야 말것입니다!	5면 5단	리남호 기자
〃	순결한 마음	만수대지구건설에 참가한 야간지원청년돌격대원들 반응. "위대한 수령님께와 경애하는 장군님께 일편단심 충정을 다하여온것처럼 경애하는 김정은동지를 충직하게 받들어 가리라"	5면 3단	허명숙 기자
〃	국립교향악단 신년음악회 진행	1월1일 모란봉극장에서 진행된 신년음악회 소식. "전체 출연자들과 관람자들은 위대한 수령 김일성동지와 위대한 령도자 김정일동지의 유훈을 받들고 경애하는 김정은 동지의 두리에 굳게 뭉쳐 강성부흥의 전성기를 펼치기위한 올해의 투쟁에서 자랑찬 승리를 이룩해나갈 혁명적 열의에 충만되여있었다"	5면 5단	조선 중앙 통신
〃	(수필) 새해의 첫눈을 맞으며	"경애하는 김정은동지를 우리 당과 우리 인민의 최고령도자로 높이 받들어갈 비장한 맹세가 불타는 이 땅에 어버이장군님의 축복인양 흰눈이 끝없이 내린다"	5면 5단	김원석 기자
〃	겨래의 심장속에 영생하시는 위대한 어버이	새해 해외동포들의 반응. "또 한분의 절세의 위인이신 경애하는 김정은동지를 높이 모시여 민족의 앞길은 휘황찬란하고 조국통일의 려명은 머지않아 밝아온다는 확신이 그들의 가슴마다에 차 넘치고 있다"	6면 5단	김향미 기자

2012.1.3.	조선인민군 최고사령관 김정은동지께서 2012년 은하수 신년음악회 《태양의 위업 영원하리》를 관람하시였다	"조선인민군 최고사령관 김정은동지께서 극장관람석에 나오시자 전체 관람자들은 어버이 장군님의 한평생의 념원인 강성국가 건설위업실현을 승리에로 령도하시며 주체혁명위업을 대를 이어 계승완성해가시는 경애하는 김정은동지께 새해의 인사를 삼가드리면서 열광적으로 환영하였다"	1면 통단	정치 보도반
〃	경애하는 김정은동지께서 여러 단위 일군들과 근로자들이 삼가 올린 편지를 보시고 친필을 보내시였다	김일성종합대학 교직원, 학생일동외 10개 단위에서 보낸 신년인사장 위에 친필로 서명하여 다시 보낸 편지 보도	1면 통단	
〃	위대한 장군님께서 지펴주신 함남의 불길을 더욱 거세차게 일으키며 온 나라 총진군대오의 앞장에서 내달리자	신년공동사설 전투적과업을 철저히 관철 함남도군중대회. "(보고자와 토론자) 그들은 위대한 김정일장군님은 영원히 우리와 함께 계신다는 철석의 신념을 지니고 경애하는 김정은동지의 사상과 령도를 높이 받들어 함남의 불길, 새 세기 산업혁명의 불길을 더욱 세차게 일으키며 용기백배, 신심드높이 힘차게 투쟁해 나갈데 대하여 강조하였다"	2면 통단	조선 중앙 통신
〃	수령옹위의 근위부대, 결사관철의 돌격대로	당중앙위 결정서, 공동구호, 공동사설을 받아들고. "우리는 그 어떤 천지풍파가 밀려와도 경애하는 김정은동지만 계시면 반드시 이긴다는 철석의 신념을 간직하고 김정은동지의 두리에 일심단결하여 백두에서 개척된 주체의 선군혁명위업을 대를 이어 빛나게 계승완성해나가겠다는 것을 다시한번 굳게 맹세한다"	2면 4단	김일성 사회주의 청년동맹 중앙위원회 비서 장현철

〃	피눈물의 맹세 목숨바쳐 지키자	함남도군중대회 참가자 일동으로 전국의 근로자들에게 보내는 편지. "《경애하는 김정은동지를 수반으로하는 당중앙위원회를 목숨으로 사수하자!》는 구호를 높이들고 우리의 장군이시고 우리의 최고령도자이신 김정일동지를 대고조의 최후 승리로 결사옹위하자"	3면 통단	
〃	그날의 흰눈을 영원히 간직하고	함흥편직공장 일군들과 종업원들이 김정일을 기리며. "어버이장군님께서 인민을위해 한평생 걷고 걸으신…12월의 흰눈은 녹지않는다. 경애하는 김정은동지의 령도를 높이 받들어갈 우리 인민들의 불타는 맹세와 함께"	3면 3단	김충성 기자
〃	강철증산의 불길드높이	"천리마제강련합기업소 일군들과 로동계급은 경애하는 장군님을 영원한 민족의 어버이로 높이 모시고 위대한 김정은동지의 령도따라 경제강국건설에 이바지할 열의 밑에 혁신의 불길을 더욱 높이고 있다"	3면 2단	조선 중앙 통신
〃	청산벌이 들끓는다	강서구역 청산협동농장 일군들과 농장원들의 결의. "경애하는 김정은동지의 령도따라 대진군의 북소리를 울리며 청산벌에 기어이 풍년 로적가리 높이 쌓으리!"	3면 5단	윤용호 기자
〃	위대한 힘을 체현한 령도자와 인민의 혼연일체	"세상이 열백번 변하고 그 어떤 천지풍파가 몰아친다해도 경애하는 김정은동지의 두리에 철통같이 뭉쳐 그이의 령도를 끝까지 받들어나가려는 우리 군대와 인민의 강철같은 의지는 절대로 꺽을수 없다"	5면 5단	박철준 기자
〃	경애하는 김정은동지를 높이 받들어모실것입니다	해외동포들 반응. "위대한 장군님의 령전에서 다진 맹세를 지켜 경애하는 김정은동지를 충정을 다해 높이 받들어모시겠다"	5면 3단	

〃	숭고한 념원 이 강산에 꽃피우리	"우리에게 사상도 령도도 덕망도 위대한 장군님 그대로이신 경애하는 김정은동지께서 계신다"	5면 5단	심철영 기자
〃	천출명장의 위인적풍모 세계를 격동시킨다	"주체혁명위업의 위대한 계승자이시며 우리 당과 인민의 최고령도자이신 경애하는 김정은동지께서 계시여 인류의 미래는 끝없이 밝고 창창하다"	6면 6단	배금희 기자
〃	한없는 경모심의 분출	"세계는 보게 될 것이다. 우리 인민이 또 한분의 위대한 태양이신 경애하는 김정은동지의 두리에 굳게 뭉쳐 어떻게 산악같이 일떠서는가를 그리고 그이께서 계시는 한 반드시 승리한다는 우리 인민의 절대적인 신념이 백배, 천배의 힘으로 분출되여 어떤 기적을 창조하는가를"	6면 2단	조택범 기자
2012.1.4.	우리 당과 인민의 최고령도자 김정은동지께	수리아아랍공화국 대통령 아싸드 축전 보도	1면 3단	
〃	김정은동지를 조선인민군 최고사령관으로 높이 모신 소식을 여러 나라에서 보도	중국 신화통신, 러시아 이타르타스통신, 미국 AP통신, 일본 NHK 등 보도 소식	1면 3단	본사 기자
〃	위대한 령도자 김정일동지의 유훈을 받들어 강성국가건설에서 일대 앙양을 일으키자	평양시군중대회 보도. "전체 인민이 경애하는 김정은동지의 령도따라 민족대국상의 슬픔을 천백배의 힘과 용기로 바꾸어 새로운 주체 100년대의 장엄한 대진군길에 산악같이 떨쳐나섰다"	1면 통단	조선 중앙 통신
〃	김정일동지의 전사, 제자들이여!	"경애하는 김정은동지와 팔을 끼고 동지가 되고 어깨걸고 전우가 되어 산악도 격랑도 넘고 헤쳐 조선의 위대한 힘을 세계에 떨친 영광의 그날 자랑찬 보고를 삼가 드리겠습니다"	정론	동태관, 리경섭, 정춘희

〃	제3차 평양제1백화점 상품전시회 개막	"전체전시회 참가자들은 위대한 김정일장군님의 유훈을 심장깊이 새기고 경애하는 김정은동지의 령도따라 인민생활향상과 강성부흥의 전성기를 이룩하기 위한 대진군을 힘차게 다그쳐 나갈 열의에 넘쳐있었다"	3면 5단	조선 중앙 통신
〃	새로운 평양속도로 올해의 대진군에 박차를	만수대지구건설에 참가한 근로자들의 공동사설 반응. "여기서 우리는 위대한 장군님의 전사, 제자들의 충정의 마음, 경애하는 김정은동지의 령도따라 세기를 주름잡으며 나아가는 선군조선의 억센 기상과 영웅적 기개를 다시금 보고 있다"	4면 5단	김진욱 기자
〃	비료생산으로 당을 옹위하리	흥남비료련합기업소 반응. "흥남의 로동계급, 어버이 수령께서와 위대한 장군님께서 키워주시고 경애하는 김정은동지께서 이끄시는 조선로동계급의 고귀한 정신력, 무한한 충정의 세계이다"	4면 3단	리경일 기자
〃	믿음어린 친필을 보며	"지난 1일 조선인민군 근위 서울류경수제105땅크사단을 방문. 김정은동지의 모습에서 인민장병들은 위대한 김정일동지의 태양의 모습을 보았다"	4면 3단	정성일 기자
〃	유훈관철의 앞장에 우리가 서자	성, 중앙기관 청년동맹일군들과 동맹원들의 반응. "위대한 장군님의 유훈을 높이 받들어 경애하는 김정은동지를 충직하게 받들어 나갈 청년전위들의 신념은 불 바람이는 충정의 전투와 함께 더욱 굳어지고 있다"	4면 2단	김옥범 기자
〃	온 겨레가 힘을 합쳐 자주통일의 돌파구를 열어나가자	"또 한분의 천출위인이신 경애하는 김정은동지의 현명한 선군령도가 있고 애국열의에 불타는 7천만겨레가 있기에 조국 통일에 대한 우리민족의 세기적 숙망은 반드시 실현될 것이다"	5면 5단	최철순

〃	위대한 김정일동지는 세계정치흐름을 주도해오신 탁월한 령도자이시다	“경애하는 김정은동지께서 계시여 세계 진보적인민들은 슬픔을 힘과 용기로 바꾸고 사회주의와 평화를 위하여, 자주위업의 완성을 위하여 힘차게 투쟁해나갈 것이다”	6면 통단	주세명
2012.1.5.	(사설) 위대한 당의 령도따라 2012년의 자랑찬 승리를 향하여 총진군 앞으로	“모두다 위대한 김정은동지를 수반으로 하는 당중앙위원회의 두리에 더욱 굳게 뭉쳐 2012년을 성스러운 계승의 해, 자랑찬 강성부흥의 해로 빛내이기위하여 힘차게 싸워나가자”	1면 통단	(사설)
〃	김정은 각하/위대한 령도자 김정은 각하께	브라질 딜마 대통령 외 8명 조전 내용 보도	2면 통단	
〃	(수필) 백두산형장군의 명필체	“위대한 장군님과 꼭 같으신 우리 당과 인민의 최고령도자 김정은동지께서 계시여 우리 인민의 심장속에 간직된 백두산서체는 영원 할 것이다”	2면 4단	림현숙 기자
〃	주체의 사회주의위업을 백승의 한길로 이끄신 위대한 업적	“우리 군대와 인민은 경애하는 김정은동지의 사상과 령도를 한마음한뜻으로 받들어나감으로써 주체혁명위업, 사회주의위업을 대를 이어 끝까지 완성해나갈것이다”	2면통단	김철학
〃	위대한 어버이에 대한 천만군민의 사무치는 그리움과 흠모의 정-인민은 그 품에 길이 살리라	“경애하는 장군님 영원히 우리와 함께 계시여 사회주의 우리제도, 우리 생활은 천만년 무궁할것이며 우리 군대와 인민은 경애하는 김정은동지의 령도따라 귀중한 사회주의 내나라를 굳건히 지키고 더욱 빛내여 나갈 것이다”	4면5단	리남호 기자
〃	쥠기밥이 생각나 울었습니다	“경애하는 김정은동지의 령도를 받들어 장군님께서 그토록 바라신 강성국가를 하루빨리 일떠세우기 위한 투쟁에 피와 땀을 깡그리 바치겠습니다”	4면 3단	보통강 구역서 장동 43인민반 김선실

〃	장군님의 혁명활동보도는 계속된다	"사상도 령도도 풍모도 위대한 김정일동지와 꼭같으신 최고사령관 김정은동지께서 계시여 장군님은 오늘도 우리와 함께 계신다"	4면 5단	방경찬 기자
〃	위대한 김정일동지는 인류의 마음속에 영생하신다	"오늘 진보적인류는 이렇게 외치고 있다. 《조선의 밝은 태양으로 솟아오르신 김정은동지께서 계시여 김정일동지의 혁명생애는 영원히 빛날 것이며 그이의 혁명위업은 반드시 승리적으로 완성될 것이다》"	6면 5단	오수경 기자
〃	김정일동지의 사상적유산을 적극 선전할 것이다	세계 여러나라 정당, 사회단체들의 성명, 담화. "존경하는 김정은동지는 조선의 군대와 인민의 정신적 기둥, 희망의 등대이시다. 절세의 위인 김정은동지를 모신 것은 조선의 영광, 대통운이며 조선민족만이 누리는 수령복, 장군복이다"	6면 3단	본사 기자
〃	눈물속에 흘러간 13일간	세계 언론의 김정일 추모 보도 "진보적인류가 한결같이 칭송해마지 않듯이 특출한 사상리론가, 자주정치의 원로, 령도의 거장, 인민의 어버이로서의 김정일동지의 존함은 세계정치사에 길이 남아있을것이며 경애하는 김정은동지께서 계시여 인류자주위업, 사회주의위업은 반드시 승리할것이다"	6면 4단	조택범 기자
2012.1.6.	조선인민군 최고사령관 김정은동지께서	서울류경수제105땅크사단 방문 소식을 중국 인민일보 등 각국언론이 보도	1면4단	본사 기자
〃	일군들은 최전방지휘소로!	"우리의 혁명 진두에는 불세출의 선군령장이신 경애하는 김정은동지께서 계신다"…"우리 일군들은 경애하는 김정일동지께서 더 높이 추켜드신 붉은기를 전진하는 대오의 앞장에서 힘차게 휘날려야 한다"	2면 통단	량 순 기자

〃	(수필) 첫자욱	협동벌 방문 보도. "경애하는 김정은동지를 따라 보폭도 넓게, 발구름도 높이 힘차게 내달려 삶의 자욱을 떳떳이 새겨놓고싶은 것이 우리 모두의 심정이다"	3면 3단	박 철 기자
〃	거룩한 인생	"경애하는 김정은동지의 령도를 충직하게 받들어 올해에 기어이 강성부흥의 대문을 열어제끼라고 천백배의 힘과 용기를 안겨주시며 어제처럼 오늘도, 오늘처럼 래일도, 영원히영원히 함께 계신다"	4면 3단	조경철 기자
〃	조국통일위업에 쌓으신 불멸의 업적 만대에 빛나리	"김정은동지께서 계시기에 우리 민족은 반드시 슬픔을 힘과 용기로 바꾸어 위대한 수령님과 경애하는 장군님의 조국통일유훈을 관철하기위해 떨쳐나설것이다"	5면 5단	최철순
〃	김정일조선은 강성국가로 빛을 뿌릴것이다	재일본조선문학예술가동맹 중앙상임위원회 위원장 반향. "그 진두에는 선군조선의 승리와 영광의 기치이시며 영원한 단결의 중심이신 경애하는 김정은동지께서 계신다"	5면 2단	조선 중앙 통신
〃	진보적인류의 앞길을 환히 밝혀주신 21세기의 위대한 태양	"선군혁명의 진두에는 백두산이 낳은 또 한분의 천출위인이신 경애하는 김정은동지께서 거연히 서계신다"	6면 5단	전영희 기자
〃	조선시간으로 살면서 김정일동지를 추모한다	이딸리아 국제대외교류재정그룹 리사회 리사장 마우르 바엘리의 조문 내용 보도. "그는 경애하는 김정은대장각하께서 위대한 김정일각하의 유훈을 받들어 조선을 더욱 부강한 나라로 일떠세우실것이라고 확신한다고 강조하였다"	6면 5단	

〃	최대의 손실, 가장 큰 슬픔	파키스탄 조문 소식 보도. "오늘 조선혁명의 진두에 위대한 김정은동지께서 서계시여 주체혁명의 위업, 선군혁명의 위업을 대를 이어 빛나게 계승완성해나갈 수 있는 결정적 담보가 마련되였다"	6면 3단	본사 기자
2012.1.7.	김정은동지를	최고사령관 취임, 중국 등 해외 여러나라 보도. "김정은동지를 조선인민군 최고사령관으로 높이 모신 것은 김정일동지의 유훈을 받들고 조선로동당과 조선인민의 최고령도자이신 김정은동지의 현명한 령도밑에 무력으로 나라의 존엄과 혁명의 붉은기를 수호하기 위한 전체 군대와 인민의 한결같은 의지를 반영한 력사적사변이다"	1면 3단	
〃	김정은령도자의 모습은 김일성주석과 김정일국방위원장의 모습과 같다	미국 AP통신 보도. "김정은령도자께서는 군부대를 방문하시면서 군인들과 자연스럽게 어울리며 군시찰을 진행하시였는데 그 모습은 김일성주석과 김정일국방위원장의 모습과 신통히도 같았다"	1면 4단	본사 기자
〃	김정은동지께서 계시여 김정일동지의 혁명생애와 업적은 길이 빛날 것이다	"김정은동지의 령도는 김일성주석께서 개척하시고 김정일동지께서 승리에로 이끌어오신 주체혁명위업을 끝까지 계승완성해나갈 수 있게 하는 결정적담보이다"	1면 4단	본사 기자
〃	대고조의 승전포성이 온 강산에 메아리치게 하자	농업근로자, 농근맹원들 결의대회. "농근맹안에 경애하는 김정은동지의 유일적령도체계를 철저히 확립함으로써 동맹을 수령결사옹위대오, 선군혁명대오로 더욱 튼튼히 꾸려나갈것이다"	1면 5단	조선 중앙 통신

〃	조선의 영원한 힘	"오늘 우리 혁명의 진두에는 또 한분의 백두산형의 장군이신 경애하는 김정은동지께서 서계신다. 주체혁명위업의 위대한 계승자이시며 우리 당과 인민의 최고령도자이신김정은동지는 곧 경애하는 김정일동지이시다"	1면 2단	
〃	(정론) 지구가 깨여진대도	"또 한분의 백두의 천출명장 김정은동지께서 천만의 병사들과 인민들이 자기의 운명과 미래를 통째로 맡기였다"…"경애하는 김정은동지를 조선인민군 최고사령관으로 혁명의 진두에 높이모시고 2012년 새해를 맞이한 우리의 기쁨은 한없이 크다"…"세상만물이 다 변한다해도 우리는 김정은동지의 품을 떠난 그 어떤 다른 삶의 터전을 찾지않을 것이다"	2면 통단	(정론) 정필
〃	선군조선의 존엄과 영예를 금메달로 빛내이자	체육부문 일군들 결의대회. "경애하는 김정은동지의 사상과 령도를 충직하게 받들어 체육사업을 발전시켜나갈것이다"	3면 4단	조선 중앙 통신
〃	영웅기업소의 기상 더 높이 떨치리	룡성기계련합기업소의 일군들 결의. "위대한 장군님의 유훈을 철저히 관철하고 경애하는 김정은동지를 대상설비생산의 자랑찬 성과로 높이 받들어 모실 불타는 충정이 일터마다에 차넘치고있다"	3면 4단	리병춘 기자
〃	충실성의 전통 대를 이어 빛내가리	김일성종합대학 결의. "피눈물의 언덕에서 다진 맹세를 지켜 경애하는 김정은동지를 따라 백두의 행군길을 꿋꿋이 이어가며 주체의 혁명위업을 대를 이어 끝까지 계승완성해 나가려는 것은 대학 일군들과 교직원, 학생들이 심장속에 간직한 철석의 신념이다"	4면 3단	본사 기자

〃	만경대 방문	재일조선학생소년예술단 방문. "우리는 경애하는 김정은동지의 령도를 높이 받들어 총련의 대, 애국의 대를 굳건히 이어가는데 적극기여하겠다"	4면 3단	조선 중앙 통신
〃	우리나라 특명전권대사, 전인디아진보전선 중앙위원회 총비서를 만났다	"(그는) 조선인민군 최고사령관이신 존경하는 김정은동지의 령도밑에 조선인민이 사회주의강성국가를 건설하며 조국통일의 위업을 기어이 실현하리라고 확신한다고하면서 그는 조선인민의 투쟁에 전적인 지지와 련대성을 보낼것이라고 확언하였다"	4면 3단	조선 중앙 통신
〃	불세출의 대성인이신 위대한 김정일동지는 인류의 심장속에 영생하신다	해외 김정일 애도 조선중앙통신 상보. "천만군민은 세계가 끝없이 흠모하는 위대한 김정일동지를 천세만세 높이 우러러모시며 경애하는 김정은동지 수반으로하는 당중앙위원회 두리에 굳게 뭉쳐 슬픔을 천백배의 힘과 용기로 바꾸고 일떠나 김일성조선의 새로운 100년대를 사회주의 강성부흥의 력사로 만방에 빛내여나갈것이다"	5면 통단	조선 중앙 통신
〃	조국통일유훈관철은 우리 세대의 성스러운 의무	"북과 남, 해외의 온 겨레는 경애하는 김정은동지의 령도를 높이 받들고 절세의 위인들의 조국통일 유훈을 기어이 현실로 꽃피워 나가야 할 것이다"	6면 5단	은정철
〃	만대에 길이 빛날 위대한 혁명생애	해외동포들의 반향. "경애하는 김정은동지의 령도를 충직하게 받들어 조국의 부강번영에 이바지하는 일을 더 많이 하겠다"	6면 2단	본사 기자

2012.1.8.	당의 웅대한 강성부흥전략을 관철하기 위한 총돌격전을 힘차게 벌려나가자	평안북도 등 도, 시의 군중대회 보도. "보고자와 토론자들은 경애하는 김정은동지를 잘 받들라고하신 위대한 장군님의 간곡한 당부를 명심하고 천겹, 만겹의 성새, 방패가 되여 우리 당과 우리 인민의 최고령도자 김정은동지를 결사옹위하며 그이의 사상과 령도를 충직하게 받들어나갈데 대하여 언급하였다"	1면 통단	
〃	그 이름도 빛나는 김정은장군	"그 어떤 풍파와 시련이 닥쳐온대도 경애하는 김정은동지의 두리에 굳게 뭉쳐 혁명의 붉은기를 더 높이 휘날려갈 천만군민의 굳센 의지를 꺾을자 이 세상에 없다"	2면 5단	황명희 기자
〃	올해에 높이 들고 나가야 할 전투적구호	"공동사설의 이 구호를 높이들고 경애하는 김정은동지의 령도따라 주체혁명의 새 승리를 이룩해나가려는 것이 천만군민의 계속혁명의 의지이고 신념이다"	2면 5단	리설
〃	최첨단돌파전에서 기수의 영예를	함경남도 3대혁명소조원들 활동보도. "경애하는 김정은동지의 령도따라 위대한 장군님의 부강조국건설구상을 과학기술로 받들어가려는 도안의 3대혁명전위들의 비상한 각오와 의지는 올해 총돌격전에서 남김없이 과시되고 있다"	3면 4단	채인철 기자
〃	은반우에 넘치는 신념의 맹세	빙상휘거 감독, 선수들 맹세. "위대한 장군님의 유훈을 높이 받들어 경애하는 김정은동지의 현명한 령도따라 이 땅우에 기어이 체육강국건설의 포성을 터쳐갈 신념과 의지의 총진군을 힘차게 다그치고 있다"	4면 2단	전철호 기자
〃	네팔공산당(맑스-레닌)중앙위원회 총비서 우리 나라 특명전권대사를 만났다	"우리 당은 조선인민이 경애하는 김정은동지의 현명한 령도밑에 위대한 김일성주석께서 개척하시고 김정일각하께서 이끌어오신 주체혁명위업을 끝까지 완성하리라고 확신한다"	4면 3단	조선 중앙 통신

〃	억년 드놀지 않는 충정과 신념의 메아리	독자들이 보내여온 글작품들을 놓고 "한편한편 작품들은 경애하는 김정은동지의 령도를 충직하게 받들어나갈 이나라 인민의 억년 드놀지 않는 신념의 맹세이다"	5면 5단	정영화 기자
〃	그리움의 밤, 맹세의 밤	김책공업종합대학 정일철 가정을 찾아서. "위대한 장군님께 기쁨을 드린 아버지처럼 경애하는 김정은동지를 실력과 실적으로 받드는 과학기술인재로 준비하려는 열의에 충만되여있는 기특하고 믿음이 가는 청년들이였다"	5면 3단	려명희 기자
〃	자주시대의 위대한 태양	"오늘 주체혁명위업의 계승완성을 위한 조선인민의 투쟁의 진두에는 김정은동지께서 서계신다. 그이는 걸출한 사상이론가이시며 또 한분의 뛰어난 선군령도자이시다"	6면 3단	본사 기자
〃	중국인민의 친근한 벗	베이징대 조선반도연구센터 진징 언급. "중국인민은 조선인민이 슬픔을 힘으로 바꾸어 김정은동지의 령도밑에 조선식사회주의를 건설하는 사업에서 위대한 성과를 이룩하기를 기원한다"	6면 3단	베이징발 특파원
2012.1.9.	(사설) 일심단결의 위력으로 백두의 행군길을 끝까지 이어나가자	"하나의 사상과 신념으로 일심단결하여 힘차게 전진하는 우리 총진군대오의 진두에는 경애하는 김정은동지께서 서계신다"…"김정은동지는 우리 당과 군대와 인민의 최고령도자이시며 선군조선의 강대성과 백전백승의 상징이시다"…"모두다 우리 당과 인민의 최고령도자 김정은동지의 두리에 일심단결하여 백두에서 개척된 주체혁명위업을 끝까지 완성해나가자"	1면 통단	(사설)
〃	경애하는 김정은동지의 령도밑에	새해공동사설에 대한 각국의 보도내용 소개	1면 3단	조선중앙 통신

〃	강성부흥의 령마루를 향하여 총돌격에로!	"천만의 군대와 인민은 위대한 장군님과 꼭 같으신 우리 당과 인민의 최고령도자 김정은동지께서 계시여 반드시 승리한다는 철석의 신념안고 그이의 령도에 끝없이 충실할것이며 그길에서 장군님의 유훈을 활짝 꽃피울것이다"	2면 5단	백영미 기자
〃	태양의 위업 영원하리	2012년 은하수 신년음악회 계속 진행. "위대한 김정은동지의 령도따라 강성부흥의 전성기를 펼치기위한 장엄한 대진군에 떨쳐나선 천만군민의 심장을 격동시키며 2012년 은하수 신년음악회 《태양의 위업 영원하리》가 계속 진행되고 있다"	2면 5단	조선 중앙 통신
〃	당의 사상과 령도를 생명선으로 틀어쥐고	각지 당조직들 충성 결의. "경애하는 김정은동지를 통일단결의 중심, 령도의 중심으로 높이 받들어모시고 신심드높이 나아가는 우리당과 인민의 앞길에는 승리와 영광만이 찬란히 빛날것이다"	3면 5단	리종석 기자
〃	실천으로 받들리	공동사설 반응. "경애하는 김정은동지를 우리 혁명의 최고수위에 높이 모시여 대고조의 승리는 확정적이다"	3면 3단	손영희 기자
〃	천만심장에 불을 다는 위대성교양	각지 당조직들 결의. "어버이장군님을 영원히 높이 모시고 경애하는 김정은동지의 령도따라 주체의 선군혁명위업을 끝까지 완성할 신념과 의지를 더욱 굳게 해주고있다"	3면 5단	리정수 기자
〃	한마음, 한뜻	김정은 서울류경수제105땅크부대 방문. "우리 군대와 인민은 인민군장병들의 손을 더욱 굳게 잡으시는 경애하는 김정은동지의 모습을 우러르며 천백배의 힘과 용기로 가득찬 마음속 구령소리를 들었다. 한마음, 한뜻!"	4면 3단	김옥별 기자

〃	대중을 위훈창조에로 힘차게 불러일으키며	"장군님의 유훈이고 경애하는 김정은동지의 높은 뜻인 강성국가건설에 전체 당원들과 근로자들이 한사람같이 떨쳐나서도록 하는데서 불씨가 되고 송풍기가 되고있다"	4면 5단	허명숙 기자
〃	꽁고대통령, 네팔의 여러정당들 우리 나라 특명전권대사를 만났다	"존경하는 김정은동지께서 계시기에 조선인민의 사회주의 건설위업과 조국통일위업은 반드시 실현될 것이다"	4면 3단	조선 중앙 통신
〃	자주통일위업의 힘찬 전진을 추동하는 고무적 가치	"어버이 수령님과 위대한 장군님의 조국통일유훈을 받들어 경애하는 김정은동지의 령도따라 조국통일의 력사적위업을 완성해나가려는 것이 우리 당과 인민의 투철한 신념이다"	5면 4단	최철순
〃	자주, 평화, 친선의 기치를 높이 들고 나아갈것이다	"사상과 뜻도, 신념과 의지도, 덕망과 인품도 경애하는 장군님 그대로이신 우리 당과 인민의 최고령도자 김정은동지의 선군혁명령도밑에 우리 공화국정부와 인민은 새해에 자주, 평화, 친선의 리념을 관철하기위여 적극 투쟁함으로써 세계 여러나라들과의 관계를 더욱 확대발전시키고 세계자주화위업의 전진에 적극 이바지할것이다"	6면 5단	김종손
〃	새해공동사설을 지지하며	여러 나라 단체들 성명. "주체혁명위업의 위대한 계승자이신 김정은동지께서는 전체 조선인민의 절대적인 지지와 신뢰를 받고 계신다"	6면 2단	본사 기자
2012.1.10.	《김정일전집》을 발행함에 대하여	"오늘 우리 군대와 인민은 경애하는 김정은동지의 령도밑에 위대한 령도자 김정일동지의 유훈을 받들어 2012년을 강성부흥의 전성기가 펼쳐지는 자랑찬 승리의 해로 빛내이기 위한 장엄한 대진군을 힘차게 다그치고 있다"	1면통단	조선 로동당 중앙 위원회

〃	조선인민군 최고사령관 김정은동지께서	김정은 서울류경수제105탕크사단 방문 여러나라에서 보도. "4일 라오스통신은 김정은 동지께서는 사단의 장병들이 영예로운 조국보위초소에서 자랑찬 군공을 세워가리라는 기대와 확신을 표명하시면서 그들과 함께 뜻깊은 기념사진을 찍으시였다"	1면 3단	본사 기자
〃	백두산총대혈통을 굳건히 이어갈 혁명군대의 억척불변의 신념과 의지의 뚜렷한 표시	조선인민군 륙해공군 장병들의 결의대회. "그 어떤 천지풍파가 휘몰아쳐와도 《경애하는 김정은동지를 수반으로 하는 당중앙위원회를 목숨으로 사수하자!》는 구호를 높이추켜들고 오중흡7련대칭호쟁취운동을 더욱 힘있게 벌려 최고사령관동지의 두리에 천겹, 만겹의 성새를 쌓으며 천만자루의 총, 천만개의 폭탄이되여 결사옹위하는 김정은제일친위대, 김정은제일결사대가 되겠다"	1면 통단	조선 중앙 통신
〃	김정은각하/김정은동지께	흐르바쯔까공화국 대통령 외 7명 조전 보도	2면 통단	
〃	《영원토록 받들리 우리의 최고사령관》	4.25문화회관 개관공연 참관. "전체 참가자들은 경애하는 최고사령관 김정은동지를 진두에 높이 모시고 위대한 김정일동지의 필생의 념원을 기어이 실현하며 총대의 위력으로 강성부흥의 전성기를 이땅우에 펼쳐나갈 혁명적 열의로 가슴 불태웠다"	2면 통단	조선 중앙 통신
〃	인민들의 문화정서생활에 적극 이바지하자	하나음악정보센터 종업원궐기대회. "보고자와 토론자들은 경애하는 김정은동지의 령도를 충직하게 받들고 일군들과 종업원들이 위대한 장군님의 숭고한 뜻을 현실로 꽃피워 우리 조국을 발전된 사회주의문명국으로 빛내이는데 적극 이바지할데 대하여 말하였다"	3면 4단	

〃	피눈물의 나날에 꽃펴난 사랑의 전설	신화순 송구 감독 이야기. "대국상의 나날에 꽃펴난 뜨거운 온정에 대한 이야기는 위대한 장군님 그대로이신 경애하는 김정은동지의 애민의 세계를 소리높이 전하는 또 하나의 사랑의 전설로 길이 전해지게 될 것이다"	4면 3단	본사 기자
〃	절절한 그리움과 충정의 맹세를 담아	강반석중학교 문학창작반에서 "그들은 오늘도 장군님의 유훈을 받들어 경애하는 김정은동지의 현명한 령도따라 나아가는 천만군민의 투쟁모습을 담은 작품들을 수많이 창작하고 있다"	4면 3단	한경철 기자
〃	거족적인 통일대행진에로 부르는 애국의 구호	"오늘 불멸의 조국통일3대헌장과 북남공동성언들의 기치따라 나아가는 조국통일위업의 진두에는 또 한분의 절세의 애국자이신 김정은동지께서 서계신다"…"그이의 두리에 굳게 뭉쳐 투쟁해나가는 여기에 자주통일위업의 양양한 전도와 민족의 밝은 미래가 있다"	5면 4단	허영민
〃	통일의 주체적력량을 강화할 때	"조국통일의 위대한 구성이신 김정은동지의 사상과 뜻을 받들어 북과 남, 해외의 온 겨레가 일치단결해야 한다"	5면 4단	리효진 기자
〃	눈물겨운 화폭	김정일 장례식장 취재 "일심단결로 굳게 뭉친 우리 인민은 경애하는 김정은동지의 령도따라 이 나라, 이 땅우에 강성부흥의 조국을 반드시 건설하고야말것이다"	6면 5단	조성철 기자
2012.1.11.	조선인민군 최고사령관 김정은동지께서	서울류경수제105땅크사단 방문 해외 언론보도 소개. 중국 신화통신, 러시아 이따르-따스 통신, 일본 교도통신, 지지통신 등	1면 3단	본사 기자

〃	김정은동지를 높이 모신 조선의 미래는 더욱 찬란할것이다	"조선로동당 중앙군사위원회 부위원장이신 김정은각하께서 진두에 서계시기에 조선의 사회주의는 끄덕없으며 김정일령도자의 위업은 계승완성된다는 진리가 조만간에 력사앞에 증명되게 될 것이다"	1면 4단	조선 중앙 통신
〃	청춘의 슬기와 용맹을 떨치며	백두산선군청년발전소건설장에서 "경애하는 김정은동지의 령도따라 김일성조선의 새로운 100년대를 강성번영의 년대, 자랑찬 승리의 년대로 끝없이 빛내가려는 청년돌격대원들의 억센 신념과 의지에 떠받들려 발전소완공의 날이 하루하루 앞당겨지고있다"	1면 3단	전철주 기자
〃	새로운 주체100년대의 진군은 백두에서 시작된 혁명적진군의 계속이다-백두의 혁명정신을 김일성조선의 영원한 재부로	"위대한 장군님의 손길아래 신념과 의지의 강자들로 자라난 우리 군대와 인민의 경애하는 김정은동지를 조선인민군 최고사령관으로 높이 모신 크나큰 행운을 심장깊이 간직하고 그이를 따라 백두의 행군길을 꿋꿋이 이어감으로써 최후승리의 그날을 앞당겨올 것이다"	2면 4단	계성남 기자
〃	천출명장의 필승의 신념과 의지	"참으로 위대한 장군님의 필승의 담력과 무비의 배짱을 그대로 지니신 경애하는 김정은동지의 걸출한 령도는 내 조국의 끝없는 륭성번영을 담보하는 위대한 원동력이다"	2면 4단	본사 기자
〃	공동구호는 2012년의 위대한 승리를 위한 전투적기치	"공동구호는 위대한 장군님을 영원히 높이 받들어모시고 장군님의 유훈을 강성국가건설의 생명선으로 틀어쥐고나가며 경애하는 김정은동지의 두리에 굳게 단결할 것을 호소하였다"	2면 통단	김정수

〃	신념의 맹세는 붉은 쇠물로	천리마제강련합기업소 근로자 맹세. "경애하는 김정은동지의 두리에 굳게 뭉쳐 기어이 이 땅우에 우리장군님의 한평생염원인 사회주의강성국가를 일떠세울 강선로동계급의 신념의 맹세를 담고 있다"	3면 3단	손소연
〃	민족사와 더불어 영원불멸할 선군령도업적	"위대한 장군님과 사상도 령도도 풍모도 꼭 같으신 경애하는 김정은동지께서 계신다. 그이를 민족의 령도자로, 마음의 기둥으로 굳게 믿고 산악같이 일떠선 우리 인민은 경애하는 장군님의 조국통일유훈을 끝까지 관철할것이다"	5면 6단	박철준 기자
〃	혁명적신념은 자주위업승리의 담보	"우리 인민의 진두에는 경애하는 김정은동지께서 거연히 서계신다"	6면 4단	채일출
〃	조선은 어떻게 되어 그렇듯 단결력이 있는가	"우리 공화국은 앞으로도 영원히 백전백승을 떨칠것이며 경애하는 김정은동지를 단결의 중심으로 높이 모시고 주체혁명위업, 선군혁명위업을 대를 이어 빛나게 계승완성할것이다"	6면 3단	오수경 기자
2012.1.12.	조선인민군 최고사령관 김정은동지께서-인민군대가 맡고있는 여러 건설대상들을 시찰하시였다	"전체 군인건설자들은 경애하는 최고사령관동지께서 주신 영예로운 과업을 철저히 관철하여 위대한 수령님의 탄생 100돐과 어버이 장군님의 탄생 70돐을 김일성민족, 김정일조선의 력사에 특기할 승리자의 대축전으로 빛내일 불타는 결의를 다짐하였다"	1면 통단	정치 보도반
〃	(정론) 발이 닳도록 인민들속으로	"우리의 조국은 백배해진 이힘으로 위대한 김정일동지의 유훈을 끝까지 관철할 것이며 경애하는 김정은동지의 령도가 얼마나 위대한 현실을 낳는가를 온 세계앞에 증명할것이다. 어버이 수령님의 인민, 위대한 장군님의 인민, 우리의 김정은동지의 인민을 위해 손발이 닳도록 일하고 또 일하자!	2면 통단	(정론) 백룡

〃	필승의 신념과 의지로 한생을 빛내이신 견결한 혁명가	혁명투사 김형권 동지 서거일에 즈음하여 "전당, 전군, 전민이 성새, 방패가되여 김정은동지를 결사옹위하며 위대한 당을 따라 영원히 한길을 가려는 투철한 신념을 지녀야한다"	2면 4단	강철남 기자
〃	더 높은 목표, 불같은 열정	평천구역연료사업소 초급당위원회결의. "위대한 장군님께서 바라신 길, 그것은 곧 경애하는 김정은동지를 높이 받드는 길이 아니겠습니까. 우리는 꼭 경애하는 김정은동지를 받드는 오직 한길에 충정을 다하는 집단으로 될것입니다"	3면 3단	림현숙 기자
〃	《《영원토록 받들리 우리의 최고사령관》》 음악무용종합공연	4..25문화회관 공연 관람. "관중들은 조선이 낳은 또 한분의 위대한 장군 경애하는 김정은동지께서 계시여 우리 조국은 앞으로도 세계적인 군사강국, 핵보유국으로 위용떨치리라는 것을 절감하였다"	3면 5단	조선 중앙 통신
〃	회고모임 진행-인민배우 황철생일 100돐기념	"그들은 연극 《《오늘을 추억하리》》와 같은 시대의 명작들을 더 많이 창작공연함으로써 경애하는 김정은동지의 령도따라 강성부흥의 전성기를 열어나가기 위한 총진군에 떨쳐나선 우리 군대와 인민을 적극 고무추동하는데 이바지할 것이라고 강조하였다"	4면 4단	조선 중앙 통신
〃	선군시대의 장군찬가-노래 〈조선의 힘〉에 대하여	"김일성조선은 어제도 오늘도 래일도 영원히 선군의 한길로만 나아갈것이며 우리 군대와 인민은 조선인민군 최고사령관 김정은동지의 두리에 천겹만겹으로 굳게 뭉쳐 백승을 떨쳐나갈것이다"	5면 통단	차수

〃	천출위인과 특이한 자연현상	"무지개가 저렇게 쌍으로 비친 것은 경애하는 장군님께서 김정은동지와 영원히 함께 계시며 우리를 보살피고 계신다는 것을 온 나라에 알리는 것이며 주체혁명위업의 대가 찬란하게 이어진 조선의 영광을 노래하는 것이 아니겠는가라고 격정에 싸여 말하였다"	5면 3단	방성화 기자
2012.1.13	조선인민군 최고사령관 김정은동지께	최고사령관 취임 축하 수리아아랍공화국 대통령축전 보도	1면 3단	
〃	김정은동지는 조선의 승리와 영광의 기치	공동사설에 대한 각국 언론 보도. "중국의 《참고소식》은 조선은 공동사설에서 당과 인민의 최고령도자 김정은동지는 조선의 승리와 영광의 기치이시며 영원한 단결의 중심이시라고 주장하였다"	1면 4단	본사 기자
〃	전민학습을 위하여 끊임없이 베풀어지는 어버이사랑-우리 당과 인민의 최고령도자 김정은동지께서 인민대학습당에 도서를 보내주시였다	"인민대학습당의 전체 일군들과 종업원들은 절세위인들의 뜨거운 정을 가슴깊이 간직하고 학습당사업에서 새로운 혁신을 일으킴으로써 위대한 장군님의 유훈대로 경애하는 김정은동지의 령도를 충직하게 받들어갈 불타는 결의에 넘쳐있다"	1면 4단	오철룡 기자
〃	태양송가 영원히 울려가리	김정일 칭송 수백편의 시가작품 창작. "어버이장군님의 위대한 한평생을 가슴뜨겁게 돌이켜보면서 그이께 다하지못한 충정을 경애하는 김정은동지께 바쳐갈 자기들의 심정을 시가작품들마다에 담고있다"	1면 3단	황명희 기자

〃	당의 웅대한 강성부흥전략을 실현하기 위한 인민소비품생산에서 대혁신, 대비약을 일으키자“	경공업부문 공장들에서 궐기모임.“궐기모임들에서 보고자들과 토론자들은 위대한 김정일장군님은 영원히 우리와 함께 계신다는 절대불변의 신념을 간직하고 경애하는 김정은동지의 두리에 일심단결하여 올해를 자랑찬 승리의 해로 빛내여나갈데 대하여 강조하였다”	1면 4단	조선 중앙 통신
〃	김정은각하/김정은대장각하께	뛰니지공화국 마르주끼 대통령외 10명의 조문 보도	2면 통단	
〃	위인의 향기	“위인에게는 위인만이 풍기는 고유한 향기가 있다. 오늘 우리 천만군민은 이 진리를 우리 수령님, 우리 장군님 그대로이신 경애하는 김정은동지의 풍모에서 확증하고 있다”	2면 3단	량순 기자
〃	최영림총리-탄광들에서 석탄생산을 결정적으로 늘일데 대해 강조	“협의회에서 총리는 모두가 위대한 령도자 김정일동지의 유훈을 높이 받들고 경애하는 김정은동지의 령도밑에 석탄생산을 결정적으로 늘여 부강조국건설에 적극 이바지할데 대하여 강조하였다”	2면 4단	조선 중앙 통신
〃	새로 찾은 흙보산비료원료	어랑군 삼향협동농장에서 “새로 찾은 흙보산비료원료, 그것은 위대한 장군님의 유훈을 높이 받들어 경애하는 김정은동지를 쌀로써 결사옹위하려는 이곳 일군들과 농장원들의 혁명적열정이 낳은 열매였다”	3면 3단	한성일 기자
〃	더 용감하게 돌진하라, 시대의 기수들이여!	희천련하기계종합공장 일군들과 기술자, 로동자들의 투쟁의 자욱을 더듬어. “위대한 장군님께서 가르키신 오직 한길을 따라 경애하는 김정은동지의 사상과 령도를 충직하게 받들어 강성부흥의 대문을 향해 총진격의 북소리 드세차게 울리며 새로운 비약의 폭풍을 일으켜가는 우리인민의 힘찬 발걸음소리, 부강번영할 승리의 축포소리를!”	4면통단	방성화 기자

〃	숭고한 그 념원 기어이 꽃피우리	독자들이 보내여온 글작품들. "경애하는 김정은동지를 높이 모시여 배심든든하고 강성국가건설을 위한 발걸음을 더욱 힘차게 울려가는 내 조국의 억센 기상이 력력히 맥박치는 시들이 감동적이다"	4면 3단	정영화 기자
〃	우리 나라 교예 《날아다니는 처녀들》에 1등상 수여	이탈이아 골덴 씨르쿠스 교예축전에서 "조선에서 김정일각하와 품격과 덕망에서 꼭같으신 김정은각하를 당과 국가의 최고령도자로 모시였다는 소식을 듣고 얼마나 기뻤는지 모른다"	4면 5단	조선중앙통신
〃	김정일장군님의 사랑과 은정을 잊을수 없다	중국항일혁명열사의 칭송. "경애하는 김정은동지를 최고령도자로 모신 조선의 군대와 인민은 필승불패할것이다"	6면 4단	본사 기자
2012.1.14.	우리 인민의 최고령도자이신 경애하는 김정은동지께	새해공동사설을 지지하는 총련일군들의 참가자 일동은 "우리들은 전체 총련일군들과 제일동포들의 뜨거운 충정의 한마음을 담아 우리 인민의 최고령도자이시며 재일조선인운동의 승리의 기치이신 경애하는 김정은동지께서 부디 옥체건강하시기를 축원합니다"	1면 5단	총련 참가자 일동
〃	경애하는 김정은동지	혁명활동소식을 러시아 아따르-따쓰 통신, 일본의 지지통신 등 보도. "조선민주주의인민공화국의 김정은령도자께서는 조선로동당의 주체적인 건축미학사상과 리론을 확고한 지도적지침으로 틀어쥐고 하나를 건설해도 먼 훗날에도 손색이 없이 건설하여야 한다고 강조하시였다"	1면 3단	본사 기자

〃	함남의 불길높이 새로운 100년대 진군의 돌파구를 열어나가자	4대선행부문 궐기모임. "모임들에서 보고자들과 토론자들은 경애하는 김정은동지의 령도를 충직하게 받들고 당의 웅대한 강성부흥전략을 관철하기위한 올해의 총돌격전을 힘차게 벌려 위대한 김일성민족, 김정일조선의 존엄과 영예를 온 세상에 힘있게 떨칠데 대하여 강조하였다"	1면 5단	조선 중앙 통신
〃	영원히 한길을 가리리!	"어버이장군님의 모든 천품을 그대로 지니신 경애하는 김정은동지를 탁월한 령도자로 높이 모시게된 것은 이 땅우에 만복의 전면적인 개화기가 펼쳐지게 됨을 세계만방에 알리는 일대 경사이다"	5면 5단	량순 기자
〃	혁명적민간무력건설의 고귀한 전통을 마련하시여	"우리 군대와 인민은 경애하는 김정은동지의 현명한 령도따라 내조국을 그 어떤 원쑤도 감히 건드릴 수 없는 무적의 정치사상강국, 군사강국으로 더욱 튼튼히 다져나감으로써 백두산위인들께서 조국과 혁명앞에 쌓아올리신 불멸의 업적을 천세만세 영원히 빛내여나갈것이다"	2면 5단	양철준
〃	CNC공작기계의 증산성과로 그 업적 빛내이리	희천련하기계종합공장에서 "표준형 및 고성능 CNC공작기계증산성과로 어버이장군님 그대로이신 경애하는 김정은동지의 령도를 높이 받들어나갈 충정을 안고 떨쳐나선 공장의 일군들과 기술자, 로동자들, 련하기계관리국의 일군들과 연구사들의 창조적사색과 줄기찬 투쟁으로 하여 력사의 고장 희천땅에서는 새 세기 산업혁명의 불길이 날이 갈수록 활화산처럼 타번지고 있다"	3면 5단	리병춘 기자
〃	(시) "최고사령관의 첫 자욱" 외 5편 수록	"우리의 최고사령관 김정은장군계시여 조선은 백전백승하리라 영원히 승리하리라"	4면 통단	

〃	강성부흥의 래일을 앞당기는 선구자로	"우리 광업부문의 과학자들은 가치있는 과학연구성과들을 더 많이 이룩하는 것으로 경애하는 김정은동지의 선군령도를 충직하게 받들며 강성부흥의 래일을 앞당기는 선구자로 빛내이겠다"	4면 2단	국가 과학원 중앙광업 연구소장 박사 리대세
〃	경애하는 김정은동지의 령도따라 2012년에 총련의 새 전성기개척의 도약대를 마련하자	새해공동사설 지지하는 총련일군들의 모임. "총련이 어버이수령님과 위대한 장군님을 해와 달이 다하도록 영원히 높이 모시고 경애하는 김정은동지를 단결의 중심, 령도의 중심으로 높이 받들어나갈것이라고 강조하였다"	5면 3단	조선 중앙 통신
〃	겨레의 힘을 합쳐 통일의 문을 열어나가자	재중조선인총련합회 부의장 담화."민족의 어버이를 잃은 슬픔을 힘과 용기로 바꾸어 우리 인민의 최고령도자이신 경애하는 김정은동지의 령도따라 조국통일의 력사적위업을 기어이 성취할 열의에 충만되여있다고 지적하였다"	5면 3단	본사 기자
〃	그 어떤 권모술수와 힘으로도 조선사회주의제도를 허물수없다	나이지리아 인사 담화. "조선민주주의인민공화국은 위대한 김일성주석과 경애하는 김정일령도자를 영원한 태양으로 높이 모시고 존경하는 김정은대장동지의 령도따라 힘차게 전진할 것이다"	5면 3단	조선 중앙 통신
〃	민족도 인륜도덕도 모르는 무지막지한 정치깡패	총련일군들의 이명박정부에 대한 담화 발표. "우리는 또 한분의 절세 애국자이신 경애하는 김정은동지의 령도따라 오늘의 슬픔을 힘과 용기로 바꾸어 어버이수령김일성주석님과 위대한 김정일장군님의 유훈이며 온 민족과 재일동포들의 숙원인 조국통일을 이룩하기 위한 전민족적운동에 적극 떨쳐나갈것이다"	5면 5단	본사 기자

〃	천출위인의 숭고한 국제주의적 의리의 한평생	"우리 인민은 어버이장군님의 국제적권위와 업적에서 무한대한 힘과 용기를 받아안으며 우리 당과 인민의 최고령도자이신 김정은동지의 선군혁명령도따라 자주화된 새 세계를 건설하기 위하여 힘차게 싸워나갈것이다"	6면 5단	김종손 기자
〃	정의의 위업의 수호자	"우리는 김정은동지의 령도밑에 조선인민이 슬픔을 힘으로 바꾸어 강성대국건설에 떨쳐나섬으로써 사회주의위업을 부흥발전시키며 동북아시아의 평화와 안정에 보다 큰 공헌을 하게 되길 바란다"	6면 3단	베이징 특파원
2012.1.15.	조선인민군 최고사령관 김정은동지께서-음악무용종합공연《영원토록 받들리 우리의 최고사령관》을 관람하시였다	"조선인민군 최고사령관 김정은동지께서는 열광적으로 환호하는 출연자들과 관람자들에게 손을 저어 답례하시였다"	1면 통단	정치 보도반
〃	농업전선에서 새로운 앙양을 일으켜 당의 웅대한 강성부흥전략 실현에 이바지하자	농장,기업소 궐기 모임. "보고자들과 토론자들은 경애하는 김정은동지의 두리에 굳게 뭉쳐 농업전선에서 대고조의 불길을 더욱 세차게 일으켜 뜻깊은 올해를 김일성민족, 김정일조선의 영광스러운 력사에 특기할 위대한 승리의 해, 강성번영의 해로 빛내이는데 이바지할데 대하여 강조하였다"	1면 5단	조선 중앙 통신
〃	김정은각하/김정은동지께	알제리민주인민공화국 부떼플리까 대통령 외 5개국 수뇌 김정은 최고사령관 취임 축전 보도	2면 통단	
〃	영원히 빛날 혁명적출판물의 위대한 전통 《새날》신문창간일에 즈음하여	"위대한 장군님의 슬하에서 주체의 신념과 의지로 천백배로 다져지고 억세여진 우리의 붓대는 자기의 영광스러운 전통을 끝없이 빛내이며 우리 당과 인민의 최고령도자이신 김정은동지의 령도를 충정을 다해 높이 받들어 나갈 것이다"	2면 5단	김명훈 기자

〃	모란봉, 왕재산예술단 종합공연 진행	"공연은 위대한 김정은동지를 수반으로하는 당중앙위원회의 두리에 굳게 뭉쳐 2012년의 자랑찬 승리를 향하여 힘차게 전진하는 우리 군대와 인민을 크게 고무추동할것이다"	3면 4단	조선 중앙 통신
〃	(수필) 《인민을 위하여 복무함!》	"어버이장군님과 꼭같으신 경애하는 김정은동지께서 계시여 인민을 위한 사랑의 력사가 영원히 흐르게 될 우리 조국땅에서 이 구호는 우리 일군들의 생명과도 같은 것이고 우리 모두가 목숨바쳐 받들어야할 위대한 장군님의 유훈이 아니겠는가"	4면 4단	손소연
〃	그날의 맹세 지켜 훌륭한 명작들을-국립연극단 일군들과 창작가, 예술인들	"초급당비서 김란옥동무는 위대한 장군님의 유훈을 지켜 경애하는 김정은동지의 령도를 충직하게 받들어나갈 결의가 신념의 기둥으로 이 가슴에 억척같이 뿌리내린다고 하면서 이렇게 이야기하였다"	4면 4당	리수정 기자
〃	인민은 영원토록 따르리-독자들이 보내여온 글작품들을 놓고	"어찌보면 우리 수령님과 꼭 같으신, 어찌보면 우리 장군님 그대로이신 경애하는 김정은동지, 주저앉는 하늘을 떠이시고 거연히 서계시는 그 모습 정녕 우리 장군님 다시 오시였다!"	5면 3단	정영화 기자
〃	인류의 영원한 태양 김정일 동지	"만민은 지금 경애하는 김정은동지의 모습에서 어버이 수령님과 위대한 김정일동지의 모습을 보고 있다…조선인민군 최고사령관 김정은동지께서 계시여 위대한 김정일동지는 만민에게 삶과 투쟁, 승리의 밝은 빛을 뿌려주는 영원한 태양으로 찬연히 빛날것이다"	6면 통단	리경수 기자

〃	오늘도 이어지고있는 인민사랑의 력사	영국선군정치연구협회와 영국주체사상연구소가 지난해 12월 31일 공동성명 발표. "백두의 선군령장 김정일동지의 위업을 계승해나가시는 김정은동지는 김일성동지와 김정일동지 그대로이신 또 한분의 백두의 령장이시다"	6면 4단	조선 중앙 통신
〃	세계의 축복을 받은 조선의 미래	"진보적인류는 경애하는 김정은동지께서 계시여 조선의 앞날은 창창하다고 하면서 그이는 조선인민의 억년 드놀지 않을 마음의 기둥, 사상정신적기둥이라고 높이 칭송하고 있다"	6면 3단	본사 기자
〃	주체사상연구 메히꼬전국조정위원회 년차총회 진행	"그는 주체혁명위업의 위대한 계승자이신 경애하는 김정은동지의 령도따라 주체사상신봉자들이 더욱 분발해나설 것을 호소하였다"	6면 3단	
〃	조선인민의 투쟁을 적극 지지할 것을 호소-방글라데슈 정당들 공동성명 발표	"우리는 세계 모든 나라 정당, 단체들이 위대한 김정은동지의 령도따라 김일성조선의 100년대를 강성번영의 년대로 끝없이 빛내여 나가기 위한 조선당과 군대와 인민의 투쟁을 지지할 것을 호소한다"	6면 5단	본사 기자
2012.1.16	(정론) 부글부글 끓자	"경애하는 김정은동지를 우러러, 강성국가건설의 승리를 위하여 《조선청년행진곡》의 노래 드높이 청춘의 발구름소리를 더 높이, 더 기운차게 올려나가라"	2면 통단	(정론) 정성일
〃	신념의 맹세안고 대고조진군의 앞장에서 계속 힘차게 전진-함경남도의 일군들과 근로자들	"경애하는 김정은동지의 높으신 뜻을 받들고 함남사람들은 무슨 일이나 일단 목표가 정해지면 단숨에 해제끼고있다"	3면 5단	

〃	올해를 강성부흥의 전성기가 펼쳐지는 자랑찬 승리의 해로 빛내이자	기계, 채취, 림업, 건재부문 공장, 기업소들에서 궐기 모임. “궐기모임들에서 보고자들과 토론자들은 일군들과 근로자들이 위대한 수령 김일성동지와 위대한 령도자 김정일동지의 유훈을 투쟁강령으로 틀어쥐고 경애하는 김정은동지의 두리에 일심단결하여 올해를 강성부흥의 자랑찬 승리의 해로 빛내여 나갈데 대하여 강조하였다”	3면 통단	조선 중앙 통신
〃	위대한 김일성동지의 후손답게, 위대한 김정일동지의 전사, 제자답게 투쟁하며 창조해나가자!-두줄기 궤도우에 새겨가는 종군기	철도출판사에서 결의. “그 기적소리는 낮이나 밤이나 그들을 부르고 있다. 천백배의 힘과 용기를 내라고, 경애하는 김정은동지께서 계시여 조국번영의 기관차는 계속 힘차게 달려갈것이라고”	4면 통단	허명숙 기자
〃	통일애국투사가 받아안은 은정어린 생일상	통일애국투사 리세균 동지 생일을 맞아. “경애하는 김정은동지께서는 김일성조선의 새로운 100년대의 장엄한 대진군을 진두에서 이끄시는 바쁘신 속에서도 15일 그에게 생일상을 보내주시였다”	4면 3단	
〃	시대와 력사앞에 쌓으신 영원불멸할 업적	“사회주의위업수행에 쌓으신 위대한 령도자 김정일동지의 업적은 오늘 우리 당과 인민의 최고령도자 김정은동지께서 계시여 길이 빛나고있다“	6면 6단	리학남 기자
〃	력사에 가장 빛나는 해로 될것이다	“존경하는 김정은대장께서 계시여 조선의 사회주의는 승승장구할것이다”	6면 2단	본시 기자
〃	로씨야 블라고웨쉔스크주체사상, 선군사상연구소-년차총회 진행	“존경하는 김정은동지는 김일성동지와 김정일동지의 유일한 계승자이시다””	6면 3단	조선 중앙 통신

2012.1.17.	백두의 혈통을 꿋꿋이 이어갈 천만군민의 열화같은 충정과 신념의 분출-경애하는 김정은동지께-인민군장병들과 인민들이 수많은 편지들을 삼가 올리였다	"희세의 천출명장 김정은동지를 혁명의 진두에 높이 모시고 산악같이 일떠선 일심단결의 천만대군이 있어 우리 조국은 머지않아 위대한 김정일동지의 강성대국리상을 반드시 실현하고야말것이다"	1면 통단	조선 중앙 통신
〃	경애하는 김정은동지께	알제리 대통령의 새해 축하장과 선물, 네팔기자협회에서 드리는 특별명예회원증 전달식 보도	1면 3단	본사 기자
〃	제16차 김정일화축전이 진행된다	"제16차 김정일화축전은 민족 최대의 명절을 뜻 깊게 기념하며 경애하는 김정은동지의 두리에 일심 단결하여 위대한 장군님의 유훈을 빛나게 실현해나가려는 천만군민의 지향과 념원을 더욱 뜨겁게하는데 기여하게 될것이다"	1면 3단	
〃	《김정일선집》 증보판 제13권 출판	"《김정일선집》 증보판 제13권에 수록된 로작들은 위대한 김정일동지의 유훈을 받들고 경애하는 김정은동지의 령도따라 2012년을 강성부흥의 전성기가 펼쳐지는 자랑찬 승리의 해로 빛내이기 위한 투쟁에 떨쳐나선 우리 군대와 인민을 고무추동하는 위력한 사상리론적무기로 될것이다"	1면 4단	
〃	령도자와 인민이 굳게 뭉친 조선-새해공동사설을 여러 나라 단체가 지지	"위대한 수령 김일성주석 탄생 100돐 기념 뻬루준비위원회는 성명에서 조선인민이 존경하는 김정은동지의 현명한 령도와 선군정치를 받들어 경제발전과 나라의 자주적평화통일을 위한 투쟁에서 보다 큰 성과를 거두리라는 확신을 표명하였다"	1면 4단	조선 중앙 통신
〃	김정은각하/김정은동지께	말리공화국 뚜레 대통령 외 5개국 신년 축전 보도	2면 통단	

〃	우리 당과 우리 인민의 최고령도자 김정은동지께-총련조직들과 재외동포들이 축전들을 보내왔다	"축전들은 우리 혁명의 진두에는 어버이수령님과 경애하는 장군님과 꼭같으신 주체혁명위업의 위대한 계승자이신 경애하는 김정은동지께서 서계신다다고 격찬하였다"	2면 4단	조선 중앙 통신
〃	야전열차에 숙소를 정하시고	오늘 우리 군대와 인민은 야전열차와 더불어 선군혁명천만리길우에 새겨진 위대한 장군님의 헌신의 자욱을 가슴뜨겁게 돌이켜보며 경애하는 김정은동지의 령도따라 새해 진군길을 힘있게 다그치고 있다"	2면 5단	김용진 기자
〃	위대한 청년중시사상은 영원히 빛나리!	"우리 청년들은 또 한분의 절세의 위인이신 경애하는 김정은동지의 령도를 충직하게 받들어 강성국가 건설을 위한 오늘의 투쟁에서 영웅적인 위훈을 세움으로써 위대한 수령님께서와 경애하는 장군님께서 청년운동에 쌓으신 불멸의 업적을 끝없이 빛내여나갈것이다"	2면 통단	정순학 기자
〃	위대한 장군님의 유훈을 관철하기 위한 대고조진군에 조선청년의 본때를 보여주라! - 선군령장의 발걸음 따라 청년들 앞으로-김일성사회주의청년동맹 중앙위원회에서	"자랑찬 승리의해로 빛날 뜻깊은 올해 청년동맹창립일을 맞이하는 수백만 청년전위들의 심장마다에는 경애하는 김정은동지의 두리에 굳게 뭉쳐 조선청년운동사에 쌓으신 백두산위인들의 불멸의 업적을 영원히 옹호고수하며 주체의 혁명선군위업을 끝까지 계승완성해나갈 불같은 결의가 뜨겁게 맥박치고 있다"	3면 6단	황철웅 기자
〃	당의 령도를 충직하게 받들어갈 불타는 맹세-주공전선은 념려말라	"뜻깊은 올해에 우리는 알곡생산 계획을 넘쳐 수행함으로써 경애하는 김정은동지께 승리의 보고, 영광의 보고를 드리겠다는 것을 굳게 결의 한다"	3면 5단	사리원시 미곡 협동농장 청년작업반 부문 청년 동맹위원회 비서 김복남

〃	《김장군두리에 뭉치자》-가요 《조선청년행진곡》을 들으며	"새로운 력사적전환기를 맞이한 우리 당과 조국은 청춘처럼 젊고 힘있다. 경애하는 김정은동지께서 이끄시는 젊음으로 약동하는 이시대야말로 주체조선의 새로운 청춘시대이며 우리앞에 열린 주체 100년대는 청년들의 활무대이다"	4면 5단	한충혁
〃	백살장수자들이 받아안은 은정어린 생일상	"할머니들의 가족, 친척들은 대를 이어 누리는 수령복, 장군복을 가슴깊이 간직하고 위대한 장군님의 유훈대로 경애하는 김정은동지의 령도를 충직하게 받들어 사회주이강성국가건설에 적극 이바지할 열의에 넘쳐있다"	4면 3단	
〃	인디아공산당 전국리사회 총비서-우리 나라 특명전권대사를 만났다"	"그는 조선인민이 존경하는 김정은동지의 령도밑에 선군정치를 높이 받들고 반제투쟁과 사회주의를 수호하기 위한 투쟁을 더욱 강화해 나갈것이라는 기대를 표시하였다"	4면 3단	조선 중앙 통신
〃	조국통일위업에 불멸의 업적을 쌓으신 민족의 어버이의 고귀한 한생-겨레의 숙원을 이룩하시려는 강인한 의지를 지니시고	"우리 겨레는 위대한 수령님과 경애하는 장군님의 애국애족의 뜻과 의지를 높이 받들어 힘차게 싸워나감으로써 이 땅우에 통일되고 번영하는 강성국가를 반드시 일떠세우고말것이다"	5면 7단	김정옥 기자
〃	만민의 심장속에 영생하시는 위대한 령도자	"오늘 우리는 위대한 령도자 김정일동지와 꼭 같으신 또 한분의 경애하는 김정은동지를 모시고 있다...위대한 김정일동지의 그 소원은 우리 당과 인민의 최고령도자 김정은동지의 현명한 령도에 의해 반드시 실현될 것이다. 21세기의 탁월한 정치활동가이신 경애하는 김정은동지께서 계시여 인류자주위업의 앞길에는 언제나 승리와 영광만이 있을 것이다""	6면 5단	리경수, 오수경

부록:3

장성택 처형 관련 『로동신문』 보도 주요 내용 (2013.12.9. ~ 2014.1.1.)

* 아래 내용에서 '존칭'과 '철자법', '띄워 쓰기' 등은 북한 『로동신문』이 보도한 원문을 그대로 인용 한 것임을 밝힌다.

일 자	제목	내용	크기	형식
2013.12.9	조선로동당 중앙위원회 정치국 확대회의에 관한 보도	"회의에서는 장성택을 모든 직무에서 해임하고 일체 칭호를 박탈하며 우리 당에서 출당, 제명시킬데 대한 당중앙위원회 정치국 결정서가 채택되었다"... "당에서는 장성택일당의 반당반혁명적 종파행위에 대하여 오래전부터 알고 주시해오면서 여러차례 경고도하고 타격도 주었지만 응하지않고 도수를 넘었기 때문에 더 이상 수수방관할수 없어 장성택을 제거하고 그 일당을 숙청함으로써 당안에 새로 싹트는 위험천만한 분파적행동에 결정적인 타격을 안기였다"..."한줌도 못되는 반당반혁명종파분자들이 아무리 쏠라닥거려도 경애하는 김정은동지를 단결의 유일중심, 령도의 유일중심으로 받들어나가는 전체 당원들과 인민군장병들, 인민들의 혁명적 신념은 절대로 흔들어 놓을수 없다."	1면	
12.10	경애하는 김정은동지의 두리에 철통같이 뭉쳐 주체혁명의 한 길로 억세게 나아가자	"경애하는 김정은동지를 수반으로하는 당중앙의 두리에 단결하고 단결하고 또 단결하여야하며 전당과 온 사회에 당의 유일적 령도체계를 세우는 사업을 더욱 더 강도높이, 맹렬하게 벌려나가야 한다"	1면	(사설)

12.11	길이 빛나라 삼지연의 강행군길이여 !	"위대한 대원수님들께서 한평생 걸으신 백두의 행군길을 단 한치의 드팀도 없이 꿋꿋이 이어가시려는 경애하는 원수님의 숭고한 의지가 그이의 주체102(2013)년 삼지연강행군길에 그대로 어려있다"... "경애하는 김정은동지의 령도따라 영원히 삼지연의 강행군길, 백두의 행군길을 꿋꿋이 걸어가리라!, 우리는 김정은동지밖에 모른다!"	2면	
12.12	원수님 따라 하늘땅 끝까지	"조국의 방선초소들에서 총대를 으스러지게 틀어쥔 병사들이 평양하늘을 우러러 뇌성을 터치고 있다. 〈〈최고사령관동지, 종파놈들을 방사포의 불줄기로 태워버리고 땅크의 무한궤도로 짓뭉개버려 이 땅에서 그 더러운 흔적을 말끔히 없애버리겠습니다〉〉"	1면	(정론)
12.13	조선로동당은 일심단결의 위력으로 전진하는 불패의 혁명적당이다	-1면: "지난 12월 8일에 진행된 조선로동당 중앙위원회 정치국 확대회의에서는 장성택일당의 반당반혁명적 종파행위를 낱낱이 폭로하고 그 일당을 단호히 숙청하였다"..."장성택일당의 반당반혁명적 종파행위에서 가장 위험한 것은 우리 군대와 인민의 생명이며 혈맥인 당의 유일적영도체계를 거세하고 우리의 일심단결을 파괴하려든 것이다. 조선민주주의인민공화국 국가안전보위부 특별군사재판에서는 천하의 만고역적 장성택에게 혁명의 준엄한 철추를 내리였다"	1면	

		–2면: "천만군민의 치솟는 분노의 폭발. 만고역적 단호히 처단–천하의 만고역적 장성택에 대한 조선민주주의인민공화국 국가안전보위부 특별군사재판진행"(하단 우측에 장성택 끌려오는 사진게재)	2면	
12.14	경애하는 최고사령관 김정은동지께서 조선인민군 설계연구소를 현지지도하시였다	–1면: "조선인민군 총정치국장인 조선인민군 차수 최룡해동지, 인민무력부장인 조선인민군 륙군대장 장정남동지, 조선로동당 중앙위원회 부부장 황병서동지가 동행했다" –3면(정론): "우리는 김정은동지밖에 모른다!" "《누가 감히 우리 원수님을》, 백두산혈통에 운명의 피줄을 이은 이 땅의 천만군민이 분노의 치를 떨며 어리석고 역스러운 무리들을 말끔히 쓸어냈다" – 3면 하단: "당과 수령의 신임과 믿음을 저버린자 이 땅에 살아숨쉴 곳이 없다", "천하의 만고역적 장성택애 대한 조선민주주의인민공화국 국가안전보위부 특별군사재판 소식에 접한 천만군민은 추악한 인간쓰레기에 대한 치솟는 분노로 가슴끓이고 있으며 영원히 당을 따라 백두의 혈통을 꿋꿋이 이어갈 불타는 결의에 넘쳐있다"(건설건재공업성 국장 리효빈 외 9명 기고문)	1면, 3면	(정론)
12.15	경애하는 최고사령관 김정은동지께서 완공을 앞둔 마식령스키장을 현지지도하시였다 경애하는 김정은 동지께서 조국의 부강번영을 위해 헌신하신 인민군장병들과 근로자들, 일군들을 표창하시였다	현장 시찰 사진 게재	1면 3면	

12.16	경애하는 최고사령관 김정은동지께서 조선인민군 제313군부대 관하 8월25일수산사업소를 현지지도하시였다	현장 시찰 사진 게재	3면, 4면	
12.17	위대한 김정일동지는 우리 인민의 영원한 태양이시다	"모두다 위대한 김일성-김정일주의 기치를 높이 들고 경애하는 김정은동지의 두리에 한마음 한뜻으로 굳게 뭉쳐 주체혁명위업의 승리를 위하여 억세게 싸워 나가자"	1면	(사설)
	백두에서 개척된 선군혁명위업을 총대로 끝까지 완성하자-조선인민군 장병들의 맹세모임 진행	"경애하는 최고사령관 김정은동지를 단결과 령도의 유일중심으로 받들어 모시고 나아갈 인민군장병들의 억척불변의 신념의 메아리가 태양성지의 하늘가에 울려퍼졌다"	3면	
12.20	경애하는 김정은동지를 단결의 유일중심, 령도의 유일중심으로 더욱 높이 받들어모시자 - 성, 중앙기관, 공장, 기업소, 협동농장, 대학, 전문학교들에서 결의편지채택 모임 진행	"토론자들은 조선로동당 중앙위원회 정치국 확대회의 결정을 전폭적으로 지지찬동하였으며 경애하는 김정은동지밖에는 그 누구도 모른다는 억척불변의 신념을 간직하고 그이의 령도를 충직하게 받들어 갈 굳은 결의를 표명하였다"	1면	
12.21	그이 없인 못살아	김정은 사진, 찬양 노래 게재	1면	
12.28	조선인민군 최고사령관 김정은동지께서 조선인민군 초병대회 참가자들과 함께 조선인민군 제3168군부대, 제695군부대 군인들의 격술훈련을 보시였다	김정은 군부대 시찰 사진 게재(3면)	1면, 3면	
12.29-30		김정은 최고사령관 2돐 기념 군부대 등 현지시찰 사진 연일 게재	2면	

2014.1.1.	신년사 김정은 - 우리의 운명이시고 미래이신 경애하는 김정은 동지를 천만년 높이 받들어모시렵니다	"우리 당은 지난해에 강성국가 건설을 위한 투쟁의 벅찬 시기에 당안에 배겨있던 종파오물을 제거하는 단호한 조치를 취하였습니다. 우리 당이 적중한 시기에 정확한 결심으로 반당반혁명 종파일당을 적발숙청함으로써 당과 혁명대오가 더욱 굳건히 다져지고 우리의 일심단결이 백배로 강화되었습니다"	1면, 2면	신년 공동 사설